# DIE BRÜDER TSUTSUMI

Lesley Downer

# DIE BRÜDER TSUTSUMI

## DIE GESCHICHTE DER REICHSTEN FAMILIE JAPANS

Aus dem Englischen von
Cäcilie Plieninger und Renate Weitbrecht

WILHELM HEYNE VERLAG
MÜNCHEN

Titel der englischen Originalausgabe: The Brothers
Die Originalausgabe erschien bei Random House, London

Copyright © 1994 by Lesley Downer
Copyright © 1997 der deutschen Ausgabe
by Wilhelm Heyne Verlag GmbH & Co. KG, München
Umschlaggestaltung: Atelier Ingrid Schütz, München
Umschlagillustration: Carroll Associates
Satz: Leingärtner, Nabburg
Druck und Bindung: Wiener Verlag, Himberg
Printed in Austria

ISBN 3-453-12607-6

Für meinen Vater
und für Kojo

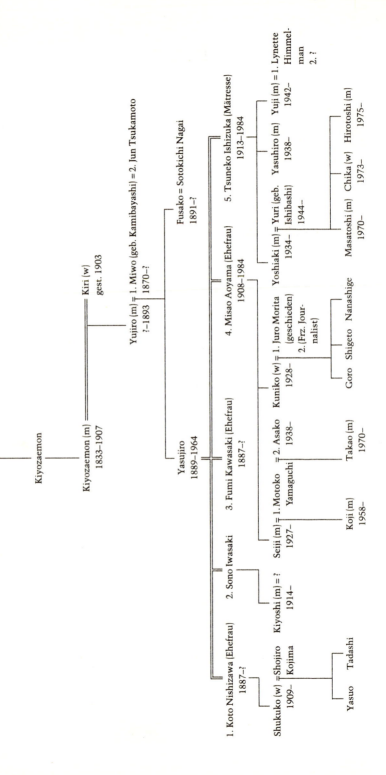

# Inhalt

| | |
|---|---|
| Familienstammbaum | 6 |
| Karte von Tokio | 9 |
| Karte von Japan | 10 |
| Prolog | 11 |

**Teil I  Der Patriarch** ... 23

1 Der Anfang. Omi 1889–1907 ... 25
2 Die Flucht. Waseda 1907–1915 ... 36
3 Yasujiro bricht zu neuen Ufern auf.
   Karuizawa 1915–1923 ... 54
4 Zwei Frauen. 1923–1940 ... 69
5 Die Kriegsjahre. 1940–1945 ... 87
6 Verbindung zum Herrscherhaus. 1945–1950 ... 95
7 Der Krieg um das Hakone-Gebirge. 1950–1961 ... 115
8 Der weitblickende Staatsmann. 1953–1964 ... 127

**Teil II  Die Söhne** ... 149

9 Der Rebell. Seijis Geschichte 1927–1955 ... 151
10 Die Befreiung. Seijis Geschichte 1955–1964 ... 169
11 Ein ganz normaler Junge.
   Yoshiakis Geschichte 1934–1964 ... 183
12 Der Tod des letzten Giganten. 1964 ... 195

**Teil III  Neuanfänge** ... 205

13 Die Midas-Jahre. Seijis Geschichte 1964–1973 ... 207
14 Die Ölkrise und die Folgen.
   Seijis Geschichte 1973–1984 ... 225
15 Der schlafende Löwe erwacht.
   Yoshiakis Geschichte 1964–1978 ... 246
16 Machtspiele. Yoshiakis Geschichte 1978–1984 ... 265

## Teil IV Rivalisierende Imperien . . . . . . . . . . . 279

17 Der mysteriöse Tod der beiden Mütter. 1984 . . . . . . 281
18 Das Goldene Zeitalter. Seijis Geschichte 1984–1991 . . 291
19 Der Tenno. Yoshiakis Geschichte 1984–1991 . . . . . 311
20 Die Versöhnung. 1989–1993 . . . . . . . . . . . . . . 330

Nachwort . . . . . . . . . . . . . . . . . . . . . . . . . . . 345
Dank . . . . . . . . . . . . . . . . . . . . . . . . . . . . . 351
Anmerkungen . . . . . . . . . . . . . . . . . . . . . . . 356
Bibliographie . . . . . . . . . . . . . . . . . . . . . . . . 364

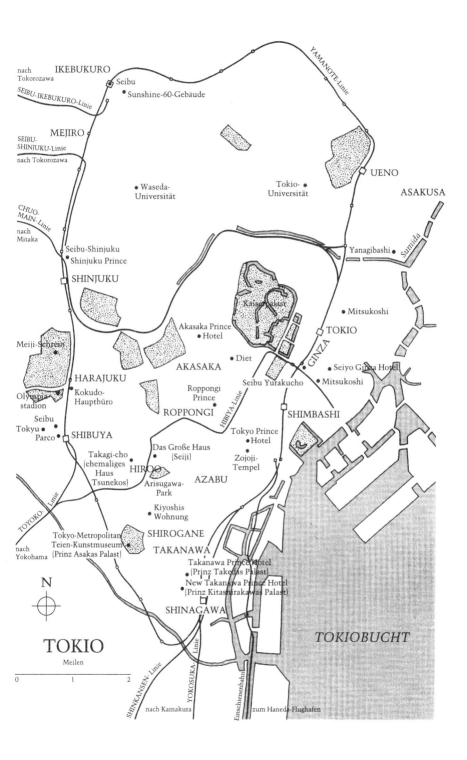

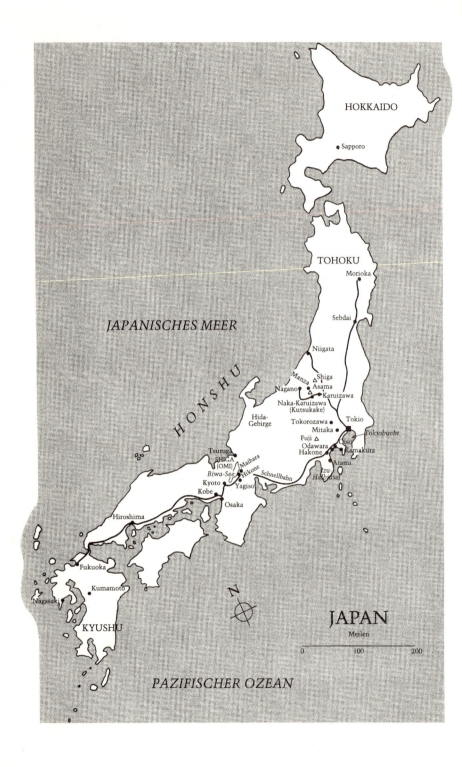

# Prolog
## Die Zeremonie im Morgengrauen

Die Zeremonie fand in den frühen Morgenstunden des Neujahrstags 1993 statt, obwohl sie ebensogut 1994 oder praktisch in jedem der vergangenen dreißig Jahre stattgefunden haben könnte. Das Ritual änderte sich nie. Es blieb bis ins kleinste Detail gleich. Und viele der anwesenden Männer nahmen jedes Jahr an der Zeremonie teil.

Der Friedhof – einer der größten in Japan – bedeckte einen ganzen Hügel nicht weit außerhalb der ehrwürdigen Stadt Kamakura, die etwa 60 Kilometer von Tokio entfernt liegt. Zu dieser Stunde war die Stadt still und leer. Die zehntausend Gräber, terrassenförmig entlang der Hänge angelegt, waren in der Dunkelheit verborgen.

Doch ganz oben auf dem Hügel flackerten Lichter. Gestalten rannten mit Fackeln in den Händen hin und her oder patrouillierten am Rand des Geländes. Autos, Limousinen, ja sogar Kutschen rollten heran und parkten unterhalb des Berggipfels. Ganze Gruppen von Männern, alle mit förmlichen schwarzen Anzügen bekleidet, eilten die Stufen hinauf, an den schattenhaften Umrissen eines Tempels vorbei, und verschwanden in einem großen Zelt. Das Zelt leuchtete geheimnisvoll und hob sich als rechteckige helle Fläche gegen den schwarzen Himmel ab.

Eine weitere Limousine wurde noch erwartet. Die Wachmänner rückten nervös ihre Krawatten zurecht. Die Tore waren bereits geöffnet, als die Limousine einfuhr. Entlang der Straße und auf dem Berggipfel verbeugte man sich aufgeregt.

Sechs Uhr. Im Osten hatte sich der Himmel rotgelb gefärbt; schwarze Wolken hoben sich im Licht der aufgehenden Sonne und stiegen in das Blau des Himmels hinauf. Von der großen Bronzeglocke auf dem Berggipfel war ein dumpfer Widerhall zu vernehmen. Er dröhnte über die ganze Landschaft hinweg. Man hörte das Echo in der Luft, das langsam verhallte. Noch einmal läutete die Glocke, und noch einmal, insgesamt sechsmal. Dann trat Stille ein, und man hörte nur noch das Rauschen des Windes in den Kiefern auf dem Berghang.

Im Zelt hatten sich die Männer steif in Reihen aufgestellt und warteten auf den Beginn der Zeremonie. Einige blanke Glühlampen baumelten herab und verbreiteten ein kaltes Licht. Paraffinöfen gaben mehr Rauch als Wärme ab. Es war bitter kalt. Von Zeit zu Zeit flatterten die Seiten des Zelts in einem plötzlichen Windzug hin und her.

Dort waren die führenden Mitglieder eines der größten und mächtigsten Industriekonzerne des Landes versammelt. Es war ein Konzern, der Ländereien, Eisenbahnen, Golfplätze, Wintersportorte, Hotels und Erholungseinrichtungen umfaßte. Die großen japanischen Industrieimperien der Vorkriegsjahre, etwa Mitsui und Mitsubishi, gründeten sich auf Produktion. Dies hier war dagegen ein Konzern für das neue Zeitalter, für das ausgehende Jahrhundert, in dem die Japaner nun über viel Freizeit verfügten und nach Möglichkeiten suchten, diese zu genießen. Es war ein Konzern, der seinen Weg gegangen war und dabei das Gesicht Japans neu gestaltet hatte, der Hügel und Felder zu Golfplätzen und Skipisten umfunktionierte und aus unerschlossenem Land Profit herausholte.

Die verschiedenen Firmen innerhalb der Gruppe hatten viele Namen. Die Stammgesellschaft des Konzerns trug den Titel »Kokudo Keikaku«, was auf deutsch soviel heißt wie »Nationale Landerschließung«.

Doch die meisten Menschen kannten die Firma noch immer unter dem Namen, der ihr von ihrem Gründer verliehen worden war: Seibu.

An jenem Morgen befanden sich innerhalb der Gruppe, die sich in dem Zelt drängte, fünf- oder sechshundert Topmanager aus jeder Firma – Direktoren, Generaldirektoren, Vizepräsidenten und Präsidenten. Die verschiedenen Firmen hatten sich jeweils in Blöcken gruppiert; die Mitglieder der einzelnen Firmen hatten sich in Reihen aufgestellt, wobei die ältesten Männer vorne standen.

Es herrschte eine Atmosphäre feierlicher Intensität. Keiner sprach ein Wort. Alle spürten die Bedeutung dieser Zeremonie, an der sie gerade teilnahmen. Sie waren aus allen Winkeln Japans zusammengekommen, um ihre Gelöbnisse für das kommende Jahr abzulegen.

Vor ihnen befand sich die traditionelle Neujahrsdekoration: eine kunstvolle Anordnung runder, weißer Reiskuchen mit Kiefernzweigen und roten und weißen Rauten aus gefaltetem Papier, die auf einem roten Tisch lagen. Etwas weiter weg führten flache Stufen zu einem niedrigen Tor hinauf.

Von der Stelle aus, an der sie standen, konnte keiner der Männer erkennen, was sich jenseits des Tors befand. Doch alle wußten es.

Alle waren einst als frische, junge Mitglieder der Firma hierhergekommen – die meisten von ihnen mehrmals –, um den Weg zu kehren, den Rasen von Blättern zu reinigen und dem toten Gründer ihre Ehrerbietung zu erweisen.

Ganz oben auf der Treppe befand sich ein Grab, das den gesamten Hügel beherrschte. Es war prachtvoll und geräumig genug, um einen König oder Kaiser zu beherbergen. Es war riesengroß, flach und mit weißen Kieselsteinen bedeckt. In der Mitte befand sich ein Grabstein aus schwarzem Granit, der die schlichte Inschrift trug: »Yasujiro Tsutsumis Grab«.

Jeder spürte, wie die Macht des alten Mannes die Atmosphäre durchdrang. Im Geiste war er unter ihnen.

Dann schlug die Uhr sechsmal, die Menschenmenge trat auseinander, und eine stämmige Gestalt schritt durch die entstandene Gasse. Dieser Mann war ebenso wie die anderen Männer schwarz gekleidet, obwohl sein Anzug sich in der Verarbeitung und der Qualität des Stoffes unterschied. Er schritt zum Grab hinauf, klatschte zweimal in die Hände und verbeugte sich, genauso wie alle anderen Männer es beim Betreten des Zelts getan hatten.

»Ein frohes neues Jahr, Vater, ein frohes neues Jahr«, rief er laut aus. Seine Stimme war erstaunlich hoch für einen so stämmigen Körper.

Yoshiaki Tsutsumi war ein massiger Mann, breitschultrig und bei bester Gesundheit. Er ging auf die Sechzig zu, doch seine Haltung war die eines jungen Mannes, mit kerzengeradem Rücken und durchgedrückten Schultern. Sein Haar war noch immer pechschwarz und glänzend. Aus einigen Positionen war sein Gesicht schön, aus anderen wiederum häßlich; es war ein markantes, knochiges Gesicht, ein Gesicht, das nicht zu übersehen war. Seine Feinde sprachen von seinem *geta*-Gesicht. Getas wurden die groben Holzschuhe der Arbeiter genannt. Er hatte einen großen, vollen Mund mit vorspringender Unterlippe und stechende Augen, denen nichts entging; sein kantiger Kiefer verriet rücksichtslose Zielstrebigkeit. Seine Mundwinkel waren in einem Ausdruck eiserner Entschlossenheit herabgezogen.

Nun wandte er sich um und stand der versammelten Menge gegenüber; hinter ihm erstreckte sich das Grab mit seinen Blumenvasen und Neujahrsdekorationen. Er sprach zur Menge in dem barschen Tonfall eines Feudalherren, der seine Untertanen ermahnt. Seine Rede war kurz, sie dauerte nur sieben oder acht Minuten. Es war jedes Jahr mehr oder weniger dasselbe. Das vergangene Jahr war schwierig gewesen, dieses Jahr würde noch schwieriger werden. Da Japans Wirtschaft in eine Rezession eintrat, würde man härter arbeiten müssen als je zuvor.

Yoshiaki Tsutsumi war auf dem Höhepunkt seiner Karriere. Kaum einer bezweifelte, daß er einer der mächtigsten Männer im Land war. Er galt als geheimnisvolle Gestalt. Obwohl er Macht ausübte, mochte er es nicht, wenn die Leute sahen, wie er sie ausübte. Er zog es vor, im verborgenen zu leben und im Hintergrund zu agieren. Er war bekannt für sein Netz von Beziehungen. Zu seinen Freunden zählten der gegenwärtige Ministerpräsident, frühere Ministerpräsidenten und jene rätselhaften Gestalten, die in Japan die eigentlichen Drahtzieher waren. Er war ihnen gegenüber zu nichts verpflichtet, aber sie standen alle in seiner Schuld. Yoshiaki hatte stets die Gewißheit, großen Einfluß zu besitzen, ganz gleich, welche Faktion oder Partei zufällig gerade an der Macht war.

Das Geheimnis seiner Macht lag in seinem legendären Reichtum. Dem amerikanischen Wirtschaftsmagazin *Forbes* zufolge war er der reichste Mann der Welt – reicher als die Rockefellers, die Rothschilds, die Gettys oder jeder andere der großen Namen, deren Reichtum sprichwörtlich ist. Seine Reichtümer wurden nur noch von denen der Königshäuser übertroffen – des Sultans von Brunei und der Königin von England. Vier aufeinanderfolgende Jahre war er an der Spitze der *Forbes*-Liste gewesen, in der die reichsten Männer der Welt aufgeführt wurden. 1993 sollte er erneut die Liste anführen, als sein Privatvermögen von verschiedenen Quellen auf 9 oder 22 Milliarden Dollar geschätzt wurde. Niemand kennt das volle Ausmaß seines Reichtums. Seine Firmen waren nicht aufgeführt, und ihre Bilanzen waren streng gehütete Geheimnisse.

Der Aufstieg des Konzerns galt als eine der größten Erfolgsstories in Japan. Yoshiakis Firmen gehörte ein Sechstel aller Ländereien Japans, und ihr Grundbesitz nahm von Jahr zu Jahr zu. Ihnen gehörte die größte Luxushotelkette des Landes mit über sechzig Hotels. Man konnte in einem Seibu-Apartment wohnen, mit der Seibu-Eisenbahn zur Arbeit fahren, in einem zu Seibu gehörenden Hotel absteigen und in einem von Seibus Ferienorten, die über die besten Skipisten in ganz Japan herrschten, seinen Urlaub verbringen. Jedes Jahr, selbst dann, als die nationale Wirtschaft von Rezession bedroht war, wurden neue Hotels und neue Ferienanlagen eröffnet. Jedes Jahr wurde ein weiterer Teil unerschlossenen Landes in Japan in Golfplätze und Skipisten verwandelt.

An jenem Morgen wußten alle Männer in dem Zelt, daß der Konzern nicht von dem Mann, der vor ihnen stand, gegründet worden war, sondern von dessen Vater. Viele von ihnen waren bereits lange genug bei Seibu, um sich noch an den barschen alten Mann mit seinem derben bäurischen Akzent zu erinnern. Viele ihrer Väter hatten vor ihnen für Seibu gearbeitet. Sie waren in der schwierigen Zeit dort gewesen, als der alte Mann den Konzern aus dem Nichts geschaffen hatte. Yoshiaki erhob nie den Anspruch, mehr zu sein als der Sohn seines Vaters. Er erfüllte lediglich die Pflicht, die man von einem guten Sohn erwartete. Er führte das Geschäft weiter, das ihm hinterlassen worden war.

Die Bahnen des Zelts knarrten und flatterten im eisigen Wind. »Auch dieses Jahr wollen wir unser Bestes tun!« rief der stämmige Mann auf der zum Grab führenden Treppe mit dröhnender Stimme. Die sechshundert Männer standen stumm und unbewegt da und hielten die Köpfe gesenkt.

Yoshiaki wandte sich dem Grab seines Vaters zu. Ein Gehilfe eilte herbei und reichte ihm einen rot lackierten Becher, der bis zum Rand mit warmem Reiswein gefüllt war. Im Einklang mit den Präsidenten der einzelnen Firmen, die hinter ihm standen, hob er den Kelch mit beiden Händen hoch und senkte den Kopf, um den alten Mann in seinem Grab zu grüßen.

»Frohes neues Jahr, Vater!« sprach er mit lauter Stimme.

Die roten Becher mit dem warmen, berauschenden Getränk wanderten die Reihe hinunter, von Präsidenten zu Vizepräsidenten, Generaldirektoren, Direktoren und Managern, bis ganz hinunter zu den Abteilungsleitern. Einer nach dem anderen erhob den Kelch, um dem Grab und dem Mann, der darin ruhte, seine Reverenz zu erweisen.

Einige Minuten später war Yoshiaki verschwunden. Unter weiteren Wogen von Verbeugungen glitt die Limousine den Hügel hinunter. Die Männer im Zelt wurden lockerer, sie lachten, schwatzten und hörten nicht auf, sich zuzuprosten und sich ein frohes neues Jahr zu wünschen.

Draußen im Osten färbte sich der blasse, gelbrote Himmel weiß. Die letzten dunklen Wolken verschwanden, und die Sonne zeigte sich am Himmel.

Sechs Uhr dreißig. Wieder ertönte die große Glocke, ein einziger Schlag hallte über das Tal bis zu den umliegenden Hügeln. Der Himmel leuchtete in einem blassen Türkis.

Der alte Mann, der dort in der Mitte des Geschehens lag, hatte alles andere als ein ordentliches und geregeltes Leben geführt. Trotz der prächtigen Zeremonie, die ihn nun umgab, war sein Leben ungewöhnlich wild und stürmisch verlaufen. Er war von einem brennenden Ehrgeiz und von Leidenschaften getrieben worden und hatte Chaos als Erbe hinterlassen.

Yasujiro Tsutsumi war ein Mann der Meiji-Ära, geboren gegen Ende des letzten Jahrhunderts unter der Herrschaft des Kaisers Meiji. Wie die großen Unternehmer des viktorianischen England war er aus dem Nichts emporgestiegen und hatte sich ein Imperium aufgebaut. Dabei hatte er sich wenig um die Menschen geschert, die er auf seinem Weg zur Macht hatte zertreten müssen. Er wurde in einem kleinen, von Reisfeldern umgebenen Dorf als Sohn eines Bauern geboren. Am Ende seines Lebens war er einer der mächtigsten Unternehmer des Landes und eine führende Gestalt in der Politik. Er war Sprecher des Repräsentantenhauses gewesen und ein Freund und Mentor der Ministerpräsidenten. Er hatte als Vertreter seines Landes die ganze Welt bereist. Er duzte sich mit Eisenhower, Nixon, Nehru und Macmillan und wurde zu Kennedys Amtseinsetzung geladen.

Doch in Japan gedachte man seiner vor allem aufgrund seiner zügellosen sexuellen Gelüste. Er hatte sieben legitimierte Kinder, von denen drei als ehelich bezeichnet werden konnten. Niemand wußte, wie viele weitere Kinder er gezeugt hatte. Einige schätzten die Zahl auf fünfzig, andere auf hundert. In jeder Ecke von Seibu, hieß es, könne man einen Abkömmling des alten Mannes finden. Wahrscheinlich hätte sich nicht einmal Yasujiro selbst an die Mütter all dieser Kinder erinnert.

Und genau darin lag die Ursache des Schlamassels, das seinem Tod folgte.

An jenem Morgen hatten sich außer Direktoren, Generaldirektoren, Vizepräsidenten und Präsidenten noch weitere Personen auf dem Friedhof oben auf dem Hügel eingefunden, um die morgendliche Zeremonie zu beobachten. Familienmitglieder, die sich nur an diesem einen Tag des Jahres zu Gesicht bekamen, waren dort zusammengekommen. In einer Ecke stand ein kleiner, alter Mann mit markanten Gesichtszügen, der dem toten Firmengründer auffallend ähnlich sah: Kiyoshi, Yasujiros ältester Sohn. Ein weiterer Sohn, der zurückhaltende Yasuhiro, nahm jedes Jahr an der Zeremonie teil, obwohl er kein gutes Verhältnis zu Yoshiaki hatte.

Eine Person glänzte durch Abwesenheit: Das berühmteste Familienmitglied, Seiji Tsutsumi, war nicht gekommen.

Es war an einem kalten Tag im Dezember, ein Monat vor der Zusammenkunft auf dem Friedhof in Kamakura. Ich saß, an meinem Tee nippend, in einem Zimmer im oberen Stockwerk eines kleinen Hotels in der Ginza, einem vornehmen Geschäftsviertel Tokios. Es war ein exklusives, luxuriöses und sehr teures Hotel – das teuerste in ganz Tokio, wahrscheinlich auch das teuerste auf der ganzen Welt. Wenn Hollywoodstars nach Tokio kamen, beherbergten sie ihr Gefolge in einem der berühmten Hotels, die jeder kannte. Sie selbst blieben hinter dem Luxus des Seiyo Ginza von der Außenwelt abgeschottet.

Der Eigentümer dieses Hotels war in Japan so etwas wie eine Legende.

In den berauschenden Tagen der siebziger und achtziger Jahre, als das Wirtschaftswunder das Leben aller Menschen veränderte, wurde Seibu schließlich zu einer Art Verkörperung all der stattfindenden Veränderungen. Jeder kannte Seibu. Mit dem Namen »Seibu« assoziierte man nicht etwa die Herrschaft über Ländereien, Wintersportorte, Golfplätze, Hotels oder Eisenbahnen, sondern eine Kette von Warenhäusern, die verwirrend innovativ und avantgardistisch waren. Eine neue Generation von Japanern wuchs heran, die ihr Geld lieber ausgeben als sparen wollten, und Seibu und die von ihm eröffneten Kaufhäuser zeigten diesen Japanern, wie sie ihr Geld ausgeben konnten.

Seibu war ein Vorkämpfer der Verbraucherrevolution. Als sich Tokio explosionsartig zu einem internationalen Zentrum der Mode, des Designs und der Künste entwickelte, war Seibu überall wegweisend. Seibu war ein Sammelplatz für junge Leute. Seibu bot Schirmherrschaft selbst für die ausgefallenste Avantgarde-Kunst sowie Unterstützung für jeden vielversprechenden Künstler, ganz gleich, wie jung und unbekannt er sein mochte. Viele führende Designer dieser Zeit, angefangen bei Issey Miyake, begannen ihre Karriere bei Seibu.

Den Mittelpunkt des Ganzen bildete eine schillernde und ziemlich rätselhafte Gestalt. Er war einer der extravagantesten Geschäftsmänner Japans. Doch er war gleichzeitig auch ein literarischer Mensch, der unter dem Pseudonym Takashi Tsujii schrieb und bereits einige Preise für seine Gedichte und Romane gewonnen hatte. Zu seinem Freundeskreis zählten Komponisten und Künstler sowie auch Politiker und Geschäftsleute. In Paris speiste er mit Staatspräsident Mitterrand. In England hatte er Kontakte zu Sotheby's, zu Liberty's und zur Königlichen Akademie der Künste. Auch hatte er der Saison Poetry Library am Südufer der Themse Stiftungen gemacht. Er war ein Mann mit vielen Facetten und Talenten.

Der Mann, der ins Zimmer platzte und sich für sein Zuspätkommen entschuldigte, sah ganz und gar nicht aus wie der Firmengründer und Vorsitzende eines so großen und einflußreichen Konzerns. Er war klein, fast zierlich, erstaunlich bescheiden und schüchtern. Das Gesicht war eher das eines Dichters als das eines Geschäftsmannes. Er saß auf der Kante seines Stuhls, fingerte an seiner Krawatte, hörte jedoch aufmerksam zu und sprach begeistert über Schriftstellerei und Poesie.

Er hatte ein rundes, waches Gesicht, faltig und sanft, mit großen, sensiblen Augen, einer breiten Stirn und einem spitzen Kinn. Er lächelte häufig, ein spitzbübisches Lächeln, das seine knabenhaften Züge noch stärker hervortreten ließ. Doch trotz all seines jugendlichen Schwungs schwang in seinem Wesen stets eine vorsichtige Zurückhaltung.

Wir unterhielten uns von Autor zu Autor. Er selbst hatte bereits mehrere Romane geschrieben, literarische Darstellungen seines eigenen Lebens. Er schrieb in diesen Büchern über seinen Vater. Doch er erklärte mit einem leisen Lachen, er habe den alten Mann in diesen Büchern lediglich von seiner guten und nicht von seiner schlechten Seite gezeigt.

Zur Zeit sammelte er Material, um eine Biographie über seinen Vater zu schreiben. »Wir sind also Konkurrenten!« sagte er und zwinkerte mit den Augen.

Dann sprach er in ernsterem Tonfall. Als sein erster Roman veröffentlicht wurde, hatten sich seine Verwandten angeblich darüber empört. Doch die literarische Welt mochte den Roman. Er wußte, daß das, was ich schreiben mußte, möglicherweise sowohl ihn als auch seine Familie verärgern könnte. Doch da er selbst schrieb, konnte er nicht anders, als mich dazu zu drängen, genau das gleiche zu tun wie er: frei und unbefangen zu schreiben. Es wäre falsch, seine Zustimmung oder die seiner Familie zu verlangen.

»Schreiben Sie Literatur«, sagte er mit plötzlicher Heftigkeit. »Schreiben Sie Literatur.«

Noch bevor ich mit der Recherche für dieses Buch begann, warnten mich viele Leute davor. In Japan ist der Name Tsutsumi so bekannt wie der der Kennedys, Rockefellers oder Trumps in den USA. Ebenso kennt jeder wirre Gerüchte über ihre Lebensgeschichte, über ihren Reichtum, über ihre privaten Affären und den fast sprichwörtlichen Haß zwischen den Brüdern. Die Geschichte der Familie wurde jedoch bislang niemals in englischer Sprache erzählt.

Viele Leute weigerten sich, mir Auskunft zu geben, oder bestritten, etwas über die Familie zu wissen. Die Brüder würden niemals mit mir sprechen, hieß es. Ich würde nichts herausfinden. Doch damit nicht genug: Es könne sogar gefährlich werden, falls ich bei meinen Nachforschungen zu weit gehen sollte. Die Brüder besaßen schließlich eine ungeheure Macht. Und in Japan bestehen stets Kontakte zwischen Big Business und der Unterwelt.

Zunächst schien es unwahrscheinlich, daß ich die Brüder jemals würde persönlich treffen können. Beide geben der Presse für gewöhnlich keine Interviews. Auch in meinem Fall reagierten beide auf mein Anliegen in für sie charakteristischer Weise.

Ich schlug den in Japan üblichen Weg ein und näherte mich Seiji durch die Vermittlung eines führenden britischen Firmenvorsitzenden, mit dem er geschäftliche Kontakte hatte. Seiji gewährte mir ein Treffen, bei dem er überaus charmant war. Er sagte, er werde auf passive und nicht auf aktive Weise zu meinem Projekt beitragen. Doch ich dürfe ihn gerne interviewen, sogar mehr als einmal, falls nötig. Zudem dürfe ich ihm Fragen faxen, so oft mir dies während des Schreibens des Buchs erforderlich scheine. Als ich mich unmittelbar nach dem Treffen an seinen persönlichen Assistenten wandte, um einen Termin für das erste Interview zu vereinbaren, erhielt ich die Antwort, Seiji sei zu beschäftigt. Ich solle die Fragen faxen, wie er vorgeschlagen hatte. Als ich ihm ein Fax schickte, erhielt ich jedoch keine Antwort auf meine Fragen.

Yoshiaki verzichtete auf solche Finten. Niemand wollte riskieren, mir ein Entree bei ihm zu vermitteln. Ich mußte mich also notgedrungen an seine Public-Relations-Abteilung wenden. Zu meiner Überraschung waren sie dort kooperationsbereit. Sie machten mir ihren Standpunkt klar. Ich durfte Yoshiaki beobachten, ihn in Aktion sehen, doch ich durfte ihn nicht interviewen. Sie blieben bei ihrem Angebot. Ich wohnte der Eröffnung eines seiner Hotels bei und konnte dem bedeutenden Mann bei dieser Gelegenheit sogar die Hand drücken. Ein näherer Kontakt wurde mir jedoch nicht gestattet.

Da es mir nicht möglich war, einen der Brüder zu interviewen, wandte ich mich an Mittelsmänner. Beide Brüder wiesen ihre Assistenten an, mir zu helfen und Empfehlungen zu geben. Ich befragte in Paris Kuniko, Seijis jüngere Schwester, und konnte mich mit alten Schulfreunden der Brüder treffen, mit einigen führenden Persönlichkeiten beider Konzerne sowie mit Personen, die seit der Zeit des Gründers, Yasujiro, bei Seibu waren.

Von einigen erfuhr ich weniger, als ich erwartet hatte, von anderen wiederum viel mehr. Ein Befragter beschrieb jedes Mitglied der Familie mit einem einzigen Wort: »gewöhnlich«. Mehrere Personen, die Spitzenpositionen in den verschiedenen Firmen innehatten, baten mich zuerst, ihre Namen nicht preiszugeben. Nachdem ich diese Bedingung akzeptiert hatte, sprachen sie mit erstaunlicher Offenheit. Sie gaben mir Informationen, nach denen ich gar nicht gefragt hatte, und enthüllten Details, von denen ich nicht den Schimmer einer Ahnung gehabt hatte.

Ich suchte einige Orte in Japan auf, die mit der Familie oder mit Seibu in Zusammenhang gebracht wurden, und befragte viele Personen, die ich selbst ausfindig machte, sowie jene, die ich durch die Hilfe der persönlichen Assistenten kennenlernte. Ich studierte Bücher und viele Artikel, die in japanischer Sprache über die Familie geschrieben wurde und traf Journalisten, die es zu ihrer Lebensaufgabe gemacht haben, über das Schicksal der Familie zu berichten.

Ich prüfte meine Informationen mit äußerster Sorgfalt, befragte viele unterschiedliche Personen über dieselben Ereignisse und verglich ihre Aussagen.

Zudem wandte ich mich Seijis autobiographischen Romanen zu und bat erneut Personen innerhalb der Firma, zu bestätigen, daß sich diese oder jene Episode tatsächlich ereignet hatte. In meiner Darstellung habe ich die aus Seijis Romanen stammenden Episoden kenntlich gemacht.

Schließlich machte ich mich daran, meine Informationen zu vergleichen und die Stichhaltigkeit jeder einzelnen Aussage sowie die Zuverlässigkeit meiner Quellen zu beurteilen. Einige der Informationen – insbesondere jene, die von Gefolgsleuten der Brüder stammten – wiesen Widersprüche auf. Die meisten Personen, mit denen ich sprach, waren Gefolgsleute des einen oder anderen Bruders. Außerdem hatten einige Personen Grund, die Brüder zu hassen oder zu fürchten. All dies mußte ich berücksichtigen.

Ich habe meine Geschichte wie ein Puzzle zusammengesetzt. Sie ist ganz gewiß keine autorisierte Biographie. Doch kein Teil meines Berichts ist meines Wissens erfunden. Ich habe mein Bestes getan, um die Fakten zu sichern, und in einigen Fällen mußte ich das Material interpretieren. Doch schließlich gibt es einige Dinge, die einfach nicht in Erfahrung gebracht werden können.

Dort, wo ich andere Übersetzungen verwendet habe, habe ich diese kenntlich gemacht.

# Teil I
*Der Patriarch*

# 1
# Der Anfang
## Omi 1889–1907

*Ich habe im Alter von fünf Jahren meinen Vater verloren und mußte mich von meiner Mutter trennen. Ich bekam damals am eigenen Leib zu spüren, wie schmerzlich eine Trennung sein kann. Später wurde ich von meinen Großeltern mit viel Liebe aufgezogen. Doch bevor ich volljährig wurde, starben meine Großeltern. Danach wechselten sich in meinem Leben ständig Höhen und Tiefen ab – und es verläuft auch heute noch so turbulent. Es ist im wahrsten Sinne des Wortes eine siebzig Jahre dauernde Geschichte des Kampfes.*

YASUJIRO TSUTSUMI[1]

Yasujiro wurde 1889 an einem kalten Märztag geboren. Es war eine trübe Jahreszeit. Die Pflaumenblüten waren längst abgefallen, und für die Kirschblüten war es noch zu früh.

Im Dorf Yagiso pfiff ein eisiger Wind über die ausgedörrte, braune Erde, und die fernen Berge waren schneebedeckt. Zu dieser Zeit gab es keine Elektrizität, und als einzige Heizung diente ein altertümlicher Holzkohleofen, an dem man sich die Hände wärmen konnte.

Draußen in der Welt vollzogen sich gewaltige Veränderungen. In Europa und in den Vereinigten Staaten wurde die Landschaft durch die industrielle Revolution total verändert. Kohlezechen, Fabriken und rauchende Schornsteine verdrängten die ländliche Idylle. Züge rollten über die Felder, in den Städten brannte elektrisches Licht, und das Telefon und die Kamera wurden erfunden.

Japan war bis 1853 gegen Veränderungen abgeschottet geblieben. Dann jedoch erschien der amerikanische Kommodore Matthew Perry mit seinen Kriegsschiffen in der Bucht von Tokio. Seine Kriegsflotte hatte den Auftrag, den Shogun zu zwingen, sein Land für den Handel und Warenaustausch zu öffnen. Außerdem brachten sie einen ersten Hauch der neuen Welt mit.

In den sechsunddreißig Jahren, die seitdem vergangen waren, hatte sich das Land in erstaunlichem Tempo verändert. Der mit einem Gehrock bekleidete Staatsmann Hirobumi Ito, der erste Ministerpräsident, hatte an der Universität in London studiert und hielt in seiner im westlichen Stil eingerichteten Villa Maskenbälle ab. Es gab Straßen, Rikschas, Gaslampen sowie prachtvolle Ziegelstein- und Steinhäuser, die von westlichen Architekten entworfen waren. Die modernen Frauen hörten auf, ihre Zähne zu schwärzen oder ihre Augenbrauen zu rasieren, und die Männer hatten den traditionellen Haarknoten der Samurai zugunsten des modischen Kurzhaar-Looks des Westens aufgegeben.

Doch nahezu alle Veränderungen blieben auf die großen Städte beschränkt, auf Tokio und Osaka. In dem Dorf Yagiso, in der tiefsten Provinz gelegen, spielte sich das Leben weiterhin im wesentlichen so ab wie in den vergangenen tausend Jahren. Lediglich eine einzige Entwicklung versprach eine Veränderung. Im Jahr 1889, als Yasujiro auf die Welt kam, wurde die Bahnlinie fertiggestellt, die den Shimbashi-Bahnhof, den Hauptbahnhof Tokios, mit Osaka und Kobe verband. Sie folgte der Route der alten Tokaido-Straße und führte in einer Entfernung von wenigen Fußstunden am Dorf Yagiso vorbei.

Yagiso bestand wie tausend andere Bauerndörfer in ganz Japan aus einer Gruppe von strohgedeckten Bauernhäusern mit steilen Dächern. Zwischen den Häusern lagen zerfurchte, schmutzige Wege, und ringsum erstreckte sich ein Flickenteppich von Reisfeldern. Im Sommer war alles grün, im Winter braun, bis es schneite und alles weiß wurde.

Eines der größten Häuser im Dorf gehörte Kiyozaemon (oder Saezaemon) Tsutsumi, Yasujiros Großvater und Patriarch der Familie. Es war ein baufälliges Haus, dessen Dach mit *kaya*-Gras bedeckt war. Ein stabiles Lagerhaus mit feuerfesten Tonwänden, in dem Wertgegenstände aufbewahrt wurden, war dem Haus angegliedert. Gegenüber befand sich der Dorftempel Renshoji. Kiyozaemons Name ist dort in den Urkunden aufgeführt. Er war Dorfältester und einer der drei Leiter des Gemeindebezirks.

Yasujiros Urgroßvater, auch ein Kiyozaemon (in traditioneller Weise wurde der Name von Generation zu Generation weitergegeben), war früh gestorben. Als Folge davon war das Familienvermögen geschrumpft. Obgleich der jüngere Kiyozaemon einige Felder um das Dorf herum besaß, war dies nicht genug, um sich selbst und seine Familie zu ernähren.

So wurde er Leinenhändler. Er kaufte Vorräte an Leinengarn und wanderte über die Felder zu den Bergen, die sich am Rand der Ebene erhoben. Dort stieg er von einem Dorf zum nächsten empor und beschäftigte zahlreiche junge Frauen, die sein Garn zu Tuch webten. Wenn er ihnen neues Garn brachte, sammelte er die fertigen Tücher ein und nahm sie mit, um sie zu verkaufen. Das Geschäft blühte allmählich. Er begann, junge Leute anzustellen, die das Garn auslieferten und die fertigen Tücher einsammelten, und ließ sich nur hin und wieder blicken, um eine besonders schwierige Webarbeit zu erklären.

Yasujiros Großmutter Kiri war eine kleine, vertrocknete Frau, nußbraun und voller Falten von den Jahren der Feldarbeit. Ihr einziges Vergnügen war, ihre Pfeife zu rauchen. Kiri kam aus einer Familie, die in dem Nachbardorf Notogawa einen Kimonoladen besaß. Als es für ihren Sohn Zeit wurde, zu heiraten, beschloß sie, daß er eine Tochter der Kamibayashi-Familie, die das Geschäft betrieb, zur Frau nehmen sollte.

Dies waren wohlhabende Leute von der Nordinsel Hokkaido, wo sie einen Handel mit Heringen betrieben. Ihre neunzehnjährige Tochter Miwo war ein hübsches, ziemlich verwöhntes Mädchen, das an ein üppiges Leben gewöhnt war. Zu dieser Zeit jedoch war die Ehe eine Angelegenheit, über die die Familie und nicht das Individuum zu entscheiden hatte. Miwo war gefügig und machte sich auf, um die Braut der Tsutsumi-Familie zu werden und in dem Bauernhaus der Familie zu leben.

Dort – oder vielmehr in einem kleinen Schuppen hinter dem Haus, wie es Brauch war – wurde Yasujiro am 7. März 1889 geboren. Es war nach dem japanischen Kalender das Jahr des Ochsen und außerdem das zweiundzwanzigste Regierungsjahr des Kaisers Meiji. Zwei Jahre später brachte die junge Frau ein weiteres Kind zur Welt, eine Tochter, die sie Fusako nannten.

Yasujiros Vater Yujiro war ein gutaussehender junger Mann, der hart arbeitete und sich im Dorf großer Beliebtheit erfreute. Eine Zeitlang hatte er das Amt des Dorfvorstehers inne. Der kleine Jungen spielte mit seinen Freunden auf den schmutzigen Wegen zwischen den Häusern, veranstaltete Ringkämpfe und schien für ein ruhiges, ereignisloses Leben bestimmt. Zweifellos würde er in die Fußstapfen seines Vaters und Großvaters treten, den Familiennamen Kiyozaemon annehmen und das Haus und die Felder erben.

Doch dann trat ein Ereignis ein, das alles veränderte.

Yasujiro war ein zäher kleiner Junge von vier Jahren, als sein Großvater für ein paar Tage in Urlaub ging. Als er zurückkam, lag Yujiro, sein einziger Sohn, im Sterben. Er hatte Typhus.

Man brachte den kranken Mann in ein separates Zimmer nahe beim Lagerhaus. Einige von Yasujiros frühesten Erinnerungen waren die an das Krankenzimmer und den stechenden Geruch der Karbolsäure, die zur Desinfizierung verwendet wurde. Am 30. September 1893 wurde Yujiro eingeäschert, und seine Asche wurde in einer Urne im Renshoji-Tempel niedergelegt. Doch was als nächstes geschah, war für den kleinen Yasujiro noch schrecklicher.

Einige Wochen nach der Beisetzung nahm ihn seine Mutter auf den Schoß und teilte ihm mit, daß sie fortgehen würde. Sie wollte nach Notogawa zurückgehen, wo ihre Familie den Kimonoladen betrieb. Er würde sie dort besuchen können. Sie sagte, er solle ein guter Junge sein, auf seine kleine Schwester aufpassen und seinen Großeltern gehorchen.

Wenige Tage später kam ihr Bruder aus Hokkaido und nahm sie mit.

Sein ganzes Leben lang grübelte Yasujiro darüber nach, warum seine Mutter fortgegangen war. In seinen Memoiren bringt er einige Erklärungen vor. Vielleicht, so schrieb er, war es die Freundlichkeit seiner Großeltern. Sie hatten Mitleid mit der jungen Frau, die mit vierundzwanzig Jahren bereits Witwe war, und schickten sie fort, damit sie sich einen neuen Ehemann suchen konnte. Oder vielleicht war sie eine eigenwillige, selbstsüchtige Frau, die im Luxus aufgewachsen war, und seine Großeltern wurden nicht mit ihr fertig.[2]

Bis an sein Lebensende konnte er den Trennungsschmerz nicht vergessen. Als sie eine alte Frau war, besuchte er sie einmal mit seiner Familie. Auf der Heimfahrt im Auto sagte er grimmig: »Sie war keine gute Frau.«[3]

Doch es gab noch eine weitere Erklärung, warum sie fortging, von der Yasujiro niemals etwas erfahren sollte.

Im Jahr 1987, mehr als zwanzig Jahre nach Yasujiros Tod, wurde ein Artikel veröffentlicht, der für eine Sensation sorgte. Er war von einem alten Cousin Yasujiros geschrieben, von einem Mann namens Kunio Kamibayashi.

Kamibayashi war der Sohn jenes Bruders, der gekommen war, um Miwo zu holen. Er wurde 1903, zehn Jahre nach diesen dramatischen Ereignissen, geboren; zweifellos hatte ihm sein Vater die Geschichte erzählt.

Die Jahre vergingen. Yasujiro starb, und seine Söhne Seiji und Yoshiaki übernahmen seinen Konzern. Der Reichtum und die

Macht der Tsutsumi-Dynastie wuchsen unaufhaltsam. In den achtziger Jahren erschienen erste Bücher über die Geschichte der Familie. In allen wurde die treulose Mutter erwähnt, die ihre Kinder verlassen hatte, um wieder zu heiraten. Schließlich beschloß der alte Kamibayashi, daß es an der Zeit war, sein Schweigen zu brechen.

Yasujiro war längst tot und begraben, und Kunio Kamibayashi selbst war bereits vierundachtzig. Er telefonierte mit dem Herausgeber der Zeitschrift *Shukan Bunshun* und bot ihm seine Story an.

»Meine Tsutsumi-Familie – das Geheimnis meines Geschlechts« strotzte vor skandalösen Enthüllungen. In diesem Monat verkaufte *Shukan Bunshun* zusätzlich 50000 Exemplare. Yoshiaki Tsutsumi war so empört, daß er ein Jahr lang keinerlei Werbung für seine Firmen in der Zeitschrift machte.

Kamibayashis Darstellungen bezogen sich zum Großteil auf Ereignisse aus Yasujiros späterem Leben. Erst ganz am Ende seines Artikels schrieb er über seine Tante, Yasujiros Mutter. Er behauptete, daß er keinen Groll gegen Yasujiro oder die Familie der Tsutsumis hege. Er sei ein großer Bewunderer Yasujiros. Sein Cousin sei ein Held, ein Gigant unter den Männern. Doch er habe auch seine Schwächen – wie alle Helden.

Er hatte auch eine diabolische Seite. Man könnte das auch eine Charakterschwäche nennen. Meiner Ansicht nach war genau diese Schwäche der Anlaß des »Streits« zwischen den Tsutsumi-Brüdern. Die Schwäche der älteren Generation [Yasujiro] war die »Lust«.[4]

Schließlich schrieb er, daß er eine Geschichte zu erzählen habe, die nicht einmal Yasujiro selbst kannte. Sie habe mit seiner Mutter zu tun.

Über Yasujiro wird allgemein behauptet, der Verlust seiner Mutter sei »die Ursache seiner ungezügelten sexuellen Gelüste« gewesen.

Doch, so schrieb Kamibayashi, kenne niemand die ganze Geschichte. In Wirklichkeit sei Yasujiro nicht der erste Sexbesessene gewesen. Seine Tante Miwo habe wegen des alten Großvaters Kiyozaemon fortgehen müssen.

Mein Vater behauptete, daß der alte Mann mehrmals versucht habe, seine Schwiegertochter Miwo zu verführen. Deshalb ist sie abgehauen. [...] Und danach konnte Miwo Yasujiro und seine kleine Schwester nie vergessen, und sie wurde ihres Lebens nicht mehr froh. Als Mutter hat sich Miwo mit Sicherheit nichts zuschulden kommen lassen.[5]

Yasujiro wuchs heran und verehrte seinen Großvater. In seinen Memoiren hat er wenig über seine Großmutter zu sagen, außer daß sie ihre Pfeife liebte. Es gehörte zu seinen Aufgaben, sie mit einem Reisstengel zu reinigen.

Sein Großvater fungierte als sein Arbeitgeber und Mentor. Der kleine Junge sollte einmal das Haus erben und den Namen der Familie tragen. Der schroffe alte Mann sorgte höchstpersönlich dafür, daß sein Enkel alle Regeln und Werte in sich aufnahm, die ein Bauer kennen mußte.

Sie standen jeden Morgen um drei oder vier Uhr auf, was die Bauern in Japan noch heute tun. Von seinem Großvater Kiyozaemon lernte das Kind auch, wie überaus wichtig Grundbesitz war.

Als traditionsbewußter Mensch war der Großvater entschlossen, seinen Enkel zu einem würdigen Nachfolger und Träger des Namens Tsutsumi zu machen. Härte und Strenge erschienen ihm die geeigneten Mittel der Erziehung. Im Haus der Tsutsumis gab es wenig Wärme und Fröhlichkeit, jedoch viele Schläge und Beschimpfungen.

Das Dorf Yagiso lag in der Provinz Omi, fast genau in der Mitte Japans.

Die Menschen aus Omi waren berüchtigt für ihre Geldgier. Überall wurden sie die Omi *shonin* genannt – die Omi-Kaufleute. Angeblich lullten dort die Frauen ihre Kinder mit Geschichten von Helden aus Omi in den Schlaf, die in die Großstadt gegangen waren, um Kaufleute zu werden, und als reiche Männer heimgekehrt waren. Wie Kiyozaemon mit seinem Tuchgeschäft gaben sich die meisten Menschen in Omi nicht einfach mit der Landwirtschaft zufrieden. Sie trieben nebenher Handel und fuhren mit ihren Waren über den See und zurück. Viele berühmte Unternehmerfamilien des Landes stammten aus Omi: die Mitsuis, die Toyotas, die Begründer der großen Kaufhäuser, der Begründer von C. Itoh, um nur die wichtigsten zu nennen.

In späteren Jahren wurde der Name der Provinz von Omi zu Shiga abgewandelt. Doch der Mythos der Omi-Kaufleute überlebte. Viele Japaner behaupteten, der berühmteste Omi *shonin* sei Yasujiro Tsutsumi gewesen.

Im Jahr 1902 schloß Yasujiro mit dreizehn Jahren die Grundschule ab. Er hatte gute Noten und bekam einen Platz in der höheren Schule von Hikone angeboten, der nächsten größeren Stadt. Großvater Kiyozaemon machte sich große Sorgen. Der alte Mann war überzeugt, daß sein Enkel auf die schiefe Bahn geraten würde, wenn er die Zügel nur einen Augenblick lockerte. Und außerdem: Wer wußte denn, welche Laster in einer belebten Stadt wie Hikone lauerten? Zweifellos gab es dort Geisha-Häuser und jede Art von Gesindel.

»Ich habe dich bis jetzt so gewissenhaft erzogen«, sagte er voller Groll. »Wenn du in eine gefährliche Stadt wie Hikone gehst und gegen die Gesetze verstößt, wird es schreckliche Folgen haben. Wenn das geschieht, wird es das Ende der Tsutsumi-Familie bedeuten.«[6] Der Junge galt mittlerweile im Dorf als ziemlicher Flegel, der einzig und allein seinen Großvater respektierte.

»Was soll ich tun?« fragte er.

»Ich möchte, daß du hier bleibst und Bauer wirst.«[7]

So blieb Yasujiro im Dorf Yagiso. Kiyozaemon war mittlerweile fast siebzig. Es wurde Zeit für den jungen Yasujiro, die Führung des Haushalts zu übernehmen. Er mußte schnell erwachsen werden, und er nahm seine Pflichten ernst. Jeden Tag, während die Sterne noch am Himmel blinkten, schulterte er seine Hacke und stapfte auf den dunklen, erdigen Wegen zwischen den Häusern zu den Feldern hinaus.

Als Yasujiro siebzehn war, gab sein Großvater schließlich nach und erlaubte ihm, seine Ausbildung fortzusetzen. Damals waren die Schulen der Streitkräfte besonders beliebte Bildungsanstalten. Yasujiro wurde für ein Jahr auf eine Marineakademie in Kyoto geschickt. Als er in das Dorf Yagiso zurückkehrte, fand er eine Anstellung in der Kommunalverwaltung, im Bezirksbüro.

Yasujiro war 1907 kein Kind mehr, sondern ein erwachsener Mensch. Und das Dorf Yagiso wurde ihm allmählich zu klein. In dem Dorf schien die Zeit still zu stehen. Die Bauern stapften in ihren Baumwollstiefeln mit geteilter Sohle über die zerfurchten Wege und wateten im Frühling knietief in den überfluteten Feldern, um die Reisschößlinge zu pflanzen. Doch draußen in der Welt fanden gewaltige Veränderungen statt.

Sechzig Jahre zuvor, zur Jugendzeit des Großvater Kiyozaemon, war Japan ein Feudalstaat gewesen. Faktisch wurde das Land von einer Militärdiktatur beherrscht. Seit zweihundertfünfzig Jahren hatten die Tokugawa-Shogune das Land ohne Unterbrechung regiert. Sie hatten nach einem langen Bürgerkrieg Frieden und Ordnung wiederhergestellt, allerdings um den Preis eines totalen Überwachungsstaats.

Das Leben in Japan war unter der Tokugawa-Dynastie streng reglementiert. Es gab vier Klassen. An der Spitze stand das Militär, vom höchsten Fürsten bis zum einfachsten Fußsoldaten; dann kamen die Bauern, der eigentliche Nährstand, dann die Handwerker und ganz unten die Kaufleute. Weil die Kaufleute nichts produzierten, wurden sie als Parasiten betrachtet. Die Kleidung, die Speisen, die Arbeiten und die Lebensweisen der vier Klassen waren genau festgelegt. Nach geltendem Recht gab es keinerlei Mobilität. Wo man geboren wurde, starb man auch. Man übte den Beruf aus, den Vater und Großvater ausgeübt hatten. Als Kaufmann konnte man niemals in eine höhere Klasse aufsteigen, ganz gleich, wieviel Geld man verdiente. Man konnte seinen Reichtum niemals dazu benutzen, in eine bessere Gegend zu ziehen oder seinen Sohn mit einer Samurai-Tochter zu verheiraten.

Um zu verhindern, daß subversive Ideen eindrangen und das zerbrechliche Gleichgewicht zerstörten, wurde das Land hermetisch abgeriegelt. Ausländer wurden nicht hineingelassen, und die Japaner wurden nicht hinausgelassen. Nur ein kleines Schlupfloch blieb offen – der Hafen von Nagasaki, wo chinesische Kaufleute ihre Waren verkaufen durften und wo eine kleine holländische Handelsniederlassung gegründet wurde. Durch dieses Schlupfloch sickerten zuweilen Nachrichten über Entwicklungen, die den Rest der Welt veränderten.

Zweihundertfünfzig Jahre später war das Land reif für Veränderungen. Die Jahrhunderte des Friedens hatten Wohlstand und einen hohen Lebensstandard hervorgebracht, zumindest bei den reicheren Klassen. Insbesondere die Kaufleute waren reich geworden und murrten, weil sie ihren Status nicht ändern konnten. Auf dem Land hatten viele Bauern, wie etwa Kiyozaemon, begonnen, sich durch Handel ein Zubrot zu verdienen. Die Regierung der Militärs war zu einer verästelten Bürokratie verkommen.

Schließlich kam der Impuls zur Veränderung von den aggressiven Mächten der westlichen Welt. Überall auf der ganzen Welt, von Afrika bis Asien, kämpften sie um koloniale Imperien. Über Indien waren sie schon vor langer Zeit hergefallen, ganz Südostasien gehörte jetzt den Europäern. Im Norden waren die Russen in Sibirien eingefallen. Und 1842 wurde der Nachbar China im Opiumkrieg von den Briten besiegt.

Im Jahr 1853, als Kiyozaemon zwanzig war, ankerte Kommodore Matthew Perry mit seinen vier schwarzen, mit Kanonen bestückten Schiffen in der Bucht von Tokio. Er überbrachte einen Brief des amerikanischen Präsidenten, in dem Japan aufgefordert wurde, seine Häfen unverzüglich dem Handel und der Freundschaft zu öffnen. Perry erklärte, er werde im folgenden Jahr mit einer sehr viel größeren Flotte wiederkommen, um die Antwort entgegenzunehmen. Die Japaner standen einer solchen Macht wehrlos gegenüber. Sie hatten keine Flotte. Als Inselstaat konnten sie leicht vom Meer aus angegriffen werden, und die westlichen Mächte waren militärisch haushoch überlegen. Es blieb ihnen nichts anderes übrig, als den Forderungen nachzugeben. Im Laufe der Jahre mußten sie eine Reihe von Handelsverträgen mit den westlichen Mächten unterzeichnen. Die Bedingungen waren für Japan schädlich und erniedrigend.

Danach überstürzten sich die Ereignisse. Der Shogun hatte sich als unfähig erwiesen, Japan gegen die westlichen Nationen zu verteidigen. Die Schwäche des zerfallenden Militärregimes offenbarte sich auf brutale Weise. Mit der Parole »Ehrt den Kaiser und vertreibt die Barbaren« begannen hitzköpfige, junge Samurai aus den fernen Provinzen Choshu und Satsuma im Süden des Landes einen Aufstand. Nach einigen Jahren der Intrigen und Kämpfe gelang ihnen ein Staatsstreich. Der Shogun wurde gestürzt und verzichtete auf seine Macht. Kaiser Meiji zog 1868 im zarten Alter von sechzehn Jahren in einer feierlichen Prozession aus seiner traditionellen Hauptstadt Kyoto aus und wurde in der neuen Hauptstadt Tokio als nominelles Staatsoberhaupt eingesetzt. Doch die wirkliche Macht lag in den Händen der jungen Samurai, die die Revolte angeführt hatten.

Die politische Revolution war vorbei; doch die eigentliche Revolution begann gerade erst. Die neuen Führer des Landes begriffen, daß es nur eine Möglichkeit gab, sich gegen die ausländischen Mächte zu wehren und die Barbaren zu vertreiben. Sie mußten das Geheimnis ihrer militärischen Stärke ergründen. Das bedeutete, ihre Kultur zu studieren, ihre Wissenschaft und Technologie zu erlernen und mit ihrer industriellen Entwicklung Schritt zu halten. Es gab eine Menge aufzuholen, und es mußte so schnell wie möglich geschehen.

Veränderungen erfolgten in erstaunlichem Tempo. Junge Männer fuhren mit den Fährschiffen der P&O-Linie in den Westen, um zu studieren; westliche Experten wurden nach Japan eingeladen. Bereits fünf Jahre nach dem Amtsantritt des Kaisers verfügte das Land über die Anfänge eines Telegrafennetzes, erste Leuchttürme, einen Postdienst, die allgemeine Schulpflicht auf Grundschulniveau sowie Gerichtshöfe nach westlichem Muster. Auch hatte das Land seine erste, von einem britischen Ingenieur erbaute Eisenbahn, die Linie Tokio-Yokohama. Sie wurde am 12. Oktober 1872 mit gewaltigen Fanfarenklängen eingeweiht. Der Kaiser, in voller Hoftracht, reiste im ersten Zug. Lokomotive und Waggons waren aus England geliefert worden.

Was als Wunsch begonnen hatte, den Westen mit seinen eigenen Waffen zu schlagen, entwickelte sich rasch zu einer Faszination für alles Westliche. Die feine Gesellschaft von Tokio kleidete und frisierte sich nach westlichem Muster; man aß westliches Essen und lernte westliche Tänze. In den achtziger Jahren des 19. Jahrhunderts, als die Begeisterung für die westliche Lebensweise ihren Höhepunkt erreichte, traf sich die Schickeria im Rokumeikan, im Deer Cry Pavilion, das von dem britischen Architekten Josiah Conder entworfen worden war, zu Gartenparties und Bällen. Man trank westliche Drinks, spielte Billard und tanzte vor allem Walzer und Quadrille.

Doch die ernstere Absicht, die hinter all diesen Veränderungen steckte, war keineswegs in Vergessenheit geraten. Das ganze Land mußte komplett umstrukturiert und in einen modernen Nationalstaat verwandelt werden, der stark genug war, sich gegen die aggressiven westlichen Mächte zu behaupten.

Die Führer des Landes suchten sich sorgfältig die besten Modelle aus, denen sie nacheiferten. Der Aufbau der Armee und der Flotte hatte höchste Priorität. Französische Offiziere wurden angestellt, um die neu rekrutierte japanische Armee auszubilden, während die Marine von Briten aufgebaut und ausgebildet wurde. Der erste Ministerpräsident, Hirobumi Ito, war im wesentlichen für den Entwurf der ersten Verfassung nach deutschem Vorbild verantwortlich. Und im Februar 1889, einen Monat bevor Yasujiro geboren wurde, wurde das erste Parlament, das »Unterhaus«, einberufen.

Im Jahr 1904 schließlich, während der junge Yasujiro im Dorf Yagiso noch immer harte Feldarbeit leistete, begann Japan einen Krieg mit Rußland. Zum ersten Mal stellte sich Japan einer westlichen Großmacht zum Kampf. Der Anlaß des Krieges war die Herrschaft über die Halbinsel Korea. Die Japaner gewannen eine Reihe von entscheidenden Schlachten, aber auf beiden Seiten waren schreckliche Verluste zu beklagen. Dann errang die neue japanische Kriegsmarine einen triumphalen Sieg über eine russische Flotte.

In den Augen der Weltöffentlichkeit war die Schlacht zwischen dem winzigen Japan und dem Riesen Rußland eine Schlacht zwischen David und Goliath. Der Sieg enthielt für Japan und für die übrige Welt die Botschaft, daß sich all die harte Arbeit und die Modernisierung ausgezahlt hatten. Japan stellte nun eine ernstzunehmende Macht dar, eine hochindustrialisierte, moderne Nation, die bereit war, es mit jedem westlichen Staat aufzunehmen.

Es war eine berauschende Zeit, eine Zeit außerordentlicher Gärung. Die gewaltigen Umwälzungen boten glänzende Chancen für Emporkömmlinge. Die alten Sozialstrukturen waren zerfallen; die neuen waren noch immer im Aufbau. Zum ersten Mal nach Jahrhunderten der Unterdrückung hatte ein junger Mann mit Entschlossenheit und einer guten Portion Skrupellosigkeit die Chance, seine Klasse zu verlassen und sein Schicksal selbst in die Hand zu nehmen. Es war eine Zeit, in der ein junger Mann niedriger Herkunft sein Glück machen konnte.

Dies war die Welt, in die Yasujiro Tsutsumi gerade eintrat.

# 2
# Die Flucht
## Waseda 1907–1915

*Aus eigener Erfahrung sage ich stets zu den jungen Leuten: Mit zwanzig seht ihr zwar wie Erwachsene aus, doch euer Urteilsvermögen ist noch immer das eines fünfjährigen Kindes.*

YASUJIRO TSUTSUMI[1]

Am 7. April 1907, als die Kirschblüten entlang der schmutzigen Pfade und schlammigen Wege des Dorfes Yagiso abzufallen begannen, starb Großvater Kiyozaemon im Alter von vierundsiebzig Jahren. Es war dasselbe Jahr, in dem Yasujiro seine Studien in Kyoto abschloß und in das Dorf zurückkehrte, um im Bezirksbüro zu arbeiten. Yasujiros offizieller Biographie zufolge lauteten die letzten Worte des alten Kiyozaemon an seinen Enkel: »Die Wiederherstellung des Hauses Tsutsumi ist keine Geldangelegenheit. Geld machen ist schön und gut, doch was viel wichtiger ist – mach das Haus der Tsutsumis zu einem ehrenhaften Haus!«[2]

Yasujiro hat diese Worte nie vergessen. Er war nun auf sich selbst gestellt. Sein Großvater, der ihm Mutter, Vater und Kamerad in einem gewesen war, hatte ihn verlassen, und seine alte, Pfeife rauchende Großmutter war einige Jahre zuvor gestorben. Er hatte keine Großfamilie, die ihm Geborgenheit geboten hätte, und er mußte sich nun auch noch um seine Schwester Fusako kümmern. Sein Großvater hatte ihn streng erzogen, damit er den Familiennamen weitertragen konnte, und diese Pflicht empfand er als schwere Verantwortung.

Yasujiro war achtzehn Jahre alt, als sein Großvater starb, und ein auffallend gutaussehender junger Mann. Er hatte ein breites, offenes Gesicht mit zarten, sehr regelmäßigen Zügen, die fast mädchenhaft wirkten, eine zierliche gerade Nase, große ruhige Augen und einen vollen sinnlichen Mund. Auf Fotos aus dieser Zeit blickt er kühl und selbstbewußt drein. Seine Augenbrauen sind in leichtem Hochmut hochgezogen, und seine Mundwinkel verraten eine gewisse Arroganz. Obwohl er nur ein Bauernjunge ist, will er sich der Welt entschlossen stellen.

Draußen auf den Reisfeldern der Provinz Omi muß er wohl im Umkreis von vielen Meilen der bestaussehende junge Mann gewesen sein. Und er merkte bald, wie einfach es war, Frauen zu verführen.

Schließlich fing Yasujiro erst nach dem Tod seines Großvaters ein geregeltes Leben an. Er traf sich mit einem Mädchen namens Koto Nishizawa aus den fernen Bergen. Sie war still und zurückhaltend, wie sich die Dorfbewohner erinnern, und zwei Jahre älter als er. Zu Beginn des Jahres 1909, noch vor Yasujiros zwanzigstem Geburtstag, brachte sie ein Kind zur Welt, eine Tochter, die sie Shukuko nannten. Sie heirateten jedoch erst zehn Monate nach der Geburt des Kindes.

Bis dahin hatte Yasujiro fast zwei Jahre lang allein mit seiner Schwester Fusako in dem großen Haus im Dorf Yagiso gewohnt. Zweifellos setzte er seine Arbeit als Angestellter im Bezirksbüro fort. Es sprach sich bei den Dorfbewohnern herum, daß er das Geld, das ihm sein Großvater hinterlassen hatte, mit vollen Händen verschwendete. Bald war nichts mehr davon übrig. Die Nachbarn bekamen Mitleid mit ihm und pflegten ihn zu Mahlzeiten einzuladen, weil sie sich um sein leibliches Wohl sorgten. In Wirklichkeit war er jedoch durchaus imstande, für sich selbst zu sorgen. Während dieser zwei Jahre dachte er ernsthaft über seine Zukunft nach.

Für die meisten Dorfbewohner bestand das Leben darin, so lange den Boden zu bearbeiten und ihre Felder zu bestellen, bis sie starben. Yasujiro jedoch war in Osaka gewesen und hatte in Kyoto studiert. Er wußte, daß das Leben mehr zu bieten hatte. Nach dem Tod seines Großvaters war er ein freier Mann; er hatte keine alten Verwandten, um die er sich kümmern mußte. Er konnte tun und lassen, was er wollte. Und er hatte nicht die Absicht, den Rest seines Lebens in diesem Kaff zu versauern. Er war zur Flucht entschlossen.

Aber er brauchte Geld. Nur Geld konnte ihm den Weg in die Welt hinaus ebnen. Zwei Jahre nach Kiyozaemons Tod nahm er auf die Ländereien seiner Familie eine Hypothek auf. Er verpfändete das Erbe seiner Ahnen – das Haus, mit dessen Bau sein Großvater sich abgemüht hatte, die Reisfelder, die sein Vater und sein Großvater dem harten Boden abgerungen hatten. Es muß sich um einen ansehnlichen Besitz gehandelt haben, denn er bekam 5000 Yen, was zu dieser Zeit ein stattlicher Betrag war. Und er genügte einem jungen Mann als »Starthilfe« ins Leben.

Er überließ sein Haus und seine Güter der Obhut der Nachbarn, packte seine Habseligkeiten in einen einfachen Weiden-

37

korb und sagte seinen Freunden im Dorf Lebewohl. Eines Tages machte er sich im Morgengrauen auf und wanderte quer über die Felder zum Bahnhof. Seine Schwester, seine zukünftige Frau Koto und sein zwei Monate altes Töchterlein begleiteten ihn. Es war Ende März 1909, und er war gerade zwanzig.

In diesen Tagen fuhren täglich zwei Züge nach Tokio: große schwarze Lokomotiven, die durch die Landschaft dampften und eine Reihe kleiner Waggons aus Holz hinter sich herzogen. Ein Zug fuhr um 9.04 Uhr morgens in Hikone ab, jener Stadt, die Großvater Kiyozaemon als Höhle des Lasters beschimpft hatte. Am Abend fuhren sie um die anmutigen Berghänge des Fujiyama. Die Passagiere knieten oder saßen mit gekreuzten Beinen auf den mit Strohmatten bedeckten Tatami-Bänken und reckten die Hälse, um zu den glänzenden weißen Hängen des legendären Berges hinaufzustarren.

Um Mitternacht reckten sie erneut die Hälse, um eine weitere Legende zu bestaunen: die schattenhaften Portale des Shimbashi, des Kopfbahnhofs von Tokio. Dort traten Yasujiro und seine beiden Begleiterinnen mit ihren Weidenkörben auf den Bahnsteig und hinaus in die wohlriechende Nacht Tokios.

Wie alle Neuankömmlinge in Tokio muß Yasujiro die ersten paar Tage wohl in erregter Verwirrung zugebracht haben, durch die Straßen streifend, berauscht von dem Lärm, den Gerüchen, den Menschen, der Modernität und dem allgegenwärtigen Eindruck von Eile, Dringlichkeit und Zielstrebigkeit.

Da war der Krach und der Tumult, die ratternden und rumpelnden Straßenbahnen, die Straßenhändler, die ihre Waren ausschrien – Goldfische, Tofu, Süßkartoffeln –, und jede Nacht das Geräusch von Holz, das gegen Holz klapperte, wenn der Nachtwächter seine Runden drehte und die Bewohner Tokios vor Bränden warnte.

Denn Tokio war noch immer eine Stadt, die größtenteils aus Holzhäusern bestand und deshalb von verheerenden Feuersbrünsten bedroht war. Die meisten Häuser waren sehr niedrig und hatten nur ein Stockwerk. Sie drängten sich Dach an Dach entlang von Straßen, die gerade noch breit genug waren, daß eine einzige Rikscha hindurchfahren konnte. Die Straßen waren nicht gepflastert. In der trockenen Jahreszeit, als Yasujiro ankam, war die Stadt voller Staub, der zwischen den Zehen kitzelte und in den Augen brannte, doch in der Regenzeit verwandelten sich die Straßen in ein Meer aus Schlamm.

Da waren vor allem die Menschen, die die Straßen bevölkerten – die Frauen, die in ihren feinen, seidenen Kimonos vorbeitrippelten und ihr Haar nach der neuesten Mode glatt trugen. Viele Männer waren nach westlichem Vorbild gekleidet und trugen einen Bowler und einen zusammengeklappten Schirm zu dem traditionellen *hakama*, einer weiten, rockartigen Hose aus gestärktem Stoff.

Wie alle Besucher aus den Provinzen machte sich Yasujiro sicherlich auf, um die Ginza zu begaffen, die Prachtstraße Japans. Allein der Name stand für Glanz, Kultiviertheit und Modernität. Unter ihren anmutigen Weiden herumzuschlendern war wie eine Reise in den exotischen Westen. Die Straße war breit; sie war breit genug für hin und her rumpelnde Straßenbahnen, und sie war von Gebäuden aus rotem Ziegelstein gesäumt, die an die Gebäude des Westens erinnerten. Es gab Läden, in denen alle Arten von exotischen und begehrenswerten Waren verkauft wurden – Hüte, Brillen, Rindfleisch –, und Bierschenken, in denen elegante, junge Männer in Anzügen saßen und an dem westlichen Gebräu nippten. Es gab Bürgersteige, Gaslampen und Telegrafenmasten, die die Weidenbäume ganz klein erscheinen ließen. Hier war die Vergangenheit im wahrsten Sinne des Wortes überwunden – diese Straße war der Inbegriff des Fortschritts.

Yasujiro hatte jedoch wenig Zeit für Besichtigungstouren. Er hatte nicht umsonst das Dorf seiner Väter verlassen. Jetzt mußte er eine angemessene Aufgabe finden. Aber wie sollte sich ein junger Mann vom Lande in der Großstadt Tokio etablieren? Wie sollte er sich seinen Lebensunterhalt verdienen? Seine 5000 Yen würden bald aufgebraucht sein. Er mußte eine Möglichkeit finden, Geld zu verdienen und sich eine Zukunft aufzubauen. Der erste Schritt war eine Ausbildung.

Vor der Meiji-Restauration, als die Shogune das Land regierten, hatte der Sinn und Zweck des Bildungssystems darin bestanden, jeden an seinem Platz in der Gesellschaft zu halten. Die Söhne der Samurai wurden in den Samurai-Künsten ausgebildet, während die Bauern nur wissen sollten, wie die Felder bestellt wurden.

Als Kaiser Meiji dann aus Kyoto auszog und das Land allmählich in die moderne Welt eintrat, wurden mehrere Universitäten gegründet. Wenn ein ehrgeiziger junger Mann in der Gesellschaft aufsteigen wollte, mußte er studieren. Ein Universitätsstudium eröffnete ihm nahezu unbegrenzte Möglichkeiten. Nur wenige junge Männer besuchten die Universitäten, und sie gehörten nach dem Abschluß automatisch zur Elite des Landes. Die meisten Studenten kamen aus den privilegierten Schichten. Doch zumindest in der Theorie konnte jeder studieren, der die Fähigkeiten und das Geld dazu hatte, ganz gleich, welcher sozialen Klasse er angehörte.

Yasujiro machte die Aufnahmeprüfung für die neueste und radikalste der Universitäten: Waseda. Noch heute gilt sie als Universität der Arbeiterschaft, an der talentierte junge Männer vom Lande ihre »Starthilfe« ins Leben bekommen können. Anders als die Söhne der Reichen, die nach Keio gehen, oder die hart arbeitenden, unscheinbaren jungen Männer, die die Tokio-Universität besuchen und anschließend das Rückgrat der Bürokratie bilden, kommen die Studenten der Waseda-Universität vorwiegend von außerhalb Tokios, und ein Großteil von ihnen geht in die Politik. Waseda ist ein Ausbildungsort für angehende Politiker. Zu Yasujiros Zeit galt dies in ganz besonderem Maße.

Er bestand die Aufnahmeprüfung. Obwohl man ihn nicht als Intellektuellen bezeichnen konnte, war er scharfsinnig, klug und entschlossen zum Aufstieg. Er wurde von der Fakultät der Wirtschafts- und Politikwissenschaft aufgenommen.

Waseda war im Jahr 1909 eine sehr junge und lebendige Universität. Yasujiro war zur richtigen Zeit genau am richtigen Ort gelandet. Die Universität war 1881, vor knapp dreißig Jahren, gegründet worden. Weniger als zweitausend Studenten besuchten die Lehrveranstaltungen. Wenn die jungen Männer (zu dieser Zeit studierten an der Waseda-Universität nur Männer) die hölzernen Korridore der modernen, im westlichen Stil errichteten Gebäude auf dem Campus entlangschritten oder wenn sie unter den sich ausladenden alten Bäumen leidenschaftlich politisierten, spürten sie, daß sie die Gestalter des neuen Zeitalters waren. Sie waren Anführer, ja Pioniere. Und alle waren dem Begründer der Universität, dem schroffen, jedoch charismatischen Marquis Shigenobu Okuma, in Treue ergeben.

Okuma wurde 1838 geboren. Er hatte in den stürmischen Jahren, in denen sich Japan von einem mittelalterlichen in einen modernen Staat verwandelte, in vorderster Front gekämpft. Wie die anderen neuen Führer, die nach der Meiji-Restauration die Macht im Land übernahmen, stammte er aus dem Süden. Doch während all die anderen Männer aus den Provinzen Choshu und Satsuma kamen, stammte er aus der Region Saga auf der Insel

Kyushu. Folglich hatte er unter den neuen Herren des Landes keine Verbündeten und keine Machtbasis.

Von Anfang an war er ein Radikaler, ein Querdenker und Außenseiter gewesen, der gegen die Macht des Establishments rebellierte. Als über die neue Verfassung debattiert wurde, forderte er, sie solle auf dem britischen Parlamentssystem basieren. Hirobumi Ito, ein Mann aus Choshu, der der erste Ministerpräsident werden sollte, bestand auf einer Verfassung nach deutschem Vorbild. In den folgenden Fraktionskämpfen wurde Okuma aus der Regierung gedrängt.

Zur Untätigkeit gezwungen, gründete er das Tokio-College, das später den Namen »Waseda-Universität« erhalten sollte. Der offenkundige Zweck war, ein unabhängiges Lehrzentrum zu schaffen, an dem Vorlesungen auf japanisch gehalten wurden und nicht auf englisch wie an der Tokio-Universität. Das Hauptgewicht sollte auf praktischen Fächern wie Handel und Technik liegen. Doch der sekundäre Zweck bestand für Okuma darin, sich eine Machtbasis zu schaffen. Er wollte junge Schüler um sich scharen, um sich gegen seine Feinde, die das Land regierten, zu erheben.

Bald meldete sich Okuma in der Politik zurück. 1889 amtierte er als Außenminister. In diesem Jahr warf ein Terrorist eine Bombe in seinen Wagen. Er wurde so schwer verletzt, daß ein Bein amputiert werden mußte. Noch auf dem Krankenlager machte er die berühmte Bemerkung: »Ich bin froh, daß ich durch eine fortschrittliche, westliche Erfindung verletzt wurde und nicht durch ein Schwert oder eine andere altmodische Waffe.« Er sprach auch seine Sympathie für seinen Kollegen aus, den Kultusminister, der bei einem Attentat im gleichen Jahr erstochen wurde. Er fügte hinzu, der Verlust seines Beins bedeute, daß nun um so mehr Blut in sein Gehirn strömen könne.[3]

Für ein paar kurze, turbulente Monate im Jahr 1898 war Okuma Ministerpräsident. Wieder wurde er aus der Macht gedrängt. Doch selbst von seiner Außenseiterposition aus tat er weiterhin, was in seiner Macht stand, um die herrschende Partei mit allen Mitteln anzugreifen.

Von alldem wußte der zwanzigjährige Yasujiro kaum etwas. In seinen ersten Tagen an der Waseda-Universität hat er sicherlich die Statue des Gründers bewundert, die zwei Jahre zuvor enthüllt worden war. Sie zeigte Okuma in offizieller Hoftracht mit den Waffen eines Samurai. »Wie ein Feudalherr«, brummten die Kritiker des alten Mannes. Doch es gab dringendere Angelegenheiten, um die er sich kümmern mußte. Wie alle Erstsemester mußte Yasujiro die wichtige Frage entscheiden, welchen Clubs er beitreten sollte. Kurz nach seiner Ankunft wohnte er einer Judoübung bei. Gebannt stand er an der Seitenlinie und verfolgte die interessante Sportart, bei der junge Männer von kleiner Statur große, stämmige Männer zu Boden warfen. Schließlich rief einer der älteren Studenten aus:»Du da – versuch es doch selbst einmal!« Yasujiro war schlank, aber sehr kräftig, und er war stolz auf seine Kraft. Er zog den weißen Judoanzug an und trat auf die Matte. Euch zeige ich's! dachte er. Er pflanzte sich vor seinem Gegner auf, einem blassen, schwächlich wirkenden jungen Mann. Mit dem werde ich leicht fertig, dachte er. Die beiden Kämpfer hoben die Hände. Eine Sekunde später lag Yasujiro mit dem Rücken auf der Matte, und sein Kopf brummte. Judo ist in der Tat ein interessanter Sport, dachte er, während er sich mühsam aufrichtete. Unverzüglich trat er diesem Club bei und trainierte von da an fleißig jeden Morgen.[4]

Wie der Großteil der anderen ehrgeizigen jungen Männer an der Waseda-Universität war auch Yasujiro entschlossen, in die Politik zu gehen. Alle ließen sich von der Stimmung politischer Gärung mitreißen, die den Campus erfüllte. Niemand konnte sich der Allgegenwart des grimmigen alten Marquis entziehen, der sein ganzes Leben lang für seine Überzeugungen gekämpft hatte. Außerdem war sich Yasujiro durchaus bewußt, daß die Politik für einen jungen Mann ohne verwandtschaftliche Beziehungen die besten Aufstiegsmöglichkeiten bot. Er war ein Waseda-Student, und an seiner Loyalität bestand kein Zweifel. Als einer von Okumas Männern war er verpflichtet, das Establishment zu bekämpfen.

Die entscheidende Qualifikation für den angehenden Politiker war die Rhetorik – die Fähigkeit, jederzeit aufzuspringen, zum Rednerpult zu eilen und eine leidenschaftliche Rede über ein beliebiges Thema zu halten. Yasujiro hatte eine ziemlich hohe, schrille Stimme, und er arbeitete hart daran, sie tief und klangvoll zu machen. Wie die Oxford Union in Großbritannien war die Waseda Debating Society der Ort, an dem junge Politiker ihre Fähigkeiten entwickeln konnten.

Yasujiro berichtet, daß zu dieser Zeit häufig Zuhörer gelangweilt hinausgingen, wenn ein Redner in der Waseda Debating Society kein brennendes Nationalgefühl an den Tag legte. Die

Japaner nahmen zwar noch immer begierig die westliche Wissenschaft, Industrie und Technologie auf, doch sie waren entschlossen, in diesem Prozeß ihre kulturelle Identität zu bewahren. »Japanischer Geist und westliches Wissen« lautete der Slogan, der die erforderliche Synthese auf den Punkt brachte. Judo, und nicht Baseball, war der Sport, den die idealistischen jungen Studenten ausüben sollten.

Wie alle anderen war Yasujiro Patriot. Doch als Anhänger Okumas waren die Verhältnisse im eigenen Land sein wichtigstes Anliegen, und nicht die Außenpolitik. Obwohl die Regierung nach außen hin auf dem westlichem Modell basierte, lag die wirkliche Macht noch immer in den Händen weniger, und diese waren Feinde Okumas, die südlichen Samurai, die einige Jahrzehnte zuvor die Shogune verdrängt und die Meiji-Restauration herbeigeführt hatten. Es gab nur ein sehr eingeschränktes Wahlrecht. Von einer Bevölkerung von vierzig Millionen durften lediglich eine halbe Million »bedeutende Männer« wählen. Auch das Unterhaus besaß nur eine begrenzte Macht. Der Ministerpräsident wurde von den alternden Samurai eingesetzt und benötigte nicht unbedingt eine Mehrheit im Parlament. In den Augen Okumas und seiner jungen Anhänger war es dringend notwendig, der herrschenden Clique schrittweise Macht zu entreißen und diese dem Unterhaus zu übertragen, welches die Stimme der Wählerschaft repräsentierte.

Wie die meisten Studenten hatte Yasujiro wenig Zeit für sein Studium. Er war viel zu sehr damit beschäftigt, sich im Judo zu üben, bis in die frühen Morgenstunden zu politisieren und sich um einen Gelderwerb zu bemühen. Doch lernte er zumindest einen seiner Lehrer kennen, den glänzenden jungen Politikprofessor Ryutaro Nagai.

Nagai war Okumas Protegé. Als er Yasujiro traf, war er gerade aus Oxford zurückgekehrt, wo er vier Jahre am Manchester College studiert hatte – als erster Waseda-Student überhaupt. Er hatte sich intensiv mit Gladstone beschäftigt. Als leidenschaftlicher Befürworter der Sozialreform und des allgemeinen Wahlrechts nahm er sich den großen britischen Staatsmann zum Vorbild. Er war jedoch durch seine Erfahrungen in Oxford sehr enttäuscht worden, wo er von Rassisten beschimpft worden war und unter Vorurteilen zu leiden gehabt hatte. Zudem hatte er sich unbeliebt gemacht, weil er in feurigen Reden den britischen Imperialismus angeprangert hatte.

Er war acht Jahre älter als Yasujiro und bereits bekannt für seine Schriften und seine Redekunst. Er benutzte das Klassenzimmer als politisches Forum. Anstatt seinen Studenten Vorlesungen zu halten, gab er ihnen Kostproben aus seinen leidenschaftlichen politischen Schmähreden.

In vielerlei Hinsicht war Nagai das genaue Gegenteil Yasujiros. Er stammte aus einer Samurai-Familie, wenn auch aus den niedrigeren Rängen der Samurai. Er war gebildet, intellektuell, ein Denker, ein Mann der Ideen, während Yasujiro eher praktisch und geschäftsmäßig veranlagt war. Beide jedoch waren ehrgeizig, engagierten sich in hohem Maße politisch und vertraten zu dieser Zeit radikale Ansichten.

Diese Freundschaft sollte Yasujiro viele Türen öffnen. Nagai stand Okuma sehr nahe. Der alte Mann mochte ihn in der Tat so sehr, daß Gerüchte umgingen, Nagai sei Okumas unehelicher Sohn. Doch die Gerüchte waren frei erfunden. Dennoch hatte Yasujiro es Nagai zu verdanken, daß er dem alten Gründer der Waseda-Universität persönlich vorgestellt wurde.

Auch Okuma war von Yasujiro beeindruckt. Vielleicht erinnerte ihn dieser entschlossene Bauernjunge an seine eigene wilde Jugend. Der grenzenlose Ehrgeiz Yasujiros gefiel ihm. Zudem benötigte Okuma als führende Persönlichkeit in der politischen Landschaft immense Geldsummen. Er war immer knapp an Mitteln. Er brauchte Menschen um sich herum, die es verstanden, Geld zu machen. Und genau darin lag offenbar Yasujiros Talent, trotz seines großen Interesses an der Politik.

Bereits in seinen ersten Tagen an der Waseda-Universität hatte sich Yasujiro ernsthaft bemüht, Geld zu verdienen. Er mußte schließlich eine Schwester, eine Frau und ein Kind ernähren. Eine seiner ersten Unternehmungen war der Kauf von Aktien einer Gesellschaft namens Goto Woollens. Die Textilindustrie boomte zu dieser Zeit, die Regierung plante eine Revision der Ausfuhr- und Einfuhrzölle, und Goto Woollens schien ein Unternehmen mit Zukunft zu sein. Yasujiro nahm sein gesamtes Geld, das er für die Beleihung seines Familienbesitzes bekommen hatte, und investierte es in Goto Woollens. »Innerhalb eines halben Jahres hatten sich meine 5000 Yen in 60000 Yen verwandelt.«[5]

Wenn schon 5000 Yen eine stattliche Summe gewesen waren, dann reichten 60000 Yen aus, um in einige Unternehmen einzusteigen. Yasujiro erwarb für 10000 Yen die Rechte zum Betreiben einer Poststelle in Nihonbashi, nahe der Ginza. Außerdem übernahm er das Management einer Eisengießerei in Shibuya, die hundert Angestellte beschäftigte. »Es war harte Arbeit. An der Universität ließ ich mich kaum noch blicken.« Und er tat gut daran. Die Studiengebühren, die er der Waseda-Universität zu entrichten hatte, betrugen lediglich 50 Yen pro Jahr, was dem durchschnittlichen Jahreseinkommen eines Bauarbeiters entsprach. Nach damaligen Maßstäben war Yasujiro nun ein reicher Mann.

An einem heißen Sommertag im Juli 1912 wurde eine Nachricht bekannt, die die ganze Nation erzittern ließ. Kaiser Meiji war erkrankt. In den folgenden Tagen senkte sich Schweigen über das Land. Menschen standen still vor dem Palastviertel oder strömten in die Tempel, um zu beten und Weihrauch zu verbrennen.

Neun Tage später, am 29. Juli, starb der Kaiser. Es war ein ebenso bedeutsames Ereignis wie Königin Victorias Tod zehn Jahre zuvor. Die Meiji-Ära, das Zeitalter der Giganten, der großen Männer, die das Land verändert hatten, war vorüber.

Die ganze Nation trauerte um den Kaiser. Es war ein Kummer, der mit einer gewissen Angst vermischt war. Niemand wußte, was die nächste Ära bringen würde. Theater und Geschäfte wurden geschlossen. Am Tag des Begräbnisses war die Großstadt Tokio von Stille erfüllt, nur um die Bahnhöfe herum hörte man eilige Schritte. Aus den entferntesten Teilen Japans kamen Menschen angereist, um sich in stillem Respekt zu verneigen, als der Leichenwagen des Kaisers vorüberrollte. Er wurde von fünf Ochsen gezogen und von den traditionellen Sargträgern begleitet, die aus Kyoto angereist waren. Dem Leichenwagen folgte eine gewaltige Prozession. Viele Menschen trugen die alte Hoftracht oder Uniformen. Das Begräbnis fand in der Nacht statt, und die Leiche wurde mit dem Zug nach Kyoto überführt, um auf dem kaiserlichen Friedhof bestattet zu werden.

Zweifellos befand sich Yasujiro in dem Gewühl von Menschen, die damals die Straße säumten und die ein paar Monate später der Prozession zusahen, als der neue Kaiser, der unglückselige Kaiser Taisho, gekrönt wurde.

Der junge Mann begann mittlerweile festzustellen, daß sein herber Charme, der ihn bei den Bauernmädchen im Dorf Yagiso so erfolgreich gemacht hatte, bei den jungen Damen in Tokio nicht weniger wirksam war.

Er hatte bereits eine Möglichkeit gefunden, sich mit seiner Frau Koto zu arrangieren. Solange er an der Waseda-Universität studierte, hielt er sie sich mühelos vom Leibe. Nun schickte er sie mit ihrer kleinen Tochter Shukuko zu ihren Eltern in die Berge der Provinz Omi zurück.

In den drei Jahren seit seinem Erscheinen an der Waseda-Universität war er selbstbewußter, aggressiver und vermutlich noch attraktiver geworden. Er sah nicht mehr wie ein Schuljunge aus. Er hatte sich einen Schnurrbart wachsen lassen, der ihm ausgezeichnet stand. Sein Gesicht hatte die kindlichen Züge verloren und war markanter geworden. Seine breite Stirn und sein kantiges Kinn verrieten eine gewisse Kampflust. Er war ein Mann, der keinen Widerspruch duldete.

Seine Haltung gegenüber Frauen war ausgesprochen utilitaristisch; sie waren dazu da, um benutzt und wieder fallengelassen zu werden. Er näherte sich ihnen bevorzugt ohne viel Umschweife, und gewöhnlich war allenfalls mit einem Scheinwiderstand zu rechnen. Die Frauen, zu sanften, nachgiebigen Geschöpfen erzogen, waren es nicht gewohnt, sich den Männern zu widersetzen.

Zu dem Personal der Poststelle, die Yasujiro übernommen hatte, gehörte auch eine junge Frau namens Sono Takahashi. Sie war eine gewöhnliche Arbeiterin, eine Angestellte. Im Gegensatz zu den vornehmen Damen, die unter den Weiden der Ginza umhertrippelten, trug sie schlichte Kimonos. Ihr Haar war im traditionellen Stil zu einem lockeren Knoten frisiert. Vielleicht erinnerte sie Yasujiro an seine Mutter, die ihn einst verlassen hatte.

Er hatte eine kurze Affäre mit Sono, und sie wurde schwanger. Lange vor der Niederkunft ließ er sie fallen, wie seine Mutter das mit ihm getan hatte. Er war schließlich ein verheirateter Mann. Und wenn er ein zweites Mal heiraten sollte, dann bestimmt keine Postangestellte.

Als Kiyoshi auf die Welt kam, tat Yasujiro das einzig Richtige. Er arrangierte eine Heirat für Sono mit einem seiner Klassenkameraden aus dem Dorf Yagiso, einem Mann namens Iwasaki. Kiyoshi wurde von dem jungen Paar aufgezogen, das fortan bei Sonos Eltern auf dem Land lebte. Yasujiro verfolgte die Entwicklung seines Sohnes aufmerksam. Sobald er sich etabliert hatte, wollte er ihn auf die übliche Weise adoptieren und zu seinem Erben machen.[6]

In Wirklichkeit hatte er die Frau, die er zu heiraten gedachte, bereits gefunden.

Obgleich Waseda eine reine Männeruniversität war, hatte Okuma, der große Mann des Fortschritts, auch eine Schwesterinstitution gegründet, die Frauenuniversität Japan. Sie war die erste Einrichtung, die den japanischen Frauen eine höhere Bildung ermöglichte. Unter den ersten Studentinnen war eine junge Frau, die eine persönliche Favoritin des schroffen alten Marquis werden sollte.

Fumi Kawasaki verkörperte die moderne Frau. Sie war eine der ersten Blaustrümpfe Japans. Sie hatte »viel Grips, aber keinen Körper«, wie es der scharfsinnige Kamibayashi ausdrückte. Sie war weder schön noch sinnlich, doch klug, lebhaft und sehr intellektuell. Äußerlich war sie eher unscheinbar und trug ihr Haar auf unvorteilhafte Weise zurückgekämmt, was sie sehr streng erscheinen ließ. In ihrer Art erinnerte sie ein wenig an eine Lehrerin; sie war scharfzüngig und schlagfertig, wenn es darum ging, andere für ihre Fehler zu tadeln. Doch diese Eigenschaften wurden von ihrer jugendlichen Frische und Energie überstrahlt.

Fumi stammte aus einer angesehenen Samurai-Familie. Sie wurde in der Kazamatsuri-Familie erzogen, obwohl sie nach japanischer Sitte von der Familie ihrer Mutter, den Kawasakis, adoptiert worden war. Die Familie hatte keine Söhne, und somit oblag es Fumis Mutter, den Namen Kawasaki weiterzutragen.

Nachdem Fumi an der Frauenuniversität ihren Abschluß gemacht hatte, verschaffte ihr Okuma eine Arbeit in seinem Büro als Sekretärin. Der alte Mann, der mittlerweile auf die Achtzig zuging, veröffentlichte viele Schriften, in denen er seine Ideen propagierte. Später stellte er sie als Journalistin in seiner Zeitung *Hochi News* an. Dort avancierte sie dank Okuma zur Chefredakteurin und war für die Leitartikel verantwortlich. Für eine Japanerin in den ersten Jahren dieses Jahrhunderts war das eine erstaunliche Leistung.

Um 1913 bereitete sich Yasujiro auf seinen Abschluß vor. Einer Version der Ereignisse zufolge ließ Okuma ihn in sein Büro kommen. Nun, da er im Begriff stehe, in die Welt einzutreten, sagte er zu ihm, brauche er eine Frau. (Offensichtlich war es Yasujiro gelungen, vor dem alten Marquis zu verbergen, daß er bereits eine hatte.) Okuma übernahm die Rolle eines Vaters und schlug ihm eine Heirat mit seiner Favoritin Fumi vor. Dies war ein Angebot, das Yasujiro unmöglich ablehnen konnte.

Andere Quellen berichten, daß die beiden nicht weit voneinander gewohnt und sich rein zufällig getroffen hätten. Ohne Zweifel war Fumi genau die Frau, auf die Yasujiro gewartet hatte. Er war entschlossen, die Heirat voranzutreiben. Es gab jedoch gewisse Hindernisse. Eines davon war seine Frau Koto. Er ließ sich so schnell wie möglich von ihr scheiden, mit der Begründung, er empfinde eine unüberwindliche Abneigung gegen sie. In Japan konnten sich die Männer jederzeit von ihren Frauen, die schließlich kaum mehr als Leibeigene waren, scheiden lassen. Für eine Frau hingegen war dies praktisch unmöglich. Ein weiteres Hindernis war Fumis Familie. Sie widersetzten sich der Ehe mit einem ungehobelten Bauernlümmel, der keine ehrbare Ahnenreihe vorweisen konnte und bereits einmal verheiratet gewesen war. Zudem sollte Fumi den Namen Kawasaki weitertragen und nicht etwa einen anderen annehmen. Doch die beiden waren verliebt – Yasujiro in das hochbegabte Mädchen, Fumi in den attraktiven, energischen jungen Mann, der frischen Wind in ihre den Traditionen verhaftete Samurai-Welt brachte.

Über ein Jahr nach Yasujiros Universitätsabschluß willigte Fumis Familie schließlich in die Heirat ein, die im April 1915 stattfand. Yasujiro schickte nach seiner sechs Jahre alten Tochter Shukuko, die fortan bei ihnen in Tokio lebte. Einige Jahre später holte er auch Kiyoshi zu sich. Fumi zog die beiden Kinder als ihre eigenen auf.

Auch Yasujiros Schwester Fusako lebte bei ihnen. Später machte Nagai sie mit seinem Cousin Sotokichi bekannt. Die beiden heirateten. Auf diese Weise festigten Yasujiro und Nagai, die sich wie Brüder liebten, die Bande zwischen ihren Familien.

Mit Fumi an seiner Seite hatte Yasujiro ideale Voraussetzungen, sich ganz der Aufgabe zu widmen, eine Existenz zu gründen. Sie war der ideale Geschäftspartner – schnell, intelligent, intellektuell den Männern überlegen und bereit, ihm auf jede erdenkliche Weise zu helfen. Doch das Glück dieser Ehe war nicht ungetrübt. Fumi war in hohem Maße eine Frau des Geistes und nicht der Sinne. Ihre Einstellung zur Sexualität war die einer viktorianischen Matrone. Sie empfand Sex als eine lästige Pflicht, die sie um ihrer Ehe willen erdulden mußte, und sie war unfruchtbar.

Die dringlichste Angelegenheit jedoch war das Anhäufen von Geld. Durch den Erfolg seiner ersten Unternehmungen ermutigt, sah sich Yasujiro nach neuen Geschäftsfeldern um.

Doch trotz Fumis treuer Hilfe scheiterte alles, was er begann. Zuerst machte die Eisengießerei Bankrott, die er mit den Gewinnen an den Aktien der Firma Goto Woollens übernommen hatte. Die letzte Maschine, die er herstellte, war ein mechanischer Webstuhl zur Verarbeitung von Leinen gewesen. Deshalb investierte er in die Produktion von Tuchen aus Leinen. Doch er stellte fest, daß Leinengarn teurer war als der fertige Stoff. Die einzige Möglichkeit, Profit zu machen, war durch Betrug. So gab er auch dieses Geschäft auf.

Während er jedoch von einer Katastrophe in die nächste stolperte, ging er stets einer geregelten Arbeit nach. Zwar konnte ihn diese Arbeit wahrscheinlich nicht reich machen, doch sie brachte ihn immerhin mit den wichtigsten aktuellen Ereignissen in Berührung. Er hatte einen guten Job für einen angehenden Politiker, denn er arbeitete für Marquis Okuma.

Die ersten Regierungsmonate des neuen Kaisers Taisho waren eine Zeit politischer Erschütterung. Die Clique der alternden Samurai, die die eigentlichen Herrscher im Land waren, hatten durch Kaiser Meiji als dem Symbol der Autorität Macht ausgeübt. Nach seinem Tod jedoch begann die vertraute Ordnung zu zerbröckeln. Viele alte Samurai waren gestorben. Das Militär wurde allmählich zu einer starken, unabhängigen Macht. Einige Kabinette lösten sich im Chaos auf. Schließlich beschlossen die alternden Samurai, einen Mann hinzuzuziehen, der mit all den internen politischen Machtkämpfen nichts zu tun gehabt hatte. Sie wandten sich an ihren alten Feind, Marquis Okuma, und baten ihn, ein Kabinett zu bilden.

Okuma hatte die Jahre, in denen er sich abseits der Politik gehalten hatte, klug genutzt und war womöglich noch angesehener und beliebter als zuvor. Als er im April 1914 Ministerpräsident wurde, betrachteten viele Menschen dies als ein Zeichen großer Hoffnung. Endlich war die absolute Machtposition der Satsuma-Choshu-Clique entscheidend geschwächt. Vielleicht würde der Weise aus Waseda eine Taisho-Restauration einleiten, die so weitreichende Folgen hatte wie einst die Meiji-Restauration.

Vier Monate später brach dann in Europa der Krieg aus. Japan und Großbritannien waren Verbündete. Laut Vertrag war Japan nicht verpflichtet, in den Krieg einzutreten, doch die Gelegenheit war so gut, daß man sie sich unmöglich entgehen lassen konnte. Japan forderte Deutschland zunächst in einem Ultimatum auf, alle Schiffe aus den angrenzenden Gewässern abzuziehen, und erklärte dem Land dann den Krieg. Während Deutschland sich ganz auf Europa konzentrierte, annektierten die Japaner alle deutschen Besitzungen in Asien, einschließlich der Halbinsel Shantung in China und mehrerer Inseln im Pazifik. Für Japan, Tausende von Kilometern von den Kämpfen entfernt, war der Krieg eine riesige und unerwartete Goldgrube. Er bot nahezu unbegrenzte Möglichkeiten der Entwicklung und Bereicherung. In den Jahren nach der Thronbesteigung des Kaisers Meiji war die Industrialisierung im Land in ungewöhnlichem Tempo vorangeschritten. Hauptsächlich wurden jedoch die traditionellen Manufakturen modernisiert. Seide und Baumwolle stellten in der Meiji-Ära die wichtigsten Exportwaren dar.

Durch den Ersten Weltkrieg hatte Japan die Chance, eine Schwerindustrie aufzubauen. Die kriegführenden Länder des Westens waren ein riesiger Markt für Schiffe und Kriegsgerät. Und da diese Länder ihre Wirtschaft nach den Erfordernissen des Krieges umgestalteten, hatte Japan die Chance, überall auf der Welt auch zivile Güter zu verkaufen. Märkte im Orient und in Afrika, die bislang immer von den westlichen Nationen beherrscht worden waren, standen Japan nun plötzlich offen.

Die industrielle Produktion erlebte einen stürmischen Aufschwung, die Exporte verdoppelten und verdreifachten sich. Viele Unternehmen, von den riesigen Familienkonzernen, den Zaibatsu, bis zu den kleineren Industrie- und Finanzunternehmen, machten ein Vermögen. Eine Goldgräberstimmung breitete sich im ganzen Land aus.

Journalisten dieser Zeit sprachen von einem Lebensgefühl der *Fin de siècle*-Dekadenz. Die Menschen amüsierten sich und genossen den unerwarteten Wohlstand in vollen Zügen, denn irgendwann mußte der Geldregen ja wieder ein Ende haben. Die Zukunft war ungewiß, Japan lebte für den Augenblick. Dieses Lebensgefühl sollte sich im Lauf der folgenden Jahre noch verstärken.

Yasujiro jedoch wurde kein bißchen reicher. Er hatte keine Zeit, sich in Kaffeehäusern herumzutreiben, denn er mußte seine Arbeit verrichten und seine Familie ernähren. Und er wußte noch immer nicht, wie er sich seinen Lebensunterhalt verdienen sollte.

Unmittelbar nach seinem Universitätsabschluß teilte Okuma ihm mit, er habe eine Arbeit für ihn.

Okuma verlegte die bekannte Zeitschrift namens *Shin-Nippon* (Neues Japan). In diesem Magazin wurden radikale Ideen publiziert und Debatten geführt. Die Zeitschrift sollte fortschrittliche Intellektuelle über Entwicklungen im Westen auf dem laufenden halten. Außerdem wurden in ihr Artikel führender japanischer Denker veröffentlicht. Die wichtigsten Mitarbeiter waren Okuma selbst und Nagai, der als Chefredakteur fungierte. Doch als das Magazin bekannter wurde, waren Gelehrte und führende Persönlichkeiten aus Wirtschaft und Politik geradezu erpicht darauf, für das Blatt zu schreiben. Inspiriertes Schreiben war ja schön und gut. Doch in Wirklichkeit stand *Shin-Nippon* am Rande des Bankrotts. Ein praktisch veranlagter und kaufmännisch begabter junger Mann, der sich um die finanzielle Seite des Unternehmens kümmerte, wurde dringend benötigt.

So wurde Yasujiro Geschäftsführer. Er saß an seinem Schreibtisch in einem Hinterzimmer in Okumas luxuriöser Villa und versuchte, die Bücher zu ordnen, bemühte sich um Anzeigenkunden und wehrte Vertreter von Unternehmen ab, die riesige »Geschenke« offerierten. Yasujiro lehnte diese Angebote zu Recht ab. Es war eine anregende Zeit für ihn. Das Magazin diente als Forum für die radikalsten Denker der Zeit, von denen ein großer Teil nicht selten bei ihm hereinschaute, um mit ihm zu reden und zu diskutieren.

Trotz aller Bemühungen Yasujiros ging es mit dem Magazin weiter bergab. »Unser Ziel waren 10000 Exemplare pro Monat. Doch da die unverkauften Exemplare erst nach drei Monaten zurückgeschickt wurden, hatten wir stets keine Ahnung, wie sich die Zeitschrift in diesem oder jenem Monat verkauft hatte. Und nach drei Monaten bekamen wir dann plötzlich haufenweise unverkaufte Exemplare des Magazins zurück.«[7] Schließlich mußte das Magazin eingestellt werden. Dies war nicht zuletzt darauf zurückzuführen, daß sich Okuma nicht im geringsten dafür interessiert hatte, ob das Magazin Gewinne einbrachte oder nicht. Für ihn zählten Macht, Einfluß, Ideen und radikale Veränderungen. Über Geld sollten sich die anderen die Köpfe zerbrechen. Seine Protegés und Bewunderer würden immer dafür sorgen, daß der Weise aus Waseda alles Notwendige hatte, um das Leben zu führen, an das er gewöhnt war.

Während sich Yasujiro im Wohnhaus des Ministerpräsidenten nach Kräften bemühte, die Zeitschrift am Leben zu erhalten, vollzogen sich nur einige Meter entfernt Ereignisse von großer historischer Tragweite. Kuriere hasteten hin und her, bedeutende Männer kamen und gingen, es wurde laut debattiert und Papiere wurden unterzeichnet.

China war das beherrschende Thema. Japan hatte sich bereits Korea einverleibt und in der Mandschurei Truppen stationiert. Diese Gebietsgewinne waren Ergebnisse des Friedens von Portsmouth, der den Krieg mit Rußland beendet hatte. Außerdem hatte Japan die deutschen Kolonialbesitzungen in China besetzt. Jetzt zerfleischten sich die westlichen Mächte in Europa, und damit bot sich für Japan eine einmalige Gelegenheit, seine Macht und seinen Einflußbereich weiter auszudehnen.

1915 stellte Okumas Außenminister eine Liste mit einundzwanzig Forderungen auf, die Chinas Präsidenten Yüan Shih-k'ai vorgelegt wurde. Gefordert wurde unter anderem das Recht japanischer Unternehmen, in der Mandschurei und der Äußeren Mongolei Geschäfte zu machen, Land zu besitzen, Bergbau zu treiben und die Japan gehörenden Eisenbahnlinien auszubauen. Außerdem wurde von China verlangt, die Hälfte seiner Waffen in Japan zu kaufen und japanische Militärberater zu akzeptieren. Es war der kaum verhüllte Versuch, China in eine japanische Kolonie zu verwandeln.

Die letzten Forderungen waren völlig unannehmbar. Die westlichen Mächte protestierten heftig, und so wurden sie gestrichen. Die anderen Forderungen jedoch wurden bewilligt. China war in einem chaotischen Zustand und hatte nicht die Stärke, sich zu widersetzen. Für die mächtige Geschäftswelt, die auf Okuma Einfluß genommen hatte – das große Zaibatsu, angeführt von Mitsui und Mitsubishi –, war es ein gewaltiger Sieg. Die Mandschurei, die Innere Mongolei, in einem späteren Stadium möglicherweise China selbst, boten großartige Möglichkeiten, Profite zu machen.

Eines Tages rief Okuma Yasujiro in sein Büro.

»Tsutsumi«, sagte er streng. »Ich habe Sie nicht gerade mit Samthandschuhen angefaßt, doch nun werde ich Sie zu einem reichen Mann machen.« Er schickte alle Anwesenden hinaus und senkte die Stimme. »Ich bin der einzige, der es weiß.«

Dies war sicherlich die seit langem erwartete große Chance, eine streng geheime Information direkt vom Ministerpräsidenten zu bekommen. Yasujiro lauschte mit geneigtem Kopf.

Okuma eröffnete ihm, daß die zu Japan gehörende South Manchurian Railway die Ampo-Linie übernehmen würde. Die Gelegenheit war also sehr günstig, Anteile an der Eisenbahnlinie zu kaufen, bevor die Übernahme stattfinden würde. Es war Samstag. Yasujiro eilte davon, um Kapital aufzutreiben und jemanden mit dem Aktienkauf zu beauftragen. Als die Börse am Montagvormittag eröffnet wurde, stieg der Preis jedoch fast unmittelbar um 50 Yen. Okuma hatte sich geirrt. Er war bei weitem nicht der einzige, der von der Neuigkeit erfahren hatte. Alle Regierungsmitglieder – sogar deren Schreibkräfte – hatten ebenfalls Wind davon bekommen. Yasujiro kaufte dennoch Aktien, doch am folgenden Tag ging der Preis stark zurück. Wieder einmal hatte er Verlust gemacht.[8]

Er hatte seit seinem Fortgang aus dem Dorf Yagiso schon viel erreicht. Doch er mußte noch immer eine Möglichkeit finden, das Versprechen zu erfüllen, das er seinem Großvater gegeben hatte, nämlich das Haus Tsutsumi zu einem ehrenhaften Haus zu machen – und Geld zu scheffeln.

Okumas nachgiebiges Verhalten gegenüber China entsprach nicht dem herrschenden Zeitgeist. Im Oktober 1916 wurde er zum Rücktritt gezwungen. Die Regierung übernahm nun jener General, der die Annexion Koreas befehligt hatte. Okuma konnte sein zurückgezogenes Leben wieder aufnehmen.

# 3
# Yasujiro bricht zu neuen Ufern auf
## Karuizawa 1915–1923

*Mit welchem Gewerbe kann ich etwas zum Nutzen der Menschheit, des Landes und der Gesellschaft beitragen? Welches ist das Beste? Welches ist das Idealste? In diesem kleinen Japan leben die Menschen auf engstem Raum, und doch gibt es Gebiete, in denen die Bäume seit der Jimmu-Zeit wachsen, ohne je von Menschenhand berührt worden zu sein, und wo nur Füchse und Dachse leben. Ich will dieses Land erschließen!*

YASUJIRO TSUTSUMI[1]

Über dem kleinen Gebirgsdorf Kutsukake ging gerade die Sonne auf, als der Nachtzug aus Tokio im Juni des Jahres 1915 in den Bahnhof dampfte. Während der Regenzeit war es in Tokio schwül und stickig. Hier oben in den Bergen jedoch war die Luft frisch und klar. Ein paar schläfrige Passagiere kletterten aus dem Zug, drahtige Bauern mit runzligen, gebräunten Gesichtern gingen gebeugt unter der Last riesiger Bündel. Sie waren mit ausgebeulten, indigoblauen Hosen und Baumwolljacken bekleidet, und ihre Füße steckten in klappernden Getas aus Holz.

Gewöhnlich stiegen hier nur Einheimische aus. Denn wer sollte sonst in einem so unbedeutenden Nest Station machen? An diesem besonderen Tag jedoch befand sich ein Fremder unter ihnen.

Es war ein junger Mann, der so deplaziert wirkte, daß sich alle nach ihm umdrehten. Keiner hat je vergessen, welche Kleidung der junge Mann an jenem Tag getragen hat. Sein Erscheinen wurde zu einer Art lokalen Legende. Er war fast noch ein Junge und trug seine Studentenuniform – gestärktes, schwarzes Leinen von Kopf bis Fuß, ein Jackett mit hohem Kragen und einer Leiste von Messingknöpfen. Besonders elegant wirkte der Strohhut, den er lässig auf dem Kopf trug.

Der junge Mann ignorierte die neugierigen Blicke und sah sich einen Moment lang um. Schließlich machte er sich entschlossenen Schrittes auf den Weg, und seine hölzernen Getas wirbelten Staub auf. Alle Dorfbewohner hatten den Eindruck, als wisse er, wohin er wollte. In Wirklichkeit hatte er keinen blassen Schim-

mer. Mit seinen letzten paar Yen hatte er sich das Ticket von
Tokio hierher erstanden – es hatte 1,35 Yen gekostet. Er hatte
nicht einmal Geld für die Rückfahrkarte in der Hosentasche.
Seltsamerweise begann das ganze tollkühne Projekt mit seinem scharfsinnigen Cousin Kamibayashi. Einige Monate zuvor
hatte Yasujiro eine Reise auf die Nordinsel Hokkaido unternom-
men, um seinen Onkel zu besuchen, jenen Mann, der seine Mutter vor langer Zeit auf wundersame Weise hatte verschwinden
lassen und der Kamibayashis Vater war.

Zu dieser Zeit war Hokkaido echtes Pionierland. Kühne Männer auf der Suche nach neuen Lebensformen zogen auf die Insel,
machten das Land urbar und bauten Farmhäuser. In dieser rauhen Gegend besaß Yasujiros Onkel eine riesige Farm.

Nach all den Jahren des Müßiggangs in Tokio war der junge
Mann aus dem Dorf Yagiso nun wieder dort, von wo er ursprünglich herkam – auf dem Lande.

Land – das war die Lösung. Mit Land kannte Yasujiro sich aus.
In der Provinz Omi, von wo er stammte, wußte jeder, daß Land
das wertvollste Gut war. Ein Bauer, der Land besaß, war ein
wohlhabender Mann; ein Bauer ohne Land mußte verhungern.
Im Gegensatz zu Aktien und Wertpapieren, die im Wert fallen
konnten, oder zu Zeitschriften, die mitunter Bankrott machten,
konnte Land, das man besaß, nicht einfach verschwinden. Das
galt zu jener Zeit als altmodische Ansicht. Konservative alte
Bauern klammerten sich an ihr Land, während intelligente junge
Männer ihre Energie in Geschäfte, an der Börse und im Klein-
handel investierten. Doch Yasujiro scherte sich nie um die Meinung anderer Leute. Er hatte die Lösung gefunden und wollte
sich von niemandem aufhalten lassen, bis er sein Ziel erreicht
haben würde.

Er hatte keineswegs die Absicht, wieder zur Landwirtschaft
zurückzukehren, denn er hatte eine ganz neue Vision. Als erstes
brauchte er Land – rauhes, unerschlossenes Land. Davon gab es
in Japan jede Menge. Als nächstes wollte er eine Möglichkeit finden, Geld daraus zu machen – und zwar schnell. Zurück in
Tokio, setzte er sich mit seinem guten Freund Nagai zusammen,
um mit ihm über seinen neuesten Geistesblitz zu sprechen.

Nagai war der Rhetoriker, der Denker, der Idealist. Doch um
Ideale in die Praxis umzusetzen, brauchte man Geld – das »Öl«
der Politik, wie ein bekannter Spruch lautete. Und auch Nagai
hatte eine Idee gehabt.

Er war gerade aus dem Gebirgsort Karuizawa zurückgekehrt. Der Ort lag in den Bergen nördlich von Tokio, und man mußte, um dorthin zu gelangen, eine anstrengende zehnstündige Zugfahrt unternehmen. Nagai hatte mittlerweile ziemliche Berühmtheit erlangt. Er war ein glänzender Redner und wurde überall im ganzen Land häufig zu Vorträgen eingeladen. Außerdem war er politisch sehr aktiv und hatte vor den Wahlen im Jahr 1915 für Okumas Fortschrittspartei den Wahlkampf organisiert. Karuizawa unterschied sich von allen Orten, an denen er je gewesen war. Es war eine internationale Gemeinschaft, in der Menschen aus dem Westen mit riesigen Hüten und Sonnenschirmen neben japanischen Adligen die Straßen entlangpromenierten. Die Ladenschilder waren in englischer Sprache beschriftet. Für Nagai war es ein Fenster zur Außenwelt, zur Welt von Lenin und Marx, zur Welt der Demokratie und des Sozialismus. In dieser fernen Welt wurden ständig Ideen entwickelt und das Leben verändert. Es erinnerte ihn an seine Studienjahre in Oxford.

Zu dieser Zeit spielten nur die Allerreichsten sowie Ausländer – Missionare, Diplomaten, Geschäftsleute und Lehrer – überhaupt mit dem Gedanken, in Japan Urlaub zu machen, und der beliebteste Urlaubsort war Karuizawa.

Die Ortschaft im Gebirge war vor vielen Jahrhunderten eine Zwischenstation am Nakasendo gewesen, der alten Fernstraße, die von Tokio durch das Zentralgebirge nach Kyoto führte. Die Reisenden verweilten in den Gasthöfen und Teehäusern Karuizawas und ließen sich von den Geishas bedienen. Für die Einheimischen war dies die einzige Möglichkeit, ihren Lebensunterhalt zu verdienen. Der Boden war unfruchtbar und vollständig von schwarzer Asche aus dem noch immer aktiven Vulkankegel des Berges Asamayama bedeckt, der blauviolett hinter der Stadt aufragte. Dann kam die Eisenbahn und mit ihr Alexander Croft-Shaw. Dieser kühne schottische Missionar erschien eines Tages im Jahr 1885 mit einem von Pferden gezogenen Zug. Er stellte alsbald fest, daß die Gebirgsluft kühl und frisch war, eine willkommene Annehmlichkeit nach der drückenden Hitze in Tokio. Zwei Jahre später kehrte er zurück. Er kaufte eine Seidenraupenhütte in der nahe gelegenen Stadt Oiwake, ließ sie nach Karuizawa bringen und nutzte sie fortan als Sommerhaus.

Zurück in Tokio, pries er Karuizawa in den höchsten Tönen. Englische, französische und deutsche Familien ließen sich in den kühlen Lärchenwäldern Villen bauen. Die japanische High-Society, die Politiker und Geschäftleute, die Mitglieder der Tokugawa-Dynastie und anderer führender Familien folgten seinem Beispiel. Bald wurden Läden eröffnet, die Rikscha-Fahrer hatten Arbeit im Überfluß, und innerhalb kurzer Zeit wurde Karuizawa der Ort, in dem alle Reichen ihren Sommerurlaub verbrachten.

Es war eine exklusive Gesellschaft, doch Nagai war davon überzeugt, daß sie dies nicht mehr sehr lange bleiben konnte. Die Demokratisierung schritt unaufhaltsam fort. Unweigerlich würde der Tag kommen, an dem Japan eine egalitäre Gesellschaft werden und gewöhnliche Arbeiter die Muße und das Geld haben würden, sich ebenfalls in jenen Lärchenwäldern Villen zu bauen.

Die beiden jungen Männer schlürften ihren modischen Kaffee und brüteten die unblutige Revolution aus, die die Gesellschaft verändern sollte. Was konnten sie tun? Was konnte ein erster, kleiner Schritt sein, der die Räder in Bewegung setzen würde? Für Yasujiro lag die Antwort auf der Hand: In jenen angenehmen Lärchenwäldern Villen bauen, keine prächtigen Luxusvillen, sondern einfache Landhäuser, und zwar zu einem so niedrigen Preis, daß auch Normalverdiener sie sich leisten konnten. Und nebenbei könnten sie auch etwas Geld damit verdienen, um ihre höheren Ziele zu finanzieren. Und zufällig kannte Nagai genau jenen Ort.

Mit diesem Plan im Kopf stieg der junge Mann in seiner Waseda-Uniform und mit seinem Cancan-Hut, wie die Strohhüte damals genannt wurden, an einem schönen Junitag um fünf Uhr morgens an der Station Kutsukake aus dem Zug. Kutsukake befand sich auf der Route von Karuizawa aus nur eine einzige Haltestelle weiter oben, lediglich fünf Minuten weiter im Gebirge. Dennoch war es, als würde man eine andere Welt betreten oder die Uhr um ein paar hundert Jahre zurückdrehen.

Yasujiro wanderte die Straße hinauf. Er kam an den vier Geschäften von Kutsukake vorbei, an baufälligen Hütten mit Holzwänden und Steinen auf dem Dach, damit das Stroh nicht weggeweht wurde. Dann kamen eine Häusergruppe und ein paar Felder. Da der Wind die Vulkanasche nicht hierher wehte, konnten sich die Menschen durch den Anbau von Yams und Weizen einen kümmerlichen Lebensunterhalt verdienen. Schließlich war Yasujiro draußen in der freien Landschaft und folgte einem schmalen

Pfad, der durch Lärchenwälder, Gestrüpp und Sumpfland führte. Er steuerte auf das Hoshino Spa zu, den einzigen Gasthof, der in dem kleinen Dorf Kutsukake noch immer florierte.

Kutsukake hatte schwierige Zeiten durchgemacht. Wie Karuizawa war es seit vielen Jahrhunderten eine Zwischenstation am Nakasendo; entlang der breiten Fernstraße aus festgetretener Erde befanden sich ein paar vereinzelte Gasthöfe und Teehäuser. Dann kam die Eisenbahn – für Kutsukake eine Katastrophe. Die Reisenden konnten an einem einzigen Tag eine sehr viel weitere Strecke zurücklegen, und wer in dieser Gegend übernachten wollte, wählte stets die prächtigen, im westlichen Stil erbauten Hotels von Karuizawa mit ihren farbigen Glasfenstern, exotischen Holzmöbeln und französischen Speisezimmern.

Nur der Gasthof Hoshino Spa konnte sich halten. Der Gasthof lag auf einer natürlichen heißen Quelle und lockte Kranke und Sterbende an, die angereist kamen, um in dem heilenden Wasser zu baden. Es war ein kleiner Gasthof mit nur acht Zimmern, der von dem respektablen Kasuke Hoshino eine Generation früher gegründet worden war. Sein Sohn, ebenfalls ein Kasuke Hoshino (jede Generation trug den gleichen Namen weiter), war ein unternehmungslustiger und energischer Mensch in Yasujiros Alter, der ganz begeistert von allem Neuen war.

Nagai hatte gehört, daß in der Umgebung von Hoshino Spa Land verkauft wurde. Als Yasujiro jedoch dort eintraf, stellte er fest, daß es enttäuschend wenig war – lediglich 50000 *tsubo* (16,5 Hektar). Das reichte bei weitem nicht aus, um seinen meisterhaften Plan in die Tat umzusetzen. Doch einmal vor Ort, erkannte er, daß diese Landschaft genau das war, wonach er gesucht hatte: ein rauhes, unerschlossenes Land, die Heimat der Dachse und Füchse, überwuchert von Unkraut.

Nachdem er die Bekanntschaft Hoshinos gemacht hatte, suchte er, bewaffnet mit einem Empfehlungsschreiben Nagais – oder vielmehr des berühmten Professors Nagai von der Waseda-Universität – den Dorfvorsteher auf.

Obwohl Hoshino der Dorfherr war, lag die eigentliche Macht bei Saburo Tsuchiya. Er war ein Mann von vierundvierzig Jahren mit einem Bulldoggengesicht und kurzgeschorenem Bürstenhaar, der stets im Kimono und in hölzernen Getas herumlief. Dieser Lokalmatador hatte in den letzten drei Jahren das Amt des Dorfvorstehers innegehabt. Hoshino junior drückte es so aus: »Was er auch sagte, alle gehorchten.«

Über die Jahre hinweg hatte er den Verfall des Dorfes mit wachsender Besorgnis verfolgt. Die Zahl der Gäste in seinem Wirtshaus ging auf Null zurück, eine Mißernte folgte auf die andere, und jetzt sollte auch noch eine neue Eisenbahnlinie gebaut werden, die nicht mehr durch Kutsukake führen würde. Wenn das Wirklichkeit wurde, dann hätte der Bahnhof, den die Dorfbewohner vor nur fünfzehn Jahren für teures Geld gebaut hatten, schließen müssen. Es gab nur eine Möglichkeit, das Dorf zu retten. Wie Karuizawa mußte Kutsukake aufgebaut werden: Der Ort brauchte Besucher und Kapital. Doch die Dorfbewohner besaßen weder die finanziellen Mittel noch die Fähigkeiten, den Ort zu entwickeln. Sie brauchten unbedingt einen Fachmann für solche Aufgaben. Dennoch war Tsuchiya ziemlich perplex, als der junge Mann in seiner Studentenuniform auf dem Tonfußboden in der Eingangshalle seines Hauses vor ihn hintrat.

Tsuchiyas Sohn Seizo, damals vierzehn Jahre alt, hat diese Begegnung nie vergessen. Wie ein grimmiger Keiler wußte Yasujiro genau, was er wollte, und er war fest entschlossen, sich durch nichts von seinem Ziel abbringen zu lassen. Nachdem er mit Nagais Empfehlungsschreiben begonnen hatte, ließ er ein gewichtiges Statement folgen: »Ich bin Sekretär des Ministerpräsidenten Shigenobu Okuma, und ich bin hier, um Land zu kaufen für den Bau von Villen, und zwar möglichst viel: eine Million *tsubo* (330 Hektar) dürften genügen.«[2]

Tsuchiya sog Luft durch die Zähne ein und dachte eine Weile nach. Sicherlich war jede Menge Land verfügbar. Es war Gemeindeeigentum und gehörte dem Dorf. Ein Teil davon wurde von den Dorfbewohnern genutzt, um Pferde und Kühe darauf zu weiden. Das übrige Land war verwildert. Der größte Teil der Fläche war von Sümpfen oder von Gestrüpp und Lärchen- und Weißbirkenwäldern bedeckt. Doch war dieser junge Mann wirklich der geeignete Käufer?

Schließlich traf er eine Entscheidung. In der Tat gebe es oberhalb von Hoshino Spa möglicherweise Land zu verkaufen, sagte er, etwa 600000 *tsubo* (198 Hektar). Es sei jedoch Sache der Dorfbewohner, zu entscheiden, ob und für welchen Preis sie das Land verkaufen würden.

Während der nächsten paar Tage erforschte Yasujiro das Gebiet. Die 600000 *tsubo* waren genau das, was er brauchte. Es war eine riesige bewaldete Fläche, die sich von Hoshino Spa beinahe zwei Kilometer bis zu einem Aussichtspunkt hoch über dem Dorf erstreckte.

Das gesamte Gebiet konnte erschlossen werden. Es gab hier kein Werk von Menschenhand, nur verwildertes, brachliegendes Land. Jenseits der 600 000 *tsubo* gab es meilenweit, bis zum Fuße des Asamayama, nichts als Sümpfe, die mit riesigen Brocken schwarzen Vulkangesteins übersät waren. Yasujiro erkundete das Terrain, und seine Träume wurden immer kühner. Hier könnten Häuser stehen, hier Geschäfte, dort ein Hotel, ein ganzer Ort für Sommerurlauber entstand vor seinem geistigen Auge. Alles war möglich. Das einzige, was er brauchte, war ein wenig Geld, und genau das fehlte ihm. Am Ende seines Besuches mußte er sich von Tsuchiya 1,35 Yen borgen, um nach Tokio zurückfahren zu können.

Tsuchiya hatte eine schlechte Nachricht für ihn. Er hatte mit den Dorfbewohnern Rücksprache gehalten und den Fall des ehrgeizigen Unternehmers so positiv wie möglich dargelegt. Doch während er selbst möglicherweise ein Verbündeter Yasujiros war, trauten die Dorfbewohner, ein Haufen konservativer alter Bauern, diesem jungen Schönredner nicht über den Weg.

Wieder einmal hatten sich Yasujiros große Pläne in nichts aufgelöst – oder zumindest sah es so aus. Eine Woche später saß er wieder im Zug. In der Tat wurde der Wagen dritter Klasse der Linie Tokio-Nagano mit seinen harten, grün gestrichenen Holzbänken fast ein zweites Zuhause für ihn. Woche für Woche nahm er den Nachtzug vom Ueno-Bahnhof in Tokio. Zehn Stunden und sechsundzwanzig Tunnels später erreichte er das Hochland von Karuizawa und stieg an der Station Kutsukake aus. Und um halb sechs Uhr morgens schob er Tsuchiyas schwere, hölzerne Haustür auf.

Woche für Woche hielten die beiden Sitzungen ab. So etwas hatten die Dorfbewohner noch nie erlebt. Sie versammelten sich in Tsuchiyas mit zwölf Sitzmatten ausgelegtem Raum, dem größten im ganzen Dorf. Dort redeten sie, beim schwachen Schein der Öllampen über ihre Papiere gebeugt, bis in die Nacht hinein. Yasujiro argumentierte, erklärte und schmeichelte, kurz, er redete alle in Grund und Boden. Er sagte, er würde das Dorf aufbauen. Er sei der rechte Mann dazu, er habe die richtigen Kontakte. Er werde Wissenschaftler der Waseda-Universität, Poeten und Künstler hierherholen, sie würden sich Sommerhäuser kaufen und den Ort berühmt machen. Er lernte alle Bewohner des

Dorfes kennen. Er besuchte sie in ihren Häusern, saß mit ihnen beim Tee, legte Gemüse ein und trug ihnen immer und immer wieder seine Argumente vor. Und er wurde ein Fan von Frau Tsuchiyas selbst eingelegtem, mit Miso gewürztem Gemüse. Mit solchen Aktivitäten verbrachte er fast drei Jahre.

Die Dorfbewohner wollten seinem Wunsch noch immer nicht nachgeben, aber Tsuchiya war ein mächtiger Verbündeter. Er war überzeugt, daß der zähe junge Mann dem Dorf Nutzen bringen und eine Zukunft geben würde. Gemeinsam überwanden die beiden allmählich den Widerstand der Dorfbewohner, bis schließlich nur noch die Hälfte überzeugt werden mußte. Es war ein spannender Moment. Wenn sich die Dorfbewohner bei einer Abstimmung in zwei gleich große Lager spalteten, hatte Tsuchiya als Dorfvorsteher das letzte Wort. Für den 23. Dezember war eine Versammlung geplant. Es war eine große Geste erforderlich, ein *coup de théâtre*, der all ihre Zweifel beseitigen sollte.

Yasujiro machte sich auf die Suche nach Geld, nach viel Geld, und die Zeit brannte ihm auf den Nägeln. Doch wie sollte er an Geld kommen? Er hatte keine Sicherheiten, keine Bank würde ihm Geld leihen. Doch all das waren überwindbare Hindernisse. Er hatte Kontakte und Charme. Nun brauchte er nur noch ein wenig Überzeugungskraft.

Es gibt viele Versionen der Geschichte, wie er sich das Geld beschaffte. Hoshino zufolge lieh er es sich von Nagai. Kamibayashi macht Yasujiros treue Frau Fumi zur Heldin der Geschichte. Sie ging offenbar zu ihrer Familie und überredete sie, ihnen Geld zu leihen.

Tsuchiyas Sohn Seizo hat eine kompliziertere Version parat. Tsuchiyas Schwager war Doktor und Mitglied des Unterhauses. Die Familie überredete ihn, für Yasujiro zu bürgen, so daß er sich von der Bank Geld leihen konnte. Doch auf diese Weise bekam er nur die Hälfte der Summe, die er brauchte. Deshalb setzten er und der junge Seizo sich mit Scheren und einem Stapel Zeitungen hin und schnitten diese in Stücke, welche die Größe von 10-Yen-Scheinen hatten. Dann mischten sie das wertlose Papier sorgfältig mit den Geldscheinen und schnürten die »Geldbündel« zusammen.[3]

Am 23. Dezember war Kutsukake tief verschneit.

Die Versammlung begann am Abend. In dem verräucherten, mit zwölf Sitzmatten ausgelegten Raum um den zentralen Kamin gedrängt, hielten sich die Dorfbewohner zum Kampf bereit.

Abermals hielt Yasujiro in seinem fremdartigen Shiga-Akzent eine Rede. Er hatte eine Vision. Es war sein Lebensziel, Kutsukake aufzubauen, Sommervillen für gebildete Menschen aus Tokio zu errichten und das Dorf nach dem Vorbild Karuizawas zu einem kosmopolitischen Zentrum zu machen. Zunächst jedoch brauchte er das Land – 600 000 *tsubo* oberhalb von Hoshino Spa.

Die Dorfbewohner brummten vor sich hin. Sie hatten das alles schon einmal gehört. Angenommen, sie überließen es ihm für nur 5 Sen (ein Zwanzigstel eines Yen) pro *tsubo*, so würden sich 600 000 *tsubo* noch immer auf 30 000 Yen belaufen (heute 150 Millionen Yen). Das war für sie eine unvorstellbar hohe Summe. Selbst der Präfekt verdiente nicht mehr als 700 Yen im Monat. Stimmen wurden laut. »Hat dieser Tsutsumi wirklich Geld?«

Darauf hatte Yasujiro nur gewartet. Er packte sein Geld aus, ein Bündel nach dem anderen, dicke Packen von Geldscheinen – 30 000 Yen, alles in 10-Yen-Scheinen, dreißig dicke Bündel. Die Dorfbewohner waren sprachlos. Sie hatten noch nie in ihrem Leben so viel Geld gesehen.

Als Tsuchiya über die Sache abstimmen ließ, teilten sie sich noch immer in zwei gleich große Lager. Der Dorfvorsteher mußte die entscheidende Stimme abgeben: Er entscheid sich dafür, Tsutsumi das Land für 30 000 Yen zu verkaufen.

Yasujiro hatte keineswegs vor, die Hände in den Schoß zu legen und sich zu gratulieren. Er hatte erreicht, was er wollte – in der Tat mehr, als er erwartet hatte. Doch die eigentliche Prüfung stand ihm noch bevor. Er mußte jetzt seine Pläne erfolgreich verwirklichen. Laut Vertrag war er dazu verpflichtet, in den nächsten zwei Jahren fünfzig Villen zu bauen, oder er mußte das Land ohne Entschädigung zurückgeben. Seine finanzielle Situation war so angespannt wie nur jemals zuvor. Das einzige Geld, das er besaß, waren die geliehenen 30 000 Yen; tatsächlich waren es jedoch, wenn Seizos Bericht stimmt, nur 15 000 Yen.

Der Jungunternehmer würde für diese Aufgabe all die Kniffe anwenden müssen, die sich in den letzten paar Jahren angeeignet hatte. Die nächstliegende Möglichkeit war, ein Unternehmen zu gründen und Investoren anzulocken. Doch wer würde schon sein Geld aufs Spiel setzen, wenn Yasujiro der Präsident war? Keiner hatte je von ihm gehört. Er brauchte einen Lockvogel, der eine unwiderstehliche Anziehungskraft ausübte und Investoren anlockte.

Er machte Gebrauch von seinen Kontakten. Er sprach mit Nagai, er sprach mit dem Innenminister, dem künftigen Bürgermeister von Tokio, Shimpei Goto, und fand sich binnen kürzester Zeit im Gespräch mit Kenichi Fujita, einem der einflußreichsten Geschäftsmänner des Landes. Fujita war Direktor unzähliger Unternehmen, und er war berühmt dafür, marode Firmen geschickt zu sanieren.

Ganz gleich, welches Geschäft er tätigte, es brachte garantiert Profit ein.

Sei es aufgrund Yasujiros beeindruckender Kontakte oder seiner Überzeugungskraft, Fujita willigte ein, nomineller Präsident des neuen Unternehmens zu werden – Sengataki Resorts Ltd. Der Name Sengataki war ein Hinweis auf den Namen der Region. Yasujiro richtete sich in Tsuchiyas Haus ein Büro ein, machte Tsuchiya und seine Verwandten zu Aktionären und bot 50 Prozent der Anteile auf dem freien Markt an. Briefe begannen in Tsuchiyas Haus einzutreffen, Besucher aus Tokio kamen angereist, und binnen kürzester Zeit war der alte, hölzerne Geldschrank prall gefüllt. Die Aktien stiegen im Wert, Yasujiro und Tsuchiya verkauften einige davon, und es kam immer mehr Geld herein. Innerhalb von ein paar Wochen erreichte Sengataki Resorts Ltd. einen Kapitalwert von 250 000 Yen. Nach heutiger Kaufkraft entspricht das über einer Milliarde Yen.

Yasujiro begann, das Land zu erschließen. Er stellte Bauarbeiter an und ließ Parzellen von jeweils 100 *tsubo* (330 Quadratmeter) vermessen. Und bald schon waren die ruhigen Lärchen- und Weißbirkenwälder oberhalb von Kutsukake, in denen bisher nur Dachse und Füchse umhergestreift waren, vom Lärm der Hämmer und Sägen erfüllt.

Yasujiros erste Häuser waren mit den prächtigen Villen in Karuizawa jenseits des Hügels in keiner Weise zu vergleichen. Sie waren bescheiden, jedoch gemütlich; kleine Zwei- oder Drei-Zimmer-Apartments mit Küche und einem schönen Balkon mit Blick auf einen Garten. Keine der Wohnungen hatte ein Badezimmer. Nur wenige Häuser in Japan waren damals mit einem Badezimmer ausgestattet. Deshalb baute Yasujiro ein öffentliches Bad, einen Kilometer oberhalb von Hoshino Spa.

Das nächste, was er brauchte, waren Käufer, und zwar nicht die wenigen Privilegierten, die ihren Luxusurlaub in Karuizawa verbrachten, sondern die Vertreter der Mittelschicht, die sich ein Landhaus für 500 Yen (heute 2,5 Millionen Yen) oder gar 1000 Yen leisten konnten.

Der Zeitpunkt war genau richtig. In Tokio brannte jeder auf Veränderung. Der Erste Weltkrieg war zu Ende, und damit brach auch die alte Weltordnung, die Vorherrschaft Europas und die Macht der Aristokratie zusammen. Das Zeitalter der Massen hatte begonnen. Die neuen Großmächte waren Amerika, das Land der Demokratie, und Rußland, der neue, inspirierende Staat des Sozialismus. Nur fünfzig Jahre zuvor hatten die unteren Schichten Japans die Freizügigkeit und freie Berufswahl erlangt. Nun entdeckten ihre Enkel plötzlich, was Freiheit bedeutete. Nach Jahrhunderten der Einbindung in einer fest gefügten Kastenordnung waren sie nun frei. Sie hatten sogar Geld und konnten es ausgeben, wie es ihnen Spaß machte.

Zur ersten »Explosion« der neuen Freiheitssehnsucht kam es bei den Reisaufständen im Jahr 1918. Der Erste Weltkrieg hatte Japan industrielles Wachstum und Wohlstand gebracht, doch eine hohe Inflation war Begleiterscheinung des Booms gewesen. Die Preise für Reis stiegen in unerträgliche Höhen. Die Aufstände begannen auf dem Land und weiteten sich dann bis nach Tokio aus, wo Kavallerie eingesetzt werden mußte, um die Unruhen zu unterdrücken. Nach dem Einsatz des Militärs gegen das eigene Volk trat der Ministerpräsident zurück. Der neue Ministerpräsident, Takashi Hara, war der erste Bürgerliche in diesem Amt, und ein berühmter Verfechter eines Mehrparteiensystems. Seine Partei, die Seiyukai (Vereinigung politischer Freunde), verfügte über eine Mehrheit im Unterhaus, und er bildete sein Kabinett ausschließlich mit Mitgliedern dieser Partei. Zum ersten Mal wurde Japan von den gewählten Vertretern des Volkes regiert. Die Taisho-Ära, so schien es, sollte das Zeitalter der Demokratie werden.

Yasujiro klopfte zunächst bei seinen Freunden an, und nach und nach nahm alles seinen Lauf, genau wie er es angekündigt hatte: Geschäftsleute, Schriftsteller, Künstler und Kabuki-Dramatiker trafen an der Station Kutsukake ein und bezogen die Sommerhäuser oberhalb von Hoshino Spa.

Yasujiro baute und baute. In den kühlen Lärchenwäldern entstand allmählich eine neue Ortschaft. Die Neuankömmlinge mußten versorgt werden. So ließ Yasujiro einen einfachen Supermarkt bauen, ein Holzschuppen von der Größe eines Hangars, in dem die Einwohner von Kutsukake Stände errichten und ihr

Gemüse verkaufen konnten. Er baute ein Postamt, installierte elektrische Leitungen, legte Telefonleitungen und baute den Weg, der oberhalb von Hoshino Spa den Hügel hinaufführte, zu einer Straße aus, »die so breit war, daß eine Cessna dort starten konnte«.

Er hatte seine Versprechen gehalten, er hatte alles verwirklicht, was er angekündigt hatte, ja sogar mehr. Doch etwas fehlte noch, irgend etwas, was sowohl Yasujiro als auch den Dorfbewohnern beweisen konnte, daß der junge Mann aus der Provinz Omi es tatsächlich geschafft hatte. Zu diesem Zweck wollte er ein Hotel bauen – keinen einfachen Gasthof mit Strohmatten und Schiebetüren, sondern ein richtiges westliches Hotel, das genauso vornehm und luxuriös war wie die Hotels im Konkurrenzdorf Karuizawa.

Als das Green Hotel auf dem Gipfel des Berges vollendet war, wurde es von allen Dorfbewohnern und Besuchern bestaunt. Es war ein prächtiges Gebäude mit mehreren Etagen, leuchtend grün gestrichen wie das Laub des Frühlings, und gedeckt mit einem glänzenden Kupferdach. Es gab Suiten und Speisezimmer, die mit Qastenvorhängen und dicken roten Teppichen ausstaffiert waren. Die Möbel waren westlichen Importen nachempfunden, und die Dorfbewohner sahen solche Objekte zum ersten Mal in ihrem Leben: Tische, Stühle, Jugendstil-Lampen, schwere Holzbetten, Wandschränke, Schreibpulte. Sogar die Gärten mit ihren Rasenflächen, Zierteichen und Blumenbeeten waren nach westlichem Vorbild entworfen.

Und das Hotel stand allen Japanern offen, nicht nur den Reichen und Privilegierten.

Schließlich meinte Tsuchiya, daß es angesichts all des Glanzes höchste Zeit sei, dem Dorf einen neuen Namen zu geben. Kutsukake – »Häng deine Schuhe auf« – war nicht mehr angemessen. Es klang zu ländlich und altmodisch. Wieder fanden Versammlungen bis in die Nacht hinein statt, bei denen sich die Dorfbewohner verzweifelt an dieses letzte Symbol der alten Lebensweise klammerten.

Schließlich jedoch setzte sich Tsuchiya durch, und Kutsukake wurde umgetauft in: Naka-karuizawa – Inneres Karuizawa. Das Dorf übernahm den Namen und den Glanz des mondänen Nachbarorts.

Man schrieb das Jahr 1923. Fünf Jahre waren vergangen, und vieles hatte sich verändert. Sengataki Resorts Ltd., mittlerweile zu Hakone Resorts Ltd. umbenannt, verschickte Postkarten an potentielle Käufer:

Nach fünf Jahren harter Arbeit haben wir nun unser Kulturdorf in Karuizawas Sengataki vollendet. Der Ort ist sehr leicht mit Zug, Pferdekutsche oder Rikscha zu erreichen. Es gibt Wasser, Strom, Telefon, einen Markt für Waren des täglichen Bedarfs, ein Bad, eine Konzerthalle, ein Baseballfeld, Tennisplätze, eine Drogerie, einen Swimmingpool und andere öffentliche Einrichtungen. Die Villen werden für 1000 und 2000 Yen verkauft, die zur Hälfte bei Unterzeichnung des Vertrags, zur anderen Hälfte beim Einzug bezahlt werden.[4]

Auch Yasujiro hatte sich verändert. Den jungen, zielstrebigen Emporkömmling, der den Dorfbewohnern ihr Land abgegaunert hatte, gab es nicht mehr. Mit vierunddreißig Jahren regierte Yasujiro ein Imperium von Ländereien und Gebäuden, das jeden Augenblick über ihm zusammenzustürzen drohte.

Er war ein wenig in die Breite gegangen. Er war zwar schon immer ein wenig vierschrötig gewesen, doch nun begann er im wahrsten Sinne des Wortes auseinanderzugehen, um sein neues Format auszufüllen. Er war noch immer attraktiv, doch sein Gesicht war ein wenig gröber geworden. Das aufregende Leben, das er führte, hinterließ allmählich seine Spuren.

Alle nannten ihn Taisho – Chef, General. Diese Rolle war ihm auf den Leib geschrieben.

Das Personal fürchtete ihn, er wurde respektiert – und geliebt. Obwohl er eine heroische Gestalt war, war er ein Mann aus dem Volk, und die Dorfbewohner hatten Vertrauen zu ihm.

Yasujiros Imperium war in rasendem Tempo gewachsen. Er hatte stets Karten in seinem Büro, auf denen er seinen persönlichen Grundbesitz markierte. Nach und nach breiteten sich die kleinen, rosafarbenen Flecken wie Krebsgeschwüre aus und fügten sich zu Netzen zusammen.

In den zwanziger Jahren, dem Zeitalter des Jazz, war die Welt des mittelalterlichen Japan längst versunken, und die Moderne hatte Einzug gehalten.

Es war eine günstige Zeit für Unternehmensgründer. Sie bauten Eisenbahnen und Brücken, gründeten Industriekonzerne und importierten und exportierten alles, was sich verkaufte. Sie eröffneten Banken und handelten mit Wertpapieren und Aktien. Doch niemand interessierte sich für Land. Verließ man einmal die wuchernden, verqualmten Städte und fuhr über die Vorstädte der vor rastloser Produktion vibrierenden Metropolen hinaus, dann fand man sich plötzlich im Mittelalter wieder. Abseits der verstreuten Dörfer, die von mit einfachstem Gerät bestellten Reisfeldern und Gemüsebeeten umgeben waren, war Japan noch immer ein unerschlossenes Land. Die Fernstraßen, breite Wege aus festgetretener Erde, durchzogen unberührte Landschaften aus Sümpfen, Gestrüpp und Wäldern. Berge türmten sich auf, ein Gebirgszug folgte düster dem anderen und schließlich verschmolzen sie am Horizont mit dem Himmel.

Yasujiro brauchte sich nur zu bedienen. Ein Teil des Landes gehörte der Regierung und wurde nur in Ausnahmefällen verkauft. Doch der Rest war Privateigentum. Unermeßlich viel Land gehörte zu den adligen Grundbesitzern oder war Eigentum der Bauern oder Dorfgemeinden. Keiner konnte sich erklären, warum Yasujiro es haben wollte. Es schien exzentrisch, ja verrückt, seinen letzten Yen in ein Stück Land mitten im Niemandsland zu investieren. Doch die Tinte auf dem Vertrag mit den Einwohnern von Kutsukake war kaum getrocknet, da kaufte er bereits in einem neuen Gebiet in Gora im Distrikt Hakone 100 000 *tsubo* (33 Hektar).

Etwas mehr als zwei Jahre, nachdem er von einer Bank zur anderen gejagt war und verzweifelt versucht hatte, die ersten 30 000 Yen zu beschaffen, besaß Hakone Resorts Ltd. einen Kapitalwert von 20 Millionen Yen (nach heutigen Maßstäben etwa 100 Milliarden Yen). Das Unternehmen war zu einem Konzern angewachsen.

Dann trat ein Ereignis ein, das so unsagbar schrecklich war, daß es sich jedem Japaner tief ins Gedächtnis eingrub. Am Samstag, dem 1. September 1923, eine Minute vor zwölf Uhr mittags, als in ganz Tokio die Feuer in den Holzkohleöfen unter den Kochtöpfen brannten, traten die ersten Schockwellen des großen Kanto-Erdbebens auf.

Die Erschütterungen wurden immer stärker, bis das gesamte östliche Flachland um Tokio wie das Meer schäumte. Binnen weniger Minuten war die Stadt völlig zerstört. Das prächtige, aus Backstein gebaute zwölfstöckige Asakusa, das den östlichen Stadtteil überragt hatte, wankte. Tempel stürzten unter ihren schweren Strohdächern ein, leicht gebaute Holzhäuser fielen in sich zusammen wie Kartenhäuser. Dann folgten Feuerstürme, entfacht von den noch immer brennenden Öfen. Die »hölzerne«

Stadt brannte fast zwei Tage lang unkontrolliert. Über 130 000 Menschen kamen ums Leben, und 2,5 Millionen wurden obdachlos.

Yasujiro und Fumi lebten zu dieser Zeit in Mejiro, ein weites Stück vom Zentrum Tokios entfernt. Sie blieben von der vollen Wucht des Erdbebens verschont, obwohl Yasujiro am Bein verletzt wurde.

Er verbrachte drei Tage zu Hause, auf seinem Futon ausgestreckt. Doch schließlich siegte die Neugier, gemischt mit einer unguten Vorahnung. Er rief nach seinem Personal und gab den Auftrag, auf seinem Wagen eine Plattform aus Holzbrettern zu errichten. Auf dieser befestigten sie den Futon und hoben Yasujiro hinauf. So fuhr er durch die Stadt und besichtigte die Trümmer.

# 4
# Zwei Frauen
## 1923–1940

*Eines Tages sagte mein Vater:* »*Manche Leute behaupten, ich sei
ein unverbesserlicher Libertin, aber mit Frauen habe ich einfach
kein Glück. Das ist meine Methode, die Tsumura-Familie, die
mein Großvater mir anvertraute, wieder aufleben zu lassen. Um
Kinder zu zeugen, braucht man Frauen. Nennen Sie diese Frauen
meinetwegen* ›gemietete Bäuche‹.«

TAKASHI TSUJII[1]

Der Anblick, der sich Yasujiro bot, als er auf seinem Futon durch
die Stadt fuhr, war in der Tat schrecklich. Die große Stadt Tokio
mit ihren prachtvollen Gebäuden, ihren Geschäften, Universitäten, Straßenbahnen und ihren mit Weiden gesäumten Boule-
vards war nur noch eine flache Trümmerlandschaft. Ein paar
skelettartige Ruinen ragten über dem Chaos aus, und hier und
dort schwelten letzte Brände.

Während der ersten Tage kämpften alle Einwohner der Stadt
ums nackte Überleben. Leichen mußten begraben werden, und
der Verwesungsgestank wurde bald unerträglich. Zwischen den
Ruinen suchten Menschen verzweifelt nach vermißten Angehörigen und versuchten, unter den Trümmern Verschüttete zu
retten. Viele flohen aus der Stadt. Wer blieb, mußte um einen
kümmerlichen Reiskloß stundenlang Schlange stehen. Es gab
Plünderungen und Ausschreitungen, und in einigen Stadtteilen
mußte die Regierung Truppen einsetzen.

Doch nach einigen Tage der Verzweiflung begannen die Menschen, ihre Energie in den Wiederaufbau ihrer Stadt zu stecken.
Auf makabre Weise eröffnete das Verschwinden der alten Ordnung und aller Objekte, die diese Ordnung symbolisiert hatten,
die Chance, einen Neuanfang zu machen und eine vollkommen
neue Stadt zu bauen. Diese sollte moderner und eleganter sein
als die alte, und sie sollte die neue Realität – die politische Mün-
digkeit der mittleren Schichten – widerspiegeln.

Einige Gebäude blieben weitgehend intakt. Yasujiro war mit
einem größeren Bauprojekt in Koishikawa, im nördlichen Teil
Tokios, beschäftigt gewesen. Er war überzeugt, das Gebäude sei
von dem Erdbeben in Schutt und Asche gelegt worden. Doch es

stand noch und war so wenig beschädigt worden, daß das Komitee des Innenministeriums dies der besonderen Erwähnung für wert hielt. Die Öffentlichkeit war tief beeindruckt. Yasujiros Baufirma war offensichtlich ein Unternehmen, dem man vertrauen konnte. Eine wahre Flut von Aufträgen brach über ihn herein.

Für Yasujiro und für alle anderen Bauunternehmer begann ein gewaltiger Boom. Er startete ein Projekt nach dem anderen und wagte sich an Bauvorhaben, für die er in keiner Weise qualifiziert war. In Shibuya, einer vornehmen Wohngegend im Westen der Stadt, war eine ganze Geschäftsstraße zerstört worden. Yasujiro entwarf einen großangelegten Plan für ein riesiges Einkaufszentrum, das den Namen »Hundert Läden« erhalten sollte. Es sollte nicht nur ein Geschäfts-, sondern auch ein Vergnügungsviertel werden, und nach der Fertigstellung verbarg sich hinter den seriösen Ladenfronten ein Labyrinth von Bars, Kinos, Geisha-Häusern, Mah-Jongg-Salons und Spielhöllen.

Bei all seinen Projekten stand Yasujiro stets ein treuer Leutnant zur Seite. Sein scharfsinniger, junger Cousin Kamibayashi von der Insel Hokkaido war nun zwanzig Jahre alt. Wenn man seinen Berichten Glauben schenken darf, war er stets an allen Projekten beteiligt gewesen. Schließlich war er einer von Yasujiros wenigen Verwandten.

Alles begann damit, daß er in Hakone, dem schönen Seengebiet im Süden Tokios, fleißig Land aufkaufte. Hakone befindet sich in unmittelbarer Nähe des Epizentrums des Erdbebens in der Sagami-Bucht, deren Westflanke die Izu-Halbinsel bildet. Diese Halbinsel liegt wie der Deckel eines zischenden Dampfkochtopfes am Eingang der Bucht.

Sie wird häufig von Erdbeben erschüttert, Dampf quillt aus Felsspalten, und überall entspringen heiße Mineralquellen. Auf der Izu-Halbinsel, einer der eindrucksvollsten Regionen Japans, findet man zahlreiche schroffe Felsen, die aussehen, als wären sie erst gestern aus dem Boden emporgewachsen. Viele Kranke machten schon damals Badekuren und bevölkerten die unzähligen kleinen Gasthöfe bei den Heilquellen. An diesem Ort faßte Yasujiro den ehrgeizigen Entschluß, sein Territorium zu vergrößern.

Leider war er nicht der einzige Bauunternehmer, der auf Izu Land kaufen wollte. Die Halbinsel war bereits von der Sunzu-Linie, einer kleinen Eisenbahngesellschaft, erschlossen. Deshalb begann er, Geschäftsanteile der Sunzu Railways aufzukaufen. Der Präsident der Gesellschaft wollte unbedingt eine Übernahme verhindern und kaufte ebenfalls Anteile. Yasujiro warf sein Kapital in die Waagschale. Daraufhin heuerte der Präsident in altbewährter Weise einige Ganoven an, die Yasujiro in seiner Wohnung überfallen und die Anteile mit Gewalt zurückholen sollten.

Yasujiro war zu Hause, als am Tor plötzlich ein lautes Stimmengewirr zu vernehmen war. Sein Sekretär kam ins Büro gerannt und keuchte: »Da ist ein Kerl mit einer Pistole – was sollen wir tun?« Yasujiro schritt an ihm vorbei in den Garten, stellte sich mit verschränkten Armen hin und funkelte die Eindringlinge wütend an. Zwanzig stämmige, finstere Gestalten mit eingeschlagenen Nasen in traditionellen Reithosen und Schuhen mit Holzleisten an den Sohlen kamen auf ihn zu.

Yasujiro war kein Feigling. Er reckte sich in die Höhe und stellte sich ihnen standhaft in den Weg. Der Anführer, ein gewisser Tomio Iwata, ein berüchtigter nationalistischer Fanatiker und Chef der rechtsorientierten Taika-kai-Gruppe, fuchtelte mit einer Pistole herum. Mit finsterem Blick hob er die Waffe und zielte.

»Dozo«, schnaubte Yasujiro verächtlich. »Probier's doch, du Lump!«

Iwata drückte ab. Als Judokämpfer konnte Yasujiro völlig stillhalten. Er bewegte nicht einen einzigen Muskel. Das Geschoß streifte ihn am Hals und blieb in einem Baumstamm hinter ihm stecken. Er stand regungslos da, wie die Wache haltende Gottheit an einem Tempeltor, und starrte seinen Gegner in tiefster Verachtung an.

Iwata war fassungslos angesichts von so viel Kaltblütigkeit. Er hatte erwartet, daß Yasujiro um Gnade flehen würde. Jetzt jedoch fiel Iwata selbst auf die Knie. Er legte die Hände auf den Boden und entschuldigte sich für seinen Angriff. »Sie sind ein tapferer Mann«, bestätigte er Yasujiro.[2]

Der Vorfall brachte Yasujiro den Spitznamen »Pistole« ein (*Pisutoru*, ein japanisches Lehnwort aus dem Englischen).

Lange vor diesem Zwischenfall wurde Yasujiro gebeten, einen weiteren Konzern, der Konkurs gemacht hatte, zu sanieren. Auch diesmal war Kamibayashi mit von der Partie.

Ein Mann namens Yashizo Aoyama, ein Gentleman, ein Mann von Kultur und kosmopolitischer Gesinnung, hatte sich an ihn gewandt. Er war jedoch kein Geschäftsmann. Er entstammte einer alten und besonders vornehmen Samurai-Familie, und er war in einer Zeit aufgewachsen, in der ein vornehmer Adliger nicht lernen mußte, wie man Geld verdient. Seinen neun Kindern brachte er fürsorglich bei, daß Geld schmutzig sei. Viele Jahre lang hatte er ein kleines Unternehmen namens Tokyo Land innegehabt, das Möbel und Baumaterial aus den Vereinigten Staaten importierte. Ihm und seiner Familie war es gutgegangen, sie hatten vom geerbten Vermögen und den Einnahmen aus seinen Geschäften gelebt.

Doch dann geriet er in Schwierigkeiten. Ein Cousin von ihm war politisch aktiv und brauchte Geld wie alle Politiker. Für einen Wahlkampf verwendete er Kredite von Aoyamas Bank, und zwar in solcher Höhe, daß die Bank in Konkurs ging. Ein Skandal drohte, denn die Kunden der Bank liefen Gefahr, ihre Einlagen zu verlieren. Aoyama war ein ehrenhafter Mann und übernahm die volle Verantwortung. Er versprach, der Bank das Geld aus eigener Tasche zurückzuzahlen. Von einem Tag auf den anderen verlor die Familie ihren gesamten Besitz. Das schöne Haus mit seinen über Generationen hinweg gesammelten Kunstschätzen, die Ländereien, das Geld, alles war verloren.

Als Yasujiro Aoyama zum ersten Mal besuchte, lebte er mit seiner Familie in einem großen, baufälligen Haus, das praktisch leer war und so trostlos und ungastlich wirkte wie eine Kaserne. Er blieb zum Mittagessen und wurde bald ein regelmäßiger Gast.

In vielerlei Hinsicht war ihr Leben das genaue Gegenteil von seinem eigenen. Sie waren feine Leute, denen Unglück widerfahren war; gebildete, eher weltfremde Menschen, die durch ihre Erziehung nicht auf die Härte der modernen Welt vorbereitet worden waren, in der sie nun überleben mußten und zu der auch Yasujiro gehörte. Was ihn am meisten beeindruckte, war ihr Familienleben. Es war wie die Familie, die er nie gehabt hatte. Beim Mittagessen sagte er einmal ziemlich wehmütig: »Ich bin noch nie in einer so freundlichen und in Eintracht lebenden Familie gewesen.«

Yasujiro erklärte sich bereit, ihnen aus der Patsche zu helfen. Er übernahm die Bank und das Unternehmen und verbrachte allmählich immer mehr Zeit in Aoyamas Haus.

Ganz besonders genoß er die Gesellschaft von Aoyamas vier schönen Töchtern. Alle vier gingen noch zur Schule und trugen ihr Haar in modischen Zöpfen. Bis vor kurzem hatten sie wie

Prinzessinnen gelebt, und alle vier waren stolze, hochmütige Mädchen. Trotz ihrer Armut vergaßen sie keinen Augenblick, daß Samurai-Blut in ihren Adern floß.

Yasujiro betrat stolzen Schrittes diese klösterliche Welt, um die Familie zu retten. Er war jung, attraktiv und voller Humor. Und er war anders als sie: ein zäher und sehr männlicher Bauer.

Nach einiger Zeit gab die zweitälteste Schwester seinen Avancen nach. Sie hatte gewissermaßen keine andere Wahl; die Familie war schließlich von Yasujiro abhängig. Doch dieser ließ es nicht dabei bewenden, er wollte mehr. Ein paar Jahre später verführte er auch die jüngste Schwester, und danach schlief er mit beiden. »So ein Kerl war er eben«, stellte Kamibayashi fest.[3]

Doch in Wirklichkeit begehrte Yasujiro Misao, die drittälteste Schwester. Als sie sich an jenem denkwürdigen Tag im März 1922 beim Mittagessen zum ersten Mal begegneten, war sie vierzehn Jahre alt, und er war gerade dreiunddreißig geworden.

Kamibayashi hat sie als »schön, kultiviert, aber schon sehr versnobt« beschrieben. Sie war die Lieblingstochter ihres Vaters. Sie war all das, was Yasujiro nicht war: vornehm, intellektuell, eine feine Dame.

Und im Gegensatz zu der armen Fumi, die zwar Verstand hatte, aber häßlich war, war Misao eine Schönheit. Mit vierzehn trug sie einen Zopf und eine Brille. Ihr makelloses, ovales Gesicht hatte ausgesprochen feine und aristokratische Züge. Sie war sehr klein und schlank, und ihre Haltung ließ erkennen, daß sie sich ihrer adligen Abkunft vollauf bewußt war. Ehemalige Bekannte beschreiben sie als »nobel« und »arrogant«. Zudem wußte sie ganz genau, was sie wollte.

Yasujiro war hingerissen. Sie war genau das, wonach er immer gesucht hatte, und in seiner derben Shiga-Manier setzte er es sich in den Kopf, sie zu verführen. Er ließ nichts unversucht, er schmeichelte, er brachte Geschenke und fand Argumente. Doch alle seine Bemühungen blieben erfolglos. Ihre Willenskraft war stärker als sein Durchsetzungsvermögen. Sie verschmähte ihn, und je mehr sie ihn verachtete, desto fanatischer schmachtete er sie an.

Viele Jahre gingen ins Land. Im Konzern kursierten Gerüchte, daß Yasujiro weiterhin mit den beiden Schwestern, aber auch mit vielen anderen Frauen schlief. Aber er hielt ein Versprechen, das er Fumi gegeben hatte: keine Prostituierten, nur unprofessionelle Damen.

Doch er begehrte Misao weiterhin, und seine Begierde war noch gewachsen. Misao jedoch verschmähte ihn beharrlich. Der arme Aoyama sah dem ganzen Drama hilflos zu. Yasujiro, vertraute er Kamibayashi eines Tages an, dieser Eindringling, den er selbst in sein Haus geholt hatte, hatte seine glückliche Familie ins Unglück gestürzt. Schließlich wurden beide Schwestern schwanger, zuerst die ältere, dann die jüngere. Misao beschloß, etwas zu tun, um ihre Familie zu retten.

Kamibayashi behauptet, sie habe sich sterilisieren lassen, obwohl es im Konzern Personen gibt, die behaupten, sie sei später schwanger geworden. Dann traf sie eine Abmachung mit Yasujiro. Sie würde sich ihm hingeben, aber nur außerhalb von Tokio. Vor allem sollte er den Kontakt mit ihren Schwestern abbrechen. Sie wollte deren Kinder als ihre eigenen aufziehen.

Yasujiro hielt sich an die Abmachung. Einige Jahre brachte er Misao in Osaki, einem Vorort Tokios, unter. Dann kaufte er ihr in Mitaka, einem abgelegenen Vorort Tokios, ein kleines, von Lauchfeldern und Kirschbäumen umgebenes Haus, wo sie die zwei kleinen Kinder als ihre eigenen aufzog. Seiji war der Sohn ihrer älteren Schwester, und Kuniko die Tochter der jüngeren. Laut Kamibayashi beging Aoyama Selbstmord. Er hatte die Schande nicht ertragen.

In gewisser Weise spiegelte Yasujiros Verhalten die Dekadenz der damaligen Zeit wider. Etwas Umwälzendes lag in der Luft. Man sprach von der »Taisho-Demokratie«, doch es war eher eine ekstatische Begeisterung für alles, was das neue Zeitalter zu symbolisieren schien. Mädchen – *moga*, »moderne Mädels« – trugen ihr Haar so kurz, daß sie wie Jungen aussahen. Einige liefen gar in kurzen Röcken herum, die in scharfem Kontrast zu den dezenten Kimonos standen. Jungen – *mobo*, moderne Jungs« – trugen ihr Haar lang und glatt zurückgekämmt und waren besonders stolz auf ihre Harold-Lloyd-Hornbrillen. Sie hörten Jazz, tanzten Charleston, sahen amerikanische Filme, aßen Eis und liebten sich auf den Rücksitzen der Taxis. Bis die Behörden dem Treiben ein Ende setzten, war der Marxismus groß in Mode, und jeder las die neuesten revolutionären Romane aus Rußland, etwa Aleksandra Kollontajs *Eine große Liebe*.[4]

Es war das Zeitalter der Geschwindigkeit, des Vergnügens und der Sexualität, berichtet Kosei Ando, ein Historiker dieser Epoche. Doch alles war hohl, nur eine Fassade des Fortschritts. Es gab keinen Mittelpunkt, keine Realität. »Sie tanzen in einer Stadt, die keine Zukunft hat.«[5]

Die Krankheit des Tennos war das stärkste Symbol für den damaligen Zeitgeist.

Taisho war nie ganz gesund gewesen. Als kleiner Junge hatte er eine Hirnhautentzündung gehabt, die nicht behandelt worden war. Im Lauf der Jahre wurde sein Verhalten immer exzentrischer, bis man schließlich munkelte, der Tenno sei verrückt. Eines Tages kam es bei der Parlamentseröffnung zur Krise. Die versammelten Mitglieder warteten auf seine Rede. Doch er stand nur stumm da und starrte sie so lange an, bis sie alle ganz nervös wurden. Dann begann er, unkontrolliert zu lachen. Er rollte sein Manuskript auf, hielt es wie ein Teleskop vor sein Auge und warf der erlauchten Versammlung schielende Blicke zu. Nach diesem denkwürdigen Ereignis wurde er seiner Amtspflichten enthoben, und Kronprinz Hirohito trat an seine Stelle.

Im folgenden Jahr wurde Yasujiro fünfunddreißig. Er war 1924 im besten Alter und hatte allen Grund, sich als erfolgreichen Mann zu betrachten. Er hatte eine Möglichkeit gefunden, viel Geld zu verdienen, und er hatte die Grundlagen für seinen Konzern geschaffen. Nun war es an der Zeit, in die Politik zu gehen.

Er hatte einen günstigen Zeitpunkt gewählt. Nagai war 1920 Mitglied des Unterhauses geworden. Er hatte als Parteiloser kandidiert, obwohl er sogleich nach seinem Sieg der Konstitutionellen Vereinigung beitrat – der Fortschrittspartei, die Okuma unter einem anderen Namen gegründet hatte. Sobald er im Unterhaus eingeführt war, setzte er seine berühmte Redekunst bei Hetztiraden gegen Ministerpräsident Hara und die Regierungspartei ein. Jene großen Hoffnungen, die Nagai und andere Liberale in Japans ersten bürgerlichen Ministerpräsidenten gesetzt hatten, waren enttäuscht worden. Weit davon entfernt, demokratische Reformen durchzuführen, hatte er sich gegen die Einführung des allgemeinen Wahlrechts gestemmt. Bei der Wahl im Jahr 1924 waren die Oppositionsparteien so stark, daß sie seine Macht ernsthaft bedrohen konnten.

Als treuer Freund Nagais hatte Yasujiro als Leiter seines Wahlkampfkomitees gearbeitet. In jenem Jahr beschloß er nun, als Parteiloser zu kandidieren.

Sicherlich waren seine Gründe für den Eintritt in die Politik nicht so idealistisch wie die Motive Nagais. Im Gegensatz zu seinem Freund war er nicht von der missionarischen Leidenschaft entflammt, Japan verändern zu wollen. Doch die beiden waren einander in allen Lebenslagen verläßliche Partner. Nagai hatte Yasujiro beim Aufbau seines Unternehmens geholfen, und nun wollte Yasujiro ihm im Parlament als Verbündeter zur Seite stehen. Zudem war diese Kandidatur für die Karriere eines ehrgeizigen, jungen Mannes ein sehr vernünftiger Schritt. Er hatte seinem Großvater versprochen, alles zu tun, was in seiner Macht stand, um den Namen und die Ehre der Familie Tsutsumi wieder herzustellen. Allein durch Reichtum konnte er dieses Ziel nicht erreichen. Wie konnte er als Sohn eines Bauern in der Gesellschaft aufsteigen? Vielleicht würde ihm die Politik den Weg ebnen.

Yasujiro suchte sich als Wahlkreis einige kleine Bezirke in der Nähe seiner alten Heimat in Shiga aus. Mit der Parole »Gebt uns das Ackerland zurück« kämpfte er für eine gerechtere Verteilung von Grund und Boden. Die Pächter, die das Land bestellten, sollten es auch besitzen und vom Ertrag ihrer Arbeit profitieren. »Wenn Sie eigenes Land besitzen, werden Sie es lieben«, schrieb er.[6]

Damals wurde Politik noch weitgehend unter Ausschluß der Öffentlichkeit gemacht. Das allgemeine Wahlrecht war noch immer nicht eingeführt, und die meisten Menschen, die von einer Neuverteilung des Bodens profitieren würden, standen nicht auf den Listen der Wahlberechtigten. Überdies war Yasujiros Gegner auch noch ein bekannter Lokalpolitiker, der Sohn des Bürgermeisters von Hikone. Trotz all seiner Bemühungen an der Waseda Debating Society war Yasujiro noch immer kein feuriger Redner, und vor seinem Entschluß zu der Kandidatur hatten nur wenige Menschen aus diesem Wahlbezirk seinen Namen schon einmal gehört.

Vermutlich hat er sich aus dem Personenkreis in diesem Bezirk eine Anhängerschaft aufgebaut, die sich noch an den Bauernjungen erinnerten, der nach Tokio gegangen war, um dort sein Glück zu machen. Zusätzlich werden ihn Menschen unterstützt haben, denen er einmal auf irgendeine Weise geholfen hatte. Und zweifellos machten Nagai und andere Freunde aus seiner Zeit an der Waseda-Universität von ihrem Einfluß Gebrauch.

Die Stimmen wurden ausgezählt, und Yasujiro zog ins Parlament ein. Im Mai 1924 wurde er als Abgeordneter für die Region Shiga gewählt, und kurz darauf schloß er sich Nagai an und wurde Mitglied der neuen Regierungspartei, der reformorientierten Constitutional Association. Im folgenden Jahr wurde allen Männern über fünfundzwanzig das Stimmrecht verliehen. Dies war der große Sieg der Taisho-Demokratie. Nur eine Woche später wurde jedoch ein weiteres Gesetz verabschiedet, das Gesetz zur Sicherung des Friedens, welches der Polizei neue Befugnisse einräumte, gegen linksorientierte Gruppen vorzugehen.

Unter den neuen Mitgliedern des Unterhauses war auch ein Mann namens Saburo Ishizuka, ein Bekannter Yasujiros. Auch Ishizuka war ein Protegé des Marquis Okuma, obgleich er viel älter war als Yasujiro. Er war einer der ersten Studenten des »Tokio-College« gewesen, lange bevor die Hochschule als Waseda-Universität anerkannt worden war. Mit siebenundvierzig Jahren war er ein ernster Mann mit gepflegtem Schnurrbart und einer Vorliebe für Gehröcke und Stehkrägen.

Yasujiro und Ishizuka erneuerten ihre Bekanntschaft und wurden gute Freunde. 1928, vier Jahre später, wurden beide bei der ersten Wahl nach dem neuen Wahlrecht wiedergewählt.

Nachdem sich Ishizuka als Abgeordneter fest etabliert hatte, schuf er sich in Tokio eine neue Heimat. Im Jahr 1930, als seine Tochter Tsuneko siebzehn wurde, holte er sie aus Niigata zu sich und schickte sie in das Yamawaki Gakuen, eine der besten Mädchenschulen Tokios. Außerdem bestand er darauf, daß sie in seinem Büro arbeitete und seinen Gästen Tee servierte.

Yasujiro war Anfang vierzig und wurde allmählich rund wie ein Faß, was für einen vermögenden Mann nichts Ungewöhnliches ist. Aber er lavierte ständig am Rande des Bankrotts und stürzte sich in immer größere Schulden, um sein Imperium zu erweitern. Doch er genoß diese Gratwanderung. Er konnte sich nicht zurücklehnen und zufrieden das Erreichte genießen, denn er wollte immer mehr an sich reißen.

Das galt auch für sein Verhältnis zu Frauen. Er hatte nun mehrere Haushalte. Fumi lebte in einem großen Haus in Shimo Ochiai, einem Stadtbezirk Tokios, mit Shukuko, der inzwischen einundzwanzigjährigen Tochter seiner ersten Frau, und Kiyoshi, dem Sohn der Postangestellten, der inzwischen sechzehn Jahre alt war. So oft wie möglich übernachtete Yasujiro jedoch bei seiner zweiten, seiner »heimlichen« Familie. Seiji war nun drei und Kuniko zwei Jahre alt.

Aber er stellte immer noch unablässig anderen Frauen nach. Keiner weiß, wie viele uneheliche Kinder er in diesen Jahren gezeugt hat. Mitarbeiter des Unternehmens behaupten, er sei in diesem Zeitraum besonders produktiv gewesen.

Als Yasujiro Tsuneko sah, war es um ihn geschehen. Sie strahlte eine Wärme aus, die unwiderstehlich war. Sie war auf klassische japanische Weise sehr schön. Im Pensionat war sie bekannt für ihre helle Haut. Ihr Gesicht war rund und voll, es erinnerte an die Schönheiten auf den Bildern Utamaros. Sie hatte große, glänzende, weit auseinanderliegende Augen und ein zauberhaftes Lächeln. Besonders intelligent war sie nicht, doch Yasujiro hatte ohnehin schon genug intellektuelle Frauen. Diese hier war die geborene Geliebte, Mutter und Hausfrau.

Es ist nicht genau bekannt, wie Yasujiro sie verführte. Nachdem sie ihre Abschlußprüfung gemacht hatte, verschwand sie einfach. Als ihre ehemaligen Schulfreundinnen nach Jahren von ihrem Schicksal erfuhren, fragten sie sich, warum ein so stolzes und schönes Mädchen die Geliebte eines verheirateten Mannes geworden war, obwohl er viel älter war als sie. Eine der Freundinnen fragte sie nach ihren Gründen, und sie hat die Antwort nie vergessen: »Ich wollte außergewöhnliche Kinder. Ich wollte keinen Durchschnittstypen heiraten.«

Kaum ein Jahr nach ihrem Schulabschluß brachte sie 1934 Yoshiaki, ihren ersten Sohn, zur Welt.

Yasujiro inszenierte seine kleinen, häuslichen Dramen und betrieb unbeirrt seine Geschäfte – er kaufte Land, baute Straßen und Wohnsiedlungen. Doch das Land wurde von sehr bizarren und dramatischen Ereignissen erschüttert, und die täglich eintreffenden Nachrichten wurden immer beunruhigender.

Die Taisho-Ära mit ihrem Trubel, ihrer Dekadenz und ihren Träumen von Demokratie war vorbei. Der geisteskranke Tenno Taisho war 1926 gestorben und in einem weit außerhalb gelegenen Vorort Tokios mit großem Pomp bestattet worden.

Schon bevor Hirohito Tenno wurde, waren politische Gewalttaten verübt worden. 1923, im Jahr des Erdbebens, hatte ein fanatischer Jugendlicher versucht, ihn zu ermorden, als er auf dem Weg zur Parlamentseröffnung am Toranomon, dem »Tigertor«, vorbeikam. Dann wurde 1930 Ministerpräsident Hamaguchi, »der Löwe«, am Tokio-Bahnhof von einem Mitglied einer rechtsorientierten Gruppe aus kürzester Entfernung angeschossen. Im folgenden Jahr erlag er seinen Verletzungen.

Eine Reihe von Putschversuchen folgte, und einige waren geradezu surreal. Im Jahr 1931 wurde beispielsweise der Plan aufgedeckt, einen Luftangriff auf das Parlamentsgebäude zu fliegen, während die Abgeordneten tagten. Ebenso sollten die Zentralen der beiden führenden politischen Parteien bombardiert werden. Ein Chaos drohte auszubrechen. Die Armee hatte nun die Rechtfertigung, die Ordnung gewaltsam wiederherzustellen und eine Militärjunta zu errichten.

Faktisch hatte die gewählte Regierung keinerlei Kontrolle mehr über die Armee. Die jungen, rechtsgerichteten Offiziere betrachteten es als ihre patriotische Pflicht, ihr Land zu beschützen. Sie waren mit ihrer Geduld gegenüber den schwachen, unschlüssigen Politikern am Ende und wollten die Geschicke des Landes selbst in die Hand nehmen.

Dies wurde erschreckend deutlich bei der Besetzung der Mandschurei. Die Regierung hatte Wind davon bekommen, daß die Armee plante, sich das gesamte Gebiet einzuverleiben. Daher schickte sie ein dringendes Sendschreiben, in dem die Armee aufgefordert wurde, ihre Aktionen einzustellen. Unglücklicherweise war der ausgewählte Kurier, Generalmajor Yoshitsugu Tatekawa, einer der Verschwörer.

Er reiste gemächlich per Schiff und Personenzug nach Mukden und besuchte dort mehrere Geisha-Parties, bevor er endlich seine Botschaft überbrachte. Doch da war es bereits viel zu spät. Ein Sprengstoffattentat auf die zu Japan gehörende South Manchurian Railway hatte gewaltige Schäden angerichtet. Die Armeeführung behauptete, daß dies eindeutig das Werk chinesischer Saboteure sei und daß Japan eindeutig keine andere Wahl habe, als die ganze Mandschurei zu besetzen.

Die nächsten Jahre waren geprägt vom Wahnsinn des Krieges. Die Japaner nennen dieses Jahrzehnt das »dunkle Tal«. Gewalt wurde zu einem festen Bestandteil des Lebens. Im Parlament und auf den Straßen Tokios war Blutvergießen an der Tagesordnung. Anfang des Jahres 1932 wurden ein ehemaliger Finanzminister und der Vorsitzende des Konzerns Mitsui von einer Vereinigung rechtsgerichteter Patrioten namens »Blutliga« ermordet. Im Mai drangen uniformierte Seekadetten am hellichten Tag in die Wohnung des Ministerpräsidenten Inukai ein und schossen ihm in den Kopf. Von da an beherrschte die Armee die Regierung. Sie wählte die Mitglieder des Kabinetts aus, und nahezu jeder Ministerpräsident war General oder Admiral. Obwohl die Fassade der Demokratie aufrechterhalten wurde und regelmäßig Wahlen stattfanden, erwartete man von den Mitgliedern des Unterhauses, daß sie bei ihrem Eintritt in die Regierung auf ihre Loyalität gegenüber Parteien verzichteten. Wer sich der Armee widersetzte, riskierte sein Leben.

In all diesen Jahren war Yasujiro Regierungsmitglied. In einer Wahl nach der anderen wurde er als Abgeordneter für Shiga wiedergewählt. In den zwei Jahren von 1932 bis 1934, in denen Nagai Kabinettsmitglied und Kolonialminister war, fungierte Yasujiro als sein parlamentarischer Vizeminister im Parlament.[7] Nagais Haltung hatte sich merklich gewandelt. Er stand dem westlichen Imperialismus noch immer ablehnend gegenüber. Er war der Meinung, daß Asien von einem starken Japan geführt werden müsse und daß die Eroberung von einigen Teilen Asiens notwendig sei, um Japan zu stärken und um die Kolonien zu fördern. Auch glaubte er noch immer an Reformen. Doch er vertrat inzwischen die Ansicht, daß eine einzige Partei mit dem Militär an der Spitze die Regierung stellen sollte. Ein solches politisches System hielt er für am besten geeignet, umfassende Reformen durchzuführen.[8]

Nagai grübelte über die Bedeutung der Ereignisse, die das Leben der Menschen veränderten. Yasujiro jedoch machte einfach weiter seine Arbeit, soweit das unter den gegebenen Umständen möglich war. Er war Pragmatiker, mehr noch, ein Meister des Überlebens. In die Politik war er nur gegangen, um sich Vorteile zu verschaffen, und nicht, um für eine mit Leidenschaft vertretene Überzeugung zu kämpfen. Er war liebenswürdig, stets guter Dinge und machte sich überall Freunde, wo es ihm nützen konnte.

Seit 1925 an war die Thought Police, ein Geheimdienst zur Unterdrückung abweichender Meinungen, aktiv. Sie verhaftete jeden, der als subversiv oder als eine Gefährdung der bestehenden Ordnung verdächtigt wurde. Kommunisten wurden verhaftet, ebenso Sympathisanten der Kommunisten oder auch nur vermeintliche Sympathisanten der Kommunisten. Man steckte sie ins Gefängnis, meist ohne Gerichtsverhandlung, und einige wurden sogar gefoltert.

Nach und nach weitete sich die Kontrolle über die freie Meinungsäußerung aus – auf Bücher, Zeitungen und zuletzt auf alles, was nur entfernt an Einflüsse aus dem Westen erinnerte. Jazz war suspekt, schließlich wurden sogar westliche Tänze verboten. Zigaretten wie Cherry oder Golden Bat erhielten japanische Namen. Baseball, in den dreißiger Jahren die große Mode, wurde mühsam in ein angeblich japanisches Spiel verwandelt. Es wurde zu *yakyu* umbenannt, und alle amerikanischen Ausdrücke – »strike«, »ball«, »pitcher« – wurden durch japanische ersetzt.

All das war dem Geschäft jedoch nicht unbedingt abträglich. Doch auch Yasujiro war angesichts der großen Dramen der Zeit erschüttert: der Börsenkrach von 1927, der Hunderte von Banken in den Konkurs trieb; die Weltwirtschaftskrise der frühen dreißiger Jahre, die in Japan schreckliche Not vor allem bei den Bauern zur Folge hatte. Doch Yasujiro war es gewohnt, am äußersten Rand des Abgrunds zu wirken, und irgendwie gelang es ihm immer, den Absturz zu vermeiden.

Es war keine günstige Zeit, um Zweitwohnungen im Land zu verkaufen. Die Bevölkerung hatte weitaus wichtigere Sorgen. Doch Yasujiro hatte sich mittlerweile auf andere Geschäftszweige verlegt, die in einer Nation, welche immer tiefer in die Krise geriet, eher Gewinn versprachen. Nach dem Erdbeben wollten viele Menschen Tokio unbedingt verlassen. Für Bauunternehmer war dies eine Chance für glänzende Geschäfte. Zusammen mit vielen anderen begann Yasujiro, das verwilderte Land im Westen der Stadt zu erschließen und dort Vororte zu bauen. Doch als die ersten Häuser zum Verkauf angeboten werden konnten, hatte sich die Lage bereits verschlechtert. Die Wirtschaft trat in eine Rezession ein, und die wenigsten Menschen wollten sich so weit außerhalb der Stadt ein Haus kaufen.

Deshalb mußte eine bequeme Verkehrsverbindung gebaut werden. Yasujiro ging unter die Eisenbahnmagnaten. Sein erstes Projekt war relativ bescheiden. Er baute eine sehr kurze Straßenbahnlinie mit kleinen roten Bahnen, die zwischen dem neu geschaffenen Vorort Kokubunji und Hagiyama, der nächsten größeren Stadt, durch das offene Gelände zockelten.

Auf der anderen Seite von Hagiyama lag in einer wunderschönen Landschaft der Tamako-See, ein tiefblaues Staubecken. Yasujiro erweiterte seine Straßenbahnlinie bis zum See, nannte sie »Tamako-Linie« und begann auch dort, Land aufzukaufen und Vororte zu bauen.

Er hatte nicht mit der Wachsamkeit der anderen Bahngesellschaften in dieser Region gerechnet. Was die Erschließung von Land betraf, war er ein alter Hase, doch im Eisenbahngewerbe war er blutiger Anfänger. Und er hatte eine Arena betreten, in der bereits zahlreiche skrupellose Konkurrenten miteinander kämpften.

Die zwei Giganten, die das Gebiet beherrschten, waren die Musashino-Linie und die Seibu-Linie. Beide waren seit langem etablierte Bahnen mit großen, erst vor kurzem elektrifizierten Zügen, die zwischen Tokio und den in den westlichen Bergen gelegenen Städten hinauf- und hinunterdonnerten. Die Tamako-Region hatten diese Bahnen jedoch umgangen. Beide befanden sich in privatem Besitz; die Musashino-Linie gehörte den Stadtbewohnern selbst. Gleichzeitig waren sie Konkurrenten und hatten das Gebiet unter sich aufgeteilt.

Verglichen mit diesen Bahnen war Yasujiros kleine Tamako-Linie geradezu zwergenhaft. Sobald er mit der Erschließung des Gebiets begann, bauten die beiden Giganten dort Nebenlinien. Schließlich führten drei Linien in dieses eine kleine Gebiet, und die Tamako-Linie hatte so gut wie keine Passagiere. Yasujiro beobachtete die Aktivitäten seiner beiden Rivalen und begann, Aktien aufzukaufen.

Mit dem Beginn der dreißiger Jahre und der Weltwirtschaftskrise befanden sich alle drei Gesellschaften in Schwierigkeiten. Vor allem die Musashino-Linie hatte keine Dachgesellschaft, die sie mit Kapital unterstützt hätte, und geriet deshalb schnell in die roten Zahlen.

Es gab mittlerweile drei führende Aktionäre: zwei der großen Zaibatsu-Konglomerate, jeweils in den Händen der Asano- und der Yasuda-Familie, und ein gewisser Mr. Tsutsumi von Hakone Resorts Ltd.

Ursprünglich, sagt Yasujiro, sei er nicht daran interessiert gewesen, die Gesellschaft zu übernehmen. Einer seiner neu gebauten Vororte lag jedoch an der Musashino-Linie, und er besaß dort etwa eine Million *tsubo* (330 Hektar) Land. In einer Konferenz mit Mr. Asano und Mr. Yasuda baten ihn beide, das Unternehmen zu sanieren. Yasujiro willigte widerstrebend ein.[9]

Es folgten sieben Jahre der Verhandlungen. Schließlich überredete Yasujiro die Gläubiger, 75 Prozent ihrer Kapitaleinlagen abzuschreiben, und 1938, ein Jahr nach dem Angriff der japanischen Armee auf China, wurde die Musashino-Linie ein Subunternehmen der Hakone Resorts Ltd.

Blieb noch die Seibu-Linie. Erst einige Jahre später konnte sich Yasujiro auch diese einverleiben. Er verbrachte den Großteil der Kriegsjahre damit, um den Besitz der Linie zu kämpfen. Als 1943 schließlich der Zusammenbruch von Japans Wirtschaft absehbar wurde, entriß er sie den Händen der Tobu-Gruppe, einer der

führenden Eisenbahngesellschaften des Landes. Nach dem Krieg
wählte er dann den Namen Seibu für sein gesamtes Firmenkon-
glomerat.

Im Jahr 1937 befand sich Japan eindeutig im Kriegszustand. Die
Krise hatte an einem verschneiten Morgen im Februar 1936 begonnen. Eine Gruppe von über tausend jungen, rechtsgerichteten
Armeeoffizieren wagte einen Putsch. Sie nahmen die Parlamentsgebäude, das Kriegsministerium und das Polizeipräsidium ein und
entsandten Todesschwadronen, die führende Regierungsmitglieder ermorden sollten. Mehrere Politiker wurden erschossen oder
erschlagen, darunter auch der Schwager des Ministerpräsidenten,
den die Rebellen versehentlich für den Ministerpräsidenten hielten. Vier Tage später ergaben sie sich. Ihre Anführer wurden nach
Geheimprozessen ohne viel Aufhebens hingerichtet.

Im folgenden Jahr taten sich die beiden führenden Parteien
zusammen und betrieben Wahlkampf auf der Plattform des
Widerstands gegen die Militärregierung. Sie errangen einen über-
wältigenden Sieg – doch er war nicht viel wert. Die Armee hatte
das Kabinett noch immer fest im Griff. Die gewählten Vertreter
des Volkes waren machtlos. Der Fürst Funimaro Konoe, ein Kom-
promißkandidat, der für jeden akzeptabel war – für die Armee,
die Politiker, die Bürokratie und die Geschäftswelt –, wurde als
Ministerpräsident eingesetzt. Und innerhalb eines Monats
befand sich Japan in einem offenen Krieg mit China. Ende des
Jahres war der Großteil des östlichen Randes von China mit
Peking, Shanghai und Nanking unter japanischer Kontrolle.

In seinem einzigen in englischer Sprache veröffentlichten
Memoirenband behauptet Yasujiro ernsthaft, er habe alles getan,
was in seiner Macht gestanden habe, um sich den Militärs zu
widersetzen. Immer wieder, schreibt er, sei er im Parlament aufge-
standen, um sich gegen eine Ausweitung des Krieges und gegen
das Gesetz zur Allgemeinen Mobilmachung auszusprechen, mit
dessen Hilfe die Regierung die Industrie, den Handel und das
Finanzwesen mit drakonischer Strenge ihren Zielen unterwerfen
konnte. Er widersetzte sich sogar Nagai, mittlerweile Verkehrsminister, der hartnäckig für eine Verstaatlichung der Stromver-
sorgungsunternehmen kämpfte. Zum Beweis zitiert Yasujiro aus
Parlamentsprotokollen.[10]

Nach Kriegsende vertraten natürlich alle diesen Standpunkt.
Das ganze Parlament hatte anscheinend aus Pazifisten bestan-

den, die die Machtübernahme durch die Militärs nur mit größtem Abscheu ertragen hatten, jedoch zu schwach gewesen waren, um sich wirkunsgvoll zu widersetzen. Doch Personen, die damals mit Yasujiro Kontakt hatten, wiesen wiederholt darauf hin, daß ihn wirtschaftliche Angelegenheiten stets am meisten beschäftigten. Er war ein Opportunist. Er wollte eine Firma aufbauen und gehörte nicht zu denjenigen, die nach einem Krieg schrien.

Die Invasion in China wurde stets euphemistisch als »China-Zwischenfall« bezeichnet, doch dieser Zwischenfall weitete sich zu einem handfesten Krieg aus. Für das Big Business in Japan war er eine Goldgrube. Die Zaibatsu, riesige Familienkonzerne, die Japans Wirtschaft beherrschten, gründeten Niederlassungen in Shanghai und verleibten sich chinesische Unternehmen ein.

Für den Durchschnittsbürger jedoch war der Krieg eine Katastrophe. Die gesamte Wirtschaft wurde auf die Erfordernisse des Krieges umgestellt. Die Rationierung trat fast unverzüglich in Kraft, und die vorhandenen Waren in den Ladenregalen wurden auf ein Minimum reduziert.

Vor allem Eisenbahnen retteten Yasujiro. Seine Geschäfte mit Land und Immobilien stockten. Der Transport hingegen war das wichtigste Dienstleistungsgewerbe überhaupt, und die Eisenbahnen florierten.

1940 wagte sich Yasujiro in eine Branche, die in der damaligen Zeit eher unbedeutend schien. Der Tokioter Endbahnhof der Musashino-Linie lag in einer ziemlich rauhen Gegend namens Ikebukuro oder »Sackteich«. Genau dort, wo die Bahn endete, befand sich ein Laden, der den Namen Kikuya Department Store trug. Er war mit etwa dreißig Ganztagskräften relativ groß für die Gegend und bot Haushaltswaren, Lebensmittel und andere Artikel des täglichen Bedarfs an.

Yasujiro kaufte Kikuya auf und nannte den Laden Musashino Department Store. Solange sich das Land im Kriegszustand befand, konnte er nicht viel tun, um den Laden aufzupolieren oder zu renovieren. Doch er kaufte weiterhin Land im Gebiet Ikebukuro und wartete auf eine Besserung der Lage. Über kurz oder lang mußte der Krieg enden, und dann würde Yasujiro wieder Land brauchen.

Er blieb bei seiner optimistischen Haltung. Ein Jahr zuvor hatte Hitler mit dem Einmarsch in Polen den Krieg in Europa vom Zaun gebrochen. Mitte des Jahres 1940 befanden sich weite Teile Europas in deutschen Händen.

Die japanische Armee hatte bereits einen antikommunistischen Pakt mit der Hitler-Regierung ausgehandelt. Im September unterzeichnete Japan, durch die deutschen Erfolge in Hochstimmung versetzt, mit dem Dreimächtepakt ein Militärbündnis mit Deutschland und Italien.

In jenem Jahr war Yasujiro damit beschäftigt, Ordnung in sein eigenes Leben zu bringen. Seit Jahren führte er ein unstetes Leben, zog von Haus zu Haus und von Frau zu Frau. Zum Teil waren finanzielle Probleme die Ursache. Obwohl er viele Immobilien, viel Land und sogar einige Eisenbahnlinien besaß, hatte er nie Geld. Er und Fumi pflegten so lange in einem Haus zu wohnen, bis es zum Verkauf angeboten werden konnte. Dann zogen sie in ein anderes. Die Dienstmädchen hörten, wie Yasujiro jeden Morgen ab fünf Uhr seine Angestellten durchs Telefon anschnauzte. Nach neun Uhr schließlich, wenn die Banken ihre Schalter öffneten, bemühte er sich mit Verbeugungen und salbungsvollen Reden, seine Gläubiger in Schach zu halten.

Seit einiger Zeit war er mit dem Bau eines Hauses beschäftigt, in dem er seßhaft werden und mit seiner Familie – seinen Kindern und Misao, die er als seine richtige Frau betrachtete – leben wollte.

Achtzehn Jahre waren vergangen, seit Yasujiro dem hochmütigen Schulmädchen mit dem langen Zopf zum ersten Mal begegnet war. Seiji war mittlerweile dreizehn und Kuniko zwölf Jahre alt. Misao war mit zweiunddreißig Jahren auf dem Höhepunkt ihrer Schönheit. Sie war selbstbewußt, graziös und trug immer die schicksten Kimonos. Seiji schreibt in seinem Roman: »Ich freute mich am Sportfest immer, daß meine Mutter jünger und schöner war als die anderen Mütter.« Er fügt hinzu, daß einer seiner Schulkameraden meinte, sie wirke wie eine Geisha und nicht wie eine Mutter.[11]

Inzwischen hatte sie sich daran gewöhnt, die »heimliche« Frau zu sein, die »Frau Nummer zwei«. Sie las, schrieb Gedichte, zog ihre Kinder auf und wartete auf die Tage, an denen Yasujiro zu Besuch kam.

Im Jahr 1940 war das Haus bezugsfertig. Nach japanischen Maßstäben war es geradezu ein Palast. Es stand in Hiroo, einem der teuersten Wohngebiete Tokios, auf einem riesigen Grundstück. Das Gebäude selbst war unvorstellbar groß, ein beeindruckendes Objekt mit einem riesigen überhängenden Dach. An der Hinterfront hatte es drei Etagen, an der Vorderfront zwei; das

zusätzliche Stockwerk an der hinteren Seite war das Kellerge-
schoß, durch das man in den Garten gelangte. Wie die traditionellen japanischen Häuser bestand es vorwiegend aus Holz, und
die Räume waren mit Tatami-Matten ausgelegt. Sie waren
jedoch von ungewöhnlicher Größe. Es gab ein Büro für Yasujiro
sowie private Zimmer für ihn, Misao und die beiden Kinder. Im
Obergeschoß gab es genügend kleine Zimmer, in denen Hausmädchen, Haushälterinnen und Sekretärinnen untergebracht
waren. Um den Garten herum standen verstreut weitere Häuser
für Yasujiros Mätressen und deren Kinder.

Auch der Garten war sehr beeindruckend. Er fiel steil ab zu
einem großen Teich. Dieser erinnerte in seiner Form an den
Biwa-See, jenen See, der Shiga, Yasujiros Heimat, begrenzt. Der
Garten mit seinen Steinbrücken, Laternen, Kirschbäumen und
Seerosen war herrlich verwildert und so groß, daß man sich darin
verlieren konnte. Sogar ein Pfau saß in einem Käfig neben dem
Haus. Yasujiro nahm bei seinem Einzug das Mobiliar aus dem
Haus mit, in dem er mit Fumi gewohnt hatte. Misao und die Kin-
der zogen aus dem kleinen Haus in Mitaka in den neu erbauten
Palast.

Etwa zur gleichen Zeit fand er auch ein Haus für Tsuneko und
ihre beiden Kinder. Yoshiaki war mittlerweile sechs, Yasuhiro
zwei Jahre alt. Das Haus lag gleich um die Ecke in Takagi-cho; es
war in zehn Minuten zu Fuß zu erreichen.

Yasujiros Frauen haben es bestimmt nicht leicht gehabt. Sie
mußten sich in der für Japan charakteristischsten Tugend –
*gaman*, der Duldsamkeit – üben. Ihre Gefühle durften sie nicht
zeigen. Für Yasujiro jedoch waren alle geheimen Sehnsüchte in
Erfüllung gegangen. Er hatte nie eine richtige Familie gehabt;
nun hatte er gleich zwei, und noch dazu eine zahlreiche Großfamilie mit Mätressen, Hausmädchen und Sekretärinnen.

# 5
# Die Kriegsjahre
## 1940–1945

*Versuch nicht, dich zu bereichern. Wenn du wirklich versuchst,*
*reich zu werden, wird das Geld an dir vorübergehen. Tu das, was*
*kein anderer tun möchte, und dir wird das Geld zufließen.*

YASUJIRO TSUTSUMI[1]

Weniger als ein Jahr nach der Unterzeichnung des Dreimächte-
pakts marschierten japanische Truppen durch den Dschungel
Französisch-Indochinas, des heutigen Vietnam. Nach vielen Jahren der Kämpfe in China waren Japans Ressourcen fast erschöpft.
Das Militär mußte den Zugang zu Öl, Kautschuk, Zinn und
anderen wichtigen Rohstoffen sichern, die allesamt sehr knapp
waren.

Die westlichen Länder schlugen prompt zurück. Die Vereinigten Staaten, gefolgt von Großbritannien und den Niederlanden,
verhängten ein totales Handelsembargo über Japan und schnitten es von der lebensnotwendigen Versorgung mit Öl ab. Als
nächstes forderten die Amerikaner, daß sich Japan nicht nur aus
Indochina, sondern auch aus China zurückziehen sollte.

Japan hatte wenig Alternativen: wirtschaftliche Erdrosselung,
Verlust seines neu gewonnenen Imperiums – oder Krieg. Fürst
Konoe, der Ministerpräsident, versuchte, mit Washington zu
verhandeln, doch die Generäle bereiteten sich auf den Krieg vor.
Es blieb wenig Zeit zum Verhandeln. Das Öl wurde bereits
knapp. Die Streitkräfte und die heimische Wirtschaft konnten
nur noch einige Wochen lang mit Brennstoff versorgt werden.

Nachdem die Verhandlungen mit Washington gescheitert
waren, trat Fürst Konoe zurück. Sein Nachfolger war der Kriegs-
minister, der fanatische Militarist General Hideki Tojo.

Mit Tojo an der Macht war der Krieg unvermeidbar. Im
Dezember 1941 flog Japan einen Überraschungsangriff auf Pearl
Harbor. Kurz darauf folgten Angriffe auf Hongkong und die Phil-
ippinen. Innerhalb der ersten Kriegstage wurden beträchtliche
Teile der im Pazifik stationierten Einheiten der amerikanischen
Luftwaffe und der Marine zerstört oder außer Gefecht gesetzt.
Ein halbes Jahr später erstreckte sich das japanische Imperium
von der Grenze zwischen Indien und Birma bis zum Hochland

Neuguineas. Die Menschen im ganzen Land brannten darauf, die Kriegsanstrengungen zu unterstützen. »Wenn der Krieg erst einmal erklärt war, sollte er auch gewonnen werden«, schreibt Yasujiro.[2]

Es wurde bald klar, daß die Euphorie verfrüht war. Die ersten Anzeichen wurden im April 1942 erkennbar. Dreizehn B-25-Bomber erschienen über Tokio und zerstörten mehrere Stadtviertel. Allmählich machte sich die Einsicht breit, daß Japan diesen Krieg nicht gewinnen konnte.

Die Bevölkerung litt schrecklich unter den Folgen des Krieges. Schon vor dem Angriff auf Pearl Harbor wurden Reis, Gemüse, Fisch und Kleidung rationiert. In dem großen Haus in Hiroo jedoch brannten die Lichter noch, und es gab reichlich zu essen und zu trinken.

Aus irgendeinem Grund verschaffte das Haus Yasujiro ein höheres Ansehen. Er hatte über Nacht eine neue Rolle gefunden: Er wurde der liebenswürdige Gastgeber, beleibt und stets freundlich, der in seinem Haus erlauchte Besucher empfing. Minister des Kabinetts, Offiziere, Parlamentsmitglieder und Geschäftsleute kamen, um bei festlichem Essen mit ihm zu plaudern und die berühmte Gastfreundschaft der Tsutsumis zu genießen. Das Haus wurde nach und nach zu einem zweiten Versammlungsort des Kabinetts. Yasujiro stellte Räume zur Verfügung, in denen Regierungsbeamte sich treffen und über den Fortgang des Krieges sowie die als nächstes zu unternehmenden Schritte debattieren konnten. Schließlich wurde der Status des Hauses anerkannt, und es wurde zum offiziellen Gästehaus erklärt. Ausländische Verbündete bewohnten die prachtvollen, mit Tatami-Matten ausgelegten Räume, Minister versammelten sich dort, um politische Entscheidungen zu treffen.

Als Patriot stellte Yasujiro sein Haus selbstverständlich kostenlos zur Verfügung. Er strebte nach einem sehr wertvollen Gewinn, denn er schuf sich in diesen Jahren ein Netz von Kontakten und Beziehungen, das ihm unabhängig vom weiteren Verlauf des Krieges zustatten kommen sollte.

Bei dieser Aufgabe war Misao die ideale Partnerin. Auf dezente Weise mit den elegantesten seidenen Kimonos bekleidet, pflegte sie mit großer Liebenswürdigkeit und strahlendem Lächeln die Gäste zu begrüßen. Nach vielen Jahren des Schattendaseins war sie nun ans Licht getreten. Sie war kosmopolitisch, kultiviert, charmant und nie um Worte verlegen. Dennoch zeigte sie niemals ihre Intelligenz oder ihre Macht. Von dem Augenblick an, an dem sie in das Haus in Hiroo eingezogen war, blieb sie immer an Yasujiros Seite. Mit Besonnenheit und Kompetenz half sie ihm bei seinen Geschäften, und er holte in allen Angelegenheiten ihren Rat ein. Sie kaufte sogar die Anzüge für ihn. Doch wie es sich für eine gute japanische Ehefrau gehörte, gab sie ihm stets das Gefühl, daß er der unumschränkte Herr im Hause war.

Yasujiro hatte gefunden, was er gesucht hatte: eine starke Frau. Von all seinen Frauen war Misao die einzige, die ihn durchschaute. Nur sie konnte ihn beherrschen, nur sie war stärker als er. Sie tolerierte seine starken sexuellen Begierden und wußte, daß dies die einzige Möglichkeit war, ihn an sich zu binden. Sie fand ständig neue Methoden, ihn zu verführen und seine sexuelle Leidenschaft zu erregen.

Und sie hatte Verständnis für seinen zügellosen Drang nach neuen Frauen – mit Vorliebe derbe, primitive Frauen aus seiner Heimat Shiga, mit rauhen Händen und vom Wetter geröteten Wangen. Seine Seitensprünge bereiteten Misao zwar großen Kummer, doch sie sah bewußt über sie hinweg.

Im Grunde war Misao Yasujiros offizielle Frau. Sie führte den Haushalt, kümmerte sich um die Erziehung der Kinder, organisierte die Dienerschaft und half ihm bei seinen Geschäften. Doch immer wenn Yasujiro sich entspannen wollte, suchte er sein zweites Zuhause in Takagi-cho auf, seine »heimliche« Familie. Die sanfte, hellhäutige Tsuneko hatte mittlerweile drei Söhne; Yuji, der Jüngste, wurde 1942 geboren.

Yasujiro hatte gehofft, Misao heiraten zu können, doch statt dessen durfte er lediglich mit ihr zusammenleben, und Fumi blieb seine rechtmäßige Frau.

Auch nachdem er in das große Haus in Hiroo eingezogen war, wohnte Fumi weiterhin in dem Haus, in dem sie mit Shukuko, Yasujiros erster Tochter, und Kiyoshi, dem Sohn, den ihm die Postangestellte Sono Iwasaki geschenkt hatte, gelebt hatten.

Shukuko, mittlerweile Anfang dreißig, war längst aus dem Haus und hatte geheiratet. Kiyoshi, Ende zwanzig, wurde kurz darauf zum Wehrdienst einberufen.

Yasujiro war damit beschäftigt, seine Kinder miteinander bekannt zu machen. Zunächst traf Kiyoshi Misao und den vierzehnjährigen Seiji. Später traf Seiji Tsuneko und den kleinen, mittlerweile sieben Jahre alten Yoshiaki. Seiji schreibt in seinem Roman, Yasujiro wollte sie wohl alle in einer großen, glücklichen Familie vereinen, »doch unserer Ansicht nach war es überhaupt keine Familie«.[3]

Für Yasujiro hingegen war das sehr einfach. Sie waren seine Kinder, und folglich bildeten alle zusammen seine Familie. Unter den Kindern jedoch führte die schockierende Entdeckung, daß ihr Vater noch andere Kinder hatte, zu Unstimmigkeiten, die ihr weiteres Leben bestimmen sollten.

Vor der Welt war Yasujiro der Inbegriff des erfolgreichen Mannes. Er war Meiji in Person, der Selfmademan, der sich aus dem Nichts ein Imperium geschaffen hatte, indem er Probleme und Hindernisse kurzerhand aus dem Weg räumte. Er war ein führender Staatsmann. Ministerpräsidenten und Geschäftsleute trafen sich in seinem Haus, um über wichtige Staatsangelegenheiten sowie über die jüngsten militärischen Entscheidungen zu diskutieren. Wie einem echten Meiji war es Yasujiro sogar gelungen, seine Frauen vollständig zu beherrschen. Sie umgaben ihn, gehorsam und gefügig, sie erwarteten ihn in ihren getrennten Quartieren. Nur über einen Bereich seines Lebens hatte er keine Kontrolle: über seine Kinder.

Kiyoshi war das erste Opfer. Er soll von allen Söhnen der klügste und vielversprechendste gewesen sein. Er war ein gutaussehender junger Mann von tiefgründiger, beinahe quälender Intelligenz. Er studierte Wirtschaftswissenschaften an der Universität von Tokio, der besten Universität des Landes. Vor dem Krieg arbeitete er als einer der Direktoren im Unternehmen seines Vaters. Es lag nahe, daß er als Yasujiros Nachfolger aufgebaut wurde.

Niemals jedoch konnte er vergessen, daß er das Produkt einer brutalen, lieblosen Begegnung war. Seine Mutter war nicht einmal als Mätresse anerkannt worden. Yasujiro hatte sie sofort fallenlassen, weil sie ihm lästig war. Er hatte sie rasch ausbezahlt und für sie eine Heirat mit einem seiner Freunde arrangiert, um ihr nachträglich zu Ehrbarkeit zu verhelfen. Kiyoshi war nicht das Produkt einer Liebesbeziehung, sondern eines flüchtigen Augenblicks der Lust.

Das konnte er seinen Eltern nie verzeihen, und es vergiftete die Beziehung zu seinem Vater. Seine Verbitterung saß so tief, daß sie kaum durch die traurigen Umstände seiner Kindheit erklärt werden konnte.

Ein Jahr nach Pearl Harbor stand Japan am Vorabend des Krieges mit der Sowjetunion. Die Soldaten durften noch einmal nach Hause reisen, um sich von ihren Familien zu verabschieden, bevor sie sich auf ihre – vermutlich letzte – Reise machten. Yasujiro kam zu dem Ergebnis, daß es an der Zeit war, seine Beziehungen zu nutzen, um seinen Sohn zu retten. Er besaß ein Stahlwerk, das die Armee mit Munition belieferte, und verschaffte in diesem Unternehmen Kiyoshi eine Anstellung als Manager. Wer eine verantwortungsvolle Position innehatte und für die Kriegsanstrengungen wichtig war, wurde vom Wehrdienst befreit.

Außerdem wollte die Familie Kiyoshi verheiraten. Die Braut stammte aus einer geachteten Samurai-Familie, und beide Elternpaare waren mit der Heirat einverstanden. Alle stimmten darin überein, daß die Hochzeit angesichts einer so ungewissen Zukunft möglichst bald stattfinden sollte.

Yasujiro plante eine glanzvolle Hochzeit für seinen ältesten Sohn und Erben. In traditioneller Weise sollten sich die Hochzeitsgäste nicht aus Freunden des glücklichen Paares, sondern aus denen der Eltern zusammensetzen. Der Zweck der Heirat bestand im wesentlichen in einer Vereinigung zweier Familien und nicht zweier Individuen. Alles, was Rang und Namen hatte, würde anwesend sein. Die mächtigsten Männer der Nation, von Ministerpräsident Tojo abwärts, würden kommen. Trotz der Einschränkungen durch den Krieg sollte es ein überaus glanzvolles Fest werden. Es würde in der Tat eine großartige Gelegenheit werden, Yasujiros Macht und Einfluß zur Schau zu stellen und zu demonstrieren, daß er eine etablierte Persönlichkeit war, ein führendes Mitglied der Gesellschaft, jemand, der es mit jedem aufnehmen konnte.

Schließlich verlief alles wie geplant. Die Hochzeit fand in der Festhalle Tokio Bunka Kaikan statt, einem prächtigen Gebäude mit gewölbter Decke im Geschäftsviertel Marunouchi. Die Halle war mit Kronleuchtern, farbigem Glas und goldenen Wandschirmen geschmückt. Kiyoshi trug den traditionellen *hakama*, seine Braut mehrere seidene Kimonos. Yasujiro hielt die Begrüßungsreden. Die Gästeliste enthielt die Namen aller Großen und Mächtigen. Yasujiro tat für seinen Sohn alles in seiner Macht Stehende. Er führte ihn in die Gesellschaft ein, erkannte ihn als seinen Erben an und machte ihn mit den einflußreichsten Männern des Landes bekannt.

Zum ersten Mal waren die verschiedenen Teile von Yasujiros Familie unter einem Dach versammelt. Fumi nahm als offizielle

Frau und »Mutter« Kiyoshis teil. Misao und Tsuneko saßen mit ihren Kindern, jeweils getrennt, nicht bei den Verwandten, sondern in dem Bereich, der für die »Freunde des Vaters« reserviert war.

Mitte des Jahres 1943 mehrten sich die Luftangriffe auf die Hauptstadt. Viele Japaner flohen aus der Stadt in die relative Sicherheit der Berge. Yasujiro schickte Tsuneko und ihre drei Söhne sicherheitshalber nach Karuizawa, wo sie in ihrem Landhaus wohnen sollten. Er selbst mußte als Regierungsmitglied in Tokio bleiben. Das Geschäft mußte geführt werden, er mußte seine Angestellten beaufsichtigen. Und zudem bot sogar der Krieg Profit- und Aufstiegsmöglichkeiten.

Für die Einwohner Tokios veränderte sich das Leben in erschreckendem Maße. Menschen, die an den elementaren Komfort zivilisierten Lebens gewöhnt waren – warme Bäder, gutes Essen, Unterhaltung, ein gut ausgebautes öffentliches Verkehrswesen –, mußten lernen, mit Not und Entbehrungen fertig zu werden. Viele, die im Überfluß aufgewachsen waren, hatten nun kaum genug zu essen. Bald begann sogar das Geld, an Wert zu verlieren, doch selbst wenn man genug Geld hatte, konnte man nichts dafür kaufen.

Das letzte Kriegsjahr, 1945, war für alle eine höllische Zeit. Von offizieller Seite wurde verkündet, der Krieg werde sich in die Länge ziehen, doch Japan werde schließlich als Sieger aus ihm hervorgehen. Hinter verschlossenen Türen jedoch befürworteten Geschäftsleute, Bürokraten und viele Politiker schon seit einiger Zeit die Kapitulation. Der Ministerpräsident, General Tojo, wurde im vergangenen Juli zum Rücktritt gezwungen. Unerklärlicherweise wurde er durch einen anderen General ersetzt, der ebenso zum Durchhalten entschlossen war. Mittlerweile hatte Japan fast keine Kriegsflotte mehr. Als letzte, verzweifelte Maßnahme schlugen Militärberater vor, Selbstmord-Flieger, die »Kamikaze«, einzusetzen. *Kamikaze* wurden sie nach dem »Götterwind« genannt, der vor rund siebenhundert Jahren den letzten Invasionsversuch des Kublai Khan verhindert hatte. Mit dieser Waffe konnte man auch kostbaren Treibstoff sparen, denn die Piloten würden nicht mehr zu ihren Stützpunkten zurückkehren.

Das Leben in Tokio war ein Alptraum ohne Ende. Fast jede Nacht heulten die Alarmsirenen. Fast jede Nacht kreuzten B-29-Bomber am Himmel und überschütteten die Stadt mit Brandbomben. Tokio lag unter einem Feuerregen. Die Luft war voller tanzender Lichter und glühender Sternschnuppen. Am 9. März verbrannten in einer einzigen Nacht mehr als 100 000 Menschen. Die gesamte Altstadt lag in Schutt und Asche.

Viele Menschen glaubten, daß Japan zwangsläufig verlieren mußte und daß die Amerikaner ins Land einmarschieren würden. Sie verkauften alles, was sie besaßen – Häuser, Ländereien, einfach alles –, und flohen aufs Land. Nur Geld und transportable Besitztümer waren es wert, behalten zu werden. Wer dachte schon an Landbesitz, wenn das Leben selbst auf dem Spiel stand?

Es gab zumindest eine Person, die unablässig Land aufkaufte. Während der Himmel ein einziges Flammenmeer war, saß Yasujiro mit einem Telefon in jeder Hand im unterirdischen Schutzraum in seinem Garten und handelte Preise aus.

Ende Mai fand ein letzter, groß angelegter Luftangriff auf das Zentrum Tokios statt – auf die Regierungsgebäude, die Büros der Zaibatsu und des Big Business, die Häuser der Reichen und den Palast des Tennos selbst. Über fünfhundert B-29-Bomber tauchten wie eine Plage riesiger schwarzer Insekten am Himmel über der Stadt auf. Die Erde erbebte von der Wucht der Detonationen wie bei einem Erdbeben. Es herrschte ein furchtbarer Lärm. Staub und Rauch entwickelten sich in unerträglichen Mengen. Gebäude stürzten krachend zusammen oder gingen in Flammen auf, Bomben explodierten, Geschütze wurden abgefeuert, Menschen schrien vor Angst und flohen in die Luftschutzbunker. Der Himmel selbst schien zu brennen.

Yasujiro lag gerade in seinem unterirdischen Schutzraum und ließ sich von seinem Lieblings-Dienstmädchen aus Shiga die Schultern massieren, als die ersten Bomben das große Haus in Hiroo und den Garten trafen. Vielleicht, schreibt Yasujiro, wurde es deshalb von mehr als zehn Bomben getroffen, weil es ein Haus für Staatsgäste gewesen war. Weil es aus Holz war, brannte es wie Zunder. Auch der Pfau verbrannte. Misao und die Kinder rannten mit Wassereimern herum und versuchten, die Flammen zu löschen, bis sie es schließlich aufgaben und in den Schutzraum flohen.

Die Verwüstung nach diesem Angriff war unvorstellbar. Die Ginza sowie die umliegenden Viertel waren meilenweit ein schwarzer Trümmerhaufen. Das Hauptgebäude des Palastes des Tennos war abgebrannt. Die Straßen hatten klaffende Löcher, die Straßenbahnschienen waren verbogen und zerbrochen. Die ganze Stadt war zum Stillstand gekommen.

Es war wie ein Rückfall in ein früheres, primitiveres Zeitalter. Eines der kleinen Nebenhäuser im Garten von Hiroo war unbeschädigt geblieben, und die Familie richtete sich darin ein. In dem landschaftlich gestalteten Garten mit seinem Teich und seinen Steinbrücken wurden Gemüsebeete angelegt und Kartoffeln, Kürbisse und Mais angebaut. Es ging nur noch ums nackte Überleben.

Im Juli veröffentlichten die Führer der Alliierten die Potsdamer Deklaration, in der Japan zur bedingungslosen Kapitulation aufgefordert wurde. Auf eine Weigerung werde »sofortige und äußerste Zerstörung« folgen. In Wirklichkeit fanden seit einiger Zeit geheime Verhandlungen statt. Der einzige Hemmschuh war die zukünftige Stellung des Tennos, über die noch immer gestritten wurde.

Im August schließlich sickerte die Nachricht an die Bevölkerung durch, daß sich in Hiroshima eine entsetzliche Katastrophe ereignet hatte. Fast zur gleichen Zeit drang die Rote Armee in die Mandschurei vor. Die Bedeutung des Wortes »äußerste Zerstörung« wurde erschreckend klar. Zwei Tage später erfuhren die Japaner von einer weiteren außergewöhnlichen Explosion in Nagasaki.

Am 15. August kam das Ende. Es war ein schwüler, windstiller Tag, drückend vor Hitze. Keiner der Überlebenden hat jemals vergessen, wo er gerade war und was er in dem Moment tat, als die hohe, ziemlich gespenstische Stimme des Tennos aus den Radiogräten kam:

»Trotz der großen Bemühungen von allen Seiten – der tapferen Kämpfe von Militär und Marine, des Eifers und der Beharrlichkeit unserer Staatsdiener und der treuen Unterstützung unserer hundert Millionen Bürger – hat sich die Kriegslage nicht zwangsläufig zu Japans Vorteil entwickelt ...«

Seijis Roman zufolge saß die Familie um ihr Radio herum und hörte schweigend zu.

»Wir werden alle kastriert werden«, sagte Kiyoshi mit grimmigem Humor.

»Laßt uns dennoch zu Bett gehen«, entgegnete Yasujiro. »Wenn man nicht gesund ist, kann man überhaupt nichts machen.«

# 6
# Verbindung zum Herrscherhaus
## 1945–1950

*Zu dieser Zeit hatten wir sehr viele Diener, insgesamt mehr als fünfzig. Bei einem so großen Haushalt mußte natürlich auch das Haus ziemlich geräumig sein. Meine Erinnerungen sind mittlerweile sehr vage, doch wenn ich mich recht entsinne, müssen wir etwa sechzig Zimmer gehabt haben, die zehn Toiletten nicht mitgerechnet. Wer nie in einem großen Haus gewohnt hat, kann sich das kaum vorstellen, doch ich fühlte mich sehr einsam zwischen all diesen leeren Räumen ... Heute leben wir in einem kleinen Haus, und mein ältester Sohn wohnt mit seiner Familie über uns im zweiten Stock. Sie kommen uns oft besuchen; so ist das Haus mit viel mehr Leben und Fröhlichkeit erfüllt.*

TSUNEYOSHI TAKEDA (FRÜHER PRINZ TAKEDA)[1]

Der Krieg war zu Ende, doch niemand mochte sich vorstellen, was die Zukunft bringen würde.

In den ersten Tagen nach der bedeutsamen Ankündigung des Tennos war die Nation wie betäubt. Die Augusthitze war unerträglich. Fliegen summten, und Moskitos schwirrten in Scharen durch die Luft.

Menschen taumelten wie Schlafwandler durch die zerstörten Straßen. Alles, wofür sie gekämpft hatten, war verloren, all ihre Opfer waren umsonst gewesen. Die Welt, die sie gekannt hatten, war völlig zerstört worden. Alles war aus den Fugen geraten. Ein Staubschleier schwebte über dem Trümmerhaufen ihrer Stadt. Die noch stehenden Gebäude waren schwarz und zerfielen allmählich. Ausgebrannte Straßenbahnen und Busse standen verlassen auf den Straßen. Leitungen, Telegrafenmasten und elektrische Kabel waren durchgebrannt und geschmolzen. Die Verwüstung war so immens, daß kein Mensch auch nur mit dem Gedanken spielte, die Stadt wieder aufzubauen.

Nur Durst und Hunger rissen die Menschen aus ihrer Apathie. Im Krieg war das Land mit Reisimporten aus besetzten Gebieten in Korea und Taiwan versorgt worden. Doch nun, da Japan kein Imperium mehr besaß, waren diese Quellen versiegt. Oft gab es in Tokio tagelang nur Yams zu essen.

Den Tsutsumis ging es besser als den meisten anderen. Sie

besaßen Land, hatten ein Dach über dem Kopf und ihren Garten. Doch wie jedermann wurden sie von einer lähmenden Hilflosigkeit überwältigt. Yasujiro, der starke, selbstbewußte Mann, der einen riesigen Konzern aus dem Nichts geschaffen hatte, verlor mit einem Schlag die Kontrolle über sein eigenes Schicksal. Er wartete ab, was als nächstes geschehen würde.

In diesem seltsamen Übergangsstadium erwarteten die Menschen die Ankunft ihrer Eroberer. Keiner hatte eine Ahnung, was auf sie zukam. Einige fürchteten eine schreckliche Vergeltung, und in den Tagen nach der Ankündigung des Tennos plante das Militär mehrmals einen letzten, selbstmörderischen Aufstand gegen die Eindringlinge. Die Angst vor Vergewaltigungen und Plünderungen war so groß, daß sich die ersten amerikanischen Truppen, die in Yokohama landeten, in einer Geisterstadt wiederfanden. Alle noch stehenden Häuser waren abgesperrt, auch die Fensterläden waren geschlossen. Alle Insassinnen der Mädchenschulen waren in die entferntesten Winkel des Landes evakuiert worden.

Genau zwei Wochen nach der Ankündigung des Tennos, am 28. August 1945, stieg der Oberbefehlshaber der Alliierten im Pazifik, General Douglas MacArthur, auf dem Luftstützpunkt Atsugi aus seinem Flugzeug. Oben auf der Treppe hielt er inne und blickte sich um. Er trug seine Uniform, jedoch keine Krawatte, und er hatte eine aus dem Strunk eines Maiskolbens gefertigte Tabakspfeife im Mund. Er hatte keine Leibwächter bei sich, war unbewaffnet, und nur sein privates Personal begleitete ihn. Es war ein großer, theatralischer Augenblick. Dies war kein auf Rache sinnender Eroberer. Ein neuer Akt der Geschichte begann.

MacArthur schien ein Mann zu sein, mit dem man reden konnte. Seine Haltung war die eines Shoguns. Er war von großer, imposanter Gestalt und strotzte vor Charisma und Selbstbewußtsein. In Japan besaß er praktisch die Macht eines Gottes. Seine Botschaft war umwerfend in ihrer Einfachheit. Es galt, den japanischen Geist umzuformen und die einzelnen Fragmente dieses zerstörten Landes auf ganz neue Art und Weise wieder zusammenzusetzen. Es galt, eine demokratische Gesellschaft zu schaffen, ein Land, das nie wieder Krieg führen würde. Die alte Ordnung war völlig zusammengebrochen, und an ihrer Stelle wollte er den Begriff und die Einrichtungen der Demokratie pflanzen.

Als ersten konkreten Schritt ließ er das Land entwaffnen und entmilitarisieren, alles Kriegsgerät vernichten, die letzten Spuren des japanischen Imperiums in Asien beseitigen und freie Wahlen einführen. Die Entwicklung einer freien Marktwirtschaft sollte auf jede erdenkliche Weise gefördert werden. Es war ein ungeheuer ehrgeiziges Programm, und es gab zwei schwerwiegende Hindernisse. Erstens hatten MacArthur und seine Offizierskameraden bei der Besatzungsmacht nur sehr geringe Kenntnisse des Landes, der Sprache und der komplizierten politischen und wirtschaftlichen Strukturen.

Der Ministerpräsident der Nachkriegszeit, Shigeru Yoshida, bemerkte später: »Die Besatzung wurde durch ihr mangelndes Wissen behindert und vielleicht noch mehr durch ihre im allgemeinen glückliche Unwissenheit bezüglich der Menge der nötigen Kenntnisse, die ihr fehlten.« Zweitens war die einzige Möglichkeit, das Land langfristig in irgendeiner Weise zu beeinflussen, sich der bestehenden Institutionen zu bedienen. Diese Institutionen waren jedoch mit genau jenen Leuten besetzt, die durch die gesellschaftlichen Veränderungen oder Reformen am meisten zu verlieren hatten. Kurz gesagt: Die Regierung blieb dieselbe wie vor dem Krieg.

Die Leute an der Spitze jedoch, diejenigen, die das Land in den Krieg geführt hatten, mußten gehen. Kurz nachdem die Kapitulationsurkunden unterzeichnet war, wurde der frühere Ministerpräsident, General Tojo – bei Kiyoshis Hochzeit ein hochgeehrter Gast –, zusammen mit einem Großteil der führenden Regierungsmitglieder verhaftet und wegen Kriegsverbrechen vor Gericht gestellt. Die Mitglieder der Regierung, die sich aller Wahrscheinlichkeit nach an den Kriegsanstrengungen beteiligt hatten, wurden kaltgestellt und auf unbestimmte Zeit ihrer Ämter enthoben.

Auch Yasujiro gehörte zu dieser Gruppe. Er war gerade zu Hause, als ihn die Nachricht an einem strahlenden Wintertag erreichte. Den Rest des Tages und viele Tage danach saß er in sich zusammengesunken in seinem Sessel auf der Veranda und starrte in den Garten.

So begann die Umgestaltung der Gesellschaft. Für die Vertreter der alten Ordnung und für alle Kriegsgewinnler war es eine schreckliche Zeit. Jeder lebte in Angst. Niemand wußte, wessen Vermögen demnächst beschlagnahmt oder wer als nächstes seiner Ämter und Funktionen enthoben werden würde.

Für die jüngere Generation und alle Gegner des Krieges, auch wenn sie nicht gewagt hatten, ihre Meinung in der Öffentlichkeit zu vertreten, war es eine schöne und aufregende Zeit. Sie trugen dazu bei, eine neue Gesellschaft aufzubauen und auf den Trümmern des alten Japan ein neues Japan zu errichten. Gleich in der Anfangsphase der Besatzungszeit wurde die Geheimpolizei abgeschafft. Alle Kommunisten, alle Sympathisanten und vermeintlichen Sympathisanten der Kommunisten, die unter dem alten Regime ins Gefängnis geworfen worden waren, wurden freigelassen. Sanzo Nosaka, ein Held der revolutionären Linken, kehrte nach beinahe fünfzehn Jahren Exil zurück und wurde von begeisterten Massen empfangen. Er hatte in Moskau gelebt und die letzten Kriegsjahre in China verbracht. Dort hatte er der chinesischen kommunistischen Partei gedient, die japanische Kriegsgefangene zum Kommunismus bekehren wollte. Die einengende Zensur der Kriegsjahre wurde aufgehoben, und marxistische Schriften und gesellschaftskritische Literatur zirkulierten ungehindert. Alles, was dem Geist der Demokratie dienlich sein konnte – revolutionäre Versammlungen, feurige Reden, Streikaufrufe –, wurde in diesen frühen, idealistischen Tagen gefördert.

Yasujiro kauerte trübsinnig in seinem Sessel. Die jüngeren Familienmitglieder jedoch waren hellauf begeistert von all den Veränderungen, die in der Luft lagen. Sie veranstalteten Umzüge, sangen und verschlangen jede Ausgabe der *Roten Fahne*. Sie nahmen im Dezember an der Massenkundgebung der Kommunisten teil und stampften, schrien und jubelten wie alle anderen, bis sie heiser waren, als schließlich sogar der Tenno verurteilt und sein Name in der langen Liste der Kriegsverbrecher eingetragen wurde.

Yasujiro ließ sich nicht so leicht unterkriegen. Er schmiedete bereits wieder eifrig Pläne, wie er Kiyoshi an seiner Stelle als Abgeordneten für Shiga ins Parlament schleusen konnte. Da kamen ihm Gerüchte zu Ohren, daß Kiyoshis Frau in der Familie besondes viele Kontakte zu Kommunisten unterhielt.

Yasujiro, der kühne alte Kapitalist, betrachtete dies als schockierenden und nicht zu tolerierenden Verrat. Nichts war ihm verhaßter als der Kommunismus. Seiji beschrieb ihn einmal in seiner sozialistischen Phase nicht nur als gewöhnliches Mitglied des Bürgertums, sondern als extrem rechtsorientiert. Er zitierte das junge Paar in sein Arbeitszimmer und ließ beide vor sich hinknien, während er selbst mit gekreuzten Beinen in seinem gestärkten *hakama* saß und sie wütend anbrüllte:

»Ich habe ein ernstes Wörtchen mit euch zu reden! Diese Frau ist eine Braut des Tsutsumi-Hauses!«

Kiyoshi hielt demütig den Kopf gesenkt. Seine Frau jedoch war von den neumodischen, egalitären Ideen infiziert, die um sie herum entstanden. Sie war nicht mehr bereit, sich wie ein demutsvolles japanisches Mädchen zu verhalten. Statt dessen sah sie dem alten Tyrannen direkt in die Augen.

Eine solche Unverfrorenheit konnte Yasujiro nicht akzeptieren. Er bewegte sein Kinn ruckartig in ihre Richtung und polterte: »Kiyoshi! Du läßt dich von ihr scheiden!«

Der kniende Kiyoshi vergrub den Kopf in seinen Händen und preßte ihn gegen die Tatami-Matte. Er war wie erstarrt.

»He! Du!« brüllte Yasujiro. »Was ist? Willst du etwa, daß ich dich auch hinauswerfe?«

Es war im späten Frühling 1946. In vielerlei Hinsicht war dieser erste harte Winter eine schlimmere Folter gewesen als der Krieg und die Bomben. Das Leben war auf die elementarsten Grundbedürfnisse reduziert: sich zu wärmen und Nahrung zu finden. 60 Prozent aller Häuser in der Stadt waren zerstört worden. Die intakt gebliebenen Gebäude waren unbeheizt, und die elenden, aus geborstenen Balken und Trümmern gebauten Notunterkünfte boten wenig Schutz gegen die eisigen Winde und den Schnee. Viele Menschen starben an Unterkühlung, Lungenentzündung oder an den Seuchen, die in der zerstörten Stadt rasch um sich griffen – Typhus, Pocken und Cholera.

Wer nicht verhungern wollte, erkämpfte sich einen Platz in den Zügen, fuhr aufs Land hinaus, um kostbaren Reis zu kaufen und ihn zu seinen Angehörigen in der Stadt zurückzuschmuggeln. Die Züge waren so überfüllt, daß die Fenster unter dem Druck der Menschenleiber zersprangen. Viele Menschen hängten sich außen an die Waggons. Wenn die Polizei sie bei ihrer Rückkehr nach Tokio erwischte, wurden ihre Reisvorräte häufig beschlagnahmt. Die Frauen verkauften ihre Kimonos, streiften sie schichtweise ab, wie die Schichten der Bambussprossen. Sie nannten es »Bambussprossen-Leben«. Für einen Kimono, vorzugsweise in hellen Farben, wie er von jungen Mädchen getragen wurde, bekam man ausreichend Reis und Süßkartoffeln, um eine ganze Familie drei oder vier Tage lang zu ernähren.

Überall in der Stadt entwickelte sich der Schwarzhandel. Geschmuggelter Reis und ausländische Waren wurden verkauft, um die spärlichen Rationen aufzubessern. Einer der größten

Schwarzmärkte lag in Ikebukuro, wo Yasujiro sein kleines Warenhaus gekauft hatte.

Den Tsutsumis ging es besser als den meisten anderen. Sie bauten bereits ihr großes Haus wieder auf, und sie hatten immer reichlich zu essen. Doch auch sie waren von dem harten Überlebenskampf betroffen, der sich außerhalb ihres Anwesens abspielte. Auch ihnen kam es vor, als lebten sie am Rande eines furchtbaren Abgrunds, und dadurch wurden all die Unstimmigkeiten zwischen ihnen noch verstärkt.

Nach Seijis literarischer Schilderung ging Kiyoshis Frau eines Tages zu weit. Die ganze Familie wohnte zu diesem Zeitpunkt unter einem Dach, und Yasujiro und Kiyoshi hatten sich wieder einmal gestritten.

»Ganz gleich, wie sehr Kiyoshis Mutter dich gehaßt hat, er ist trotzdem dein Sohn!« fauchte sie den stämmigen alten Vater an.

Es wurde mucksmäuschenstill im Zimmer. Yasujiro sprach nie über Kiyoshis Mutter. Das Thema war vollkommen tabu. Doch jetzt hatte sie vor Misao und den Kindern von ihr gesprochen. Er packte Kiyoshis Frau an den Haaren und brüllte: »Ich bring dich um, du Miststück!«

Am nächsten Tag bestellte er alle Mitglieder der Familie in sein Arbeitszimmer. Er saß in seinem gestärkten *hakama* feierlich auf der Matte, als seine Frauen und Kinder ins Zimmer marschierten und die ihnen zugewiesenen Plätze einnahmen. Mit grimmiger Miene brachte er ein in Kiyoshis Handschrift verfaßtes Dokument zum Vorschein. Er hielt es mit beiden Händen vor sich und las mit lauter Stimme und sorgfältiger Betonung vor:

»Hiermit trenne ich mich von der Tsutsumi-Familie und verzichte voll und ganz auf jegliche Vermögens- oder andere Erbschaftsansprüche, die mir als ältestem Sohn zustünden.«

Er hielt inne.

»Bist du einverstanden, Kiyoshi?« fragte er barsch.

Der kniende Kiyoshi starrte auf die Matte und schwieg. Seine Frau antwortete für ihn.

»Wir sind einverstanden«, sagte sie mit einer Stimme so klar und kalt wie Eis.[2]

Kiyoshi schnitt sich mit einer Rasierklinge in den kleinen Finger seiner linken Hand und preßte ein wenig Blut heraus, das er in eine Teetasse tropfen ließ. Dann tauchte er den Zeigefinger seiner rechten Hand in die Tasse und drückte ihn langsam auf das Dokument, um dort einen blutroten Fingerabdruck zu erzeugen. Er und seine Frau erhoben sich gemeinsam und verließen das Haus für immer.

Von da an verschwand Kiyoshi praktisch von der Bildfläche. Er ist mit Abstand die traurigste Gestalt in der Tsutsumi-Saga. Das Leben war ihm ständig vergällt durch seine illegitime Geburt und durch die Schikanen seines Vaters. Eine Zeitlang lebte er mit seiner Frau in dem kleinen Haus am Stadtrand Tokios. Seiji schildert in seinem Roman, wie er das Paar besuchte. Er traf sie in einem trostlosen Haus an. Sie hatten kaum versucht, es gemütlich einzurichten. Wasser sickerte durch die Löcher im Dach, und die Tische und Stühle steckten noch in Plastikhüllen, als wären sie gerade erst gekauft worden. Kiyoshi und seine Frau hatten sich nicht einmal die Mühe gemacht, sie auszupacken. Hier in dieser erbärmlichen Umgebung saß Kiyoshi und verzehrte sich vor Kummer.

Yasujiro sorgte dafür, daß er immer Arbeit und ein Auskommen hatte; schließlich gehörte er zur Familie. Doch immer wieder mußte Kiyoshi sich demütigen lassen. Vor dem Streit war er einer der Direktoren der gesamten Unternehmensgruppe gewesen. Zuerst hatte Yasujiro ihn zum Präsidenten der Omi Railways gemacht, einer kleinen Bahnlinie des Konzerns. Später wurde er zum Abteilungsleiter in der Firma Asahi Chemical Fertilisers degradiert, die Yasujiro nach dem Krieg übernommen hatte.

Er verließ Tokio und zog in die Provinz Omi, wo die Familie herstammte. Viele Jahre vergingen, doch die Verbitterung hielt an.

Schließlich zog er sich als alter Mann nach Tokio zurück, in eine kleine Wohnung, die ihm seine Brüder besorgt hatten. Er und seine Frau leben dort noch immer im siebten Stock eines Wohnhauses in einem ruhigen, aber ziemlich heruntergekommenen Viertel. Die Wohnung ist von dem großen Haus in Hiroo, in dem Seiji heute in Saus und Braus lebt, nur zwanzig Minuten zu Fuß entfernt. 1994 wurde Kiyoshi achtzig Jahre alt. Das Paar hatte nie Kinder. Kiyoshi führt ein völlig zurückgezogenes Leben und ist streng auf seine Privatsphäre bedacht. Seine Brüder kümmern sich um seine materiellen Bedürfnisse, und einmal im Jahr verläßt er seine Klause, um den Neujahrsfeierlichkeiten beizuwohnen und ans Grab seines Vaters, der ihn so schlecht behandelt hat, zu treten.

Die Turbulenzen innerhalb des großen Hauses in Hiroo spiegelten die anarchischen Verhältnisse außerhalb des Anwesens wider. Überall im ganzen Land wandten sich die Söhne, von dem neuen, radikalen Geist entflammt, gegen ihre Väter und kritisierten sie wegen ihrer konservativen Ansichten und ihrer Unterstützung des Krieges. Familien brachen auseinander, ja die ganze Gesellschaftsstruktur schien gefährdet. Und alle litten Hunger. Die Rationen waren kümmerlich, die Preise schnellten erschreckend in die Höhe, und die Löhne wurden auf ein erbärmlich niedriges Niveau festgesetzt.

Im Mai 1946 brach das Verteilungssystem völlig zusammen. Fast drei Wochen lang gab es in Tokio keinen Reis zu kaufen. Dies brachte das Faß zum Überlaufen. Die Geduld der Leute war erschöpft. Ermutigt durch den Aufruf der Besatzungsmächte zur Demokratie, zu Streiks und zu Demonstrationen, gingen sie auf die Straße. Es gab Protestmärsche und Massenkundgebungen. Eine Flut von Demonstranten zog am Parlament und an der Wohnung des Ministerpräsidenten vorbei. Sie trugen Plakate mit der Aufschrift: »Gebt uns Reis.«

Die Wut der Menschen wuchs täglich. Am Ersten Mai versammelte sich dann fast eine halbe Million Menschen, und zwar nicht vor dem Parlament, sondern in den hochheiligen Anlagen des Tennopalastes. Mit dem Kommunistenführer Sanzo Nosaka an der Spitze verlangten sie eine Auskunft darüber, was der Tenno zu essen hatte. Eine Delegation begab sich in den Palast und durchstöberte die Speisekammer. Ihren Berichten zufolge wurden dem Tenno täglich Milch, Hähnchen, Schweinefleisch, Eier und Butter geliefert, während das Volk vor dem Palast verhungerte.

»So ernähren sich also der Tenno und seine Beamten«, riefen sie. »Glaubt ihr etwa, sie kennen die Bedeutung des Wortes ›Hunger‹?«[3]

MacArthur und seine Kollegen unter den Besatzungsmächten bemühten sich, einen Plan für das neue, demokratische Japan auszuarbeiten. Dabei bereitete ihnen die Frage nach der Stellung des Tennos großes Kopfzerbrechen. War er ein Kriegsverbrecher? Sollte man ihn wegen Kriegsverbrechen vor Gericht stellen? Oder war er nur eine Marionette der Mächtigen gewesen und hatte gar keine andere Wahl gehabt, als die Entscheidungen der Militärs abzusegnen? Bei der Menschenmenge löste er noch immer die größte Verehrung und Achtung aus, und Hand an ihn zu legen hätte bedeutet, einen unkontrollierbaren Aufstand hervorzurufen. Schließlich schien ein Kompromiß die mit Abstand beste Lösung. Als ersten Schritt hatte der Tenno bereits die Göttlichkeit seiner Person verneint.

Die neue Verfassung vom März desselben Jahres definierte seine Position genauer. Der Tenno, so hieß es, war lediglich ein konstitutioneller Monarch, »das Symbol des Staates und der Einheit des Volkes«. Er hatte keinerlei konkrete politische Funktion mehr. Als wolle er beweisen, daß er auch nur ein Mensch war, unternahm der Tenno eine Reise durch das Land. Jeder sollte Gelegenheit haben, sein menschliches Antlitz zu betrachten.

MacArthurs Offiziere holten zum letzten, entscheidenden Schlag aus. Sie wollten einen möglichst großen Teil des riesigen Privatvermögens des Tennos beschlagnahmen. Außerdem wollten sie gegen eine kleine Gruppe von Leuten vorgehen, deren Reichtum und Dekadenz die demokratisch gesinnten Amerikaner entsetzte. Mit einem Federstrich sollte ihr Leben auf grausame Weise verändert werden. Ihr Schicksal wird in der Geschichte der Besatzungszeit meist nicht einmal mit einer Fußnote gewürdigt, doch die Entscheidung der Besatzungsmächte sollte gewaltige Auswirkungen auf das Schicksal der Tsutsumi-Familie haben.

Damals stand der Tenno Hirohito an der Spitze einer weitverzweigten Großfamilie aus Tanten, Onkels, Cousins, Cousinen, Neffen und Nichten. Alle stammten von Tenno Meiji ab, und alle führten ein Leben in unvorstellbarem Luxus. Sie wohnten in prachtvollen Palästen auf riesigen Grundstücken hügeligen Landes mitten im Zentrum von Tokio. Alle grünen Parzellen auf modernen Karten Tokios, die Parks und Grünflächen bezeichnen, waren einst Grundstücke der Prinzen. Zudem besaßen sie vor allem im Norden Japans riesige Ländereien. Selbstverständlich mußte keiner von ihnen arbeiten. Alle wurden mit Geldern aus der Staatskasse unterstützt, und zwar mit Summen, die ihnen einen standesgemäßen Lebensstil ermöglichten. Natürlich bezahlten sie von ihren Einkünften keine Steuern, und die Regierung war auch noch verpflichtet, ihre Diener zu bezahlen.

Insgesamt mußten vierzehn Familien versorgt werden. Drei davon waren die Familien der Brüder des Tennos, die anderen elf bestanden aus seinen Onkels, Cousins und Cousinen. Vor allem zwei Familien waren mit den Tsutsumis untrennbar verbunden: die Asaka-Familie und die Kitashirakawa-Familie.

Nach 1910 und in den frühen zwanziger Jahren, den goldenen Jahren der Taisho-Demokratie vor dem großen Erdbeben, zählten Prinz Yasahiko Asaka und Prinz Naruhisa Kitashirakawa zu den elegantesten jungen Männern in Tokio. Beide entstammten dem noblen Haus Fushimi, das auch Nagako, die Frau des Tennos Hirohito, hervorgebracht hatte. Beide waren Männer des Militärs, attraktive und höfliche Burschen mit Bowlern und vornehmen Schnurrbärten, und sie trugen stets nach der neuesten Pariser Mode geschneiderte Anzüge. Und beide waren mit den schönen Töchtern Tenno Meijis verheiratet. Prinz Kitashirakawa heiratete Meijis siebte Tochter, Prinzessin Fusako, und Prinz Asaka heiratete Prinzessin Nobuko, die achte Tochter. (Alle fünfzehn Kinder des Tennos Meiji waren die Abkömmlinge von Mätressen; seine legitime Frau hatte keine Kinder.) Nach der Hochzeit erhielt jede Prinzessin als eine Art Mitgift eine Parzelle – Grundstücke in Tokio oder große Flächen Land im bäuerlichen Norden.

Ursprünglich waren Prinz Asaka, Prinz Kitashirakawa sowie einer ihrer Cousins, Prinz Tsunehisa Takeda, Nachbarn. Prinz Tsunehisa Takeda war mit Prinzessin Masako, der sechsten Meiji-Tochter, verheiratet. Die drei Prinzen besaßen angrenzende Grundstücke in Takanawa, dem südlichsten Zipfel Tokios. Von den Grundstücken aus überblickten sie die Bucht von Tokio. Die drei Grundstücke, durch Wasserläufe voneinander getrennt, bestanden aus weiten Flächen hügeligen Landes mit gepflegten Rasenflächen, hübschen Blumenbeeten, kleinen Wäldern und Teichen. Hoch oben auf dem Hügel, der eine großartige Aussicht auf das Panorama der Bucht gewährte, ragten die drei prächtigen Paläste empor.

Prinz Takedas Palast steht noch immer. Er wurde 1911 von dem japanischen Architekten Tokuma Katayama im Stil eines französischen Schlosses mit Einflüssen der italienischen Architektur entworfen. Es ist ein prunkvolles, zweistöckiges Gebäude aus hellgrauem Stein, mit einem mächtigen Vorderportal, durch das Kutschen hineinfahren können. Es ist mit kunstvoll gestalteten Balustraden geschmückt und gedeckt mit einem steilen, von irisierendem Kupfer eingefaßten Dach. Im Inneren des Palastes befinden sich Bleiglasfenster von der Höhe des Treppenschachtes, Speisezimmer mit Holzpaneelen, prunkvolle Salons und Korridore mit Schlafzimmern auf beiden Seiten. Von dem Säulengang außerhalb des Salons im zweiten Stock kann man das ausgedehnte, bewaldete Land mit seinen schönen Gärten überblicken, das einst den drei Prinzen gehörte.

Als erstes Projekt planten Asaka und Nobuko ein Sommerhaus. Zufälligerweise besaßen sie einige Morgen Land im Sengataki-Gebiet in Karuizawa, direkt gegenüber von Hoshino Spa und gleich unterhalb des Hanges, auf dem der ungestüme junge Spekulant aus dem Hause Tsutsumi wie besessen billige Landhäuser baute. Yasujiro war inzwischen Mitglied des Unterhauses, eine Stütze des Staates. Wer hätte sich diesen Mann nicht als Nachbarn gewünscht?

Das Fürstenpaar zog einen Architekten hinzu, der in England studiert hatte und mit westlichen Baustilen bestens vertraut war. Er entwarf ein imposantes, zweistöckiges Haus, das an ein Pfarrhaus aus der Zeit König Edwards erinnerte. Es bestand aus Holz und Stein und hatte Kamine und ein mit Ziegeln gedecktes Dach im englischen Stil.

Das nächste Projekt Prinz Asakas war sehr viel ehrgeiziger. Sein Palast in Takanawa war bei dem Erdbeben beschädigt worden. Dies schien die ideale Gelegenheit, den Palast zu bauen, von dem er schon immer geträumt hatte. Das Paar beschloß, den neuen Palast nicht in Takanawa zu errichten, sondern in dem nahe gelegenen Gebiet Shirogane, auf jenem Grundstück, das Nobuko bei ihrer Heirat als Mitgift erhalten hatte.

Nur ein halbes Jahr, nachdem der Traumpalast fertiggestellt war, wurde die sanfte Prinzessin Nobuko im Alter von vierundvierzig Jahren plötzlich krank und starb. Prinz Asaka hat sich von diesem Schicksalsschlag nicht wieder erholt.

Gegen Ende des Jahres 1937 wurde der fünfzigjährige Prinz – inzwischen war er noch dünner, strenger und pedantischer geworden – an die Front geschickt. Er sollte unverzüglich nach China aufbrechen und das Kommando über die japanischen Streitkräfte übernehmen. Außerdem sollte er dafür sorgen, daß Tschiang Kai-scheks Hauptstadt Nanking erobert und besetzt wurde.

Die darauffolgenden Kämpfe und Massaker waren die schrecklichsten des ganzen Krieges. Nanking wurde am 13. Dezember erobert. Japanische Truppen plünderten die Stadt und töteten über 100 000 chinesische Kriegsgefangene und Zivilisten.

Inwieweit Prinz Asaka für das Verhalten seiner Truppen verantwortlich gemacht werden kann, ist umstritten. Auf jeden Fall wurde er dank seines imperialen Status nie wegen Kriegsverbrechen vor Gericht gestellt. Nach dem Krieg blieb er unbehelligt und galt als angesehenes Mitglied der Gesellschaft.

Doch MacArthur fand eine andere Methode, die Prinzen zu bestrafen. Im Oktober 1946 setzten seine Offiziere eine Verordnung durch, nach der die Zahlungen an die Verwandten des Tennos deutlich reduziert werden sollten, weil sie die Staatskasse zu stark belasteten. Zudem stand die Existenz einer so maßlos privilegierten Familie im Widerspruch zu den Grundprinzipien der Demokratie und des Egalitarismus, denen die Amerikaner in Japan Geltung verschaffen wollten. Es war dringend notwendig, die Familie des Tennos zurechtzustutzen, das tote Holz zu entfernen und lediglich den zentralen Stamm zu erhalten.

Das sogenannte Hausgesetz wurde am Donnerstag, den 16. Januar 1947 vom Tenno unterzeichnet. In umständlichem Rechtsjargon definierte es die Rolle, die Pflichten und – fast beiläufig – die künftigen Einschränkungen seiner Familie. Wer nicht direkt in männlicher Linie von einem Tenno abstammte, mußte »auf den Status eines Familienmitgliedes des Tennos verzichten«. Die Betroffenen sollten eine Geldsumme erhalten »zur Aufrechterhaltung ihrer Würde als Personen, welche einst Mitglieder der Familie des Tennos waren, und zwar als einmalige Zahlung zu dem Zeitpunkt, zu dem sie ihren Status aufgeben«. Außerdem sollten sie der Verfassung und den Gesetzen unterstehen wie alle anderen Bürger.

Am 13. Oktober 1947 wurden die Einzelheiten der Verordnung verkündet. Von den vierzehn Haushalten behielten nur drei, nämlich die der drei Brüder des Tennos, den traditionellen Status. Die restlichen elf Familien, insgesamt einundfünfzig Personen, mußten bereits am darauffolgenden Tag in den Stand normaler Bürger eintreten. Sie verloren automatisch alle früheren Privilegien: das Recht, Land vom Staat zu erhalten, die staatliche Besoldung ihrer Diener, das Recht auf Apanagen und die Befreiung von der Steuer.

Bis auf eine einzige Familie erhielten alle von der Regierung eine letzte und endgültige Abfindung. Die Familie von Prinz Yamashina bildete die Ausnahme. Sie bekam nichts, weil der Prinz im Militär gedient hatte. Wie die anderen Prinzen einer Stigmatisierung als ehemalige Mitglieder des Militärs entgingen, bleibt eines der vielen Rätsel der chaotischen Nachkriegstage in Japan.

Auf den ersten Blick erschienen die Abfindungen als sehr großzügig und wurden als weitere Belastung der ohnehin schon sehr geschrumpften Staatskasse bewertet. Doch von diesen Beträgen mußte jede Familie enorme Steuern bezahlen, die auf ihre Ländereien und ihr Vermögen erhoben wurden. Und sie mußten sofort zahlen. Letzter Termin war der darauffolgende Tag, der 14. Oktober 1947.

Prinz Asaka und seine Familie erhielten fast 4 Millionen Yen, was heute etwa 4 Milliarden Yen entsprechen würde. Das monatliche Einkommen des Ministerpräsidenten belief sich im Jahr 1946 auf 3000 Yen, und der Durchschnittslohn betrug etwa 300 Yen. (1948, in einer Zeit der galoppierenden Inflation, bekam der Ministerpräsident monatlich 25000 Yen.) Doch am selben Tag sollte der Prinz 8,5 Millionen Yen Steuern zahlen, also mehr als das Doppelte des Betrages, den er als Abfindung erhalten hatte.[4]

Für die Prinzen – mittlerweile Bürger – war es ein furchtbarer Schlag. Wie die englische Königsfamilie hatte sich keiner von ihnen jemals zuvor mit Geld die Finger beschmutzt. Sie hatten keine Ahnung, wie sie sich in der Welt des Handels und der Geschäfte verhalten sollten.

Vor dem verhängnisvollen Tag, an dem die Verordnung verkündet wurde, hatten sie sich hilflos nach irgendwelchen Einkünften umgesehen. Einige versuchten, ihre Habseligkeiten zu verkaufen. Prinz Higashikuni bot antike Tintensteine und Seidenwaren von unschätzbarem Wert zum Verkauf an. Doch in diesen düsteren Nachkriegstagen wollte niemand nutzlose Steine oder Seidenwaren. Nahrungsmittel waren begehrt. Prinz Asaka bot seinen importierten Luxuswagen zum Verkauf an.

Doch es waren ganz andere Maßnahmen erforderlich, um das Geld aufzutreiben, mit dem sie die gigantischen Steuern bezahlen konnten, und der 14. Oktober rückte bedrohlich näher. Zu diesem Zeitpunkt erschien Yasujiro auf der Bildfläche.

Ob Asaka Yasujiro kannte oder nicht, der Verwalter seines Haushalts, ein gewisser Toraichi Nakada, kannte ihn auf jeden Fall. Mit großer Wahrscheinlichkeit unternahm Nakada den ersten Schritt. Yasujiro war im Sengataki-Gebiet eine legendäre Gestalt.

Die Trumpfkarte des Verwalters waren die Ländereien des Prinzen, insbesondere das von dichten Lärchenwäldern umgebene Hauptgrundstück in Sengataki mit dem im edwardianischen Stil erbauten Landhaus, den Springbrunnen, Blumenbeeten, Kaminen und Giebeln. Land übte auf Yasujiro eine unwiderstehliche Anziehungskraft aus. Er war überzeugt davon, es sei die einzige sichere Investition. Seit Jahren galt dies als eine höchst exzentrische Ansicht. In der Vorkriegszeit waren die Grundstückspreise fast überhaupt nicht gestiegen; von 1937 bis 1945 kletterten sie um kaum ein Prozent, während sich die Preise für Güter des täglichen Bedarfs verdreifachten. Nun sah es allmählich so aus, als sei seine Besessenheit von Land gar nicht so abwegig gewesen. Nach Kriegsende wurde Japan von einer unkontrollierbaren Inflation heimgesucht, und die Grundstückspreise schnellten in schwindelerregendem Tempo in die Höhe. In den fünf Jahren zwischen 1945 und 1950 stiegen sie auf mehr als das Zweihundertfache ihres ursprünglichen Wertes.

Nach mehreren Sitzungen gelangten die beiden schließlich zu einer Übereinkunft. Der Verwalter Nakada führte alle Verhandlungen im Namen des Prinzen, der viel zu vornehm war, um sich mit so prosaischen Angelegenheiten zu befassen. Vor Abschluß des Geschäfts stattete Yasujiro der Asaka-Familie einen Höflichkeitsbesuch ab und bot ihnen an, ihr Landhaus in Sengataki zu kaufen. Er sehe ein, daß sie in finanziellen Schwierigkeiten seien und wolle ihnen gern behilflich sein.[5]

Hier wird die Geschichte ein wenig mysteriös. Begriff der steife, alte Aristokrat – ein in praktischen Dingen völlig unerfahrener Mann –, daß Yasujiro tatsächlich seinen Besitz aufkaufte? Oder machte man ihn glauben, daß Seibu einfach die Verwaltung des Grundstücks übernehmen, aber sofort in bar bezahlen würde? Oder stand womöglich eine regelrechte Verschwörung hinter diesem zwielichtigen Plan?

Einer Theorie zufolge hätte aufgrund der starren Sozialstrukturen in Japan ein einfacher Bauer aus Shiga niemals Land von der Familie des Tennos kaufen dürfen. Könnte es sein, daß Yasujiro, der alte Prinz und Nakada die Öffentlichkeit hinters Licht führten, und daß die Tsutsumis lediglich Gefolgsleute der Prinzen waren – und es noch immer sind? Daß die Prinzen in Wirklichkeit das Land nach wie vor besitzen und der Familie ein Gehalt für die Bewirtschaftung bezahlen? Mit anderen Worten: Könnte es sein, daß es ein weiteres kompliziertes Manöver war, durch das die Japaner versuchten, die Pläne der Besatzungsmacht zu durchkreuzen, die die bestehenden Sozialstrukturen verändern wollte? Als MacArthurs Offiziere die Zaibatsu zerschlugen, befahlen sie ihnen, ihr Vermögen an die Öffentlichkeit zu verkaufen. In der Tat wurde ein großer Teil des Vermögens von treuen Gefolgsleuten gekauft, um sie der Familie, die das Konglomerat geleitet hatte, später zurückzuerstatten. Könnte es sich hierbei um einen ähnlichen Trick gehandelt haben, um den Besitz des Herrscherhauses zu erhalten?

Diese Theorie ist zwar an den Haaren herbeigezogen, doch sie zeigt, daß die Tsutsumis und ihre Aktivitäten Anlaß zu wilden Spekulationen boten. Der Handel jedoch, den Nakada und Yasujiro schließlich abschlossen, war sehr charakteristisch für die Japaner. Es handelte sich bei weitem nicht nur um eine nüchterne Angelegenheit des Kaufens und Verkaufens oder um die Unterzeichnung eines Vertrags. Es ging um den Aufbau einer dauerhaften Beziehung.

Dem Grundbuchamt zufolge verkaufte die Asaka-Familie die Ländereien in Sengataki am 12. August 1947 tatsächlich an Kokudo Keikaku, National Land Planning Corporation, die zur Seibu-Gruppe gehörte.

Die Firma Kokudo Keikaku wurde am 14. August 1947 als Eigentümer registriert, genau zwei Monate vor dem Termin, an dem die Steuern des Prinzen bezahlt werden mußten.

Es ist anzunehmen, daß der Preis extrem niedrig war. Land war zu diesem Zeitpunkt noch immer nicht viel wert. In Wirklichkeit war der Preis ziemlich unwichtig. Der Prinz wollte keinen hohen Pauschalbetrag, den er wieder hätte versteuern müssen. Statt dessen erklärte sich Yasujiro bereit, sich um ihn und seine Familie zu »kümmern« und ihm als Gegenleistung für das Grundstück einen monatlichen, den Kapitalzinsen entsprechenden Betrag zur Verfügung zu stellen. Er kümmerte sich auch um Nakada: 1950 bot er ihm einen Job als Rechnungsprüfer bei Seibu an, wo Nakada die nächsten zweiunddreißig Jahre blieb.

Durch die Verbindung mit Asaka eröffneten sich Yasujiros wachsendem Ehrgeiz völlig neue Perspektiven. Der Palast in Sengataki war nur ein Anfang: Es gab noch die Ländereien der anderen Prinzen – prächtige Grundstücke, die zu den besten des ganzen Landes gehörten und von den Adligen stets mit Argusaugen bewacht worden waren. Innerhalb der starren Struktur der Tokugawa-Gesellschaft wäre es undenkbar gewesen, daß ein Mitglied der unteren Klasse derartige Ländereien erwarb.

Nun jedoch, in dem Chaos und den Wirren der Nachkriegszeit, war nichts unmöglich. Das Dilemma der Prinzen war ein glücklicher, unerhörter und ungewöhnlicher Zufall. Jeder, der Grips und das nötige Kleingeld besaß, selbst ein Bauer aus Shiga, konnte seine Hand auf einst unantastbares Land legen. Das war die Rache der Demokratie.

Aber es gab immer noch die Familie des Tennos, und trotz der Wechselfälle ihres Schicksals stand sie an der Spitze der Gesellschaft. Je mehr sich Yasujiro an sie herandrängte und je vertrauter er mit ihnen wurde, desto besser ging es ihm. Auf diese Weise waren die Zaibatsu entstanden: nicht nur durch die Anhäufung von Vermögen, sondern durch das Knüpfen von Kontakten mit der Aristokratie und dem Herrscherhaus. Es würde ein langwieriger Prozeß werden, doch Yasujiros Ehrgeiz hatte ein neues Ziel gefunden.

Schon während Yasujiro über das Grundstück in Sengataki verhandelte, nahm er bereits Asakas Hauptwohnsitz ins Visier, den prunkvollen Jugendstil-Palast in Shirogane. Er bekundete Nakada gegenüber sein Interesse. Dann wartete er ab.

Asakas Geldprobleme waren noch lange nicht überwunden. Er hatte stets ein verschwenderisches Leben mit dem Geld aus der unerschöpflichen Staatskasse geführt. Nun war er auf einmal gezwungen, mit jedem Yen zu rechnen. Es widerstrebte ihm, das prachtvolle Haus aufzugeben, das er und seine Prinzessin Nobuko mit so viel Liebe und Sorgfalt entworfen hatten. Doch allmählich hatte er den Eindruck, als gebe es keine Alternative zum Verkauf.

Zunächst vermietete er das Haus. Der Ministerpräsident Shigeru Yoshida machte es zu seinem Amtssitz und war entschlossen, es zu kaufen. Er hatte es lange Zeit bewundert; es war eines der berühmtesten und schönsten Gebäude Tokios und zudem das perfekteste Beispiel des Jugendstils.

Im Jahr 1950 erreichte Asakas Vermögen erneut einen Tiefstand. Er rief seine Kinder zu sich und verkündete brüsk: »*Urimasu!* Ich verkaufe!« Nakada wurde mit dem Verkauf beauftragt. Trotz Yoshidas Bemühungen fiel der herrliche Palast mit seinen ausgedehnten Rasenflächen und Tennisplätzen an Yasujiro Tsutsumi von der Firma Seibu. Lediglich ein paar Zipfel des Geländes, die das Finanzministerium bereits gekauft hatte, waren nicht in dem Verkauf enthalten. Seibu erwarb das Grundstück am 7. Oktober 1950 zum Preis von nur 700 Yen pro *tsubo* (3,3 Quadratmeter).

Der alte Prinz hatte keinen Grund zur Klage. Yasujiro willigte ein, das Haus komplett in seinem derzeitigen Zustand zu erhalten. Auch sicherte er zu, Asaka könne auf Lebenszeit in seinem geliebten Palast wohnen. Er stellte ihm einen Wagen samt Chauffeur zur Verfügung, eine Sekretärin, und er bezahlte alle erforderlichen Diener. Immer wenn Yasujiro in späteren Jahren zu Besuch kam, war Asaka ganz der fürstliche Gastgeber. Und alle verdrängten den Gedanken, daß das Grundstück in Wirklichkeit nicht ihm gehörte, sondern seinem Gast. Der Seibu-Konzern sorgte für Prinz Asaka, bis er 1981 im Alter von vierundneunzig Jahren starb.

In den kommenden Jahren schrumpfte das Vermögen der Prinzen, während Yasujiros Vermögen wuchs. Nach einer langen Kampagne, in der er hatte verbreiten lassen, daß er stets entschlossen gegen die Macht der Militärs und den Krieg gewesen sei, schaffte er es 1951 schließlich, rehabilitiert zu werden. Er kehrte unverzüglich in die Politik zurück und wurde erneut als Abgeordneter für Shiga ins Parlament gewählt. Am 18. Mai 1953 wurde er zum Parlamentspräsidenten gewählt.

Alsbald bezog er den Kitashirakawa-Palast. Durch die großen, im Stil Palladios gebauten Fenstern konnte er das Takeda-Grundstück überblicken, das er bereits gekauft hatte. Vor ihm lag nun jedoch das noch größere Anwesen des Kitashirakawa-Palastes, und es entsprach nur seinem Naturell, das Land und den Palast besitzen zu wollen. Leider war die Regierung bereits Eigentümer des Palastes und hatte auch schon mehr als die Hälfte des Landes gepachtet. Die Kitashirakawa-Familie durfte das Land und das Gebäude nicht verkaufen. So führte Seibu einige komplizierte und ziemlich heimtückische Manöver durch. Zunächst hofierte man den Verwalter, der für die Finanzen der Familie zuständig war. Die Direktoren von Seibu spielten also fleißig mit ihm Golf, bauten eine Beziehung zu ihm auf und deuteten an, daß sich Seibu eventuell für die Kitashirakawa-Familie und ihr Personal sorgen könnte, genauso wie die Firma für die Asaka- und die Takeda-Familie gesorgt hatte.

Am 24. August 1953 erwarb Seibu Railways, ein Mitglied der Seibu-Unternehmensgruppe, das Kitashirakawa-Grundstück, 12 000 *tsubo* (4 Hektar) für 8000 Yen pro *tsubo*. Das Unternehmen erklärte sich bereit, eine Anzahlung zu leisten und daraufhin die Zinsen, jedoch nicht das volle Kapital zu bezahlen. Auf diese Weise sorgte der Konzern dafür, daß das steuerpflichtige Einkommen der Familie niedrig blieb. Während der folgenden fünfundzwanzig Jahre sollte der Wert des Kitashirakawa-Grundstücks auf 3 Millionen Yen pro *tsubo* ansteigen. Doch Seibu zahlte weiterhin nur die Zinsen des ursprünglichen Kaufpreises. Sei es durch Glück, Weitblick oder – wie es japanische Journalisten gerne darstellen – durch Betrug, Seibu hatte ein hervorragendes Geschäft gemacht.

In der Tat mußte der Kauf für den Zeitraum geheim bleiben, für den die Regierung das Land gepachtet hatte. Erst im Jahr 1979 wurde Seibu offiziell das Eigentum von der Kitashirakawa-Familie übertragen. Den Palast konnte Yasujiro jedoch nicht kaufen, sonst stünde er vielleicht noch heute. Er wurde abgerissen, um Platz zu schaffen für einen elfstöckigen Betonklotz, in dem Parlamentsmitglieder untergebracht werden.

Auf diese Weise wurden Yasujiro und sein Seibu-Konzern Eigentümer einiger der prächtigsten Gebäude und schönsten Anwesen Tokios. Sie waren bei weitem nicht das einzige Unternehmen, das zu dieser Zeit Land von den Verwandten des Tennos kaufte. Die Konkurrenzgesellschaft Keihin Kyuko Railway kaufte das Grundstück in Takanawa, das die erste Heimat der Asaka-Familie gewesen war und damals Prinz Higashikuni gehörte. Die herrlichen Anwesen des Prinzen Fushimi in Akasaka, einem der teuersten Viertel Tokios, wurden von der wohlhabenden Otani-Familie erworben.

Doch Seibu kaufte am meisten von allen. Außer den Ländereien Asakas, Takedas und Kitashirakawas erwarb das Unternehmen auch den eleganten Jugendstil-Palast des Prinzen Higashi Fushimi außerhalb Yokohamas, den prächtigen Palast des koreanischen Königs Li in Akasaka, 1930 von dem britischen Architekten Josiah Conder entworfen, sowie weitere Paläste in und um Tokio.

Außerdem kauften sie überall in Japan Land. Die ehemaligen Prinzen besaßen außer ihren Grundstücken in Tokio auch riesige Flächen unerschlossenen Landes – Moor, Gebirge und Wälder. Dieses Land lag hauptsächlich im Norden des Landes auf Tohoku und Hokkaido. Die Grundstückspreise in Tokio begannen allmählich zu steigen, während das Land in den bäuerlichen Regionen noch immer wertlos war. Niemand wohnte dort, niemand konnte etwas damit anfangen, niemand wollte es haben.

Niemand außer Yasujiro. Er und Seibu (ihre Schicksale waren mittlerweile so eng miteinander verflochten, daß eine Unterscheidung kaum noch möglich war) erweiterten ihre Ländereien ständig. Sie besaßen inzwischen weitaus mehr, als ein einzelner Prinz jemals besessen hatte, weitaus mehr, als der reichste

Tycoon sich je hätte träumen lassen. Und dieses Land sollte Yasujiro als Grundlage für den Aufbau des Seibu-Imperiums dienen.

Für Yasujiro genügte es, das Land überhaupt zu besitzen. Über seine Verwendung konnte eine andere Generation entscheiden. Die prachtvollen Paläste mit ihren vielen Schlafgemächern und Badezimmern verwandelte er in Hotels. Kaufleute, Geschäftsleute und reiche Bauern verbrachten eine Nacht in den luxuriösen Schlafzimmern, den einstigen Privatquartieren der Prinzen. Die Öffentlichkeit kam, um in den prunkvollen Sälen und stillen Räumen zu speisen, in denen die Prinzen einst Grafen, Lords und ausländische Herrscher bewirtet hatten. Besucher polterten jetzt durch die hohen Gänge, in denen einst nur Diener in Filzpantoffeln herumgeschlichen waren. Es war ein weiterer kleiner Schritt auf dem Weg zur Demokratie.

Dem ersten Palast, den Yasujiro kaufte, Asakas Villa in Karuizawa, war jedoch ein anderes Schicksal bestimmt.

Obwohl die Villa im Besitz der Firma Seibu blieb, wurde sie jeden Sommer der Familie des Tennos zur exklusiven Nutzung überlassen. Die Familienmitglieder wurden nichtzahlende Gäste des Unternehmens Seibu. Im Winter wurde sie der Öffentlichkeit zugänglich gemacht. Doch dieser Brauch wurde nach einigen Jahren aufgegeben. Heute wird sie das ganze Jahr über sorgfältig bewacht.

Die Villa erhielt den Namen Karuizawa Prince Hotel. Obwohl die Verwandten des Tennos bei ihren Aufenthalten in anderen Teilen des Landes ihre privaten Anwesen bewohnten, stiegen sie in Karuizawa stets im Prince Hotel ab. Später gab Yasujiro vielen seiner Hotels den Namen Prince: Prinz Takedas französisch-italienisches Schloß sollte das Takanawa Prince Hotel werden, König Lis fürstlicher Jugendstil-Palast das Akasaka Prince Hotel und Prinz Higashi Fushimis Palast das Yokohama Prince Hotel. Zweifellos verlieh diese Anspielung auf die ehemaligen Besitzer der Paläste ihnen eine besondere Exklusivität.

Seibu wählte auch die Chrysantheme als Emblem der Prince Hotels. Diese Blume war das Wappenzeichen der Takeda-Familie. Als Takeda sein französisch-italienisches Schloß an Seibu verkaufte, erlaubte er der Firma, sein Wappen zu verwenden. Es war ein willkommener Zufall, daß dieses Wappen dem Chrysanthemum, dem Symbol des Tennos, sehr ähnlich ist.

Auf diese Weise knüpfte Yasujiro durch glückliche Zufälle

und geschickte Planung ein Netz an Kontakten, das ihn und seine Seibu-Gruppe immer enger mit der Familie des Tennos verband. Er war sogar ein wenig an jener großen Romanze beteiligt, die in den düsteren Nachkriegsjahren für Gesprächsstoff sorgte.

Der Kronprinz Akihito verbrachte seinen Sommerurlaub wie gewöhnlich im Prince Hotel in Karuizawa. Im Jahre 1957 war Akihito zu einem ernsthaften, pausbackigen Jüngling von dreiundzwanzig Jahren herangewachsen. Eines schönen Tages suchte er die von Seibu verwalteten, öffentlichen Plätze im Stadtzentrum auf, um im Schatten der Lärchenwälder Tennis zu spielen. Dort sah er sich in einem Match einem jungen Mädchen von strahlender Schönheit gegenüber.

Sie hieß Michiko Shoda. Akihito verliebte sich in sie und das japanische Volk mit ihm. Es war wie im schönsten Märchen. Noch nie hatte ein Mitglied der Herrscherfamilie, von einem zukünftigen Tenno ganz zu schweigen, auch nur mit dem Gedanken gespielt, ein nichtadliges Mädchen zu heiraten. Vor dem Ende des Krieges wäre eine solche Heirat undenkbar gewesen. Ihre Liebe war wie ein Symbol des neuen Japan; sie stand für den Untergang der alten, starren Ordnung und den Beginn einer neuen, demokratischen Welt, in der ein Kronprinz sich in eine Müllerstochter verlieben konnte.

In Wirklichkeit war sie natürlich keine Müllerstochter, auch wenn die Presse sie gerne als solche bezeichnete. Ihr Vater war ein wohlhabender Industrieller, der eine Mehlfabrik besaß. Die Familie wohnte in einem der exklusivsten Stadtteile Tokios (in einer Gegend, die zufälligerweise von Seibu erschlossen wurde), und Michiko hatte eine der besten Universitäten des Landes besucht. Eigentlich war ihre Begegnung nicht einmal ein Zufall gewesen. Die Romanze wurde von einem Mann inszeniert, der dem Prinzen von Kindheit an als Mentor, Berater und Erzieher gedient hatte: Shinzo Koizumi. Dieser Mann war der Meinung, das Herrscherhaus brauche sowohl ein neues Image als auch frisches Blut.

Für das japanische Volk jedoch war diese Liebe die große Romanze der Nachkriegszeit. Alle Japaner wollten auf einmal Tennis spielen, und Karuizawa, der Ort, an dem sich die beiden getroffen hatten, wurde der vornehmste Ferienort in ganz Japan.

# 7
# Der Krieg um das Hakone-Gebirge
## 1950–1961

*Ein Tourist sagte nach einer Reise durch Japan einmal: »Ich war beeindruckt von der Schönheit des Fujiyama und von den Straßen, die durch das Hakone-Gebirge führen.« Gott schuf den Fujiyama. Seibu baute die Hakone-Fernstraßen.*

WERBEBROSCHÜRE DER FIRMA SEIBU[1]

Obwohl vor allem der elegante Gebirgsort Karuizawa Yasujiros Ansehen gehoben hatte, galt seine eigentliche Liebe dem Ort Hakone. Ryujin, der Drachengott, war seine auserwählte Gottheit, und Yasujiro pflegte in seinem Wagen von Tokio nach Hakone zu rasen, um für geschäftlichen Erfolg zu beten oder den Drachengott um Beistand im Kampf gegen seine Feinde anzuflehen.

In den Jahrhunderten vor dem Shogunat, als die Kriegsherren um die Aufteilung des Landes kämpften, war der Satz sprichwörtlich: »Wer Hakone beherrscht, beherrscht die ganze Welt.« Hakone war der höchste Punkt entlang der großen Tokaido-Fernstraße zwischen Kyoto und Tokio. Dort waren immer wieder Heere von den Bergeshöhen herabgeflutet oder hatten sich in den Schluchten der Pässe in den Hinterhalt gelegt. Zudem war Hakone unbestritten der schönste Ort Japans. Hoch über seinen geschwungenen Hügeln und von Nebel erfüllten Schluchten ragte hinter dem juwelenartigen Blau des Ashi-Sees der schneebedeckte Gipfel des Fujiyama auf. Ganz gleich, wo man sich in Hakone befand, der Berg war von überall sichtbar und beherrschte das gesamte Gebiet.

Die Leute verglichen Hakone mit einer schönen Frau. Die Kriegsherren hatten erbittert um den Ort gekämpft. Und auch Yasujiro wollte Hakone für sich allein haben.

Die Schlacht um Hakone wurde zu einer der berühmtesten Geschichten der fünfziger Jahre, und alle, die diese Ära überlebten, schmunzeln noch immer über Episoden der Feindschaft zwischen der »Pistole« Tsutsumi und Goto dem Dieb.

Yasujiro begann 1920 als junger Mann seine Karriere als Bauunternehmer. Damals galt Hakone als das Refugium der wenigen Privilegierten, als das Baden-Baden Japans. Die Reichen und Begüterten kamen zur Kur und ließen sich in den luxuriösen Bädern verwöhnen. Besucher aus dem Westen hingegen, die im Fernen Osten Station machten, verbrachten ihren Urlaub in dem herrlich dekadenten Fujiya Hotel, wo sie in der Architektur eines japanischen Schlosses in westlichen Betten schliefen und französische Küche genossen.

Kurz nachdem Yasujiro seine ersten Landhäuser in Karuizawa gebaut hatte, begann er, in Hakone Land zu kaufen. Er kaufte weite Flächen wilden, unerschlossenen Landes: die von undurchdringlichen Wäldern bedeckten Berge, die sich rings um den Ashi-See erhoben, und das Moor, das sich bis zum Fuß des Fujiyama erstreckte. Der Preis war niedrig, und Yasujiro leistete nur eine verschwindend geringe Anzahlung. Als er schließlich den Restbetrag bezahlte, waren die Grundstückspreise enorm gestiegen, und alle Bauern schimpften über seine raffinierten Methoden.

Am Ende des Krieges besaßen Yasujiro und sein Seibu-Konzern mehr als die Hälfte der Gesamtfläche von Hakone. Zum Teil hatten sie das Land von der Regierung langfristig gepachtet. Er verfügte etwa über 2 Millionen *tsubo* (660 Hektar) und konnte zwei Drittel der gesamten Ländereien der Regierung erschließen.

Yasujiro hatte schon lange zuvor mit dem Bau der Einrichtungen begonnen, die das Gebiet zum wichtigsten Touristenort des Landes machen sollten. Ganz besonders stolz war er auf die Straße, mit deren Bau er 1930 begonnen hatte. Er prahlte gerne damit, daß sie die beste private Autostraße Japans sei. Sie war 28 Kilometer lang und führte von dem an der Küste gelegenen Ort Atami durch das Gebirge bis ins Herz Hakones hinein. Der Bau hatte dreizehn Jahre gedauert, und die Straße war immer in bestem Zustand. Auf der gesamten Strecke gab es kein einziges Schlagloch. Yasujiros Izu Hakone Railway Company besaß Busse, die Besucher nach Hakone brachten.

Yasujiro war unbestreitbar der König von Hakone. Aber er hatte noch keine Möglichkeit, Besucher aus Tokio in seinen aufstrebenden Ferienort zu befördern. Deshalb eröffnete er eine Buslinie von Odawara, wo die Züge aus Tokio endeten, nach Kowakudani inmitten des Hakone-Gebirges, wo sein Territorium begann. Im September 1947, zwei Jahre nach Kriegsende, beantragte er beim Verkehrsministerium eine Lizenz, um seine Buslinie auf dieser Strecke vergrößern zu können.

Bislang hatte jedoch eine andere Gesellschaft das Monopol auf das Transportwesen von Tokio über Odawara nach Hakone innegehabt. Dieses Unternehmen nannte sich Odakyu (Kurzform für *Oda*wara *Kyuko* – Odawara Express). Es war der Tokyu Group (*Tokyo Kyuko* – Tokyo Express) angegliedert, einem riesigen Konglomerat, das einen Großteil des Landes zwischen Tokio und Odawara besaß. Das Unternehmen betrieb die Hakone Mountain Railways, die auf derselben Straße Busse einsetzte, auf der nun Yasujiro seine Buslinie ausbauen wollte. Die Firma Odakyu erhob Einspruch beim Verkehrsministerium. Die Linie sei der Lebensnerv in ihrem Territorium. Sie habe sie ausgebaut und wolle das Monopol behalten.

Japan machte nach dem Krieg große Anstrengungen, sein Verkehrsnetz wieder aufzubauen. Es fehlte an Personal, an Bussen und Eisenbahnwaggons, und das Ministerium war daran interessiert, alle Verbesserungen der Infrastruktur zu fördern. Im Dezember 1949 erhielt Yasujiro die gewünschte Lizenz, allerdings wurden ihm zwei Beschränkungen auferlegt: Seine Busse mußten zwischen den beiden Endstationen Odawara und Kowakudani pendeln, ohne unterwegs anzuhalten, um Passagiere mitzunehmen. Außerdem durften sie nur zu bestimmten Zeiten fahren.

Es war ein verdächtig leichter Sieg und keineswegs das erste Mal, daß Yasujiros Seibu-Gruppe und die Tokyu-Gruppe in Konflikt geraten waren. Yasujiro mußte damit gerechnet haben, daß Tokyu früher oder später zurückschlagen würde.

An der Spitze der Firma Tokyu stand eine furchterregende Gestalt namens Keita Goto. Er und Yasujiro kannten sich seit Jahren, und ihre Wege hatten sich in der Vergangenheit mehrmals gekreuzt. Wie Yasujiro war Goto ein Mann der Meiji-Ära, der sich ein riesiges Imperium geschaffen hatte und sich herzlich wenig um all die Menschen scherte, die er dabei zugrunde gerichtet hatte. (Sein Sohn Noboru Goto sagte einmal: »Für den Erfolg eines Menschen müssen viele Menschen geopfert werden.«[2]) Sein Tokyu-Imperium umfaßte Eisenbahnen, erschlossenes Baugelände, Warenhäuser und die Toei-Filmstudios.

Goto und Yasujiro wurden häufig miteinander verglichen. Seibu und Tokyu waren die beiden neuen Zaibatsu der Nachkriegsära, die beiden Magnaten. Goto war der ältere der beiden. 1949 war Yasujiro sechzig und Goto siebenundsechzig Jahre alt war. Er war ein untersetzter Mann mit rundem Kopf, grauen Stoppelhaaren und Stiernacken. Im Alter sah man ihn nie ohne seinen Stock und seine Brille mit Drahtgestell. Wie Yasujiro haßten seine Angestellten und seine Geschäftspartner auch ihn mit derselben Inbrunst.

Er war ein hochmütiger, aggressiver Mann, doch zumindest wußte man, woran man bei ihm war. Yasujiro hatte als Geschäftsmann den Ruf eines heuchlerischen Intriganten. Goto hingegen war wie ein Bulldozer, der andere Unternehmen einfach platt walzte, ganze Landstriche an sich riß und ständig Eisenbahnlinien gründete.

Sein Privatleben war untadelig. Im Alter von 29 Jahren hatte er ein sanftes, schönes Mädchen namens Machiyo geheiratet. Die junge Frau hatte ihm ein Kind geschenkt, war jedoch bereits mit 31 Jahren gestorben. Er hat nie wieder geheiratet und trauerte den Rest seines Lebens um seine Frau.

Mit Goto war nicht zu spaßen. Bei einer seiner ersten Begegnungen mit Yasujiro hatten seine Männer Schläger engagiert, die zwei Seibu-Manager entführen sollten. Sie bedrohten sie und sperrten sie so lange ein, bis diese Yasujiro in einem Brief rieten, alle Aktien an der Musashino Railway an Goto zu verkaufen. Schließlich wurden die Manager entlassen, und Yasujiro behielt seine Eisenbahngesellschaft. Doch er begriff nach diesem Zwischenfall, daß Goto eine ernsthafte Bedrohung darstellte. Übernahmen waren Gotos Spezialität. Anstatt seine eigenen Unternehmen aufzubauen, wartete er, bis sich eine Firma Erfolg hatte. Dann kaufte er alle Aktien auf. Er war in der Tat so berüchtigt, daß er »Goto der Dieb« genannt wurde. Die Silben go-tō zu gō-tō verlängert und mit anderen Schriftzeichen bedeuten »Dieb« oder »Straßenräuber«.

Goto war Yasujiros gefährlichste Konkurrenz. Beide Unternehmen waren im Dienstleistungsgewerbe tätig und verdienten Geld mit Land, Eisenbahnen, Warenhäusern und dem Tourismus. Goto hatte eine andere Machtbasis als Yasujiro. Yasujiro war Politiker und kannte viele Politiker, Goto hingegen war ein Intimus der Bürokratie. Er hatte beim Eisenbahnministerium und beim Verkehrsministerium gearbeitet. Wenn ein leitender Beamter aus dem Amt schied, bekam er nicht selten einen Direktorenposten in der Tokyu-Gruppe, und wenn er Tokyu während seiner Amtszeit gefördert hatte, war ihm der Posten so gut wie sicher. Dies garantierte enge Bindungen zwischen Tokyu und dem Verkehrsministerium. Tokyu bekam für jede neue Busstrecke oder Eisenbahnlinie mit Leichtigkeit die erforderlichen Lizenzen.

Mit seinem Antrag, entlang der Strecke von Tokyus Tochtergesellschaft Odakyu Busse verkehren zu lassen, hatte sich Yasujiro ins eigene Fleisch geschnitten. Er hatte Goto die ideale Gelegenheit geliefert, eine seiner am längsten gehegten Ambitionen zu befriedigen: ins Hakone-Gebirge vorzudringen und sein Verkehrsnetz bis weit in Yasujiros Territorium hinein auszudehnen.

Am 13. März 1950, genau eine Woche bevor Yasujiros Busse zum ersten Mal zwischen Kowakudani und Odawara pendeln sollten, beantragte Goto für seine Hakone Mountain Railways beim Verkehrsministerium eine Lizenz. Er wollte auf Yasujiros privater Straße, auf deren Bau dieser dreizehn Jahre verwendet hatte, Busse einsetzen. Wie erwartet, billigte das Ministerium Gotos Gesuch und befahl Yasujiro, die Busse zu dulden.

Yasujiro war außer sich. Er vergaß, daß er mit seiner Buslinie den Streit vom Zaun gebrochen hatte. In seinen Memoiren schreibt er selbstgerecht: »Ich habe Hakone erschlossen, ich habe Karuizawa erschlossen, für unser Land, für die Welt.«

Im Mai fand eine öffentliche Anhörung statt. Yasujiro behauptete, Gotos Plan sei ein Angriff auf Seibus Privateigentum. Doch das sollte ihm nichts nützen. Das Ministerium und die Öffentlichkeit waren anderer Meinung, und Goto bekam seine Lizenz.

Unter einer Bedingung jedoch: Die Lizenz galt lediglich für ein Jahr und mußte jährlich erneuert werden. Goto hielt dies für eine reine Formalität, doch er hatte nicht mit Yasujiros Entschlossenheit gerechnet. Danach fuhren Yasujiros und Gotos Busse mehrere Jahre lang von Odawara, dem Tor nach Hakone, nach Kowakudani, wo Yasujiros Territorium begann, und von Kowakudani auf Yasujiros mautpflichtiger Straße bis weit in sein Gebiet hinein.

Der Alptraum des Krieges und die schrecklichen Entbehrungen in der Anfangszeit der Besatzung gerieten allmählich in Vergessenheit. Nach einem Jahrzehnt schließlich hatte der Lebensstandard der Menschen ungefähr wieder das Vorkriegsniveau erreicht.

Die ersten fünf Jahre waren die schlimmsten gewesen. Der Wiederaufbau der Wirtschaft vollzog sich in Japan anfangs sehr viel schleppender als im Westen. In den ersten vier Jahren herrschte eine katastrophale Inflation. Die Preise stiegen insgesamt um 1200 Prozent, und zwar so schnell, daß die Menschen Nahrungsmittel und Kleidung kaum noch bezahlen konnten. An einen Wiederaufbau der im Krieg schwer beschädigten Gebäude war vorerst nicht zu denken. Die Ersparnisse waren nichts mehr wert, und die Menschen kämpften ums Überleben. Die einzige Möglichkeit, die Wirtschaft wieder anzukurbeln, war eine kräftige Finanzspritze von den USA.

Im Jahr 1949 schließlich wurde der konservative Bankier Joseph Dodge zum Wirtschaftskommissar Japans ernannt. Sein Programm war, die Inflation zu bremsen und die Wirtschaft zu stärken. Japan sollte von ausländischer Hilfe unabhängig werden. Er erreichte beide Ziele. Er stabilisierte die Währung, glich den Staatshaushalt aus und führte eine Neuorientierung der Wirtschaft herbei. Ihr Schwerpunkt verlagerte sich vom Binnenmarkt auf den Export. Doch um diese Ziele zu erreichen, waren so gravierende Veränderungen erforderlich, daß vorerst die Situation der meisten Menschen schlechter wurde.

Um die Produktivität der Industrie zu verbessern, wurde viele Menschen entlassen. Die Staatsausgaben wurden drastisch gekürzt. Viele Unternehmen, die auf staatliche Subventionen angewiesen waren, gingen in Konkurs. Eine Viertelmillion Regierungsbeamte verloren ihren Job, und in den Ladenregalen standen immer weniger Waren. Vor der Presse erklärte Dodge ungerührt: »Man hätte als Folge des Krieges nichts anderes erwarten sollen als eine lange Zeit der Not und Askese.«

Es war eine schwierige Zeit für die Japaner. Viele Menschen verzweifelten, doch dann brachten Ereignisse außerhalb Japans eine Veränderung.

Am Montag, den 26. Juni 1950 wurde bekannt, daß die Nordkoreaner in Südkorea eingerückt waren und Seoul erobert hatten. Die koreanische Halbinsel befand sich im Kriegszustand. Von einem Tag auf den anderen veränderte sich Japans Beziehung zu den Vereinigten Staaten grundlegend. Die Japaner gerieten unter großen Druck. Japanische Fabriken mußten nun Munition für amerikanische Truppen liefern, die in Korea unter der Flagge der Vereinten Nationen kämpften. Fabriken, die von der Besatzungsmacht gezwungen worden waren, harmlose Waren wie Glühbirnen und Nägel zu produzieren, nahmen nun das weitaus lukrativere Geschäft der Waffenproduktion wieder auf.

In Japan war inzwischen die Angst vor einem Wiederaufleben des Militarismus neben dem Schreckgespenst des internationalen Kommunismus nahezu bedeutungslos geworden. Amerika brauchte kein schwaches, abhängiges Japan mehr, es brauchte ein starkes Japan als verbündete Nation in Asien. So öffneten die Vereinigten Staaten dem japanischen Export Tür und Tor.

Die ganze Nation wurde durch den Wunsch geeint, dem Land wie in der Meiji-Ära den Wohlstand des Westens zu bringen. Alle strebten nach höheren Einkommen, besseren Wohnungen und einem Lebensstil, der ihnen in amerikanischen Fernsehsendungen vorgeführt wurde. DIe Japaner waren bereit, hart zu arbeiten, um diese Ziele zu erreichen. Und die beiden Giganten, die sich in vorderster Front bekämpften, um das Land immer schneller zu entwickeln, waren »Pistole« Tsutsumi und Goto der Dieb.

Fünf Jahre lang wahrten die beiden einen beunruhigenden Frieden. Jahr für Jahr wurde die Lizenz für Gotos Buslinie widerwillig erneuert. Jahr für Jahr teilten sich die beiden Busgesellschaften die Straßen. Yasujiros weiße Izu-Hakone-Busse verkehrten auf Gotos Strecke und beförderten Passagiere von Odawara nach Hakone hinauf. Gotos unverwechselbare blaue Hakone-Mountain-Busse benutzten Yasujiros gebührenpflichtige Straße und fuhren am Grat des Sounzan-Bergs entlang durch eine eindrucksvolle Landschaft. Wenn die Busse um die letzte Haarnadelkurve der Gebirgsstraße gebogen waren, tauchte inmitten der bewaldeten Hügel der Ashi-See auf, hellblau und glitzernd wie ein Juwel. Hinter ihm ragte der Fujiyama empor. Und dort, wo die Buslinien endeten, lag Yasujiros Vergnügungsdampfer am Landungssteg vertäut und wartete mit flatternden Fahnen wie ein Schiff aus dem Märchen auf seine Passagiere.

Allmählich ahnten Goto und seine Kollegen von Odakyu, daß ihr Sieg wertlos war. Was sie auch taten, alles diente schlichtweg Yasujiros Interessen. Ihre Busse brachten ihm nur zusätzliche Kundschaft für seinen Vergnügungsdampfer.

Für die Nutzung von Yasujiros Privatstraße hatte Goto zugesagt, Yasujiro in Hakone unbehelligt zu lassen. Doch er war geradezu berühmt für seine Wortbrüchigkeit. Damals benötigte man für ein Schiff von weniger als 20 Tonnen keine Lizenz. Goto ließ im April 1956, kurz bevor der jährliche Vertrag über die Nutzung der Privatstraße verlängert werden sollte, ebenfalls einen Vergnügungsdampfer vom Stapel laufen: die *Otohime-maru*, ein Schiff von genau 19,96 Tonnen. Das Schiff legte in der nächsten schmalen Bucht oberhalb von Yasujiros Landungssteg an und fuhr fast die gleiche Route über den See nach Hakone, wo sich der Schrein des Drachengottes befand.

Wieder einmal kochte Yasujiro vor Wut. Am 30. Juni verweigerte er die Verlängerung des Vertrages. Um ganz sicher zu gehen, wies er seine Männer an, in jener Nacht am Anfang seiner gebührenpflichtigen Straße eine Schranke aufzustellen.

Der Morgen des 1. Juli begann grau und naß. Die Regenzeit ging ihrem Ende entgegen, und die Wolken hingen so tief, daß die Berge zu beiden Seiten der Abzweigung kaum zu erkennen waren. Die Schranke war ein einfacher Bambusstock, hinter dem sich eine Schar durchnäßter Männer unter ihre Schirme duckte. Der erste Bus, der an jenem Tag aus dem Nebel auftauchte, war ein weißer Bus der Firma Izu Hakone. Die Schranke klappte nach oben, die Männer traten zurück, und der Bus konnte passieren.

Gleich danach kam ein blauer Hakone-Mountain-Bus. Die Männer vergaßen die Wasserlachen und den strömenden Regen, stürzten auf die Straße und stellten sich dem Bus in den Weg. Der überraschte Fahrer machte eine Vollbremsung. Er sprang aus dem Wagen und fluchte. »Macht, daß ihr wegkommt«, schrie er. »Fahren Sie den Bus hier weg! Drehen Sie um!« brüllten die Männer auf der Straße. Die Passagiere waren von ihren Sitzen aufgesprungen und schimpften. Doch es war nichts zu machen. Die Männer rührten sich nicht von der Stelle, und der Bus mußte umdrehen.

Nach einigen Minuten tauchte eine Gruppe von Männern auf. Sie kamen im strömenden Regen die Straße entlanggelaufen. Gotos Männer. Yasujiros Männer stellten sich mit geballten Fäusten in einer Reihe auf und hielten sich zum Kampf bereit. An der Schranke kam es dann zu einem erbitterten Handgemenge. Gotos Männer versuchten, den Bambusstock zu zerbrechen, während Yasujiros Männer sie zurückdrängen wollten. Sie stemmten und schoben unter großem Geschrei und Gefluche die Schranke hin und her, und es wurden Schläge ausgetauscht, bis schließlich besorgte Zuschauer herbeieilten und die Streitenden trennten.

Dies war das erste Scharmützel eines Krieges, der schließlich als »Krieg um das Hakone-Gebirge« bekannt werden sollte. Zu dieser Zeit schien es, als habe sich ganz Hakone zum Kampf gerüstet.

Der Kampf begann in Odawara, wo die Züge aus Tokio einfuhren. Weiße und blaue Busse standen in einer Reihe vor dem Bahnhof und warteten. Als die Passagiere nacheinander herauskamen, brüllten die Fahrer: »Hakone – hierher!« »Hakone – *hierher!*« Manchmal schnappten sie sich die verblüfften Passagiere und zerrten sie gewaltsam in ihre Busse. Und nicht selten gingen sie mit Geschrei aufeinander los und prügelten sich.

Alle Fahrer waren wild entschlossen, vor dem Konkurrenten abzufahren. Folglich starteten immer zwei Busse gleichzeitig, ein weißer und ein blauer. Sie jagten sich gegenseitig über die Gebirgsstraßen und überholten in den gefährlichsten Haarnadelkurven.

Der entscheidende Moment kam jedoch, wenn die Busse die Schranke erreichten. Für den weißen Bus öffneten die Wächter die Schranke und grüßten. Gewöhnlich war ihm ein blauer Bus dicht auf den Fersen. Die Wächter mußten die Schranke schlagartig schließen, doch hin und wieder gelang es auch einem blauen Bus, die Schranke zu passieren. Überall wurde gekämpft – an der Schranke, an Bushaltestellen, an Haltestellen am Straßenrand und an den Landungsstegen, wo die konkurrierenden Dampfer anlegten.

Schließlich erreichte die Rivalität ein solches Ausmaß, daß wohl oder übel Ryujin, der Drachengott, um Beistand gebeten werden mußte. An einem schönen Augustabend wanderte die gesamte Belegschaft von Yasujiros Izu Hakone Railway Company, insgesamt 1167 Menschen, zu dem kleinen blutroten Schrein oberhalb des Ashi-Sees. Sie drängten sich an seinen steineren Höfen entlang, quetschten sich unter die roten Bögen und bevölkerten, Schulter an Schulter stehend, die roh behauenen Stufen, die zu dem riesigen roten Tor am See hinunterführten. Auf ein Zeichen hin machten alle gemeinsam eine feierliche Verbeugung zum Schrein, klatschten zweimal in die Hände und sprachen dann mit lauter Stimme: »Goto und seine bösen Komplizen drängen sich mit ihren Bussen auf unsere Hakone-Straße. Diese Schurken mißbrauchen ihre politische Macht, um ihre niederträchtigen Ziele zu erreichen. Herr, mach von deiner göttlichen Autorität Gebrauch, um uns so schnell wie möglich über diese bösen Männer siegen zu lassen. Wir alle – insgesamt über 1000 Menschen – beten zu dir aus ganzem Herzen und unter Tränen!«

Yonosuke Miki, ein berühmter Journalist dieser Zeit, Gotos Biograph und Hauptchronist des Hakone-Krieges, kommentierte das melodramatische Geschehen süffisant: »Über diese Geschichte werden Sie ein Leben lang lachen.« Gotos Kollegen von Odakyu bemerkten naserümpfend: »Was für ein altmodischer Brauch!«[3]

Die Konfrontation erreichte einen neuen Höhepunkt, nachdem Yasujiro sich geweigert hatte, den Vertrag über die Nutzung seiner Straße zu verlängern. Goto strengte beim Bezirksgericht von Odawara einen Zivilprozeß gegen ihn an. Er vertrat die Ansicht, daß ein ausgedehntes öffentliches Verkehrssystem dem Wohle der Allgemeinheit diene; deshalb bleibe der Vertrag auch ohne Verlängerung gültig. Der Prozeß zog sich über Jahre hin. Goto verlor und legte beim obersten Zivilgericht in Tokio Berufung ein. Dieses gab den Fall jedoch ans Bezirksgericht von Odawara zurück. Als das Urteil schließlich zu Yasujiros Ungunsten auszufallen drohte, kündigte er an, er werde den Fall vor den Obersten Gerichtshof bringen, auf den er als ehemaliger Parlamentspräsident erheblichen Einfluß hatte.

Für Yasujiro war der Prozeß sehr ungünstig verlaufen. Während sich Goto im Hintergrund hielt und seine Tochtergesellschaft Odakyu vorschickte, kämpfte Yasujiro, in gerechtem Zorn entbrannt, stets in der ersten Reihe.

Er wies sein Personal an, Odakyu-Aktien zu kaufen, egal zu welchem Preis. Innerhalb weniger Tage hatte sein Unternehmen 1,3 Millionen Aktien erworben, doch das waren weniger als zehn Prozent der gesamten Kapitals. An dieser Stelle intervenierte der Verkehrsminister. Er ordnete an, daß Odakyu seine Klage zurückziehen und Yasujiro die Aktien wieder verkaufen mußte.

Beide Parteien willigten ein und gaben zur Feier des Tages in einem vornehmen Geisha-Haus in Tokio ein Bankett. Es wurden Reden gehalten und gewaltige Mengen an Speisen und Getränken konsumiert. Der Präsident von Odakyu, Nararoku Ando, war vor Freude über die Versöhnung ganz rot im Gesicht und jauchzte: »Laßt uns zusammen feiern.« Er küßte Yasujiros Sohn Seiji direkt auf den Mund. Dieses Ereignis wurde von den versammelten Journalisten mit großer Belustigung aufgenommen. Doch in Wirklichkeit zog die Firma Odakyu trotz all dieser Freundschaftsbeweise ihre Klage keineswegs zurück. Der Prozeß wurde weitergeführt.

Elf Jahre nachdem Yasujiro zum ersten Mal den Antrag gestellt hatte, seine Busse auf Gotos Strecke einsetzen zu dürfen, gab der Minister nach und erklärte sich 1960 bereit, eine Sonderanhörung abzuhalten.

Endlich schien das große Finale gekommen. An jenem Tag drängten sich über hundert Journalisten in dem stickigen Raum im achten Stock. Auch mehrere Parlamentsmitglieder waren gekommen, um sich an dem Schauspiel zu erfreuen. Bedauerlicherweise erschien jedoch nur einer der Kampfhähne. Goto war ein Jahr zuvor im Alter von siebenundsiebzig Jahren gestorben.

Als Yasujiro die Nachricht erfuhr, bekundete er nicht etwa seinen Respekt, wie es üblich war, sondern verkündete fröhlich vor der versammelten Presse: »Auf der ganzen Welt hat es nie etwas Beglückenderes gegeben als den Tod dieses bösen Menschen!« Daraufhin füllte er, obwohl er sein ganzes Leben lang keinen Alkohol angerührt hatte, ein Glas mit Reisschnaps, hob es in die Luft und bedachte den Tod seines Erzrivalen mit: »Kampai! – Hurrah!«[4]

Yasujiro war also an jenem heißen Julitag der Protagonist im Sitzungssaal des Verkehrsministeriums. Er erhob sich schwerfällig und ergriff auf seinen Stock gestützt das Mikrophon.

Über eine Stunde lang redete er ohne Unterbrechung. Er erklärte, es gehe nicht darum, eine Straße freizugeben, sondern es gehe vielmehr um den Versuch einer feindseligen Übernahme. Er sprach von der Zeit vor vierzig Jahren, als er mit der Entwicklung Hakones begonnen hatte und von den Anstrengungen und dem vielen Geld, das er in die Erschließung der Region gesteckt hatte. Doch als das Projekt seiner Vollendung nahe gewesen sei, habe plötzlich Odakyu versucht, die Früchte von Yasijiros harter Arbeit zu ernten.

Yasujiro war noch nie ein großer Redner gewesen. Er hatte trotz seiner gedrungenen Gestalt eine Fistelstimme und sprudelte seine Argumente meist ungeordnet heraus. Dennoch konnte er alle durch seine leidenschaftliche Vortragsweise mitreißen. Die Angelegenheit war noch immer nicht vom Tisch. Einige Tage später, noch bevor der Minister zu einer Entscheidung gelangt war, trat das gesamte Kabinett zurück, und der Fall wurde auf die lange Bank geschoben. Erst neun Monate später, am Donnerstag, den 16. März 1961 wurde er endlich abgeschlossen. Viele Angestellte der Firma Seibu nahmen sich einen Tag frei, um von der Zuschauergalerie des obersten Zivilgerichts in Tokio zu beobachten, wie die Richter über das Urteil berieten.

Die Debatte, bei der beide Seiten immer wieder ihren Fall vortrugen, nahm einen ganzen Tag in Anspruch. Doch das Urteil, das schließlich gefällt wurde, war ziemlich einfach. Odakyu durfte die Privatstraße nur noch mit Genehmigung Yasujiros benutzen.

»Seibu-Linie gewinnt Kampf um Straße«, verkündeten die Zeitungen am folgenden Tag. »Die Seibu Railway Co. gewann gestern nach fünf Jahren ihren Prozeß gegen die Odakyu Electric Railway Co. Es ging um die Benutzung einer Seibu gehörenden Fernstraße zu dem Touristenort Hakone.«[5]

Yasujiro hatte seinen hartnäckigen Feind besiegt. Ryujin, der Drachengott, hatte seinem eigenwilligen Verehrer seine Gunst bezeigt und die Gebete seiner Angestellten erhört. Hakone war wieder befriedet.

Doch Odakyu war nicht mehr sonderlich interessiert daran, Busse auf Seibus Straße fahren zu lassen. Das Urteil hatte das Unternehmen nicht sonderlich erschüttert. Ein Jahr zuvor hatte Odakyu den Bau einer Drahtseilbahn abgeschlossen. Diese führte vom Gipfel des Sounzan-Bergs über eine eindrucksvolle, öde Landschaft, in der Dampf und heiße Schwefelquellen aus Felsspalten quollen, hinunter zum Ashi-See. Dort wartete ein Dampfer der Firma Odakyu mit flatternden Fahnen, wie ein Schiff aus dem Märchen auf seine Passagiere.

Der Schachzug war raffiniert. Aus der luftigen Höhe der Seilbahn konnten die Passagiere Yasujiros Reich bewundern, das sich beinahe bis zum Fujiyama erstreckte. Das Fahrgeld jedoch wanderte in Odakyus Taschen. Kurz nach der Eröffnung der Seilbahn waren Yasujiros Busse praktisch leer. Er hatte mehr als 90 Prozent seiner Kundschaft verloren. Einige Monate später verkaufte er seine gebührenpflichtige Straße zu einem hohen Preis an die Präfektur, und fortan diente sie dem Wohle der Allgemeinheit.

# 8
# Der weitblickende Staatsmann
## 1953–1964

*Die Leute glauben alle, wir hätten ein lockeres Leben geführt.*
*Doch es gibt keine schwierigere Aufgabe, als jemandem zu folgen,*
*der als Held oder als großer Mann bezeichnet wird. Der Familie*
*und den Angestellten blieb kaum eine andere Wahl, als ebenfalls*
*auf dem Weg des großen Mannes vorwärtszuschreiten und ziel-*
*strebig und eifrig nach seinen Zielen zu streben. Wer immer das*
*Tsutsumi-Tor durchschritt, wurde vom Feuer seiner Leidenschaft*
*verzehrt. Doch so groß seine Strenge war, so groß war auch die*
*Liebe, die er den Menschen entgegenbrachte. Sein Herz floß über*
*vor Liebe.*

MISAO TSUTSUMI[1]

Als Yasujiro im Mai 1953 das Amt des Parlamentspräsidenten
antrat, rechnete er sicherlich nicht mit all den Schwierigkeiten,
die bald auf ihn zukamen.

Damals war Shigeru Yoshida Ministerpräsident. Yoshida war
eine eindrucksvolle Gestalt und ein führender Staatsmann der
Nachkriegszeit. Mehr als irgendein anderer konnte er für sich in
Anspruch nehmen, das Fundament des neuen Japan gelegt zu
haben. Am Ende des Krieges kehrte er in die Politik zurück und
übernahm das Amt des Außenministers. MacArthur und seine
Offizierskameraden erkannten, daß dieser weltgewandte und
kosmopolitische Mann ein fähiger Partner war. Schon bald galt
er als wichtigster Verbindungsmann zwischen den Besatzungsmächten und der japanischen Regierung.

Im Jahr 1946 schließlich, nach der ersten Nachkriegswahl,
wurde er Vorsitzender der siegreichen Liberalen Partei (die trotz
ihres Namens eine konservative Partei war) und sollte eine
Regierung bilden. Als Ministerpräsident verfügte er über enttäuschend wenig Macht. Seine Funktion bestand schlichtweg darin,
die Reformen durchzuführen, die MacArthur und die Besat-
zungsarmee forderten. Ihm blieb nichts anderes übrig, als ihre
Anweisungen auszuführen. Yoshidas erste Regierung blieb ein
Jahr lang an der Macht. Erst 1949 wurde er dann nach einigen
Koalitionsregierungen wieder Ministerpräsident.

Inzwischen hatte sich viel verändert. Amerika war in den kalten Krieg eingetreten, Mao Tse-tung hatte den Kommunismus im benachbarten China etabliert, und 1950 brach der Koreakrieg aus. Unter diesen weltpolitischen Umständen wollten die Amerikaner nun genau das, was Yoshida auch wollte: ein wirtschaftlich starkes Japan, das als wichtigster Verbündeter der Vereinigten Staaten in Asien fungieren konnte.

Es zeigte sich bald, daß eine ständige militärische Besetzung Japans überflüssig war. Yoshida steckte seine ganze Energie in die Aushandlung der Verträge über den Abzug der Amerikaner: Der Friedensvertrag von San Francisco und ein Sicherheitsvertrag entstanden zur gleichen Zeit. Nach vielen Monaten des Verhandelns war er glücklich darüber, sehr vorteilhafte Bedingungen für sein Land durchgesetzt zu haben. Als Bündnispartner der USA sollte Japan eine wirtschaftliche Vorzugsbehandlung zuteil werden. Die Vereinigten Staaten würden für Japans Verteidigung zuständig sein. Die Verträge wurden im September 1951 unterzeichnet und im April 1952 ratifiziert. Durch sie bekam Japan seine nationale Autonomie zurück.

Die Unterzeichnung des Friedensvertrags von San Francisco war der Höhepunkt in Yoshidas Karriere. Wenige Monate danach begann seine Popularität zu schwinden. Die Macht war ihm zu Kopf gestiegen, und er benahm sich von Zeit zu Zeit wie ein Diktator. Er ging dazu über, autokratische Entscheidungen zu treffen, und bestand darauf, daß Parlamentsmitglieder nur über die Vermittlung seiner Günstlinge an ihn herantraten. Für andere Personen war er nicht zu sprechen.

Die Opposition beantragte ein Disziplinarverfahren gegen ihn, das Parlament sprach ein Mißtrauensvotum aus, und Yoshida war gezwungen, das Unterhaus aufzulösen.

In der folgenden Wahl gelangten die Liberalen zwar erneut ans Ruder, doch mit einer deutlich verringerten Mehrheit. Zwei Monate später wurden die Parteimitglieder aufgefordert, einen neuen Präsidenten sowie einen Vizepräsidenten zu wählen. Es war eine entscheidende Wahl. Die Liberale Partei befand sich in einem solch chaotischen Zustand, daß die Opposition gute Chancen hatte, diese wichtigen Ämter zu besetzen.

Am Tag der Stimmabgabe verzögerten die verschiedenen Oppositionsparteien die Wahl um mehr als acht Stunden, in denen sie verhandelten und um die Auswahl der Kandidaten feilschten. Um sechs Uhr abends wurden die Kandidaten schließlich bekanntgegeben: Parlamentspräsident wurde Yasujiro Tsutsumi von der Demokratischen Partei, Vizepräsident wurde Hyo Hara von der linksorientierten Sozialistischen Partei.[2] Es wurde abgestimmt, und die Opposition siegte.

Es war ein überraschendes Ergebnis – und niemand war überraschter als Yasujiro. Er hatte nichts von seiner Nominierung geahnt. Wie er in seinen Memoiren schildert, hatte er nicht einmal einen korrekten Abendanzug mitgebracht, in dem er seine Antrittsrede halten konnte.

Yasujiros erste Aufgabe als Präsident war, den Vorsitz über die Wahl des nächsten Ministerpräsidenten zu führen. Bei der Abstimmung am folgenden Tag wurde Yoshida erneut gewählt, doch er verfügte nicht mehr über eine arbeitsfähige Mehrheit. Alle Abgeordneten waren überzeugt, daß die nächste Unterhaussitzung ziemlich turbulent verlaufen würde.

Für Yasujiro war die Wahl ein persönlicher Triumph. Er hatte endlich die Anerkennung gefunden, die er sich in seiner politischen Karriere erhofft hatte. Alle kannten ihn als Industriemagnaten, Bauunternehmer und Immobilienspekulanten, als einen der erfolgreichsten Männer des Landes. Kurz nach seiner Wahl zum Präsidenten listete *Nippon Times* seine Kapitalanlagen auf: »ein Warenhaus, drei Eisenbahngesellschaften, zwei Golfplätze, zwei Erholungsparks, riesige Ländereien und ein Dutzend Hotels.«[3]

Doch er selbst hatte stets betont, daß die Politik seine erste und wahre Liebe sei. Das soll jedoch nicht heißen, daß er jemals eine starke innere Berufung gefühlt oder gar den Drang entwickelt hätte, die Welt zu verändern. Die Politik bot schlichtweg eine Möglichkeit, Ansehen und einen hohen Status zu erlangen, was durch Reichtum allein nicht möglich gewesen wäre.

Als Parlamentspräsident bekleidete er eines der angesehensten Ämter im ganzen Land. Es stellte ihn auf eine Stufe mit dem Ministerpräsidenten, mit ehemaligen Oberhausmitgliedern und Prinzen. Er war tatsächlich ein führendes Mitglied der neuen Aristokratie, die sich nach dem Krieg gebildet hatte, um die durch die Abschaffung der alten Aristokratie entstandene Lücke zu schließen: eine Aristokratie, die auf Macht und Reichtum beruhte. Der Junge aus dem Dorf Yagiso in den Reisfeldern der Provinz Omi hatte es weit gebracht.

Doch sein Triumph sollte von kurzer Dauer sein. Seine neue Position rückte ihn in den Blick der Öffentlichkeit, und früher oder später mußten Informationen über sein Privatleben ans Licht kommen.

Yasujiros mußte als Parlamentspräsident mit Yoshida und den Mitgliedern der neuen Regierung einem Empfang im Palast des Tennos beiwohnen, wo sie dem Tenno offiziell vorgestellt wurden. Dieses großartige Ereignis fand im Palastviertel statt. Auch Misao war anwesend und trug einen eleganten, seidenen Kimono. Mit fünfundvierzig Jahren war sie immer noch eine schöne Frau und füllte die Position der Präsidentengattin mit Würde aus.

Seit vielen Jahren fungierte sie bei den vielen Parties in dem großen Haus in Hiroo als Gastgeberin. In der Gesellschaft der Reichen und Mächtigen der Nation war sie ganz in ihrem Element. Sie sprühte vor Charme und glänzte mit geistreicher Konversation.

Doch Yasujiro hatte, fast ohne sich dessen bewußt zu sein, in ungeheuerlicher Weise die Anstandsregeln verletzt. Misao war nicht seine Frau, selbst wenn sie seit Jahren wie Mann und Frau zusammenlebten. Misao war seine Geliebte. Er hatte sie nicht nur in das geheiligte Viertel des Palastes geführt, sondern er hatte sie dem Tenno, seiner Gemahlin und seiner Mutter als seine Frau vorgestellt. Am folgenden Tag wurde der Skandal in allen Zeitungen genüßlich ausgebreitet. Insbesondere die Mutter des Tennos, so hieß es, sei zutiefst verletzt.

Yasujiros Verstoß hatte mit Anstand und nicht etwa mit Moral zu tun. Von einem reichen und mächtigen Mann erwartete man, daß er sich mehrere Mätressen hielt. Seine Frau jedoch mußte einer ehrbaren Familie entstammen. Ehefrauen übten öffentliche Funktionen aus, Mätressen hingegen hatten im Verborgenen zu leben.

Yasujiro hatte diese beiden Welten vertauscht. Misao hatte in jeder Hinsicht die Rolle seiner legitimen Frau übernommen. Tsuneko hingegen, die ruhige, sanfte Mutter von Yoshiaki und seinen beiden Brüdern, war die Geliebte im Hintergrund. Er hatte fast vergessen, daß Misao offiziell gar nicht seine Frau war, und er hatte sich nach Kräften bemüht, seine rechtmäßige Frau zu vergessen – die gedemütigte und verstoßene Fumi, die irgendwo in einem dunklen Winkel Tokios einsam ihr Dasein fristete. Es war fürwahr höchste Zeit für Yasujiro, sein Privatleben in Ordnung zu bringen.

Fumi war fest entschlossen, Yasujiro für all die leidvollen Jahre büßen zu lassen. Als er sie erneut um die Scheidung bat, forderte sie 15 Millionen Yen. Das war eine ungeheure Summe – obwohl sie, gemessen an seinem geschätzten Vermögen, eher gering war. Einen Monat lang stritten die Eheleute über die Höhe des Betrags. Schließlich erklärte sich Fumi mit 8 Millionen Yen einverstanden: 1 Million Yen in Bargeld, 7 Millionen Yen in Land und Immobilien. Die beiden wurden im Juli 1954 geschieden, also vierzig Jahre nach ihrer Hochzeit. Wenige Tage später erledigten Yasujiro und Misao die letzten schriftlichen Formalitäten, um den Bund fürs Leben zu schließen.[4]

Die Öffentlichkeit hatte den Skandal bald vergessen. In der Weltpolitik fanden Ereignisse von sehr viel größerer Tragweite statt.

Yasujiros Amtszeit war eine Zeit raschen Wandels. Japan hatte soeben seine Unabhängigkeit wiedererlangt. Vor weniger als einem Jahr war der Vertrag von San Francisco in Kraft getreten. Nach dem Abzug der amerikanischen Truppen kam es auf den Straßen Tokios zu Tumulten. Es fanden Demonstrationen und Streiks statt. Protestiert wurde gegen die amerikanischen Militärstützpunkte, die auf japanischem Boden geblieben waren, aber auch gegen die Regierung selbst. Für Ministerpräsident Yoshida und seine rechtsgerichteten Liberalen geriet das Land in einen Zustand kritischer Instabilität. Es war die Zeit des kalten Krieges und der Hexenjagd des McCarthy, und wie der Rest der westlichen Welt war auch Japan von der Angst vor dem Kommunismus besessen. In den Augen der Japaner war der Kommunismus gefährlich nahe. Er hatte das benachbarte China verschlungen und drohte, sich auf der ganzen koreanischen Halbinsel auszubreiten, die von Japan nicht weiter entfernt war als Frankreich von England. Eine kommunistische Revolution in Japan selbst erschien als echte Bedrohung.

Yoshida war überzeugt, daß Japan durch die in der frühen Besatzungsphase eingeleiteten, demokratisierenden Reformen vom Kommunismus bedroht war. Sobald sich die Haltung der Amerikaner gegenüber Japan verändert hatte, begann er, diese Reformen rückgängig zu machen. Noch vor dem Ende der Besatzung führte er eine »rote Säuberung« durch, bei der 22 000 verdächtige Linke ihre Arbeitsplätze im öffentlichen Dienst und in der Industrie verloren. Außerdem setzte er eine Reihe von Gesetzesvorlagen zur Unterdrückung der Kommunisten durch. Seiner Ansicht nach waren diese Maßnahmen dringend erforderlich, um zu verhindern, daß das Land im Chaos versank. Doch in den Augen der Opposition gefährdete er die nach dem Krieg errungenen staatsbürgerlichen Freiheiten. Er wollte offenbar um jeden Preis den Polizeistaat der Vorkriegsjahre wieder herstellen.

Die Politik erhitzte die Gemüter. Beide Seiten waren überzeugt davon, sie würden das Land vor einer existentiellen Bedrohung beschützen. Die Regierung verfügte nicht mehr über eine arbeitsfähige Mehrheit. Die Opposition war am Zuge. Eine heftige Auseinandersetzung kündigte sich an.

Yasujiro war mittlerweile fünfundsechzig Jahre alt. Er trat an das Rednerpult des Präsidenten und bemühte sich, zwischen beiden Parteien zu vermitteln. Offiziell gehörte er keiner Partei an. Er war aus der Fortschrittspartei ausgetreten, als er das Amt des Präsidenten übernommen hatte.

Stürmische Tage im Parlament folgten. Yasujiro war stets von Leibwächtern umgeben, und im Plenarsaal waren bewaffnete Sicherheitsbeamte postiert.

Im Jahr 1954 schließlich beantragte Ministerpräsident Yoshida eine Revision des Polizeigesetzes. Während der Besatzung war die Macht der Polizei sehr eingeschränkt gewesen. Sie war in regionale Einheiten aufgespalten worden und verfügte nicht über eine zentrale Behörde. Wenn Krawalle oder Streiks über die beschränkten Zuständigkeitsbereiche hinausgingen, konnte sie die Polizei nicht mehr unter Kontrolle bringen. Yoshida lag sehr viel daran, die Polizei zu stärken und zu zentralisieren, um Recht und Ordnung aufrechtzuerhalten. In den Augen der Opposition jedoch hatte Yoshida einen extrem gefährlichen Weg eingeschlagen. Sie befürchtete, sein eigentliches Ziel sei es, die persönlichen Freiheitsrechte zu beschränken und seine eigene Macht auszudehnen. Ihrer Ansicht nach strebte er mit aller Macht nach der Errichtung einer Diktatur oder eines Polizeistaats.

Die Parlamentssitzung zu dieser Gesetzesvorlage verlief besonders stürmisch. Nach dreimaliger Vertagung war die Revision des Polizeigesetzes immer noch nicht verabschiedet. Die Opposition war fest entschlossen, eine nochmalige Vertagung zu verhindern, um das Gesetz zu Fall zu bringen. Ein einziger Mann hatte die Befugnis, das Verfahren weiter hinauszuziehen. Zu diesem Zweck mußte er spätestens am 3. Juni um Mitternacht vor Ablauf der gesetzten Frist eine Abstimmung durchführen lassen.

Um neun Uhr an jenem Abend ruhte sich Präsident Tsutsumi gerade in einem Privatzimmer des Parlamentsgebäudes aus, als er draußen auf dem Gang Schritte und ein lautes Geschrei vernahm. Er eilte zur Tür, weil er bereits ahnte, daß die Sozialisten versuchen würden, ihn einzusperren. Doch bevor er über den

Flur entkommen konnte, wurde er in das Zimmer zurückgestoßen, und die Tür wurde von außen verriegelt. Einige Liberale waren mit ihm zusammen eingesperrt worden. Gemeinsam stemmten sie sich gegen die Tür, um sie aufzubrechen. Doch die Sozialisten hatten die Tür mit einer Bank verbarrikadiert, und zehn kräftige Männer in Anzügen hockten auf der Bank, um sie zu beschweren.

Im Plenarsaal bereiteten sich unterdessen die Sozialisten auf den Kampf vor. Ein paar gesetzte weibliche Mitglieder mit Handtaschen und Haarknoten hatten den Platz des Präsidenten und die Sitze der Minister besetzt. Die Sozialisten drängten sich auf dem Podium und zwischen den überfüllten Bänken. Die Zuschauergalerie war bis zum letzten Platz besetzt, und Fernsehkameras sollten die gesamte Sitzung aufzeichnen. Um 22.35 Uhr gelang es Yasujiro und seinen Mitstreitern jedoch, aus ihrem Gefängnis auszubrechen. Die Glocke läutete zur Eröffnung der Plenarsitzung. Yasujiro versuchte, in den Saal vorzudringen, mußte jedoch feststellen, daß alle Gänge von Menschenmassen verstopft waren. Die Sozialisten, ihre Sekretärinnen und ihre jungen, muskulösen Mitarbeiter mit Bürstenhaarschnitt blockierten alle Eingänge des Plenarsaals.

Yasujiros liberale Anhänger schoben ihn durch die Menge, sie schubsten, boxten und teilten Schläge aus, um den Weg freizumachen. Der Eingang des Präsidenten und die Eingänge der Minister waren unpassierbar. Schließlich gelang es Yasujiro jedoch, sich durch die Menschenmenge am Eingang für die Abgeordneten hindurchzukämpfen.

Yasujiro war nicht aufzuhalten. Seine Anhänger klammerten sich an seinen Gürtel, sie schoben ihn von hinten und zogen ihn von vorne. Für einen so massigen Mann bewegte er sich sehr behende. Er hielt seinen Stiernacken gesenkt, wich aus wie ein Boxer und bahnte sich mit seinen breiten Schultern einen Weg. Schließlich erreichte er die Stufen.

Dort war das Chaos vollkommen. Yasujiro stürzte sich ins Gedränge, schlug um sich und kämpfte sich durch die Menschenmenge hindurch. Er schaffte es, ein Knie auf die Stufen zu bringen, doch weiter kam er nicht. Schließlich wurde er wieder auf den Gang hinausgedrängt und zog sich in das Präsidentenzimmer zurück, um sich auszuruhen. Seine Uhr war ihm abhanden gekommen, sein Anzug war zerrissen, und er war mit blauen Flecken übersät.

Mitternacht rückte näher, und er hatte die Frist noch immer nicht verlängert. Das Schicksal der Nation schien ungewiß. Die Regierung hatte die Kontrolle verloren. Es bestand die Gefahr, daß die Sozialisten die Macht übernahmen. Ein Staatsstreich oder eine kommunistische Revolution drohte. Dunkelheit und Anarchie brachen herein. Yasujiro beschloß in seiner Verzweiflung, von seinen Notstandsvollmachten Gebrauch zu machen. Er traf die unerhörte Entscheidung, die Polizei ins Parlament zu rufen. Dreihundert Polizisten versammelten sich vor dem Gebäude, zweihundert Uniformierte drangen in Reih und Glied in die Gänge des Parlaments ein und beteiligten sich an der Prügelei.

Schließlich gelang es ihnen, die Gänge zu räumen, und sie geleiteten Yasujiro zum Eingang des Saals. Er sah auf die Uhr. Es war 23.50 Uhr. Der Saal war immer noch völlig überfüllt von kämpfenden Menschen. Es war vollkommen unmöglich, zum Platz des Präsidenten zu gelangen. In dieser Lage beschloß Yasujiro, die Sitzung von seinem augenblicklichen Standort aus zu verlängern. Er sorgte dafür, daß er mit beiden Füßen innerhalb des Saals stand. Der Lärmpegel war so hoch, daß seine Stimme fast unterging. Dann brüllte er aus Leibeskräften: »Ich erkläre die Plenarsitzung für eröffnet. Ich beantrage, daß die gesetzte Frist um zwei Tage verlängert wird. Wer mir zustimmt, möge bitte aufstehen!«

Natürlich saß kein Mensch im Saal! Alle stampften, schrien und prügelten auf einander ein.

»Ich sehe, daß sich die Mehrheit erhoben hat«, brüllte Yasujiro über den Tumult hinweg. »Ich erkläre hiermit, daß der Antrag angenommen ist!«[5]

Die Regierung hatte gewonnen, und die Kampfhähne trennten sich. Die Opposition stand verdrossen herum und mußte mitansehen, wie die Liberalen die Arme in die Luft warfen und »Banzai! Hurra!« schrien.

Später beklagte sich die Opposition über diesen abgefeimten Trick. Doch die Regierung beteuerte beharrlich, das Procedere habe seine formale Richtigkeit gehabt. Die Abstimmung war vor 24.00 Uhr erfolgt. Der Präsident befand sich im Plenarsaal, und die Opposition konnte nicht leugnen, daß sich alle Abgeordneten erhoben hatten. Erwartungsgemäß wurde die Revision des Polizeigesetzes von der Regierung durchgesetzt.

Die Öffentlichkeit jedoch war empört. Alle Bürger hatten sich in den Zeitungen über diese unwürdige Auseinandersetzung informiert. Wer bereits einen Fernseher besaß – erst seit wenigen Monaten wurden Sendungen ausgestrahlt –, konnte mit ansehen, wie sich die gewählten Volksvertreter im Parlament prügelten. Als Repräsentant dieses Parlaments mußte sich Yasujiro später vom Platz des Präsidenten aus formell bei der Nation entschuldigen. Außerdem machte er einen Besuch im Palast, um den Tenno um Entschuldigung zu bitten.

Nicht nur die Öffentlichkeit war empört. Auch die Bosse der Wirtschaft waren zu dem Schluß gekommen, daß ihnen Ministerpräsident Yoshida eher schadete als nützte. Seine Selbstherrlichkeit und die chaotische politische Lage schadeten der Regierung. Außerdem war seine Partei auch noch durch einen haarsträubenden Korruptionsskandal belastet. Es war höchste Zeit, diese Regierung abzulösen.

Hinter den Kulissen versuchten die Wirtschaftsführer, Yoshida zum Rücktritt zu bewegen. Auch das Unterhaus unternahm Schritte, um ihn aus dem Amt zu drängen. Am 6. Dezember 1954 entzog das Parlament der Regierung schließlich das Vertrauen, und am folgenden Tag trat das gesamte Kabinett zurück. Yasujiro mußte als Präsident die offiziellen Rücktrittserklärungen der Kabinettsmitglieder entgegennehmen. Anschließend reichte auch er seinen Rücktritt ein. Er war ein Jahr und sieben Monate Präsident gewesen.

Yasujiros Präsidentschaft fiel in eine Zeit heftiger politischer Diskussionen in Japan. In den Augen jener Mächte, die das Land wirklich regierten, war die Lage viel zu instabil. Japan brauchte ein rasches Wirtschaftswachstum, und dazu war eine stabile Regierung unbedingt erforderlich.

Ein Jahr nach dem Sturz von Yoshidas Kabinett fanden Wahlen statt. 1955 bekamen die beiden wichtigsten sozialistischen Parteien, die rechten und die linksorientierten Sozialisten die Mehrheit der Stimmen. Die Vertreter der Wirtschaft waren bestürzt. Ihrer Ansicht nach mußten die Konservativen gestärkt werden, und zwar so nachhaltig, daß die Linke nie wieder zu einer Bedrohung werden konnte. Die Wirtschaft förderte die beiden wichtigsten konservativen Parteien, die Liberalen und die Demokraten (zu deren Mitgliedern Yasujiro zählte) mit allen verfügbaren Mitteln. Zuletzt bildeten beide Parteien zusammen die Liberaldemokratische Partei oder LDP.

Die Strategie war erfolgreich. Die Sozialisten konnten sich nicht behaupten. In den folgenden vier Jahrzehnten sollte die

LDP Japan mit massiver Unterstützung der Wirtschaft regieren. Schließlich wurde Politik in Japan auf Kämpfe zwischen den verschiedenen Faktionen reduziert.

Das Entscheidende war nun nicht mehr, welcher Partei man angehörte – der Großteil der Unterhausmitglieder gehörte der LDP an –, sondern welcher Faktion innerhalb der Partei. Die Unterschiede zwischen den Faktionen hatten eher mit Machtkämpfen zwischen den jeweiligen Führern zu tun als mit unterschiedlichen politischen Zielen. Gelegentlich brachen Unruhen aus, und Demonstrationen fanden statt. Doch die Zeit der politischen Diskussion und der Instabilität war beendet. Das Zeitalter des beständigen Wirtschaftswachstums war angebrochen.

Yasujiro kehrte wieder in die Reihen der Abgeordneten zurück. »Wenn ich mir heute den Platz des Präsidenten ansehe«, schreibt er in seinen Memoiren, »empfinde ich aufrichtiges Mitleid mit der Person, die dort sitzt!«[6]

Wie seine Kollegen unter den Wirtschaftsführern zog es auch Yasujiro vor, im verborgenen zu agieren und seine wichtigen Kontakte zu pflegen. Sobald er von seinen Pflichten als Präsident befreit war, konnte er sich ganz auf die Betreuung von wichtigen Gästen konzentrieren. Jeder ausländische Würdenträger, der Japan besuchte, war mit großer Wahrscheinlichkeit Tsutsumis Gast. Für jeden wurde eine Party veranstaltet, vom indonesischen Präsidenten Sukarno bis zum Bürgermeister von Los Angeles. Edwin Reischauer wurde 1961 amerikanischer Botschafter, und Yasujiro gab für ihn einen glanzvollen Empfang, zu dem er trotz der damaligen Spannungen zwischen den USA und der UdSSR auch den russischen Botschafter einlud.

Auf diese Weise knüpfte Yasujiro ein weitgespanntes Netz von internationalen Kontakten in den höchsten Gesellschaftsschichten. Diese Verbindungen bildeten die Basis seines Industriekonzerns.

Viele erinnern sich an Yasujiro als alten Mann. Er war eifrig dabei, sich bei den Mächtigen, die einer höheren Schicht als er selbst angehörten, einzuschmeicheln. Auf seinen Parties spielte er den derben, aber herzlichen und liebenswürdigen Gastgeber. Doch für seine Angestellten blieb er unverändert ein Scheusal. Alle fürchteten ihn. Einige hohe Angestellte seines Konzerns erinnern sich, daß sie bereits eine halbe Stunde, bevor sie sich bei ihm einfinden mußten, vor Nervosität zitterten.

Er regierte sein Imperium wie ein General, der eine Armee führt. In seiner Gegenwart wurde nicht die kleinste Nachlässigkeit geduldet. Bevor neue Angestellte sein Zimmer betraten, überprüften seine Sekretärinnen, ob ihre Krawatten richtig geknotet waren. Sie zeigten ihnen außerdem, wie man sich richtig hinsetzte: mit gesenktem Kopf, die Hände auf den Oberschenkeln, die Ellbogen nach außen gestreckt. Sobald sie ihm unter die Augen traten, setzten sie sich auf die angewiesenen Plätze und wagten sich, starr vor Angst, während des ganzen Gesprächs nicht von der Stelle zu rühren. Was sie auch sagten, er geriet immer in Wut.

Bei Seibu anzufangen war, als werde man Mitglied einer großen Familie. Wer einmal bei der Firma angefangen hatte, blieb für immer dort. Das gleiche galt auch für den Großteil der anderen japanischen Unternehmen. Trotz ihrer Angst waren die meisten Angestellten dem schroffen alten Patriarchen treu ergeben. Die Leute verglichen ihn mit dem japanischen Helden Takamori Saigo, einem charismatischen Rebellenführer des vergangenen Jahrhunderts. Wie dieser, sagten sie, sei Yasujiro ein Mann von starken Emotionen. Er lachte häufig, weinte häufig und verlor häufig die Beherrschung. Und sie liebten und schätzten ihn ob seines Charakters.

Yasujiro forderte seine Mitarbeiter hart, doch alle wußten, daß er sich selbst am härtesten forderte. Er war jeden Morgen um fünf Uhr auf, lange vor allen anderen. Bevor er sich an die Arbeit machte, las er ein wenig oder ging im Garten spazieren. Wer Yasujiro interviewen wollte, mußte spätestens um sieben Uhr erscheinen.

Yasujiro war ein Ungeheuer, Misao hingegen stand immer in seinem Schatten und war der sanfte Engel des Unternehmens. Im Alter war er zunehmend auf sie angewiesen. In einem Radiointerview im Februar 1964 erklärte er dem Journalisten, sie sei eher seine Mutter als seine Frau.

Doch mittlerweile spielte sie auch in seinem Konzern eine wichtige Rolle. Er übertrug ihr immer mehr Verantwortung für verschiedene Bereiche des Unternehmens. In allen Angelegenheiten holte er ihren Rat ein, und allmählich stieg sie zu einer Spitzenmanagerin der Firma auf.

Ohne Zweifel war sie für Yasujiro völlig unentbehrlich. Sie übte eine enorme Macht aus – nicht direkt, aber indirekt, weil sie wie die traditionelle japanische Frau die eigentliche Kraft darstellte, die ihren Mann antrieb. Bei allen gesellschaftlichen

Anlässen war sie stets an seiner Seite. Stets fand sie ein paar charmante Worte oder zeigte ihr strahlendes Lächeln. Jeden Dienstag nahm sie an der Vorstandssitzung der Firma Seibu teil. Sie nahm den Ehrenplatz neben Yasujiro ein, eine Position, die höher war als die aller anderen Firmendirektoren. Die Seibu-Manager wußten nur allzugut, daß man die Worte dieser sanften, aber sehr energischen Frau nicht ignorieren durfte.

Doch wenn Yasujiro ausspannen wollte, wenn seine Arbeit für die Woche getan war, ließ er Misao zurück und wandte sich der sanften, hellhäutigen Tsuneko zu. Manchmal gingen alle drei gemeinsam aus. Misao lief dann gewöhnlich drei Schritte hinter Yasujiro, wie es sich für eine Ehefrau schickte, und Tsuneko lief drei Schritte hinter Misao.

Zu Beginn ihrer Beziehung hatte Tsuneko die gleichen Vorzüge gehabt wie Misao. Auch sie entstammte einer guten Familie und gehörte zu den wenigen Frauen ihrer Generation, die eine höhere Ausbildung genossen hatten. Doch ihr Schicksal hatte eine völlig andere Wendung genommen. Als Yasujiros Geliebte wurde sie sogleich in den Hintergrund gedrängt. Misao hingegen war es gelungen, aus dieser Rolle auszubrechen. Doch Tsuneko war offenbar dazu bestimmt, den Rest ihres Lebens im Verborgenen zu verbringen.

Ihr Wesen glich in vielerlei Hinsicht dem der traditionellen japanischen Frau – sie war ruhig, passiv und fügte sich demütig in ihr Schicksal. Sie verbrachte ihr ganzes Leben fernab von den Augen der Öffentlichkeit in ihrem kleinen Holzhaus mit seinem üppigen Blumengarten. Dort widmete sie sich wie viele japanische Frauen ganz ihren Kindern und überhäufte sie mit all ihrer unerfüllten Liebe und ihren Hoffnungen, während ihr Mann seinen Geschäften nachging.

Von Zeit zu Zeit kam Yasujiro zu Besuch. Er verbrachte die Nacht bei ihr und stand um vier Uhr morgens auf, um sich mit seinen drei Söhnen im Judo zu üben. Abgesehen davon war sie sich selbst überlassen. In ihrer Freizeit übte sie die traditionellen Künste der japanischen Frauen. Sie lehrte Ikebana und die Teezeremonie. Sie war eine einfache, warmherzige Frau, die ihr Los akzeptierte, ohne sich je darüber zu beklagen.

Yasujiro wurde alt. 1959 war er siebzig, und es wurde Zeit, daß er seine Angelegenheiten regelte. Ein Problem beschäftigte ihn mehr als alles andere: Was würde nach seinem Tod aus seinem Imperium werden?

Yasujiro hatte schon immer Weitblick bewiesen. Wenn niemand Land kaufte, dann kaufte er es. Seinem Instinkt vertrauend, investierte er in Objekte, die möglicherweise viele Jahre lang keine Gewinne abwerfen würden. Er hatte immer für die Zukunft gearbeitet und stets dafür gesorgt, daß sein Imperium auch nach seinem Tod weiter expandierte. Doch wer sollte sein Nachfolger werden? Welcher seiner Söhne besaß das nötige Format, um die von ihm gegründete Firma weiterzuführen? Jahrelang hatte er angenommen, sein Unternehmen würde wie üblich sein ältester Sohn übernehmen. Er hatte Kiyoshi dazu erzogen, sein Nachfolger zu werden, und die Hochzeit seines Sohnes als eine Gelegenheit benutzt, ihn in die höchsten Gesellschaftskreise einzuführen. Doch Kiyoshi hatte ihn enttäuscht. Er gehörte ganz bestimmt nicht zu einer Familie von Giganten, er war ein Versager. Nicht die Gier nach Geld und Macht beherrschte ihn, sondern seine Emotionen. Deshalb hatten sich Vater und Sohn zerstritten, und Kiyoshi war enterbt worden. Yasujiro wandte sich nun Seiji zu, dem nächsten in der Ahnenreihe, und machte ihn zu seinem Nachfolger.

Als Yasujiro Präsident war, hatte Seiji als einer seiner politischen Sekretäre fungiert. Er streifte die Gänge des Unterhauses entlang und wurde allen Politikerkollegen seines Vaters vorgestellt. Als Yasujiro zurücktrat, betraute er Seiji mit der Leitung des Warenhauses. Die Geschäftswelt sah voller Anerkennung zu. Dies war ein junger Mann mit Talent und Weitblick, der dafür geschaffen war, das Imperium seines Vaters zu übernehmen. Er wurde der Kronprinz des Hauses Seibu genannt.

Inzwischen hatte Yasujiro die Führung des Unternehmens fast komplett den Direktoren der verschiedenen Abteilungen übertragen, auch wenn er selbst als Vorsitzender in allen strategisch wichtigen Angelegenheiten das letzte Wort behielt. Der Konzern war eine uneinnehmbare Festung. An der Spitze stand Yasujiro; der engere Kreis direkt unter ihm bestand beinahe ausschließlich aus Familienmitgliedern: Shojiro Kojima, der Gatte seiner ältesten Tochter Shukuko, war Direktor von Seibu Railways; Juro Morita, Kunikos Ehemann, war Direktor von Seibu Chemicals; und Misao war für das Tokyo Prince Hotel verantwortlich.

Außerdem sorgte Yasujiro dafür, daß Yoshiaki, der älteste von Tsunekos drei Söhnen, immer an seiner Seite war. Yoshiaki war erst fünfundzwanzig, als sein Vater bereits siebzig war. Doch Yasujiro verstand sich mit ihm besser als mit all seinen anderen

Kindern. Er begann, ihn für die Erschließung von Land auszubilden. Bei den Firmenversammlungen der Familie jeden Dienstag saß Yoshiaki stets am Tischende zur Rechten seines Vaters.

Da die jüngeren Familienmitglieder den Konzern leiteten, stand es Yasujiro frei, die Rolle des Patriarchen und erfahrenen Staatsmannes zu übernehmen. Yasujiro widmete außerdem einen Teil seiner Zeit dem Schreiben. Er veröffentlichte in dem japanischen Wirtschaftsjournal *Nihon Keizai Shimbun* einen autobiographischen Bericht und verfaßte mehrere Memoirenbände. Zweifellos wollte er mit seinen Memoiren der Nachwelt ein Bild von sich hinterlassen, das seinen eigenen Vorstellungen entsprach. Ein weiteres Anliegen war jedoch eindeutig, daß er seinem grimmigen Humor frönen wollte.

Die Memoiren bieten im wesentlichen eine ziemlich idealisierte Version seines Lebens. Er stellt sich selbst als jungen, naiven Bauernburschen dar, der sich nach Kräften bemüht, das große Geld zu machen, und der überall scheitert. Schließlich lernt er die entscheidende Lektion: Wenn du versuchst, dich zu bereichern, wirst du scheitern. Die richtigen Schlüssel zum Erfolg sind ein »wohltätiges Herz« und der Dienst an den Mitmenschen. Auf diese Weise gelangt er zu seiner Philosophie der »Dankbarkeit und des Dienens«, die sein Leben bestimmt haben soll. Er dokumentiert einige Ehrungen, die ihm zuteil wurden – für seine Leistungen als Unternehmer, für seinen Mut und für seine Verdienste an der Nation.

Yasujiro arbeitete an seiner literarischen Karriere, baute jedoch gleichzeitig mit noch größerem Eifer seine Rolle als weitsichtiger Staatsmann aus. Er agierte nun im innersten Kreis der Macht. Er stand nicht nur den japanischen Spitzenpolitikern nahe, vom Ministerpräsidenten abwärts, sondern er war auch persönlich mit einigen führenden, in Japan weilenden Repräsentanten der amerikanischen Regierung befreundet. Er wirkte an einer Vielzahl komplexer diplomatischer Manöver dieser Zeit mit. Erstens mußten die guten Beziehungen zu den Vereinigten Staaten wieder hergestellt werden, nachdem sich Japan der Sowjetunion angenähert hatte. Zweitens sollte trotz massiver Proteste der Öffentlichkeit erneut ein bilateraler Sicherheitsvertrag mit den Vereinigten Staaten ausgehandelt werden.

Yasujiro stand – als weitblickender Staatsmann – entschlossen auf der Seite der Vereinigten Staaten. Er war gegen eine weitere Annäherung an die Sowjetunion, weil diese Politik Japans Beziehungen zu Washington massiv beeinträchtigt hatte. Um seinen Standpunkt zu verdeutlichen, schloß er ein enge Freundschaft mit General Lyman L. Lemnitzer, der Mitte der fünfziger Jahre Oberkommandeur der amerikanischen Streitkräfte in Japan war. Yasujiro arrangierte ein inoffizielles Treffen zwischen dem General und Repräsentanten der Vereinigten Staaten und Nobusuke Kishi, dem damaligen Außenminister. Der zum Frieden entschlossene Yasujiro versicherte dem General bereits vor dem Treffen, daß Kishis Annäherung an die Sowjetunion eine Maßnahme gewesen sei, »die er als Generalsekretär der Partei treffen mußte; doch in Wirklichkeit förderte er eindeutig ein enges Verhältnis zwischen den Vereinigten Staaten und Japan«. Yasujiro redete drei Stunden auf den General ein, und schließlich erklärte sich Lemnitzer zu einem Treffen mit Kishi bereit.

Es war tatsächlich Yasujiros diplomatischer Vermittlung zu verdanken, daß Kishi, inzwischen Ministerpräsident, schließlich in die Vereinigten Staaten reiste, um sich mit Eisenhower zu treffen und den revidierten Sicherheitsvertrag zwischen Amerika und Japan zu unterzeichnen.

Im Januar 1959, kurz vor diesem wichtigen Staatsbesuch, erhielt Yasujiro eine Einladung. General Lemnitzer lud seinen alten Freund Yasujiro mit seiner Gemahlin zur Hochzeit seiner Tochter in Washington ein. Yasujiro beriet sich mit dem Ministerpräsidenten. Der clevere Kishi war überzeugt, daß die Einladung irgendeinen geheimen diplomatischen Zweck hätte, und er drängte Yasujiro anzunehmen.

Yasujiro betrat im Alter von siebzig Jahren zum ersten Mal amerikanischen Boden. Misao war selbstverständlich an seiner Seite. Bei ihrer Ankunft wurde ihnen, wie Kishi vermutet hatte, ein Empfang bereitet, der Staatsbesuchern und Vertretern ihres Landes gebührte. Wie geplant wohnten sie der Hochzeit bei. Doch Yasujiro wurde außerdem eingeladen, den Friedhof in Arlington zu besuchen und am Grab des Unbekannten Soldaten einen Kranz niederzulegen. Dies sei »ein Privileg«, schrieb er, »das gewöhnlich einem Herrscher oder einem Staatsoberhaupt vorbehalten ist«. In Washington wurden sie von Vizepräsident Richard Nixon begrüßt. Er gab für sie einen glanzvollen Empfang, bei dem bedeutende Persönlichkeiten der Wirtschaft, der Politik und des diplomatischen Corps zu Gast waren.[7]

Die höchste Ehrung stand jedoch noch aus. Im Juni 1960 wurde der geplante Japanbesuch von Präsident Eisenhower abgesagt, weil das Land von starken Unruhen erschüttert wurde. Ministerpräsident Kishi bemühte sich nach Kräften, die Ratifizierung des Sicherheitsvertrages durchzusetzen, und Eisenhowers Besuch sollte die Bande zwischen den beiden Staaten festigen. Viele Japaner widersetzten sich jedoch heftig der weiteren Stationierung amerikanischer Truppen auf japanischem Boden. Über Monate hinweg fanden in den Straßen Tokios immer wieder riesige Demonstrationen gegen den Vertrag, gegen die Amerikaner und gegen den Besuch Eisenhowers statt. Gewaltsame Auseinandersetzungen zwischen Demonstranten und der Polizei waren an der Tagesordnung. Mehr als sechs Millionen Arbeiter traten in Streik. Es gab viele Verletzte, und ein Student wurde getötet.

Vier Tage bevor Eisenhower eintreffen sollte, sagte die japanische Regierung den Besuch ab. Die Aufstände waren außer Kontrolle geraten, und die Regierung konnte nicht für die Sicherheit des Präsidenten garantieren.

Der Vertrag wurde in einer weiteren stürmischen Parlamentssitzung von dem rechtsorientierten Kishi durchgepeitscht und schließlich ratifiziert. Doch die Proteste gegen diese Politik waren so massiv, daß Kishi zurücktreten mußte. Hayato Ikeda, der brillante Minister für internationalen Handel und Industrie, Protegé und anerkannter Nachfolger Shigeru Yoshidas, übernahm das Amt des Ministerpräsidenten.

Für Vertreter der alten Garde wie Yasujiro war es eine Schmach, daß Eisenhower Japan nicht hatte besuchen können. Der Vorfall schadete dem internationalen Ansehen des Landes und seinem guten Ruf als höfliche und gastfreundliche Nation. Sobald die Ordnung wieder hergestellt war, sollte unverzüglich ein Diplomat entsandt werden, der sich im Namen der Regierung bei Eisenhower entschuldigen und ihn bitten sollte, erneut einen Besuch in Japan zu planen.

Für diese bedeutende und schwierige Aufgabe wählte Ministerpräsident Ikeda jenen Mann aus, der zwischen Japan und den Vereinigten Staaten Brücken geschlagen hatte, indem er Kishi mit General Lemnitzer bekannt gemacht hatte – den ehemaligen Parlamentspräsidenten Tsutsumi. Yasujiro schrieb später:

Ich erklärte, ich sei für den Auftrag ungeeignet, weil ich kein Englisch spreche und schon ziemlich alt sei. Ikeda antwortete, ihm wäre ein Mann von altehrwürdigem Aussehen und mit einem Flair von Zerstreutheit lieber als einer, der ein zu flüssiges

Englisch sprach und übermäßig clever aussah. Er meinte, ich sei genau der richtige Mann für diesen Auftrag.[8]

Trotz Yasujiros geziemender Bescheidenheit war es eine sehr große Ehre für den alten Mann, eine Anerkennung all dessen, was er in seinem arbeitsamen Leben geleistet hatte. Es war ein Leben, das, wie er immer wieder betonte, dem Dienst an der Nation gewidmet war.

So machte sich Yasujiro an einem frischen Januarmorgen des Jahres 1961 zu seiner großen Reise auf, die sechs Wochen dauern sollte. Als Abgesandter Japans sollte er Europa, Indien und Amerika besuchen und sein herausragendes Talent nutzen: Freundschaften schließen, Brücken schlagen, die Beziehungen zwischen Japan und seinen Verbündeten festigen.

Diesmal waren auch Misao und Seiji mit von der Partie. Beide sprachen ein wenig Englisch und konnten als Dolmetscher fungieren. Für den jungen Erben des Seibu-Imperiums war es zudem eine einmalige Gelegenheit, den mächtigsten Führern der Welt die Hand zu geben und die Fäden eines gewaltigen Netzes von Kontakten zu knüpfen.

Nach kurzen Aufenthalten in Los Angeles, San Francisco und New York trafen die Tsutsumis in Washington ein, wo sie sogleich im Weißen Haus empfangen wurden.

Yasujiros Aufgabe bestand darin, die guten Beziehungen zwischen Japan und seinem wichtigsten Bündnispartner, den Vereinigten Staaten, zu erneuern und das internationale Vertrauen wieder herzustellen. Yasujiro überreichte die Unterschriften von 68 000 Japanern, die Eisenhower noch einmal in ihr Land einladen wollten. Er sprach über japanische Exporte, die bereits deutlich zurückgegangen waren, und erläuterte die Politik der neuen Ikeda-Regierung. Außerdem bereitete er Ikedas Staatsbesuch vor, der zu einem späteren Zeitpunkt desselben Jahres stattfinden sollte. Eisenhower versicherte, er werde alles daransetzen, einen Besuch in Japan nach seinem Ausscheiden aus dem Amt des Präsidenten zu ermöglichen.

Von Washington aus starteten die drei zu einer turbulenten Reise durch die europäischen Hauptstädte. In London lud Yasujiro Premierminister Macmillan zu einem Japanbesuch ein – September sei die beste Jahreszeit – und sprach mit Außenminister Lord Home über den Handel. In Paris traf er Ministerpräsident Michel Debré. Er schüttelte Bundeskanzler Adenauer in Bonn und Bundespräsident Adolf Schärf in Wien die Hand. Bei einem festlichen Mittagessen in Rom war er der Ehrengast. Nach einem Marathon von fünfundvierzig Tagen um den ganzen Erdball landeten die Tsutsumis schließlich wieder in Tokio. Eine Gruppe von Abgeordneten war gekommen, um Yasujiro zu begrüßen. Dick in Mantel und Schal vermummt stieg er aus dem Flugzeug und stemmte sich gegen den eisigen Februarwind.

Seine letzten Jahre erschienen als eine Reihe von unzähligen Erfolgen. Er wurde zu Hause geehrt und im Ausland gefeiert. Jetzt hatte er den Höhepunkt seiner Laufbahn erklommen. Er war einer der würdigen alten Herren im Land, und er wurde im Radio und in Dokumentarfilmen gefeiert. Dankbar sonnte er sich in seinem Ruhm und veröffentlichte mehrere Bücher, in denen er seine Leistungen gebührend hervorhob. Stets versuchte er jedoch, den Eindruck von Abgeklärtheit und Bescheidenheit zu erwecken.

Zweifellos hatte er in der Vergangenheit auch Fehler gemacht. Er hatte fragwürdige Methoden angewandt, um Wohlstand und Macht zu erlangen, er hatte sich Feinde geschaffen und viele Menschen zugrunde gerichtet. Als alter Mann wollte er über diesen Teil seiner Biographie nun den Mantel des Stillschweigens breiten. Er wollte nur noch als Wohltäter der Nation in Erinnerung behalten werden, als demütiger Vertreter der Philosophie der »Dankbarkeit und Dienstleistungen«.

Doch ein japanisches Sprichwort lautet: »Ein Spatz vergißt nie seinen Weg, ebensowenig wie ein dreijähriges Kind seine Seele vergißt, nicht einmal in hundert Jahren.« Yasujiro hatte sich nicht verändert, und viele Feinde waren fest entschlossen, ihn an seine unliebsame Vergangenheit zu erinnern.

Einer seiner hartnäckigsten Kritiker war der bekannte Journalist Yonosuke Miki, Gotos Biograph und Begründer des einflußreichen Magazins Zaikai (Finanzwelt). Miki hatte Yasujiros Karriere aufmerksam verfolgt und verglich Tsutsumi und Goto häufig miteinander. Goto, schrieb er, sei leicht zu durchschauen. Er sei skrupellos, in vielerlei Hinsicht ein schlechter Mensch. Doch er stehe zu sich selbst und beschönige nichts. Die »Pistole« Tsutsumi hingegen sei eine Sphinx, ein rätselhafter, undurchschaubarer und argwöhnischer Mensch. Je mehr Miki zu Yasujiro recherchierte, desto schillernder erschien sein Charakter. Bei einem Interview stellte er fest, »daß Yasujiros Antworten zu einem großen Teil frei erfunden sind. Ehrlich gesagt, er präsentierte sich mir als ein Mensch, dem man nicht über den Weg

trauen kann.« Es bestand eine riesige Diskrepanz zwischen dem
»heiligen« Image, das Yasujiro gezielt pflegen wollte, und seinen
Taten.

Zwei Bereiche in Yasujiros Leben blieben obskur. Erstens
seine Beziehungen zu Frauen: Er blieb sexuell unersättlich,
obwohl er zeitweilig den Eindruck eines glücklich verheirateten
Mannes erwecken wollte. Und zweitens waren seine Geldangelegenheiten sehr undurchsichtig. Sein Konzern expandierte weiterhin erstaunlich schnell. Dennoch mußte Yasujiro nach wie
vor wenig Steuern zahlen. Es war allgemein bekannt, daß er Mil-
liardär war. Trotzdem waren keinerlei Dokumente über die
tatsächliche Höhe seines Einkommens verfügbar. Erst nach 1958
begann er, überhaupt ein Einkommen anzugeben – und das war
verdächtig gering.

Doch Yasujiro besaß tatsächlich nichts, was das Finanzamt
hätte besteuern können. Alles gehörte dem Unternehmen, sogar
das große Haus in Hiroo. Yasujiro bezog lediglich ein Gehalt. Die
entscheidende Frage lautete: Wer war der Eigentümer des Unternehmens? Doch Yasujiro war zu mächtig. Er konnte sicher sein,
daß seine Geldangelegenheiten niemals allzu gründlich über-
prüft werden würden.

Schließlich drohte 1963 ein Skandal seinem »heiligen« Image
zu schaden. Japan hatte mittlerweile sein Wirtschaftswunder
erlebt. Innerhalb von wenigen Jahren hatte sich das Land völlig
verwandelt. Entlang der Küste, in den Vororten und bisweilen
inmitten von Reisfeldern quollen Rauchwolken aus Fabriksschlo-
ten. Die japanische Industrie produzierte die größten Schiffe der
Welt und verhüttete Stahl, der höherwertiger und billiger war als
in Europa oder den Vereinigten Staaten. Autos wurden für den
inländischen Markt produziert, und elektronische Artikel –
Fernseher, Kameras, Uhren – aus Japan überschwemmten nach
und nach die Weltmärkte.

Ministerpräsident Hayato Ikeda, der Mann mit der Brille und
der leisen Stimme, galt als der Schöpfer des neuen Wohlstands.
Er war nach den Unruhen, die zu Kishis Sturz führten, an die
Macht gekommen. Ikeda vertrat die Überzeugung, daß politische
Meinungsverschiedenheiten nicht durch gewaltsame Auseinan-
dersetzungen, sondern durch Ausgleich und Kompromiß gere-
gelt werden sollten. Seiner Meinung nach brauchte man den
Menschen nur Arbeit zu geben und die Kaufkraft zu erhöhen, um
Demonstrationen und Proteste wirksam zu verhindern.

Ikeda kam 1960 an die Macht und versprach, der Entwicklung der Wirtschaft oberste Priorität zu verleihen. Er kündigte an, innerhalb von zehn Jahren würden sich alle Einkommen verdoppeln. Fast von Anfang an zeichnete sich ab, daß er mit seiner Politik erfolgreich sein würde. Der Lebensstandard der Bevölkerung stieg schnell, und wie Ikeda gehofft hatte, traten materielle Ziele an die Stelle der alten idealistischen und politischen Utopien.

1963 fanden erneut Wahlen statt. Doch niemand zweifelte daran, daß die Liberaldemokratische Partei und Ikeda wieder an die Macht kommen würden. Yasujiro kandidierte wie immer für Shiga. Jahr für Jahr war er wiedergewählt worden, doch in letzter Zeit war seine Mehrheit so sehr geschrumpft, daß er sich Sorgen machen mußte.

Die Wahl verlief ohne Zwischenfälle. Ikeda kam erneut ans Ruder, und Yasujiro wurde wieder einmal zum Abgeordneten für Shiga gewählt. Er hatte seine Mehrheit sogar vergrößern können. Einige Tage später begannen die Scherereien. Über Shiga brach plötzlich eine Flut von Verhaftungen herein. Von Tag zu Tag wurden es mehr, bis schließlich insgesamt neunzig Menschen in Haft waren. Erstaulicherweise waren alle hoch angesehene Mitglieder der Gemeinde. Außerdem waren alle um die Fünfzig – der Bürgermeister von Hikone, wo Yasujiro zur Schule gegangen war, Lokalpolitiker, ortsansässige Regierungsbeamte, der Leiter der örtlichen Schulbehörde sowie der Vorsitzende des lokalen Wahlausschusses. Ihnen allen wurden Bestechungsdelikte zur Last gelegt.

Die Ermittlungen ergaben, daß Vertreter von Omi Railways, ein Unternehmen Yasujiros, den Stadtvätern lange vor Beginn des Wahlkampfes einen Besuch abgestattet und ihnen großzügige »Geldgeschenke« überreicht hatten. Sie hatten sie gebeten, von ihrem Einfluß Gebrauch zu machen, um dem ehemaligen Parlamentspräsidenten Tsutsumi eine respektable Stimmenmehrheit zu sichern. Die Bestechungssumme war phantastisch hoch: Über 10 Millionen Yen hatten die Besitzer gewechselt. Viele Stadtväter waren auch auf Kosten der Firma Omi Railways gereist und fürstlich bewirtet worden.[9]

Ungewöhnlich war jedoch nur das Ausmaß der Korruption. Bei jeder Wahl wurden einige Fälle von Bestechung aufgedeckt. Doch in diesem einen Fall wurden im ganzen Land nahezu dreitausend Menschen verhaftet, und es war offensichtlich, daß unter den Gefolgsleuten der Tsutsumis sehr viel mehr Menschen verhaftet wurden als in irgendeiner anderen Gruppierung. Außerdem war es merkwürdig, daß sich dieser mächtige Mann in eine so peinliche Situation hatte bringen lassen. Yasujiro war zwar nicht selbst in die Affäre verwickelt, aber dennoch schadete sie seinem Ansehen als ehemaliger Parlamentspräsident und weitblickender Staatsmann ganz erheblich.

Nicht lange nach diesem Ereignis erkrankte Yasujiro, und viele munkelten, er werde die Schande nicht überleben. Vieles hatte er überlebt: die Exzesse der zwanziger Jahre, den aufkommenden Militarismus, den Zweiten Weltkrieg, den Wiederaufbau des Landes nach dem Krieg. Er hatte immer einen Weg gefunden, Nutzen aus der jeweiligen Situation zu ziehen. Der letzte Nachfolger Meijis, der letzte Gigant, hatte ein Vermögen aus dem Nichts geschaffen, ohne sich um Sitte, Moral und Menschlichkeit zu scheren. Diese Ära war nun endgültig vorbei. Es war Zeit, daß eine neue Generation die Macht übernahm.

147

# Teil II
*Die Söhne*

# 9
# Der Rebell
## Seijis Geschichte 1927–1955

*Vaters herrisches Temperament änderte sich nie, und Mutters*
*Herz schwankte zwischen Liebe und Haß hin und her. Kuniko*
*und ich wuchsen in einer Atmosphäre auf, in der die offene Zwie-*
*tracht zwischen diesem Mann und dieser Frau unsere kindlichen*
*Gefühle verletzte.*

TAKASHI TSUJII[1]

Yasujiro blieb noch lange nach seinem Tod allgegenwärtig. Es
schien, als könne kein Mitglied der Familie seinem monströsen
Schatten jemals entrinnen. Seine Kinder mußten nicht nur sein
abstoßendes Verhalten erdulden und seine schändlichen Taten
mit ansehen, sondern sie waren selbst die Produkte seiner Zucht-
losigkeit. Ihre Herkunft vergällte ihnen allen das Leben.

Als Seiji am 30. März 1927 auf die Welt kam, war Yasujiro
bereits als Mitglied des Unterhauses ein junger, aufstrebender
Politiker. Er war achtunddreißig Jahre alt und vergrößerte sein
Unternehmen in einem solchen Ausmaß, daß er stets am Rande
des Bankrotts lavierte.

Als Sohn der Mätresse Yasujiros führte Seiji in dem kleinen,
von Lauchfeldern und Kirschbäumen umgebenen Landhaus ein
Leben im Verborgenen. Das Haus stand in Mitaka, einem Bau-
erndorf mit kleinen, aus Holz gebauten Läden und vereinzelten
Häusern inmitten von Weizenfeldern. Gleich dahinter erstreckten sich Wälder. Das Dorf lag mehrere Kilometer westlich von
Tokio.

Seiji war ein dünner, ziemlich schüchterner und kränklicher
Junge, der ständig unter irgendwelchen Beschwerden litt. In der
Schule hatte er nur wenige Freunde; er verbrachte viel Zeit
allein. Er las, spielte im Garten, beobachtete Insekten oder saß
bei seiner Mutter. Es war eine merkwürdige und beengte Welt.

Von seiner frühesten Kindheit an gab es jedoch immer wieder
Vorfälle, die Schatten auf sein ereignisloses, friedliches Leben
warfen. Er bemerkte, daß seine Familie auf unerklärliche Weise
anders war als die Familien der derben Bauernjungen, mit denen
er zur Schule ging. Er hatte keine Großeltern, keine Tanten,
keine Onkels, keine Cousins oder Cousinen. Vor allem aber

hatte er keinen Vater. Gelegentlich wurde er von seinen Schulkameraden deswegen gehänselt. Eines Tages, als er ungefähr sechs Jahre alt war, sagte der schlimmste Raufbold an der Schule, ein großer, muskulöser Junge, höhnisch zu ihm: »Bastard, Bastard – Hurenkind!« Seiji war so erbost über die Beleidigung, daß er sich auf den viel stärkeren Jungen stürzte und ihn verprügelte.

Einige Tage später kam Kuniko weinend von der Schule nach Hause und beklagte sich, daß auch sie von allen verspottet und »kleiner Bastard – Hurenkind« genannt wurde. Misao wandte sich ab, so daß die Kinder ihr Gesicht nicht sehen konnten. »Ihr seid die Nachkommen der Samurai. Ihr seid meine Kinder. Niemand darf mit dem Finger auf euch zeigen!« sagte sie streng.[2]

Seiji verehrte Misao geradezu. Sie behandelte ihn jedoch anders als andere Mütter ihre Söhne. Nie umarmte oder herzte sie ihn, nie durfte er sich beim Schlafen an sie schmiegen. Sie verwöhnte ihn nicht und gab seinen Launen nicht nach. Und manchmal, wenn er etwas tat, was sie wütend machte, band sie ihn an einen Pfosten, schlug ihn mit einem Lineal und schrie immer wieder: »Wenn ich dich so weitermachen lasse, wirst du wie dein Vater werden!« Es ist verständlich, daß Seiji lieber kein »Nachkomme der Samurai« sein wollte.

Einmal in der Woche wurde der häusliche Friede erheblich gestört. Der stämmige Yasujiro fegte wie ein Taifun ins Haus und zerstörte ihre heile Welt. Misao war immer glücklich, wenn er da war, was Seijis Eifersucht weckte. Für ihn war der aggressive Mann ein Fremder, ein verhaßter Eindringling.

Schließlich hatten die Störungen ein Ende. Der Vater fuhr am frühen Morgen in seinem großen Auto davon. »Die Außenwelt verschwand, als wäre ein Vorhang darübergefallen. Wieder einmal blieben meine sanfte Mutter, meine Schwester und ich in unserem Vorstadthaus zurück. Die Natur begann, wieder zu atmen und zu mir zu sprechen. Unter dem Spülstein zirpte eine Grille.«

Im Jahr 1940 wurde Seiji dreizehn. Nun trat in seinem Leben eine dramatische Veränderung ein. Misao erklärte ihm, daß er einen neuen Namen bekommen sollte. Von nun an würde er nicht mehr ihren Nachnamen – Aoyama – tragen, sondern den seines Vaters – Tsutsumi. Doch sie hatte ihn sein ganzes junges Leben gelehrt, stolz darauf zu sein, daß er den Namen Aoyama trug und daß Samurai-Blut in seinen Adern floß. Er hatte keinerlei Bindung an seinen Vater, denn er kannte ihn kaum und fürchtete sich vor ihm.

Zur gleichen Zeit verließen sie ihr ruhiges Haus in Mitaka mit seinen Lauchfeldern und Kirschbäumen und zogen in die Luxuswohnung in Hiroo. Von nun an sollten sie mit Yasujiro unter einem Dach wohnen. Misao wurde seine Assistentin. Sie begann, geschäftlich mit ihm zusammenzuarbeiten und hatte immer weniger Zeit für ihre Kinder.

Seiji war nicht mehr das Kind, das im Verborgenen lebte, sondern ein junger Prinz, der Sohn einer reichen Familie. Er besuchte jetzt eine der besten Schulen Tokios. Noch immer war er ein ernsthafter, stiller und fleißiger Junge. Personen, die damals Kontakt mit ihm hatten, berichten, er habe sich seiner Herkunft geschämt. Er wollte vor seinen Schulkameraden verbergen, daß er der Sohn eines reichen Mannes war. Er sprach nie über seine Familie und lud nur seine engsten Freunde in das riesige Haus in Hiroo ein.

Yasujiro sorgte dafür, daß Seiji Judo lernte. Außerdem begann er, ihm den Konzern zu zeigen. Oft nahm er ihn zu Bauplätzen oder Häusern mit, die er kaufen wollte. Doch so sehr er sich auch bemühte, sich bei seinem Sohn einzuschmeicheln, der Junge blieb mißtrauisch. Seiji erkannte allmählich den wahren Charakter des Mannes, der ihn gezeugt hatte.

Seine Teenagerjahre waren von unerfreulichen Entdeckungen getrübt. Seiji stellte fest, daß er Mitglied einer großen und sonderbaren Familie war. Er wurde Familienmitgliedern vorgestellt, von deren Existenz er nie etwas geahnt hatte – seiner Halbschwester Shukuko und Kiyoshi, dem verbitterten älteren Bruder, der sich ständig mit seinem Vater in den Haaren lag. Der Junge wurde mit immer mehr unergründlichen Rätseln und Verwicklungen konfrontiert. Oft sehnte er sich nach dem einfachen, glücklichen Leben zurück, das er mit seiner Mutter und seiner Schwester in Mitaka geführt hatte.

Doch eine Enthüllung beunruhigte den jungen Seiji aus irgendeinem Grund mehr als alle anderen. Sie kündigte sich bei Kiyoshis Hochzeit an, jenem glanzvollen Ereignis, bei dem Ministerpräsident Tojo sowie all die großen und mächtigen Männer der Nation anwesend waren. Seiji, Kuniko und Misao saßen in dem Bereich, der für die »Freunde des Vaters« reserviert war. Dort bemerkte Seiji, daß ihn eine junge Frau ansah. Sie war hübsch, hatte eine zarte, weiße Haut und ein rundes, sanftes

Gesicht. Er fühlte sich auf seltsame Weise mit ihr verbunden. Vielleicht verspürte der Junge in diesem Augenblick zum ersten Mal sexuelle Regungen.

Einige Tage später war die ganze Familie um den Eßtisch in dem großen Haus in Hiroo versammelt – Yasujiro, Misao, Seiji, Kuniko, Kiyoshi und seine junge Frau. Bei diesen Mahlzeiten herrschte immer eine Stimmung wie bei einem Begräbnis. Trotz der großen Anzahl von Leuten hüllten sich alle in Schweigen und blickten in typisch japanischer Manier auf ihr Essen. An jenem Abend schlürfte der am Tischende sitzende Yasujiro seine Misosuppe aus, warf seine Eßstäbchen auf den Tisch und sah die beiden Kinder an.

»Euer jüngerer Bruder kommt euch heute abend besuchen«, brummte er. »Ich habe euch bisher nichts von ihm erzählt, aber seid nett zu ihm.«

Die Kinder blickten ihn überrascht und verwirrt an. Niemand hatte je zuvor einen jüngeren Bruder erwähnt. Seiji warf einen Blick auf Misao, die mit ernster Miene am Tischende saß. Sie versuchte, sich nichts anmerken zu lassen, doch sie sah aus wie eine Schulmädchen, das bei einem Streich ertappt worden ist. Das Dienstmädchen kam, um sie in ein anderes Zimmer zu führen, und die Kinder trotteten gehorsam hinter ihren Eltern her. Dort wartete eine junge Frau in einem sehr schlichten, ungebleichten Kimono aus Seide. Sie hielt einen kleinen Jungen an der Hand. Seiji stellte mit Schrecken fest, daß es die junge Frau war, die er bei der Hochzeit gesehen hatte.

Das Zusammentreffen war kurz und förmlich. Yasujiro stellte die fremden Gäste vor. Dies, erklärte er den Kindern, sei ihr Bruder Yoshiaki. Von nun an werde er sie öfters besuchen kommen, und sie sollten sich um ihn kümmern. Und dies, sagte er und wies auf die Frau, sei Ishizuka-*san*, die Yoshiaki aufgezogen habe. Daraufhin verabschiedeten sich die beiden Neuankömmlinge.[3]

Zunächst nahm Seiji eher die Frau als das Kind wahr. Doch allmählich begriff er, was die Existenz des Kindes bedeutete, und diese Tatsache beunruhigte ihn immer mehr. »Als ich sein Gesicht sah«, schreibt er, »wurde ich zum ersten Mal von dem Gefühl überwältigt, einen jüngeren Bruder zu haben, den nicht meine Mutter geboren hatte. Es war ein sehr unangenehmes Gefühl, eine schreckliche Erkenntnis, daß alles nicht so war, wie es sein sollte.«

Der derbe alte Bauer Yasujiro hatte sicherlich nicht geahnt, was für Auswirkungen die Begegnung auf seinen sensiblen jungen Sohn haben würde. Er glaubte allen Ernstes, daß er seine Kinder einfach zusammenbringen könne und sie sich alle bestens verstehen würden. Kuniko schloß den kleinen Yoshiaki tatsächlich in ihr Herz. Er war zu dieser Zeit erst sieben Jahre alt, ein zäher kleiner Junge mit einem kantigen Boxergesicht. Seiji hingegen betrachtete das Kind von Anfang an als Rivalen. Er konnte sein Mißtrauen und seine feindseligen Gefühle nie überwinden.

Der Krieg wütete immer heftiger. Seiji ging in die Seijo-Oberschule, eine der exklusivsten Schulen Tokios, die von jungen Aristokraten und den Söhnen der Reichen besucht wurde. Doch zum Lernen blieb kaum Zeit. Kuniko und die anderen Kinder flohen vor den Luftangriffen aufs Land. Seiji hingegen blieb in Tokio und trug seinen Teil zu den Kriegsanstrengungen bei. Er riß Häuser ab, um Platz zu schaffen für Kanäle, die Brände an der Ausbreitung hindern sollten. Er baute eine Start- und Landebahn für den Flugplatz und hielt die Stellung auf der Feuerwache. Er war da, als sein Vater mit einem Telefon in jeder Hand in seinem unterirdischen Schutzraum lag und Geschäfte über Grundstücke abschloß. Er war dabei und rannte hilflos mit Wasserkübeln herum, als das große Haus in Flammen aufging und sogar der Pfau von der Feuersbrunst verzehrt wurde.

Als der Krieg 1945 endete, war Seiji gerade achtzehn und somit an der Schwelle zum Erwachsenenalter. Ihm und seiner Generation erschloß die Besatzungsmacht eine völlig neue Welt. Er war zu jung, um die aufregende Zeit der Taisho-Demokratie und die turbulenten zwanziger Jahre miterlebt zu haben. Seiji war in einem Land aufgewachsen, das vom Militär mit eiserner Hand regiert und in dem jegliche freie Meinungsäußerung brutal unterdrückt wurde. Unter amerikanischer Besatzung wurde die Zensur abgeschafft. In der frühen Besatzungsphase bemühte sich MacArthur nach Kräften, die Meinungsfreiheit zu fördern und in Japan die Demokratie einzuführen. Und die idealistischen jungen Leute dieser Zeit, die widerstrebend am Krieg teilgenommen hatten – Seiji und seine Zeitgenossen –, waren für diese Ideen sehr empfänglich.

Plötzlich war das Wort »Demokratie« in aller Munde, und man diskutierte nächtelang über Sozialismus, Kapitalismus und mögliche Entwicklungen der Gesellschaft. Das Land wurde von Büchern überschwemmt, von deren Existenz die Vertreter der jüngeren Generation nichts geahnt hatte. Die Werke von Marx, Lenin und Keynes erwiesen sich als faszinierende Lektüre. Japan berauschte sich an Gesprächen über die neue Freiheit.

Plötzlich waren alle Demokraten. Sogar die grimmigen alten Politiker beteuerten eifrig, daß sie im Grunde ihres Herzens schon immer Demokraten gewesen seien. Angeblich waren sie von Anfang an gegen den Krieg gewesen, auch wenn sie nicht gewagt hatten, ihre Meinung öffentlich zu vertreten. Die einzige dem Land angemessene Regierungsform sei selbstverständlich die Demokratie. Deshalb wollten sie als Sachwalter des Tennos und als Vertreter des Volkes weiterhin regieren.

Die Arroganz dieser Politiker war in den Augen der jüngeren Generation eine unglaubliche Dreistigkeit. Seiji antwortete in einem Interview auf die Frage, warum er Kommunist wurde:

> Während des Krieges herrschte die Meinung vor, die Amerikaner und die Engländer seien Teufel. Sie wurden nicht einmal als Menschen angesehen. Die Japaner hingegen galten als überlegene Rasse. Nach dem Krieg schließlich wurden dieselben Menschen, die diese Lehren gepredigt hatten, von heute auf morgen Demokraten. Ich spürte, daß man diesen heuchlerischen, ausgefuchsten Erwachsenen nicht verzeihen durfte. Noch heute bringt mich die unglaubliche Charakterlosigkeit unserer einstigen Führer zur Weißglut. Ich glaubte, es gebe keine andere Möglichkeit, als sie davonzujagen. Deshalb tat ich dafür, was ich konnte.[4]

In seinem jungen Gemüt verschmolz der revolutionäre Eifer mit dem Mißtrauen und dem Haß gegenüber seinem Vater. »Mein Vater erschien mir als ein typisches Exemplar dieser elenden Heuchler. Ich spürte, daß ich die Regierung nicht zu Fall bringen konnte, solange ich meinen eigenen Vater nicht zu Fall gebracht hatte.«[5]

Die Unruhen im Lande vergifteten auch die Atmosphäre im Hause Tsutsumi. Yasujiro, ein berühmter Unternehmer und führendes Mitglied des Unterhauses, war kaltgestellt worden. Die jüngeren Familienmitglieder konnten mit größerer Offenheit als je zuvor gegen ihn und die von ihm verkörperten Werte opponieren.

Schließlich wurden die Spannungen zwischen Yasujiro und seinem Sohn Kiyoshi unerträglich. Die Familie wurde ins Arbeitszimmer des Patriarchen zitiert, und in Anwesenheit aller verzichtete Kiyoshi offiziell auf sein gesamtes Erbe. Er unterzeichnete die Verzichtserklärung mit seinem Blut, worauf Yasujiro grimmig verkündete: »Seiji wird der Nachfolger der Tsutsumi-Familie werden.« Misao pflichtete ihm bei. Ihr Sohn hatte den Namen Genji, der »strahlende Prinz«, angenommen und würde zu gegebener Zeit der Tenno des Konzerns werden.

Seiji selbst war jedoch bestürzt. Er schreibt, er sei sich nicht darüber im klaren gewesen, daß er der nächste in der Abstammungslinie war. Er betrachtete die Verantwortung, mit der er plötzlich konfrontiert wurde, mit sehr gemischten Gefühlen. Denn auch er wollte sich von dieser tyrannischen Familie lossagen. Doch auf gewisse Weise war er untrennbar mit ihr verbunden. »Ich fühlte das Familienwappen auf meiner Stirn.«[6]

Kuniko war die nächste, die fortging.

Kiyoshi wurde davongejagt, weil er zu schwach war, um sich den Schikanen seines Vaters zu widersetzen. Kuniko hingegen verließ das Haus Tsutsumi freiwillig. Mehr als alle anderen Kinder hatte sie den Starrsinn und den Mut ihres Vaters geerbt. Sie wollte um jeden Preis unabhängig sein. Von allen Kindern war sie die einzige, die gegen den grimmigen alten Patriarchen aufzubegehren wagte.

Kuniko war zu einer schönen jungen Frau herangewachsen und hatte »den eigentümlichen Reiz der Aoyamas«, wie Mitarbeiter der Firma berichten. Sie besaß die feinen Gesichtszüge ihrer Mutter und hatte eine weiche, sehr leise Stimme, die leicht über ihren willensstarken Charakter hinwegtäuschte. Wie Seiji konnte sie es nicht ertragen, mit ihrem herrischen alten Vater unter einem Dach zu leben. Doch im Gegensatz zu ihrem Bruder fühlte sie sich nicht zum Bleiben gezwungen. Eines Tages, als ihre Eltern außer Haus waren, packte sie ihre Koffer und machte sich davon. Nur Seiji wußte, wohin sie gegangen war.

Nach einiger Zeit haben sie ihre Eltern jedoch ausfindig gemacht. Sie war mit einem jungen Mann zusammengezogen, den Seiji in seinen Romanen als Tanzlehrer bezeichnet. Trotz großer Vorbehalte gegen diesen schmuddeligen und ziemlich mittelmäßigen Jüngling wollte Yasujiro, daß seine Tochter in geordneten Verhältnissen lebte. Er richtete den beiden eine Hochzeit aus und verschaffte dem jungen Mann eine Anstellung in seinem Konzern. Später zog das Paar zu der Familie des jungen Mannes aufs Land. Doch Kuniko hatte Seiji bereits anvertraut, daß ihre Ehe vermutlich nicht lange halten werde. Auch in dieser Beziehung war sie offenbar die Tochter ihres Vaters.

Seijis Rebellion nahm andere Formen an. Er hatte sich 1948 bei Beginn seines Studiums bereits stark in der Studentenbewegung engagiert. In diesen Tagen zogen militante Kommunistenführer durch die Schulen, hielten mit marxistischen Schlagworten gespickte Reden und kritisierten das alte, imperialistische System. In der vornehmen Seijo-Oberschule hatte Seiji gemeinsam mit anderen einen Aufstand inszeniert, um dem Direktor aus dem Amt zu jagen. Dieser hatte den Krieg unterstützt und in seinem Unterricht militaristische Lehren verbreitet. Seiji hatte an Sitzungen radikaler Oberschüler teilgenommen und dort gleichgesinnte Revolutionäre getroffen, mit denen er sein ganzes Leben lang befreundet bleiben sollte. Wie Kiyoshi, der zweite Intellektuelle unter den Kindern Yasujiros, bekam er mühelos einen Platz an der Tokio-Universität, die als die beste und renommierteste Universität des ganzen Landes galt. Wie Kiyoshi studierte Seiji offiziell Wirtschaftswissenschaften. Doch in Wirklichkeit besuchten damals nur die schüchternsten und phantasielosesten Studenten die Vorlesungen.

Seiji erschien von Anfang an in keiner einzigen Lehrveranstaltung. Ebensowenig ging er Schlittschuh laufen oder ins Kino. Er nahm an keiner der üblichen studentischen Aktivitäten teil. Statt dessen verbrachte er den ganzen Tag in den Räumen des Zengakuren, des revolutionären Studentenverbandes an der Tokio-Universität. Die Studenten diskutierten mit großer Ernsthaftigkeit über mögliche politische Strategien oder lasen Marx und Engels.

Der Zengakuren – der japanische Dachverband der autonomen Studentenschaft – war im September desselben Jahres gegründet worden, und zwar als Vereinigung der radikalen Studentengruppen aller Universitäten des Landes. Er hatte über 300 000 Mitglieder und unterhielt enge Kontakte zur Kommunistischen Partei Japans. In den ersten Monaten veranstalteten die Studenten vorwiegend militante Proteste gegen Bildungsreformen der Besatzungsmacht und gegen eine geplante Erhöhung der Hochschulgebühren. Alsbald änderten die Amerikaner ihre Politik und begannen, scharf gegen die militante Linke vorzugehen. Von da an betätigten sich die Studenten zunehmend nur noch politisch.

Seiji war keineswegs ein bloßer Mitläufer. Er gehörte zum harten Kern der Zelle an der Tokio-Universität, einer kleinen Elite innerhalb des radikalen Studentenverbandes. Dort traf er einen jungen Mann, den er bereits in der Oberschule kennengelernt hatte. Der feurige, offenherzige Jüngling hieß Jinbei Ando und hatte ein markantes, knochiges Gesicht mit hohen Wangenknochen, weit auseinanderliegenden Augen und einer kleinen, flachen Nase. Die beiden hatten völlig gegensätzliche Charaktere: der ruhige, nachdenkliche Seiji aus wohlhabendem Hause und der laute, wichtigtuerische Jinbei. Vielleicht gerade deshalb mochten sich die beiden von Anfang an und wurden gute Freunde.

Der zurückhaltende Seiji blieb lieber im Hintergrund. Er arbeitete, während die anderen Mitglieder der Gruppe diskutierten, herumbrüllten und Hetzreden hielten. Er übernahm die wenig attraktiven, jedoch sehr wichtigen Aufgaben: Er machte die Buchhaltung, sammelte Spenden, verfaßte Flugblätter und arbeitete in der Druckerei, die Flugschriften und Plakate herstellte.

Seiji hatte noch einen weiteren Grund, im Verborgenen zu bleiben. In kommunistischen Kreisen gehörte der Name Tsutsumi zu den meistgehaßten Namen überhaupt. Yasujiro galt als skrupelloser, aggressiver Kapitalist, als habgieriger und charakterloser Mensch, und er stand damals im Rampenlicht. Seiji empfand seinen familiären Hintergrund nicht nur als belastend, er stellte geradezu eine Gefahr für ihn dar. Als Zugehöriger des harten Kerns der Gruppe trug er einen Decknamen: »Yokosei.« Nur seine engsten Freunde, wie etwa Ando, wußten, daß er in Wirklichkeit der Sohn des berüchtigten Kapitalisten Yasujiro Tsutsumi war.

Vorerst erschien ihm die Studentenbewegung als Lösung all seiner Probleme. Ihm war, als habe er endlich eine Möglichkeit gefunden, aus dem dunklen Gefängnis seiner Familie auszubrechen. Er hatte nun ein Ziel vor Augen, ein Ideal, für das zu kämpfen sich lohnte. Sogar eine neue Familie hatte er gefunden: Seine Gesinnungsgenossen in der Studentengruppe waren für ihn wie Brüder und Schwestern. Der leidenschaftliche und ernsthafte Seiji war einer der engagiertesten Kämpfer. Er war bereit, sein Studium und seine Zukunft der kommunistischen Sache zu opfern.

Mittlerweile driftete das Land und vor allem die Regierung deutlich nach rechts. General MacArthur und die Besatzungsmacht hatten eine Kehrtwendung in ihrer Politik gegenüber Japan gemacht. Zu Beginn hatten sie linke Versammlungen und aufrührerische Reden als Zeichen der sich entwickelnden Meinungsfreiheit gefördert. Doch nun gingen sie hart gegen die Linke vor. Mit ihrer Unterstützung leitete Ministerpräsident Yoshida eine »rote Säuberung« ein. Mitglieder und Sympathisanten der Kommunistischen Partei wurden aus der Regierung, aus den Medien und aus der wichtigen Schwerindustrie verbannt. Seiji und seine radikalen Gesinnungsgenossen mußten nun ihren Kampf im verborgenen fortsetzen, doch jetzt hatten sie einen richtiges Feindbild: Amerika und den amerikanischen Imperialismus.

Für die Regierung waren die radikalen Studenten zu einem Ärgernis und einer Bedrohung geworden. Als im Juni 1950 der Koreakrieg ausbrach, wurden Versammlungen und Demonstrationen in Tokio verboten. Im Dezember desselben Jahres organisierten jedoch die militanten Studenten der Tokio-Universität einen politischen Streik. Achthundert Studenten versammelten sich im großen Hörsaal, und einer der Anführer hielt vom Podium aus eine Rede. Zur allgemeinen Überraschung war es nicht etwa einer der üblichen Aufrührer wie Ando, sondern »Yokosei« (Seijis Deckname), der ernste Jüngling mit der leisen Stimme.

Er versuchte, mit seiner Stimme den Tumult zu übertönen, wies auf die Professoren, die entlang der Wand des Hörsaals standen, und warf ihnen vor, sie würden aus Feigheit nicht für ihre Überzeugungen eintreten und der Regierung die Stirn bieten. »Wir müssen dieser Bedrohung des Friedens und der Freiheit gemeinsam entgegentreten«, rief er. »Imperialisten raus aus Korea! Wir werden nicht Trumans Söldner werden!«

Die Schar der Studenten jubelte ihm zu und stampfte mit den Füßen.

Inzwischen war eine Horde von Studenten der Waseda-Universität, mehrere hundert Mann stark, durch die Straßen zu den Toren der Tokio-Universität gezogen. Sie trugen Plakate und bildeten Sprechchöre. Sie wollten sich den Studenten der Tokio-Universität anschließen, um eine riesige Demonstration zu veranstalten. Doch sie stellten fest, daß die Behörden die mächtigen Holztore mit dicken Riegeln verschlossen hatten. Zusätzlich bewachten Polizisten alle Eingänge des Gebäudes.

Die Studenten der Waseda-Universität drängten sich draußen auf der Straße. Die Studenten der Tokio-Universität rüttelten von innen an den Toren und prügelten sich mit den dort postierten Polizisten. Seiji stand ganz vorn in der Menge. Er hämmerte wie wild gegen das Tor und stieß Polizisten zur Seite.

Plötzlich erinnerte er sich an den Hammer, mit dem er Plakate angenagelt hatte. Er bahnte sich einen Weg durch die kämpfenden Studenten und rannte zu ihrem Hauptquartier zurück. Er nahm den Hammer, steckte ihn in seinen Gürtel und drängte sich wieder zum Schlachtfeld vor. In dem Augenblick, in dem er das Tor erreichte und den Hammer hob, schlug ein Polizist mit einem Knüppel auf ihn ein. Seiji spuckte ihm ins Gesicht. Der Polizist blieb abrupt stehen, und Seiji ließ den Hammer auf das Vorhängeschloß niedersausen, das den Riegel an seinem Platz hielt. Das Schloß zerbrach. Unter lautem Gebrüll schoben die Studenten den Riegel zurück. Die Tore flogen auf, und die Studenten der Waseda-Universität strömten in das Gebäude.

Die Studenten der beiden Universitäten fielen sich in die Arme. Sie hakten sich alle unter und sangen: »Freunde, laßt uns Schulter an Schulter kämpfen! Ein Berg ist etwas anderes als ein Fluß – aber wir sind die internationale Jugend!«

Seiji, in der Menge eingezwängt, sang, so laut er konnte. Er weinte fast vor Rührung. In diesem Moment, so schreibt er, hatte er weder Vater noch Mutter, weder Bruder noch Schwester. Sie existierten nicht in seinen Gedanken. Zumindest in diesem Augenblick fühlte er sich frei.[7]

Doch die berauschenden Tage der Freiheit und der Solidarität, in denen sich alle gegen die Unterdrücker verbündet hatten, gingen bald vorbei. Für Seiji und seine Freunde war es das letzte Jahr an der Universität, und die meisten von ihnen hatten sich bereits auf die schwierige Suche nach einer Arbeit gemacht. Einzig und allein Seiji hatte keine Ahnung, was er machen sollte. Seine Kameraden rümpften die Nase über ihn. Es hatte sich inzwischen herumgesprochen, daß er ein Kind reicher Eltern war. Er mußte sich also nicht nach einem Job umsehen.

In der trostlosen, bedrückenden Atmosphäre der frühen fünfziger Jahre begann sich die Linke zu spalten. Viele Mitglieder der Kommunistischen Partei hatten im Zuge der »roten Säuberung« ihre Arbeit verloren, und ihre Führer – wie etwa der extravagante Sanzo Nosaka – waren in den Untergrund gedrängt oder wieder ins Exil geschickt worden. Unter dem Druck der Regierung und der Alliierten propagierten die Spitzenfunktionäre der Kommunistischen Partei eine Politik des Kompromisses mit der Regierung. Seiji und seine Kameraden in der Zelle der Tokio-Universität – die eigentlichen Führer der nationalen Studentenbewegung – waren empört. Das war ein heimtückischer Verrat an all den Werten, für die sie gekämpft hatten. Die Studenten waren der Überzeugung, daß eine gewaltsame Revolution gemacht werden müsse. Ein Teil des Zengakuren spaltete sich ab und bildete eine Faktion innerhalb der Kommunistischen Partei, die militante Aktionen planen und ausführen sollte. Die Mitglieder dieser Faktion bezeichneten sich selbst als »Internationalisten«, um zum Ausdruck zu bringen, daß sie die Linie des Weltkommunismus verfolgten, so wie sie von der Komintern in Moskau festgelegt worden war.

Die KP-Funktionäre waren entschlossen, die rebellische Faktion zu zerschlagen, und dazu brauchten sie einige Sündenböcke. Der jugendliche Idealismus wurde durch schmutzige Machenschaften der alten Kommunisten im Keim erstickt. Ein Teil ihrer Strategie war, die Mitglieder des harten Kerns gegeneinander aufzuhetzen. Anfang 1951 wurde Seiji vor das Zentralkomitee der Kommunistischen Partei beordert. Der hitzige Ando wurde als Führer der Militanten beauftragt, ihn zu verhören.

Seiji war ein geeignetes Opfer. Auch die Kommunistenführer hatten inzwischen herausgefunden, daß er der Sohn des verhaßten Yasujiro Tsutsumi war. Der Sohn eines solchen Mannes konnte unmöglich ein engagierter Revolutionär sein.

Seiji selbst war sich der Diskrepanz zwischen den Aktivitäten seines Vaters und seinen eigenen schmerzlich bewußt. Er verfaßte weiterhin Flugschriften und klebte Plakate. Doch er spürte immer deutlicher, daß es nicht genügte, den Kapitalismus oder das Schreckgespenst des amerikanischen Imperialismus nur in der Theorie zu bekämpfen. Sein eigener Vater war der schlimmste Kapitalist. Er war berüchtigt dafür, auf Kosten anderer das große Geld zu scheffeln. Sein Vater war der wahre Feind. Wenn er ihm nicht mutig entgegentrat oder zumindest versuchte, die Arbeiter in seinem Konzern zu befreien, dann waren all seine revolutionären Aktivitäten pure Heuchelei.

Einige Zeit bevor er vom Zentralkomitee zur Rede gestellt wurde, hatte er als ersten Schritt Mitglieder der kommunistischen Zelle innerhalb von Seibu Railways ausfindig gemacht und Kontakt zu ihnen aufgenommen. Er versuchte, innerhalb des Konzerns eine Gewerkschaft zu organisieren. Doch seine idealistischen Pläne mißlangen.

Als Ando und Seiji die Zentrale der Kommunistischen Partei erreichten, wurden sie in einen kleinen, düsteren Raum geführt, der mit seinen winzigen, hoch oben in der Wand eingesetzten

Gitterfenstern wie eine Gefängniszelle anmutete. Dort saß als Untersuchungskommission eine Reihe von kommunistischen Parteifunktionären, grimmige Männer mittleren Alters mit kahlgeschorenen Köpfen und schlaffen, fahlen Wangen. Unter ihnen war auch der Hauptzeuge – ein Mann in der Uniform von Seibu Railways.

Es sickerte durch, daß Yasujiro innerhalb von Seibu Railways Kommunisten entdeckt und ihre Pläne für einen Streik durchkreuzt hatte. Ein Denunziant hatte ihm wohl Informationen zugespielt. Es lag sehr nahe, daß sein Sohn dieser Denunziant war. Warum hatte er plötzlich so großes Interesse an der kommunistischen Zelle bei Seibu entwickelt? Bestimmt arbeitete er als Geheimagent seines Vaters.

Stundenlang wurde Seiji von den kommunistischen Funktionären und von Ando mit Fragen bombardiert, bis er völlig erschöpft und verwirrt war. Sie sagten, sie hätten ihn beobachten lassen und seinen Schreibtisch in der Universität durchsucht, doch sie hatten keine Beweise für seinen Verrat gefunden. Er wies alle ihre Beschuldigungen ruhig und ernsthaft zurück und beteuerte immer wieder: »Ich bin kein Spion.« Schließlich nahmen sie die Anschuldigungen zurück. Er war ja nur ein *botchan*, ein reiches Muttersöhnchen, und stellte keine Gefahr dar.

Für Seiji war dies eine bittere Erfahrung. In einem Interview sagte er: »Es tat weh, nicht als Individuum und von meinem Vater unabhängige Persönlichkeit akzeptiert zu werden.«[8] Wieder einmal war er verraten worden, wieder einmal hatte er eine Familie verloren. Sein ganzes Leben konnte er nicht aus dem Schatten seines Vaters heraustreten.

Im März 1951 absolvierte Seiji die Abschlußprüfung an der Universität. In den folgenden Monaten stürzte er sich wieder in revolutionäre Aktivitäten. Auf lokaler Ebene wurde der Gouverneur von Tokio gewählt. Die Kommunistische Partei und die Internationale Faktion stellten unabhängig voneinander Kandidaten für den Wahlkampf auf. Seiji reiste umher und warb um Stimmen für die Kandidaten der Internationalisten. Er besuchte trostlose, kleine Wohnsiedlungen und hielt bei Regen und auf Bierkisten stehend leidenschaftliche Reden. Er stürzte sich mit Feuereifer in den Wahlkampf, als wolle er verhindern, daß ihm jemals Zeit zum Nachdenken blieb. Pausenlos war er in Aktion: Er las, organisierte Versammlungen, besuchte Fabriken, gab das interne Mitteilungsblatt heraus und entwarf eine Zeitschrift. Er war ständig erschöpft und zog sich einen hartnäckigen Husten zu.

Er hatte sich ganz dem Internationalismus als dem wahren Kommunismus verschrieben. Dann geschah etwas, das damals als heimtückischer Verrat erschien.

Im September 1951 flog Ministerpräsident Yoshida nach San Francisco, um den Friedensvertrag von San Francisco und den bilateralen Sicherheitsvertrag zu unterzeichnen. Nach diesen Verträgen sollten die Amerikaner abziehen und dem Land seine Unabhängigkeit zurückgeben. Wie die Sowjetunion protestierte auch die japanische Linke heftig gegen den Vertrag, weil er in ihren Augen Japan zu einem Satellitenstaat Amerikas machte. Amerikanische Truppen sollten weiterhin auf japanischem Boden stationiert bleiben, doch sie waren in keiner Weise verpflichtet, das Land im Falle eines Angriffs von außen zu verteidigen. In den Augen der Linken war der Vertrag für Japan höchst unvorteilhaft.

Es war eine Krisenzeit für die Linke. Die Kommunistische Partei rief zu mehr Geschlossenheit auf, um die Zersplitterung ihrer Macht zu verhindern. Stärke und Einheit seien erforderlich, um der Bedrohung des »amerikanischen Militärs und des amerikanischen Imperialismus« entgegenzutreten. Doch für die idealistischen Mitglieder der Internationalen Faktion kam ein Kompromiß nicht in Frage. Die Kommunistische Partei hatte die Revolution verraten, und deshalb durften sie diese Partei auf keinen Fall unterstützen. Seiji, Ando und ihre Kameraden hörten, wie sie im Rundfunk ermahnt wurden, sich zu vereinigen, und sie sahen sich verzweifelt an. »Wir haben verloren«, murmelte einer von ihnen grimmig. »Die Internationale Faktion hat eindeutig verloren.«

Das bittere Ende erfolgte wenige Tage später. Seiji war gerade damit beschäftigt, Plakate anzukleben und Unterschriften zu sammeln, als er die Nachricht erfuhr. Die Internationale Faktion war wieder mit der Kommunistischen Partei verschmolzen worden. Es gab keine Internationale Faktion mehr. Ihren einstigen Mitgliedern war es freigestellt, wieder in die Mutterpartei einzutreten.

Es war ein schmerzlicher Moment für Seiji. Alles, wofür er reinen Herzens und voller Überzeugung gekämpft hatte, war verraten worden. Er hatte seine Jugend und seine Energie dem Kampf für diese Sache geopfert. Doch die Sache selbst – oder zumindest deren Repräsentanten – hatten sich als opportunistische Lumpen entpuppt. Der Friedensvertrag von San Francisco, der über die Zukunft Japans entschied, hatte kaum noch Gewicht.

Einen Tag nachdem er die Nachricht vernommen hatte, hustete er Blut. Seine Erschöpfung und sein Husten waren die ersten Symptome von Tuberkulose gewesen, und er wurde unverzüglich ins Krankenhaus gebracht. Mehrere Wochen lag er fieberglühend im Delirium. Er bekam vage mit, wie seine Familie ihn pflegte – seine Schwester Kuniko, die sanft seinen Kopf anhob, um den Eisbeutel zu wechseln, und Misao, die in ihrem Kimono hereingetrippelt kam und ihm Hühnersuppe und Orangensaft brachte. Sie erschien ihm schöner denn je. Später, als Seiji wieder etwas zu Kräften gekommen war, kam auch Yasujiro zu Besuch. Er kam stets strotzend vor Energie ins Zimmer gestürmt und brüllte wie zu Hause seine Befehle. »Mach die Vorhänge auf, Frau, der Junge braucht mehr Licht! Wie geht's voran, Junge?« Nach dieser Frage pflegte er sich zu Misao zu setzen und mit ihr über geschäftliche Angelegenheiten zu sprechen.

Lange Zeit mußte der schwerkranke Seiji gepflegt werden. Er konnte sich kaum umdrehen und empfing nur seine nächsten Verwandten. Die Ärzte verboten ihm das Lesen. So lag er Tag für Tag in seinem Krankenbett und hing seinen Gedanken nach. Seine ganze Studentenzeit war von revolutionären Aktivitäten ausgefüllt gewesen. Jetzt hatte er endlich nichts anderes zu tun, als nachzudenken und zu grübeln.

Allmählich fand er sich mit der Tatsache ab, der Sohn seines Vaters zu sein. Er fragte sich, ob nicht ein Großteil seiner revolutionären Leidenschaft nur ein Aufbegehren gegen Yasujiro und die Werte, die er verkörperte, gewesen sein könnte. Jetzt erfuhr er auch, daß seine Eltern die ganze Zeit von seinen Aktivitäten in der Studentenbewegung gewußt hatten. Misao bemerkte eines Tages: »Ich wußte genau, was du jeden Abend bis spät in die Nacht hinein getrieben hast.« Es stellte sich heraus, daß Mitarbeiter von Seibu Railways Yasujiro auch informiert hatten, daß sein Sohn Mitglied der Kommunistischen Partei war. Seine Antwort war unmißverständlich. »Ich vertraue Seiji«, sagte er. »Das ist eine Lüge.«

Es dauerte insgesamt drei Jahre, bis Seiji vollständig geheilt war. Es war für ihn eine wichtige und schmerzliche Zeit. Danach hatte er die revolutionären Ideale und politischen Ambitionen

165

seiner Jugend für immer begraben. Im Sommer pflegte er sich in dem prachtvollen Green Hotel zu erholen, das Yasujiro in Karuizawa gebaut hatte. Er ging in den Lärchenwäldern spazieren oder saß still in seinem Zimmer und las oder schrieb. Das gesamte Personal hob seine Bescheidenheit und seine Höflichkeit hervor. Er benahm sich in keiner Weise wie ein Sohn des arroganten Yasujiro Tsutsumi.

Seiji hatte noch immer keine Antwort auf die Frage gefunden, was er aus seinem Leben machen sollte. Als Sohn einer reichen Familie mußte er nicht unbedingt arbeiten. Doch er fühlte sich immer einsamer. Seine Freunde von der Universität waren fort. Sie hatten alle eine Arbeit gefunden. Er war der einzige, der noch immer unschlüssig war und seine Krankheit als Vorwand benutzte, um sich nicht auf irgendeine Laufbahn festlegen zu müssen. Er spielte mit dem Gedanken, wieder die Universität zu besuchen und japanische Literatur zu studieren. Vielleicht sollte er Bücher schreiben wie seine Mutter. Gegen Ende seiner Genesung bot sich ihm schließlich eine unerwartete Gelegenheit.

Yasujiro hatte bemerkt, daß sein Sohn trübsinnig im Haus herumlungerte. In der letzten Zeit hatte er weitere Pflichten als Politiker übernommen. Er war in einer kritischen Phase zum Parlamentspräsidenten gewählt worden. Im Land und im Unterhaus gärte es heftig. Die Verantwortung war groß, und Yasujiro benötigte viele Helfer. Vielleicht sollte er seinem Sohn, der sich so sehr für Politik interessiert hatte, einmal eine Kostprobe der richtigen Politik geben.

Yasujiro hatte keinerlei Andeutungen gemacht, daß er die politischen Aktivitäten seines Sohnes mißbilligte. Er fürchtete und haßte den Kommunismus, und er hielt ihn für eine große Bedrohung. Doch selbst dann, als Seiji versuchte, Yasujiros eigenen Konzern zu schädigen und innerhalb von Seibu Railways eine Gewerkschaft zu gründen, bewahrte der alte Vater Stillschweigen. Als wolle er beweisen, daß er volles Vertrauen zu seinem Sohn hatte, nahm er ihn mit ins Parlament und betraute ihn mit den Aufgaben eines Sekretärs.

Seijis Rebellion gegen seinen Vater war längst vergessen. Er fühlte sich in diesem dunklen Abschnitt seines Lebens sehr niedergeschlagen. Seine Krankheit hatte ihn geschwächt, und er war nicht mehr geneigt, das Unrecht auf der ganzen Welt zu bekämpfen. Er war sich auch bewußt, daß sein Vater während seiner jugendlichen Revolte stets zu ihm gehalten hatte. Die Partei, für die er gekämpft hatte, hatte ihn verraten. Sein Vater jedoch hatte ihn nicht verraten. Seiji war kompromißbereit, auch wenn ihm das Leben des alten Mannes und die von ihm repräsentierten Werte noch immer sehr zweifelhaft erschienen.

Bei der Arbeit im Büro seines Vaters wurde er im Parlament unmittelbar mit der Politik und den Machenschaften konfrontiert, die er als Student so energisch abgelehnt hatte. Politiker aller Richtungen buhlten wegen seines Vaters eifrig um seine Gunst. Doch er hatte seine Sympathien für die Linke nicht vergessen. Als Sekretär seines Vaters mußte er Kontakte zu den konservativen Mitgliedern der Liberalen Partei pflegen. Er suchte sich jedoch auch die fortschrittlicheren Mitglieder des Parlaments aus. Ein Parlamentsmitglied, und zwar eine der ersten Frauen, die ins Parlament gewählt wurden, beschrieb ihn später als »einen Mann von der intellektuellen Sorte«.

Etwa zu dieser Zeit lernte Seiji eine Frau namens Motoko Yamaguchi kennen, die seine erste Ehefrau werden sollte. Seijis erste Ehe ist von Geheimnissen umwittert. Er selbst spricht nie über Motoko, und seine Kollegen, die Kontakt zu ihr hatten, verraten auch nicht viel. Auch sie arbeitete offenbar in Yasujiros Büro im Parlament, als sogenannte »Bürodame«. Sie kochte Tee und nahm Telefonate entgegen. Yasujiro legte Seiji dringend ans Herz, daß es Zeit sei, zu heiraten und daß Yamaguchi-*san* sicherlich eine gute Partie wäre. Mit anderen Worten: Die Heirat wurde von Yasujiro arrangiert. Die Tatsache, daß sich Seiji von seinem Vater vorschreiben ließ, wen er zu heiraten hatte, deutet darauf hin, daß sein Selbstvertrauen einen Tiefpunkt erreicht hatte.

Das genaue Datum der Hochzeit ist nicht bekannt. Einer Quelle zufolge heirateten sie erst im Jahr 1957. Yasujiro verschaffte dem jungen Paar ein Haus in Higashi Kurume außerhalb von Tokio. Doch Freunde aus Seijis Studentenzeit erinnern sich, daß Seiji damals deprimiert und einsam wirkte. Sie prahlten vor ihm mit ihren Liebesabenteuern, und er murmelte daraufhin traurig: »Das macht mich eifersüchtig.«

Seijis Funktion als Sekretär seines Vaters wurde jäh beendet, als Yasujiro im Dezember 1954 vom Amt des Parlamentspräsidenten mit dem gesamten Yoshida-Kabinett zurücktrat. Im Alter von siebenundzwanzig Jahren sah er sich erneut vor das Problem gestellt, sich für einen Beruf entscheiden zu müssen. Er begann, an der Tokio-Universität japanische Literatur zu studieren, brach das Studium jedoch bald wieder ab. Er schrieb Gedichte und Essays. Doch er wußte noch immer nicht, wie er sein künftiges Leben gestalten sollte. Er wohnte immer noch in dem großen Haus in Hiroo, und zum ersten Mal begann er jetzt, sich für die Geschäfte seines Vaters zu interessieren.

# 10
# Die Befreiung
## Seijis Geschichte 1955–1964

*Das Kaufhaus Seibu war damals, als ich anfing, nur ein kleines Straßengeschäft vor dem Bahnhof. Angesichts der Konkurrenz der großen Konzerne mußte ich zusehen, wie ich mich über Wasser hielt. Doch wenn ich so darüber nachdenke, hat es damals vielleicht mehr Spaß gemacht!*

SEIJI TSUTSUMI[1]

Yasujiros Geschäfte florierten – das heißt, alle außer einem. Der Laden draußen in Ikebukuro war ein Stiefkind des Konzerns. Er mußte derzeit von den anderen Unternehmen innerhalb der Seibu-Gruppe subventioniert werden und lavierte ständig am Rande des Bankrotts.

1940 hatte Yasujiro im nachhinein die Idee, das kleine Warenhaus Kikuya zurückzukaufen. Seine neu erworbene Eisenbahngesellschaft, die Musashino-Linie, endete in Ikebukuro, einem der weniger attraktiven Vororte am der Peripherie Tokios. Das Warenhaus lag in einem Stadtviertel mit schmutzigen Straßen und Häusern mit Wellblechdächern, das von Verbrechern, Arbeitern und extravaganten Künstlern bewohnt wurde. Die Grundstückspreise waren dort sehr niedrig, und Yasujiro kaufte eine Menge Land. Als dann das kleine Warenhaus für Lebensmittel und Haushaltsartikel zum Verkauf angeboten wurde, schien es vernünftig, es zu erwerben. Die meisten Eisenbahnlinien in Tokio verfügten über Kaufhäuser, die den Bahnhöfen angeschlossen waren. Die Pendler konnten dort einkaufen, ohne sich weit vom Bahnhof entfernen zu müssen. Wenn die Pendler der Musashino-Linie von ihren Bauernhöfen im Westen Tokios in ihren verdreckten Holzschuhen und handgewebten Kimonos in Ikebukuro eintrafen, kauften sie bei Kikuya, mittlerweile in Musashino-Kaufhaus umbenannt, ihre Gießkannen, Töpfe und Pfannen. Am Ende des Krieges waren das hölzerne Warenhaus, alle anderen Gebäude Ikebukuros und ein Großteil Tokios durch Luftangriffe in Schutt und Asche gelegt worden.

Nach Kriegsende begannen die Leute, Verkaufsstände zu errichten. Häufig breiteten sie einfach Strohmatten auf dem Boden aus. Die Nahrungsmittel waren so knapp, daß sich die

Kunden um alles rissen. In Ikebukuro entwickelte sich rasch ein blühender Schwarzmarkt. Wo das Musashino-Warenhaus gestanden hatte, eröffnete das Personal von Seibu einen Laden in einem Zelt, das aus den Restbeständen der japanischen Armee stammte. Seibu verkaufte alles, was zu bekommen war – Flußfische, die einzige Nahrung, die nicht von der Regierung rationiert wurde, alte Kleidung, Schallplatten, angeschlagenes Porzellangeschirr, Spielzeug und Süßigkeiten. Nach einem Jahr trat an die Stelle der Stände ein Holzhaus und schließlich ein größeres Gebäude aus Stahlbeton. Der Name des Geschäfts wechselte von Musashino zu Seibu, und die Firma konnte nun eine Lizenz erwerben und amerikanische Produkte, die für die Besatzungstruppen importiert worden waren, verkaufen. Die Kunden standen stundenlang Schlange, um Hemden und Hosen, Kaugummi, Lipton-Tee (nach Gewicht verkauft) und Rasierapparate der Marke Gillette zu kaufen.

Yasujiro interessierte sich nicht sonderlich für das Schicksal des Warenhauses. In seinen Augen sollte es der Erwirtschaftung von Kapital dienen, das in Land und die Erschließung von Baugelände investiert werden konnte. Wenn das Warenhaus Gewinn abwarf, war er zufrieden, doch er war nicht bereit, Geld hineinzustecken.

Anfang 1955 arbeitete Seiji als einfacher Verkäufer in der Bücherabteilung des Warenhauses. Im Oktober avancierte er zum Direktor. Wenige Monate nachdem Seiji die Stelle angetreten hatte, wies das Geschäft bereits einen Gewinn aus.

Das Kaufhaus rettete Seiji in vielerlei Hinsicht. Er vergaß seine persönlichen Sorgen und Probleme und stürzte sich mit der Begeisterung und der Energie, mit der er für die Revolution gekämpft hatte, in die Arbeit. Er verwaltete die Finanzen des Unternehmens ebenso sorgfältig, wie er die Buchhaltung der militanten Studenten geführt hatte.

Im Grunde schien das Projekt ziemlich aussichtslos. Ikebukuro war noch immer einer der schäbigsten Vororte, ein Labyrinth von schmutzigen Gassen, in denen sich »rosarote Cabarets« (Sex-Shows) und heruntergekommene Kneipen aneinanderdrängten. Seibus Kunden stapften stets in verdreckten Holzschuhen und handgewebten Kimonos in den Laden. Doch in Seiji war wieder die Leidenschaft erwacht, die er als Student empfunden hatte. Er wollte den armseligen Laden auf Vordermann bringen und ihn zum besten Kaufhaus des ganzen Landes – oder noch besser, der ganzen Welt – machen. Und vielleicht konnte er von der dadurch erlangten Macht Gebrauch machen, um ein höheres Ziel zu erreichen. Vielleicht mußte er die egalitären Ideale seiner Jugend doch nicht ganz über Bord werfen.

Weil Yasujiro an dem Kaufhaus völlig desinteressiert war, konnte Seiji schalten und walten, wie er wollte. Er leitete Veränderungen ein, die allen Überzeugungen seines grimmigen alten Vaters zuwiderliefen. Der alte Bauer Yasujiro war ein typischer Vertreter seiner Zeit – ein Pionier, der so viel Geld und Macht wie möglich an sich reißen wollte und sich wenig um die Feinheiten scherte. Seiji gehörte einer neuen Generation an, einem sanfteren Menschenschlag mit ganz anderen Anschauungen. Geldverdienen war schön und gut, doch Seiji ließ sich auch von Begriffen wie Qualität, Stil, Eleganz und Glanz leiten. Er wollte sein Kaufhaus aufwerten und nicht nur Tokyu überflügeln – Seibus traditionelles Konkurrenzunternehmen, das Noboru Goto gehörte, dem Sohn von »Goto dem Dieb« –, sondern auch Mitsukoshi, das bedeutendste und älteste Kaufhaus Japans.

Seiji entwickelte eine Doppelstrategie: Er wollte zugleich die Qualifikation des Personals und die Qualität der Waren verbessern. Er nahm sich vor, Akademiker einzustellen und einen Betriebsrat zu gründen. Yasujiro war Akademikern gegenüber immer mißtrauisch gewesen. In Wirklichkeit war er jedem gegenüber mißtrauisch, der ihm zu intelligent schien und seine Position zu untergraben drohte. »Die Angestellten in einem Laden brauchen keine großartige Ausbildung«, schnaubte er stets.

Im Jahr 1956, wenige Monate nachdem Seiji bei Seibu angefangen hatte, stellte er die ersten Akademiker ein. Sie mußten eine schwierige Aufnahmeprüfung ablegen, Aufsätze in den Fächern Englisch und Wirtschaft schreiben, und sie wurden alle in Interviews bewertet. Von den sechshundert Bewerbern wurden einundzwanzig angenommen. Diese wurden Seijis Waffenbrüder, seine Offiziere in seinem Kampf für die Umgestaltung des Kaufhauses. Wie zu seiner Studentenzeit frönte Seiji seiner Lieblingsbeschäftigung – er kämpfte für Veränderungen, für seine eigenen Überzeugungen und gegen die reaktionären Kräfte. Seine Feinde waren diesmal die sturen alten Herren, die den Konzern leiteten. Viele von ihnen waren schon seit Jahren bei der Firma. Sie waren Yasujiros Männer und betrachteten die neumodischen Ideen dieses Emporkömmlings mit großem Mißtrauen.

Die Altgedienten sorgten dafür, daß die einundzwanzig neuen Jungs härter arbeiten mußten als alle anderen. Die neuen Mitarbeiter waren guterzogene junge Männer, die renommierte Schulen und Universitäten besucht hatten. Doch sie wurden erbarmungslos schikaniert. Sie mußten um sieben Uhr morgens im Warenhaus sein, um die Fußböden zu kehren, und wenn eine schwere Kiste geschleppt werden mußte, wurde stets einer der neuen Mitarbeiter für diese Aufgabe auserkoren. Im Büro mußten sie sich ständig Sticheleien und derbe Späße gefallen lassen.

Mehr noch als an der Einstellung von Akademikern nahmen die alten Herren in dem Kaufhaus an der Gründung eines Betriebsrates Anstoß. Yasujiro hätte nicht im Traum daran gedacht, diesen sozialistischen Unfug zu dulden. Die Angestellten bei Seibu bildeten eine große, glückliche Familie, sie brauchten keine Betriebsräte. Tatsächlich war die Firma Seibu dafür bekannt, daß nie gestreikt wurde. Yasujiro führte es darauf zurück, daß alle Angestellten zufrieden waren. Andere meinten, es liege vielleicht daran, daß Yasujiro ein schrecklicher Tyrann sei.

Schließlich überredete Seiji seinen Vater, in dem Geschäft einen Betriebsrat gründen zu dürfen. Er berief eine allgemeine Personalversammlung ein, damit alle bei der Ausarbeitung des Vertrags mitreden konnten.

Wider alle Erwartungen wuchs und gedieh das Geschäft. Es dehnte sich nach allen Seiten aus und wurde immer länger, bis es sich wie eine Mauer entlang der Eisenbahnschienen in Ikebukuro erstreckte. Nach und nach verschwanden die altgedienten Herren und machten neuen Akademikern und talentierten Mitarbeitern Platz, die anderen Unternehmen abgeworben worden waren – eine weitere moderne Methode, die Yasujiro scharf mißbilligte.

Seiji, der ehemalige sozialistische Revolutionär, war also eifrig dabei, das große Geld zu machen, genau wie es sein Vater, den er so verachtete, vor ihm getan hatte. Doch er war noch ebenso sensibel wie in seiner Jugend. Er erkannte das Paradox, daß der einstige Revolutionär schließlich seine Nische als Kapitalist gefunden hatte. Das Kaufhaus hatte ihm genau das gegeben, was er brauchte – eine echte Herausforderung.

Die Arbeit verschaffte ihm Befriedigung und söhnte ihn bis zu einem gewissen Grad mit seinem Vater aus. Sie gehörten nun zur

172

gleichen Welt, obwohl der konservative Starrsinn des alten Mannes Seiji allzuoft zur Weißglut brachte. Doch das Leben im Hause Tsutsumi blieb nach wie vor unsagbar trist. Seiji war in einer lieblosen Ehe gefangen, die ihm, wie er nicht vergessen konnte, von seinem Vater aufgezwungen worden war. Er arbeitete von früh bis spät. Wenn er einmal zu Hause war, schloß er sich in seinem Arbeitszimmer ein und schrieb. In menschlicher Hinsicht war er nach wie vor sehr niedergeschlagen. Er besaß nicht die nötige Willensstärke, um sich seinem Vater zu widersetzen und aus der Ehe auszubrechen. Statt dessen betrachtete er sie wie viele japanische Männer als reine Formalität. Er tat das, was erforderlich war, um einen Erben hervorzubringen. Das war schließlich der Sinn der Ehe.

Seine Schwester Kuniko nahm ihr Schicksal nicht so geduldig hin. Sie war eine eigenwillige Rebellin. Yasujiro pflegte immer zu sagen, sie hätte ein Junge werden sollen, und Seiji ein Mädchen. Auch sie war in einer unglücklichen, von ihrem Vater arrangierten Ehe gefangen.

Wie sie prophezeit hatte, hielt ihre Ehe mit dem Tanzlehrer nicht lange. Bald nach ihrer Heirat – Seiji hatte sein Studium gerade begonnen – tauchte sie eines Tages wieder in dem großen Haus in Hiroo auf. Sie hatte ihren Mann verlassen. Das war im Jahr 1948. Sie war gerade zwanzig und auf dem Höhepunkt ihrer Schönheit. Sie hatte noch die rundlichen Körperformen eines Teenagers und große, ausdrucksvolle Augen. Sie strahlte Enthusiasmus, Frohsinn und Durchsetzungsvermögen aus.

Damals wurde in Japan eine geschiedene Frau von der Gesellschaft geächtet. Nach einer Scheidung hatte sie kaum jemals eine Chance, wieder zu heiraten. Gewöhnlich verbrachte die unglückliche Frau den Rest ihres Lebens damit, sich um ihre alternden Eltern zu kümmern. Yasujiro dachte nicht an die zahlreichen Frauen, die er selbst ruiniert hatte, und war entschlossen, seine Tochter vor diesem Schicksal zu bewahren. Bevor die Wahrheit ans Licht kommen konnte, arrangierte er schnell eine neue Heirat für sie.

Bei dem Auserwählten handelte es sich um einen der vielversprechendsten Seibu-Manager, einen von Yasujiros Protegés namens Juro Morita. Auf den ersten Blick war Morita der loyale Mitarbeiter schlechthin. Er hatte ein ausdrucksloses Gesicht mit regelmäßigen Zügen und trug Tag für Tag konventionelle, mausgraue Anzüge und unauffällige Krawatten.

Doch hinter dieser aalglatten Erscheinung verbarg sich ein cleverer und ambitionierter Mann. Er war selbst ein einfacher Bauernjunge und hatte eine Möglichkeit gefunden, sich bei Yasujiro einzuschmeicheln. Wie der alte Mann hatte er sich von der Pike auf hochgedient, und dabei hatten ihm sein brennender Ehrgeiz und sein öliger Charme geholfen. Mittlerweile war er einer der Spitzenmanager des Unternehmens.

Morita packte die Gelegenheit beim Schopf, um in die Tsutsumi-Familie einzuheiraten. Erstens war Yasujiro sein Arbeitgeber, und zweitens waren die Tsutsumis schließlich eine der reichsten und mächtigsten Familien des ganzen Landes. Mit dieser Heirat war ein kometenhafter Aufstieg vorprogrammiert. Aber die arme Kuniko mochte Morita überhaupt nicht. Yasujiro tat ihre Einwände jedoch mit einer Handbewegung ab.

Kuniko ertrug die Ehe sechs Jahre lang. Sie brachte zwei Kinder zur Welt, ein Mädchen und einen Jungen, und sie bemühte sich, den opportunistischen und selbstsüchtigen Mann liebzugewinnen. Doch die beiden paßten überhaupt nicht zusammen. Kunikos Abscheu und Widerwille gegen diesen Mann wurden immer größer, bis sie seine Gesellschaft schließlich nicht mehr ertragen konnte.

Seiji mußte seinem Vater die Hiobsbotschaft überbringen. Yasujiros widerspenstige Tochter hatte wieder einmal ihren Ehemann verlassen. Sie hatte auch ihre Kinder verlassen und einen Job als Bardame im Ginzaviertel angenommen. Und abermals forderte sie entschlossen die Scheidung.

Langsam wurde es Yasujiro peinlich. Man schrieb das Jahr 1956. Er war eine bedeutende Persönlichkeit in der Politik und gab Parties für Staatsmänner aus aller Herren Länder. Er wünschte nicht, daß Gerüchte und Skandale den Namen der Familie beschmutzten. Zufällig plante ein Verwandter Misaos, ein Kunstsammler namens Shigetaro Fukushima, eine Reise nach Paris. Er würde mehrere Wochen fortbleiben. Dies schien die ideale Gelegenheit, Kuniko für einige Zeit aus Japan zu entfernen, bis dieser jüngste Skandal in Vergessenheit geraten war.

Nach zwei Wochen kehrte ihr Onkel, der Kunstsammler, nach Japan zurück. Doch Kuniko hatte Gefallen gefunden an dieser Welt, die sich völlig von der beengenden Atmosphäre Tokios unterschied. Paris, sagte sie, wirke sehr kalt. Diese Stadt war aus Stein erbaut. Sie fragte sich, was hinter diesen Steinen verborgen war, und sie wollte es herausfinden. Deshalb blieb sie in Paris und nahm sich ein Zimmer im Hotel d'Orsay. Morgens trank sie im Hotel Kaffee und aß Croissants, abends besuchte sie eine Sprachenschule, um Französisch zu lernen. Sie saß alleine in Cafés, las viel und beobachtete die Menschen. Sie sprach niemanden an und wurde auch nicht angesprochen.

In den ersten Monaten in Paris war sie schrecklich einsam. Sie war im November angekommen, und viele Monate lang war jeder Tag grau und trostlos gewesen. Hin und wieder fiel Schnee und hinterließ auf den gepflasterten Straßen einen grauen Matsch. Kuniko zog aus dem Hotel d'Orsay aus und nahm sich ein Zimmer im achten Stock einer kleinen Pension in der Nähe von Saint-Michel. Tag für Tag mußte sie dort acht Steintreppen hinauf- und hinunterstapfen. Von ihrem Fenster aus sah sie nur die Fenster der benachbarten Wohnungen und lange Reihen grauer Schieferdächer mit rauchenden Schornsteinen. Manchmal sprach sie von morgens bis abends mit keinem Menschen ein Wort. Sie dachte oft an ihre beiden Kinder, die sie mit dem unglücklichen Morita in Japan zurückgelassen hatte.

Sie widmete sich ein wenig dem Schreiben. Wie Seiji und Misao besaß sie sprachliches Talent, und mehrere japanische Magazine hatten sie gebeten, ihnen Artikel zu schicken. Allmählich ging ihr das Geld aus, und so begann sie, an einem Roman zu arbeiten. Sie hatte endlich die Freiheit gefunden, die sie suchte, und nahm das damit verbundene Leid und die Einsamkeit bereitwillig auf sich.

Die junge Japanerin lebte sich allmählich in dem Paris der fünfziger Jahre ein. Sie trieb sich im Stadtteil Montparnasse herum, der von internationalen Künstlern bevölkert war. Sie freundete sich mit dem Bildhauer Alberto Giacometti und der Schriftstellerin Françoise Sagan an und frühstückte mit Jean-Paul Sartre im Coupole im Montparnasse oder im Café de Flore. Es war eine aufregende Zeit, und Paris war eine aufregende Stadt. Doch in Paris lebten nur sehr wenige Japaner, und noch viel weniger schöne junge Japanerinnen. Alle wollten Kuniko kennenlernen, und alle waren begeistert von ihr.

Ihr Roman *Entwurzelt* erschien im November 1957, ein Jahr nach ihrer Ankunft in Paris. Schon vor seiner Veröffentlichung stritten sich japanische Filmgesellschaften um die Rechte. Im Japan der fünfziger Jahre sorgte das Buch für einen kleinen Skandal. Die Geschichte handelt von einer jungen Japanerin, die alleine in Paris lebt und eine Affäre mit einem drogensüchtigen

Franzosen hat. Schließlich begreift sie, daß sich Menschen aus dem westlichen Kulturkreis und Menschen des östlichen Kulturkreises nicht verstehen können. Menschen mit gelber und weißer Hautfarbe haben einen völlig verschiedenen geistigen Hintergrund.

Das Buch verkaufte sich 80 000mal. Es war ein kleiner Bestseller, auch wenn es niemals verfilmt wurde. Kuniko hatte sich dagegen gesträubt. Sie hatte das Buch für sich selbst geschrieben, und eine Verfilmung hätte eventuell ihre Intensionen verfälschen können. Doch durch das Buch war sie finanziell unabhängig geworden. Von ihren Honoraren kaufte sie sich eine Wohnung und ein Auto.

Das Japan, das sie verlassen hatte, trat mittlerweile in eine Phase außergewöhnlicher Veränderungen ein. Die Jahre nach Kunikos Abreise waren von dem beginnenden Boom in Japan geprägt. Alle arbeiteten wie besessen. Die industrielle Produktion verdoppelte, verdreifachte und vervierfachte sich schließlich. Endlich waren der Krieg und die Besatzung zu Ende. Eine dunkle Erinnerung entschwand rasch in die ferne Vergangenheit.

Alle verdienten Geld, allen ging es immer besser. Dennoch fühlten sie sich noch immer arm. Sie mußten entschlossen kämpfen, um wieder den materiellen Wohlstand zu erreichen, den sie vor dem Krieg gehabt hatten.

Nach einer gewissen Zeit verbesserte sich die Lage jedoch. Erste Anzeichen dafür waren die Waren in den Regalen der Läden. Einst leere und trostlose Geschäfte lockten nun die Käufer mit allen möglichen Produkten. Es gab nicht nur Töpfe, Pfannen und Waren für den täglichen Bedarf, sondern auch Güter, die ein neues Zeitalter ankündigten. Symbole des neuen Wohlstandes waren die »drei Kostbarkeiten« – Fernseher, Waschmaschine und Kühlschrank. Alle waren geradezu versessen auf diese Luxusgüter, die ihnen und dem Rest der Welt das Ende ihrer Armut signalisieren sollten.

Als Seiji das Kaufhaus in Ikebukuro übernahm, hatte er bereits geahnt, daß die Menschen bald auch nach Luxusgütern streben würden. Er stellte unverzüglich die neuesten elektrischen Haushaltsgeräte und Luxusartikel aus: Kameras, Fernseher sowie die neumodischen, von einer kleinen, unbekannten Firma namens Sony hergestellten Transistorradios, die 1958 auf den Markt kamen. Die großen, traditionellen Warenhäuser wie Mitsukoshi reagierten nur langsam auf die Veränderungen des Marktes. Seijis

Geschäft jedoch befand sich noch in der Aufbauphase und konnte somit in jede beliebige Richtung gelenkt werden.

Im Jahr 1960 war Seibu ein riesiges Kaufhaus mit einem Hubschrauberlandeplatz auf dem Dach. Ein Konsumtempel war entstanden. Sogar die Lebensmittelabteilung war um ein Vielfaches größer als die bei Harrods in London. Das Kaufhaus hatte sieben Etagen, in denen man von Kleidung und Büchern bis zu Jachten und Fertighäusern alles kaufen konnte. Um Kunden anzulocken, gab es Modeschauen, Kunstausstellungen und einen Kultursaal, in dem Theaterstücke aufgeführt wurden. Seibu beherrschte Ikebukuro wie eine Kathedrale. Das Kaufhaus hatte schließlich sogar den Bahnhof geschluckt und bildete das Zentrum des ganzen Viertels.

In Zahlen ausgedrückt, hatte Seiji ein Wunder vollbracht. Das Kaufhaus Seibu, 1955 noch ein unbedeutender kleiner Laden, machte mittlerweile den viertgrößten Umsatz von allen Kaufhäusern Tokios. Auch Seiji selbst hatte sich verändert. Er war selbstbewußter geworden und machte den Eindruck eines alerten, dynamischen Jungunternehmers.

Zweifellos hatte er es geschafft, viele seiner früheren Probleme zu lösen. Etwa zu dieser Zeit konnte er sich auch aus den Fesseln seiner Ehe befreien. Er hatte seine Pflicht getan und schließlich einen Sohn gezeugt, der das Vermögen der Familie erben und den Namen Tsutsumi weitertragen würde. Der kleine Koji wurde 1958 geboren. Kurz darauf erfolgte so diskret wie möglich die Scheidung, um den alten Yasujiro nicht abermals in Verlegenheit zu bringen. Motoko blieb in Higashi Kurume, in dem Haus, das Yasujiro dem jungen Paar geschenkt hatte, und Seiji zog mit dem kleinen Koji wieder in das große Haus in Hiroo.

Er hatte mit der Ehe schlechte Erfahrungen gemacht und zeigte keine Eile, wieder eine Partnerin zu finden. Statt dessen widmete er seine gesamte Energie dem Geschäft. Weil er jetzt mit seinem Vater unter einem Dach wohnte, hatte er reichlich Gelegenheit, mit ihm über die Führung des Kaufhauses zu diskutieren.

Seiji war wie sein Vater niemals zufrieden. Trotz gewaltiger Expansion und spektakulärer Umsätze war Seibu noch immer nur ein großes Warenhaus in dem armseligen, wenig einladenden Ikebukuro. Hohe Umsätze genügten Seiji nicht. Er wollte ein Kaufhaus, das zur Veränderung der Gesellschaft beitrug. Es war nicht mehr nötig, in die Fußstapfen der alten, dem Untergang geweihten Kaufhäuser wie Mitsukoshi und Takashimaya zu treten oder sich an ihnen zu messen. Seibu konnte eine ganz andere Richtung einschlagen. Er konnte ein neues Unternehmen für ein neues Zeitalter aufbauen.

Fürs erste eröffnete er ein Einkaufsbüro in Paris. Es wurde Zeit, daß Seibu Kontakte zum Ausland herstellte, und insbesondere Paris verkörperte Glanz, Luxus und die neueste Mode. Außerdem hatte Seibu dort eine Person vor Ort, die wie geschaffen dafür war, ein Einkaufsbüro zu eröffnen: Kuniko.

Kuniko war inzwischen fast mehr Pariserin als Japanerin. Sie war mit den unterschiedlichen Moden, Stilen, Stimmungen und Trends bestens vertraut, und ihr Freundes- und Bekanntenkreis unter den Vornehmen und Reichen wurde immer größer. Bereits im Jahr 1957 hatte sie einen jungen Modeschöpfer namens Louis Féraud getroffen. Sie war der Ansicht, daß sich seine Entwürfe gut für den japanischen Markt eigneten, und sorgte dafür, daß Warenmuster an Seibu geschickt wurden.

Kuniko war keine Geschäftsfrau. Sie hatte keine Ahnung, wie man Angestellte führte oder wie man einen Vertrag aufsetzte. Sie benötigte einen französischen Geschäftspartner, der sie bei ihrer Tätigkeit in der fremden Umgebung unterstützte. Seiji schickte einen jungen französischen Journalisten, der in Tokio gearbeitet hatte, nach Paris, um ihr zu helfen. Kuniko mietete ein Büro an den Champs-Élysées, und 1961 eröffnete Seibu seine Einkaufszentrale in Paris.

Zunächst schickte Kuniko französische Entwurfsmuster an Seibu, die dann kopiert und zu einem sehr viel niedrigeren Preis als die Originale verkauft wurden. Ein Team von Näherinnen wurde nach Paris geschickt, um französisches Design und Fertigungsverfahren zu erlernen. Dann traf sich Kuniko mit jungen Modeschöpfern, deren Arbeiten ihr gefielen und die ihrer Ansicht nach den Geschmack der Japaner trafen. Sie wählte einen jungen Mann namens Yves Saint-Laurent und einen Konfektionsdesigner namens Daniel Hechter. 1963 erwarb Seibu die Exklusivrechte auf die Verwertung der Entwürfe dieser Modeschöpfer in Japan.

Sechs Monate nach der Eröffnung des Pariser Büros heiratete Kuniko abermals: den jungen Franzosen, den Seiji aus Tokio geschickt hatte, um sie bei ihrer Arbeit zu unterstützen. »Es war rein geschäftlich«, sagte sie später ausweichend. »Ich mochte

178

ihn nicht.« Wie Yasujiro suchte sie ständig nach dem idealen Partner, ohne ihn jemals zu finden.

Jetzt führte das große, extravagante Kaufhaus in dem rückständigen Kaff Ikebukuro plötzlich die neueste französische Mode. 1961 wirkte das geradezu tollkühn. Die Menschen investierten ihr Geld in Wohnungen und Haushaltsgeräte, oder sie legten es auf die hohe Kante. Sie hatten mit Sicherheit kein Geld für exklusive französische Mode übrig. Außerdem hatten sie vermutlich auch keinen Sinn für solche Extravaganzen.

Kuniko sagte später, die Eröffnung eines Einkaufsbüros in Paris sei verfrüht gewesen. Kaufmännisch betrachtet war es tatsächlich ein Fehler, und die alten Herren bei Seibu murrten, daß für dieses absurde Projekt so viel Geld verschwendet worden sei. Doch Seiji und Kuniko waren überzeugt, daß Japan dadurch reicher werden würde. Der Geschmack und die Wünsche der Leute würden sich ändern und anspruchsvoller werden. Und Seibu war auf diesen Wandel nicht nur vorbereitet, das Unternehmen kämpfte mit eleganter französischer Mode für diesen Wandel. Seibu begann, den Geschmack der Menschen in Japan zu beeinflussen.

Inzwischen hatte ein anderes Familienmitglied einen sehr viel kühneren Plan entwickelt – ein so abenteuerliches und ehrgeiziges Projekt, daß sogar Seiji Skepsis äußerte. Yasujiro hatte schon vor seiner Amerikareise 1959 mit dem Gedanken gespielt, in den USA ein Kaufhaus zu eröffnen. Er hatte noch kein Projekt in kleinem Rahmen durchgeführt. Wenn Seibu schon im Ausland expandierte, dann in großem Stil. Das Einkaufsbüro in Paris war nur ein Versuchsballon. Yasujiro wollte nun in Los Angeles ein richtiges Kaufhaus eröffnen.

Seine Amerikareise bestärkte ihn in seinem Entschluß. Er schrieb, es beschäme ihn, daß in den USA nur japanische Waren von armseliger Qualität angeboten würden. Japans Wirtschaft war in den Vereinigten Staaten schlecht repräsentiert. Das Land brauchte ein Schaufenster, in dem es japanische Spitzenprodukte ausstellen konnte.[2]

Yasujiro war weit über Siebzig. Vielleicht suchte er ein letztes großes Projekt, mit dem er die beiden Stränge seiner Karriere – Politik und Wirtschaft – verschmelzen konnte. Ein Kaufhaus in Los Angeles wäre ein Symbol all dessen, was er in seinen letzten Jahren hatte erreichen wollen. Es wäre eine Brücke über den Pazifik, ein Band der Freundschaft zwischen den Vereinigten Staaten und Japan.

179

Nachdem Yasujiro den Plan ausgeheckt hatte, überließ er Seiji die Ausarbeitung der Details. Seiji war völlig perplex. Das Projekt war nicht nur seiner Zeit voraus, es war mehr eine politische Geste als ein gewinnbringendes Geschäft. Seibu hatte expandiert. Das Unternehmen besaß sieben Filialen in und um Tokio, doch es hatte noch immer nicht die finanzielle Basis, die für ein so großangelegtes Projekt erforderlich war. Zudem war Japan noch immer ein armes Land. Sein Export steckte noch in den Kinderschuhen. »Made in Japan« war gleichbedeutend mit »billig« und »minderwertig«. Es schien unwahrscheinlich, daß ein Kaufhaus, das japanische Waren führte, Erfolg haben könnte.

Doch Yasujiro ließ sich nicht von seinem Plan abbringen. Kein anderes japanisches Kaufhaus hatte eine richtige Filiale im Ausland eröffnet, und Seibu sollte das erste sein. Im Jahr 1961, als Yasujiro, von Misao und Seiji begleitet, als Sonderbotschafter des Ministerpräsidenten Ikeda seine große Amerikareise antrat, waren alle Vorbereitungen getroffen. In Los Angeles wurden sie von Bürgermeister Yorty empfangen, der sie zu Ehrenbürgern der Stadt ernannte. Und am 14. März 1962 wurde in Los Angeles mit großem Getöse die Filiale des Seibu-Kaufhauses eröffnet. Die Kosten beliefen sich auf 10 Millionen Dollar.

Die Seibu-Filiale in Los Angeles war in einem großen Betongebäude im Zentrum der Stadt untergebracht. Dächer, die an ein japanisches Schloß erinnerten, wölbten sich über dem Haupteingang. Dreihundertdreißig Angestellte, vorwiegend Amerikaner, waren in der Filiale beschäftigt. Die vier Etagen waren über und über mit japanischen Kunstgegenständen dekoriert: kostbare goldene Wandschirme, Lackarbeiten, Spiegel, Keramiken, Kimonos und Modelle von Kabuki-Schauspielern. Die eine Hälfte der ausgestellten Waren kam aus Amerika, die andere wurde aus Japan importiert. Vorgestellt wurden in erster Linie japanische Spitzenprodukte: feinste japanische Seide, Geschenkartikel, traditionelles Kunsthandwerk und die neuesten elektronischen Geräte – Kameras und Transistorradios. Die Botschaft war klar: Die Japaner stellten mittlerweile hochwertige, durchaus konkurrenzfähige Produkte her. Sie mußten sich für das Etikett »Made in Japan« nicht mehr schämen.

Es war ein kühnes Projekt, das jedoch von Anfang an zum Scheitern verurteilt war. Die Kosten waren schlichtweg zu hoch, und einem Firmen-Insider zufolge gab es Probleme bei der Planung und beim Vertrieb. Die Frachtkosten für japanische Produkte waren zu hoch, und viele Güter wurden auf dem Luftweg befördert, was die Kosten zusätzlich in die Höhe trieb. Folglich mußten die Preise erhöht werden, und die Umsätze gingen zurück. Die bescheidenen Gewinne reichten bei weitem nicht aus, um die hohen Kosten zu decken. Kaum ein Jahr nach Eröffnung der Filiale stand fest, daß die Pleite nahte. Seiji bat 1963 seinen Vater, das Kaufhaus schließen zu dürfen, und sogar der alte Mann mußte schließlich zugeben, daß sein letztes großes Projekt ein Reinfall war. Ende 1963 schloß die Filiale in Los Angeles und hinterließ dem Kaufhaus Seibu einen Schuldenberg von nahezu 5 Milliarden Yen, was 1994 etwa 500 Milliarden Yen entspräche.

Es sollte noch schlimmer kommen. Am 22. August traf sich Seiji mit Shigeo Mizuno, einem der mächtigsten Männer Japans, zum Dinner. Mizuno war Inhaber der Sankei-Zeitungsgruppe und einer der »Vier Shogune«, die den Aufstieg und Fall der Ministerpräsidenten finanzierten und diktierten. Er war ein langjähriger Freund Yasujiros und hatte eine besondere Sympathie für den jungen Seiji, den er protegieren wollte.

Sie saßen gerade beim Essen, als das Telefon klingelte. Seiji nahm den Anruf entgegen und kehrte dann an den Tisch zurück. Er entschuldigte sich für seine Abwesenheit und setzte die Konversation fort, als wäre nichts geschehen. Erst als alle Gäste fort waren, vertraute er sich Mizuno an: Ein Feuer war ausgebrochen. Die oberen drei Stockwerke des Kaufhauses waren völlig ausgebrannt. Der Schaden belief sich auf mehrere Millionen Yen. Mizuno bewunderte die Gelassenheit des jungen Mannes. Er hatte dem Kaufhaus alles geopfert und jahrelang geschuftet, um es zu dem zu machen, was es war. Und dennoch bewahrte er Haltung angesichts einer solchen Katastrophe.

Es stellte sich heraus, daß das Feuer während der Reinigung ausgebrochen war. Das Reinigungspersonal hatte die Fußböden mit Öl gereinigt. Im siebten Stockwerk in der Möbelabteilung tötete ein Junge mit Streichhölzern Kakerlaken und zündete versehentlich das Öl an. Von dort breitete sich das Feuer in die unteren Etagen aus. Glücklicherweise war es ein Feiertag. Ansonsten wäre das Kaufhaus voller Kunden gewesen. Dennoch kamen einige Angestellte ums Leben, und mehrere wurden verletzt.

In der Presse löste der Brand Kritik an Seiji und seinen Methoden aus. Das Kaufhaus Seibu expandiere viel zu schnell, hieß es. Die Sicherheit werde vernachlässigt, und der Brandschutz sei unzureichend. Die schärfste Kritik kam jedoch zwei Tage später.

Seiji hatte sich überlegt, wie er sogar aus dem Brand noch Kapital schlagen konnte. Er begab sich eilends nach Karuizawa, um mit seinem Vater zu sprechen. Er schlug vor, das Kaufhaus sofort wieder zu öffnen und durch Feuer und Löschwasser beschädigte Waren mit gewaltigem Preisnachlaß zu verkaufen.

Yasujiro rief Yoshiaki herein. Zu dieser Zeit steckten der Vater und sein jüngerer Sohn ständig zusammen, und Yasujiro traf keine Entscheidung, ohne zuvor Yoshiakis Rat eingeholt zu haben.

Yoshiaki widersetzte sich dem Plan mit großer Heftigkeit. Der Vorschlag sei empörend, sagte er. Schließlich seien Menschen ums Leben gekommen. Es sei unschicklich und pietätlos, das Kaufhaus sofort wieder zu öffnen. Seiji war nicht darauf gefaßt, von seinem jüngeren Bruder abgekanzelt zu werden.

»Ich werde es tun!« beharrte er.

Schließlich spielte Yasujiro den Vermittler.»Laß Seiji machen, was er will«, brummte er.

Das Kaufhaus wurde am 24. August geöffnet, nachdem das Personal am Vortag die erhalten gebliebenen Stockwerke gereinigt hatte. An jenem Morgen wurde in der Zeitung und im Radio für den großen Sonderverkauf geworben. In dem Laden herrschte dann ein wahrer Massenandrang. Etwa 50 000 Menschen schoben sich durch die geschwärzten Türen und drängten sich an den Ladentischen. Einige wurden in dem Gewühl ohnmächtig, und eine Stunde später mußte das Kaufhaus wieder geschlossen werden.

Diesmal wurde in der Presse heftige Kritik geäußert. Die Leute waren über so viel Pietätlosigkeit empört. Danach blieb das Geschäft mehrere Tage lang geschlossen. Yoshiaki hatte diese Reaktionen vorausgesehen.

# 11
# Ein ganz normaler Junge
## Yoshiakis Geschichte 1934–1964

*Fast alle meine Prinzipien als Unternehmer gehen auf den Spaß
zurück, den ich in meiner Jugend hatte.*

YOSHIAKI TSUTSUMI[1]

Von all seinen Frauen liebte Yasujiro Tsuneko am meisten. Sie
besaß all die traditionellen weiblichen Tugenden: Sie war sanft,
gefügig und passiv, und sie war von frischer, natürlicher Schönheit und hatte ein warmes Lächeln. Tsuneko war ein liebes, ein-
faches Mädchen.

Yasujiros scharfsinnigem Cousin Kamibayashi zufolge wollte
er, als er sie kennenlernte, mit ihr zusammenziehen und Misao
fallenlassen, so wie er Fumi fallengelassen hatte. Doch Misao, in
vielerlei Hinsicht eine Vorläuferin der modernen emanzipierten
Frau, war zu stark für ihn. Sie war zäh, gebildet, energisch und
entschlossen, ihren Willen durchzusetzen. So wurde sie Yasujiros Frau und Geschäftspartnerin, während Tsuneko im Hintergrund blieb. Misao war bei allen wichtigen Anlässen stets an
seiner Seite. Doch wenn er sich entspannen wollte, ging er zu
Tsuneko.

Tsuneko war erst zwanzig, als sie Yasujiros Geliebte wurde.
Yasujiros Affären mit Misao und ihren beiden Schwestern hatten
die Aoyama-Familie zerstört und Misaos Vater in den Selbstmord getrieben. Tsunekos Vater hingegen, Saburo Ishizuka,
schien sich an dem Liebesverhältnis nicht zu stören. Yasujiro
war damals vierundvierzig. Er war ein vermögender Mann, Bauunternehmer und seit zehn Jahren Mitglied des Unterhauses.
Zudem zählte er zu Ishizukas engsten Freunden. So betrachtete
der schlaue Zahnarzt aus Niigata es vermutlich als eine sehr vorteilhafte Verbindung, selbst wenn seine Tochter durch sie ent-
ehrt wurde.

Auch als Tsuneko bereits Yasujiros Geliebte war, wohnte sie
weiterhin bei ihrem Vater. Als Zahnarzt war Ishizuka ein wohlhabender Mann. Er besaß ein großes, zweistöckiges Haus in einer
ruhigen Nebengasse in einem reichen Wohnviertel Tokios. Die
Hinterfront des Hauses grenzte an den Shinjuku Gyoen, einen

schönen alten Park, der für seine Kirschblüten und Ziergärten bekannt ist.

Dort lebte Tsuneko mit ihrem langweiligen alten Vater, der unablässig mit seiner Zahnheilkunde oder mit der Entwicklung neuer Medikamente beschäftigt war, seiner zweiten Frau (Tsunekos Mutter, seine erste Frau, wohnte in dem Haus in Niigata) und deren kleiner Tochter Matsuko, Tsunekos Halbschwester. Die Mitglieder des kleinen Haushalts lebten glücklich und in Frieden zusammen.

Ein Jahr nachdem Tsuneko Yasujiro kennengelernt hatte, brachte sie ihr erstes Kind zur Welt – Yoshiaki. Er wurde am 29. Mai 1934 geboren, nach dem japanischen Kalender im Jahr des Hundes. Bis er sechs Jahre alt war, lebte er mit seiner Mutter, seinen Großeltern und der kleinen Matsuko, die nur zwei Jahre älter war als er und seine Spielkameradin wurde, in dem Haus in Shinjuku. Er war ein zäher kleiner Junge mit einem kämpferischen, kantigen Boxergesicht.

Yoshiaki, Yasujiros dritter Sohn, stammte von seiner dritten Frau. Somit war er frei von dem Druck, der auf Seiji und Kiyoshi lastete. Die Chancen, daß er der Nachfolger im Konzern seines Vaters werden würde, waren gleich Null. Er war ein gewöhnlicher kleiner Junge und durfte eine ganz normale Kindheit verbringen. Außerdem war Yasujiro im Alter milder geworden. Sein Geschäft war fest etabliert, und er hatte somit mehr Zeit für seine kleinen Kinder. Auch war er nicht mehr so tyrannisch wie in früheren Zeiten.

Die erste Veränderung in Yoshiakis jungem Leben trat ein, als er sechs Jahre alt war. Er hatte mittlerweile einen Bruder, den 1938 geborenen Yasuhiro. Im selben Jahr, 1940, zog Tsuneko mit ihren beiden Söhnen in das Holzhaus in Takagi-cho, zehn Minuten von dem großen Haus in Hiroo entfernt. Der kleine Yoshiaki wurde mitgenommen, um seine Halbbrüder kennenzulernen: Seiji, damals vierzehn Jahre alt, und Kiyoshi, ein erwachsener Mann von sechsundzwanzig Jahren.

Mit sechs Jahren entdeckte er, daß er zu einer sehr viel größeren Familie gehörte, als er bisher geglaubt hatte. Doch in diesem Alter war das noch kein allzu großer Schock für ihn. Zudem vollzogen sich in seinem eigenen Leben kaum Veränderungen. Seiji hingegen wurde unmittelbar mit der Welt seines Vaters konfrontiert. Er wohnte mit dem jähzornigen alten Mann unter einem Dach und wurde zwangsläufig Zeuge seiner zahlreichen Seitensprünge. Yoshiaki hingegen wuchs in einer friedlichen Atmosphäre bei seiner Mutter und seinen Brüdern auf (Yuji, der dritte Sohn, wurde 1942 geboren). Er picknickte mit seinen Großeltern und Matsuko, und den Neujahrstag verbrachte die ganze Familie gemeinsam in Tsunekos Haus in Takagi-cho. Von Zeit zu Zeit kam Yasujiro zu Besuch. Er war mittlerweile über fünfzig, rund wie ein Faß und sah eher wie ein Großvater als wie ein Vater aus. Hin und wieder wurde Yoshiaki auch in das große Haus in Hiroo mitgenommen.

Der Krieg brachte das Leben der ganzen Familie völlig durcheinander. Als es in Tokio durch die Luftangriffe zu gefährlich wurde, schickte Yasujiro die kleine Familie nach Naka-karuizawa ins Gebirge. Sie besaßen dort bereits ein Sommerhaus, das Yasujiro Tsuneko zur Verfügung gestellt hatte. Es lag in einer seiner Siedlungen in den Lärchenwäldern des Sengataki-Gebiets, nicht weit von Prinz Asakas prächtiger, im edwardianischen Stil erbauten Villa.

Sie verbrachten dort mehrere Jahre. Yoshiaki besuchte den örtlichen Kindergarten und freundete sich mit den Dorfjungen an. Sein bester Freund war ein Junge namens Akira Hoshino.

Die beiden fühlten sich stark zueinander hingezogen. Ihre Väter waren befreundet, seit Yasujiro in seiner Waseda-Uniform in Kutsukake (damalige Bezeichnung von Naka-karuizawa) aufgekreuzt war und seine ersten Grundstücke erworben hatte. Der Vater des kleinen Hoshino war Inhaber des Gasthofs Hoshino Spa am Fuße des Hügels, wo Yasujiro seine ersten Häuser gebaut hatte. Die Familie war in gewisser Weise der Landadel des Dorfs.

Hoshinos Mutter war die Dorfärztin, eine prächtige, liebenswürdige Frau. Als Ärztin kannte sie die Geheimnisse all ihrer Patienten. Und da die Dorfbewohner sie in Form von Naturalien bezahlten, hatte die Familie auch in den magersten Kriegsjahren immer reichlich zu essen.

Frau Hoshino nahm die kleine Familie unter ihre Fittiche. Sie befahl dem ein Jahr älteren Hoshino, sich um Yoshiaki zu kümmern. Häufig lud sie Yoshiaki zum Essen ein und gab ihrem Sohn jeden Morgen zwei Freßpakete mit in die Schule – eins für ihn und eins für Yoshiaki.

Die beiden wurden enge Freunde. Der junge Hoshino – als ich ihn traf, ein schelmischer, sechzigjähriger Mann mit schütterem Haar, der als Inhaber von Hoshino Spa in die Fußstapfen seines Vaters getreten war – erinnerte sich, daß Yoshiaki von all den

185

Evakuierten, diesen hochnäsigen, hellhäutigen Stadtjungen, die die Kriegsjahre im Gebirge verbringen mußten, der einzige war, der sich mit den Dorfjungen abgab.

Während die Bomben auf Tokio fielen, fuhren die beiden mit ihren großen schwarzen Fahrrädern die Hügel von Karuizawa hinauf und hinunter. Auf der Suche nach Abenteuern radelten sie durch die Lärchenwälder und umfuhren die Landhäuser.

Die Väter der Jungen, beide Hoteliers, besaßen Lagerhäuser, die bis unters Dach mit großen Eisquadern gefüllt waren. Sie waren zwischen dicken Schichten von Sägemehl gelagert. Im Winter schnitten die Männer das Eis aus den gefrorenen Teichen heraus, und im Sommer verwendeten sie es für primitive Kühlkisten, in denen sie Milch und Nahrungsmittel aufbewahrten. An heißen Sommertagen schlichen sich die beiden Jungen in eines der Lagerhäuser und wühlten sich durch das Sägemehl, bis es an ihrer Kleidung, ihren Ohren und ihren Haaren haftete. Wenn sie an eine riesige Wand aus Eis gelangten, hackten sie Eis heraus, vermischten die Eissplitter mit Zucker und verspeisten diese Köstlichkeit. Oder sie drangen in eines der Lagerhäuser ihrer Väter ein, in denen sich Lachs- und Rindfleischdosen als Kriegsrationen stapelten, stahlen eine Büchse und verschlangen die verbotene Delikatesse in ihrem Versteck in den Lärchenwäldern. So verbrachten sie wilde, sorglose Jahre.

In der Schule blieb kaum Zeit zum Lernen. Die Kinder mußten Brennholz sammeln, und hin und wieder fingen sie Fische mit den Händen. An den Wochenenden arbeiteten sie an Flugzeugsitzen und trugen auf diese Weise zu den Kriegsanstrengungen bei. Einmal flogen zwei B-29-Bomber über ihre Köpfe hinweg und griffen Niigata an, Großvater Ishizukas Heimatstadt. Doch abgesehen davon blieb der Krieg nur ein fernes Ereignis.

Schließlich war der Krieg zu Ende. Alle versammelten sich in einem Zimmer im Obergeschoß von Hoshino Spa und hörten über Hoshinos Radio, das einzige im ganzen Dorf, die Worte des Tennos zur Niederlage Japans.

Allmählich nahm das Leben wieder seinen gewohnten Gang. In dem großen Haus in Hiroo lag sich Kiyoshi ständig mit seinem Vater in den Haaren, und Seiji stahl sich davon, um kommunistische Versammlungen zu besuchen. In Takagi-cho hingegen ging es sehr ruhig zu. Yoshiaki war bei Kriegsende elf Jahre alt und besuchte wieder die Grundschule in Hiroo.

Anfang 1946 wurde Kiyoshi enterbt, und Seiji war von da an der nächste in der Abstammungslinie. Alle nahmen an, er sei der Kronprinz und würde als Erbe des Konzerns aufgebaut werden. Er hatte sein Studium an der Tokio-Universität noch nicht begonnen, engagierte sich jedoch schon stark für die Linke.

Etwa um diese Zeit legte Yasujiro seinem Sohn Yoshiaki ans Herz, er solle sich für das Unternehmen interessieren. Die Dorfbewohner in Naka-karuizawa erinnern sich jedoch, daß Yasujiro seinen Sohn schon Jahre zuvor, als dieser noch klein war, zu geschäftlichen Sitzungen mitgenommen hatte. »Setz dich dorthin!« wies er den kleinen Jungen an. »Hör zu!« Und das Kind saß gehorsam da und hörte zu, wie die Erwachsenen über die künftige Erschließung der Region diskutierten.

Zweifellos war Yasujiro enttäuscht. Er hatte gehofft, daß sein ältester Sohn Kiyoshi, der Klügste von allen, sein Nachfolger werden würde, wie es in Japan Brauch war. Doch Kiyoshi hatte ihn enttäuscht. Yasujiro konnte es sich nicht leisten, mit Seiji den gleichen Fehler noch einmal zu machen, zumal dieser Sohn entgegen allen Überzeugungen seines Vaters handelte.

Yoshiaki entwickelte sich zu einem umgänglichen Jungen. Wie seine Mutter war er kein Intellektueller. Kiyoshi und Seiji waren zu scharfsinnig. Sie erkannten die Schwächen ihres Vaters und übten Kritik. Yoshiaki war unkomplizierter. Er war ein ruhiger, höflicher, etwas altkluger Junge. Die anderen Jungen sprachen wie ihre Kameraden auf der Straße, er hingegen drückte sich stets in korrektem Japanisch aus. Er war ganz der Sohn seiner Mutter, und Yasujiro hatte Tsuneko immer am meisten geliebt.

1947 wurde Yoshiaki im Alter von dreizehn Jahren auf die Azabu-Gakuen-Mittelschule geschickt, eine der renommiertesten Schulen Tokios, die den Söhnen reicher Familien vorbehalten war. Seine damaligen Schulkameraden erinnern sich, daß er nie über seine Herkunft oder seine Familie sprach. Als sie ihn zu Hause besuchten, stellten sie fest, daß er in einem bescheidenen Holzhaus wohnte, das nicht einmal eine richtige Eingangshalle besaß. Sie nahmen alle an, er sei nicht sonderlich wohlhabend. Keiner ahnte, daß er ein Sohn des berühmten Unternehmers Yasujiro Tsutsumi war.

Alle erinnern sich, daß er ein guter Läufer war. Er war groß für sein Alter und sehr schnell. Er nahm den Sport sehr ernst, übte sich in Judo und im Sumo-Ringen. Außerdem trainierte er

Leichtathletik und Kurzstreckenlauf. 1948 veranstaltete die Stadtverwaltung Tokios ihren ersten Sportwettkampf nach dem Krieg. Er nahm am 400-Meter-Staffellauf teil, und seine Mannschaft siegte. Im folgenden Jahr nahmen sie am 800-Meter-Staffellauf teil. Jeder lief 200 Meter, und sie siegten abermals. Dann gab er das Laufen sowie sämtliche Aktivitäten außerhalb des Stundenplans auf. Abends nach der Schule, wenn die anderen Jungen ausgingen, um sich zu amüsieren, eilte Yoshiaki unverzüglich nach Hause. Seine Schulkameraden sahen ihn nicht wieder. Später vertraute er Freunden an, sein Vater habe damals zu ihm gesagt: »Du sollst mein Nachfolger werden. Bereite dich seelisch darauf vor!«

Seijis Aktivitäten hingegen trieben Yasujiro allmählich zur Weißglut. Jeden Abend blieb er bis spät in der Nacht auf revolutionären Versammlungen. Hin und wieder brachte er seine radikalen Kommilitonen sogar heimlich mit in das elterliche Haus in Hiroo und hielt in seinem Zimmer eine Versammlung ab. Das war mehr, als Yasujiro ertragen konnte. Doch er hüllte sich seinem älteren Sohn und rechtmäßigen Erben gegenüber in Schweigen. Seiji nahm an Märschen und Demonstrationen teil und wollte den Kapitalismus abschaffen, während Yasujiro mit Yoshiaki im Arisugawa-Park spazierenging, dem großen, alten Park hinter dem Haus in Hiroo, und ihn in die Strukturen seines Konzerns und in seinen Führungsstil einweihte.

Der gewissenhafte Junge nahm alles auf, was Yasujiro ihm erklärte, und wuchs allmählich in die Rolle hinein, für die ihn sein Vater bestimmt hatte. Einer seiner Freunde sagte viele Jahre später, es sei so gewesen, wie wenn ein kleiner Mann an die Stelle des Tennos trete.

Die Jahre vergingen. 1953 wurde Yasujiro Parlamentspräsident. Yoshiaki war jetzt neunzehn. Er war zu einem kräftigen und gesunden jungen Mann herangewachsen. Er hatte ein hageres, scharf geschnittenes Gesicht, einen mürrischen Zug um den Mund, aber als durchtrainierter Sportler wirkte er dennoch attraktiv.

Im April desselben Jahres begann er zu studieren. Kiyoshi und Seiji hatten die Tokio-Universität besucht, die Universität der künftigen Elite. Yoshiaki jedoch hatte sich mit seinem Vater beraten und besuchte die gleiche Hochschule wie Yasujiro: Waseda.

Genau wie Yasujiro ging Yoshiaki nur selten in Vorlesungen. Einige seiner Kommilitonen erinnern sich, daß er immer die

188

Aufschriebe der anderen Studenten kopierte. An zwei Tagen in der Woche – freitags und samstags – war er immer abwesend. Er war an diesen zwei Tagen mit seinem Vater unterwegs. Von früh morgens bis spät abends begleitete er ihn zu Baustellen, begutachtete neu erworbene Grundstücke und lernte Yasujiros Konzern in allen Bereichen kennen.

Er und sein Vater verstanden sich nun bestens. Yoshiaki dachte bereits wie ein aufstrebender Geschäftsmann und konnte es kaum erwarten, eigene Projekte zu realisieren.

Auch Yasujiro hatte einen Großteil seiner Studentenzeit damit verbracht, seinen Geschäften nachzugehen. Doch daneben hatte er sich auch politisch engagiert. Er war mit dem feurigen Demagogen Nagai befreundet gewesen und hatte sich für dessen idealistische Pläne, Japan zu demokratisieren, begeistert. Yoshiaki kannte seinen Vater nur als konservativen alten Mann. Er hatte keine Ambitionen, die Gesellschaft zu verändern. Er brauchte nur in die Fußstapfen seines Vaters zu treten. Sein Vater hatte viel Geld verdient, und er, Yoshiaki, würde noch mehr Geld verdienen. Er wollte die Führung des Konzerns übernehmen, wenn sie ihm angeboten wurde. Vor allem wollte er dafür sorgen, daß er expandierte, auch wenn dabei einige Menschen auf der Strecke blieben. Das war nun einmal nicht zu vermeiden.

Yoshiaki hatte an der Waseda-Universität einen Kommilitonen namens Hiroshi Tsuruoka kennengelernt, einen extrovertierten jungen Mann, der oft und gerne lachte. Die beiden waren Nebensitzer. Die Studenten saßen in alphabetischer Reihenfolge an den Tischen, und Tsuruoka kam im Alphabet direkt vor Tsutsumi. Sie wurden gute Freunde und hatten dieselben Interessen: Auch Tsuruoka war Sportler, und seine Familie war in der Tourismusbranche tätig.

Alle Studenten der Waseda-Universität wurden Mitglieder in irgendwelchen Clubs. Dort gingen sie ihren Interessen nach und schlossen die Freundschaften, die sie den Rest ihres Lebens pflegen würden. Yoshiaki trat natürlich dem Judoclub bei. Außerdem wurde er Mitglied im Fotoclub. Er war seit der Mittelschule ein begeisterter Fotograf. Doch am meisten engagierten er und sein Freund Tsuruoka sich für die Tourismus-Arbeitsgruppe.

Die Besatzung war seit knapp einem Jahr zu Ende, und die Phase des starken Wirtschaftswachstums hatte 1953 noch nicht begonnen. Die Menschen kämpften ums Überleben. Sie wohnten noch immer in baufälligen Häusern und arbeiteten von früh bis spät, um die Wirtschaft wieder in Schwung zu bringen. Der Koreakrieg hatte die Wirtschaft angekurbelt, doch 1953 endete der kurze Boom abrupt. Die amerikanischen Truppen benötigten die japanischen Rüstungsgüter nicht mehr, und das Land fiel wieder in die Rezession zurück. Am allerwenigsten interessierten sich die Leute für den Tourismus – von einer Handvoll versponnener Studenten einmal abgesehen.

Tsuruoka zufolge nahmen sie nur zum Spaß an der Arbeitsgruppe teil. Doch Yoshiaki beriet sich wie immer zuerst mit seinem Vater. Er sagte, er wolle nach dem Studium eine verantwortungsvolle Position im Konzern seines Vaters haben. Dazu benötigte er Erfahrung in der Menschenführung und im Management. Deshalb hatte er beschlossen, sich der Tourismus-Arbeitsgruppe anzuschließen.

Yasujiro begrüßte seine Entscheidung. »Du mußt hart arbeiten«, brummte er. »Mach es auf keinen Fall halbherzig!«[2]

Yasujiro hatte ein wachsames Auge auf die Fortschritte seines Sohnes. »Als erstes leihst du dir Geld, und dann kaufst du Land«, erklärte er Yoshiaki. Das mache 99 Prozent des Geschäfts aus.[3] Doch die Zeiten hatten sich geändert. In den Vorkriegsjahren galt es als unklug, in Land zu investieren. Land war sehr billig gewesen. Nach dem Krieg waren die Grundstückspreise enorm gestiegen, und viele Unternehmer wollten Land kaufen.

Wenn Yoshiaki ein würdiger Nachfolger werden sollte, mußte er für das neue Zeitalter eine neue Strategie entwickeln. Deshalb beschloß Yasujiro, ihn mit einer Aufgabe auf die Probe zu stellen. Der alte Mann hatte halb Karuizawa aufgekauft. Er hatte mehrere Millionen Yen darauf verwendet, das Land zu erschließen und Ferienhäuser, Geschäfte und Hotels zu bauen. Doch das halbe Jahr lang waren diese Einrichtungen ungenutzt. Im Sommer flohen die Menschen vor der drückenden Hitze in Tokio ins Gebirge, doch im Winter war Karuizawa viel zu kalt. Alles war unter tiefem Schnee begraben. Ferienhäuser, Läden und Hotels schlossen, und der Ort fiel in den Winterschlaf.

Der alte Mann gab nun seinem Sohn folgenden Auftrag: Er sollte im Winter Kunden nach Karuizawa locken. Seibu würde das Land, die Bauarbeiter und das Geld bereitstellen. Yoshiakis Aufgabe war es, eine zündende Idee zu entwickeln und sie in allen Einzelheiten auszuarbeiten.

Yoshiaki war bereit. Er kannte seinen Zielgruppe: Studenten

und junge Leute, die noch nicht so viel arbeiten mußten wie ihre Eltern. Er war überzeugt, daß sie für ihr Vergnügen Geld bezahlen würden, denn in dem tristen, arbeitswütigen Japan der fünfziger Jahre gab es nur wenig Möglichkeiten, sich zu amüsieren. Niemand investierte in die Freizeitindustrie. Die Regierung pumpte Geld in die Schwerindustrie, in die Produktion von Stahl, Schiffen und Autos. Die Erschließung von Land und der Wohnungsbau wurden stiefmütterlich behandelt.

Yoshiaki ließ sich bei seiner Aufgabe vom Instinkt und nicht vom Intellekt leiten, und als begeisterter Sportler fand er eine denkbar einfache Lösung: Schlittschuhlaufen. In Karuizawa liefen die Leute auf Seen, Teichen und gefrorenen Reisfeldern Schlittschuh, doch es gab keine Eisstadien. Er wollte im Herzen der Feriensiedlung eine 400 Meter lange, beheizte Eisbahn mit Bars und Geschäften bauen.

Wenige Wochen später fiel eine ganze Horde von Waseda-Studenten in Naka-karuizawa ein. In den nächsten sechs Monaten pendelten sie zwischen Tokio und Karuizawa hin und her und arbeiteten an dem Projekt. Sie versäumten zwar ihre Vorlesungen, doch in Naka-karuizawa gab es auch eine Menge zu lernen. Sie arbeiteten an einem richtigen Projekt und wurden sogar bezahlt. Sie wohnten im Green Hotel und machten sich mit jugendlichem Enthusiasmus an die Arbeit.

Die Eishalle wurde in einem ehemaligen Hangar gebaut, ein kleines Stück oberhalb Hoshino Spas. Ende des Jahres war alles fertig. Am 7. Januar 1956 sollte die Eishalle eröffnet werden. Am 6. Januar war die Eisbahn noch immer nicht mit Eis überzogen. Alle gerieten in Panik. Dann erinnerte sich Yoshiaki an die Lagerhäuser voller Eis, in denen er während des Kriegs mit Hoshino gespielt hatte. Seibu-Lastwagen wurden mit Eisblöcken beladen, und die Studenten pflasterten mit ihnen die Eisbahn. Dann schaufelten sie Trockeneis und Schnee vom nahe gelegenen Berg Asamayama in die Spalten zwischen den Eisblöcken. Die Oberfläche war noch immer nicht ganz glatt, doch es reichte aus, um darauf Schlittschuh zu laufen.

Die Eröffnungszeremonie am folgenden Tag war ein großer Erfolg. Prinz Takamatsu, der Bruder des Tennos, und zahlreiche Journalisten waren erschienen. Japans Olympia-Eiskunstläufer gaben eine Probe ihrer Kunst. Eine Country-and-Western-Band spielte, und Yasujiro zerschnitt zur Eröffnung das Band mit der goldenen Schere.

Kein Einwohner von Naka-karuizawa hat je vergessen, was anschließend geschah. Yoshiaki hatte seinem Vater versprochen, jeden Tag 5000 Kunden anzulocken. Am ersten Tag nach der Eröffnung kamen 5000. Am nächsten Tag kamen noch mehr, bis schließlich 600 Busse pro Tag von Tokio abfuhren und 30 000 begeisterte Schlittschuhläufer nach Naka-karuizawa brachten. Die Busse fuhren etwa um elf Uhr abends in den verschiedenen Stadtteilen Tokios ab und erreichten Naka-karuizawa um sechs Uhr morgens. Die Schlittschuhläufer vergnügten sich den ganzen Tag auf dem Eis und fuhren dann am späten Nachmittag nach Tokio zurück. Das Gewerbe erlebte einen regelrechten Boom. Nach und nach entstanden nun überall in Japan Eisstadien.

Bei Yoshiakis letztem Projekt während seines Studiums hegte sogar Tsuruoka Bedenken. Yasujiro hatte schon seit langem ein Auge auf den vornehmen, exklusiven Ferienort Oiso geworfen. Der Ort lag in einem schönen, bewaldeten Gebiet an der Sagami-Bucht. In den letzten hundert Jahren, seit Beginn des Meiji-Zeitalters, hatten Aristokraten und wohlhabende Familien dort ihre Villen gehabt. Hirobumi Ito, der herausragende Staatsmann der Meiji-Ära und Schöpfer der ersten japanischen Verfassung, hatte an der Küste eine prächtige Villa im westlichen Stil bauen lassen. Auch Shigeru Yoshida, der große Staatsmann der Nachkriegszeit, besaß dort eine Villa. Wie eine natürliche Festung lag sie in dichten Wäldern verborgen und wurde auf der einen Seite durch das Meer, auf der anderen durch einen Fluß geschützt. Yasujiro begann, dort nach und nach Land aufzukaufen. Zufällig grenzte eines seiner Grundstücke, ein großes, an der Küste gelegenes Stück Land, unmittelbar an das Grundstück des ehemaligen Ministerpräsidenten Yoshida. Es gab dort ein kleines Hotel, in dem Besucher abstiegen, um am Strand zu faulenzen. Doch es kamen nur wenige Touristen. Der Strand war grau und steinig, und viele Stürme wühlten das Meer auf.

Yoshiaki war auf der Suche nach einem Thema für seine Abschlußarbeit. Das Baden im Meer kam damals in Japan gerade erst in Mode. Die Menschen machten traditionell nicht am Meer Urlaub, sondern im Gebirge. Sie suchten Bäder und heiße Quellen auf. Es gab nur ganz wenige Seebäder mit primitiven Einrichtungen. Dies war eine Herausforderung für Yoshiaki. Er hatte etwas gefunden, worüber er sich den Kopf zerbrechen

konnte. Wie konnte man aus dem Meer Kapital schlagen? Es
mußte doch eine Möglichkeit geben, die Japaner scharenweise
an die Küste zu locken – und ihnen ihr Geld aus der Tasche zu
ziehen.

Er stellte Recherchen an und erhob Daten. Dabei fand er heraus, daß die meisten Menschen ans Meer gingen, um sich zu entspannen. Meistens sonnten sie sich am Strand. Nur wenige gingen im Meer schwimmen. Deshalb plante er direkt an der Küste
ein exklusives Seebad mit einem Süßwasserbecken von hundert
Meter Länge und fünfzig Meter Breite. Zudem sollte es mehrere
kleinere Becken geben, mit Sonnenschirmen, Markisen und kleinen, schattenspendenden Palmenhainen. Die Besucher sollten
in Steingärten lustwandeln, mit Musik berieselt werden und
sich nachts an bunten Lampions erfreuen.

Bei Seibu schüttelte die alten Führungskräfte die Köpfe. Wer
würde schon Geld dafür bezahlen, in einem Becken schwimmen
zu dürfen, wenn man kostenlos im Meer schwimmen konnte?
Doch Yasujiro vertraute inzwischen voll und ganz auf den
Instinkt seines Sohnes. Sogar der ehemalige Ministerpräsident
Yoshida kam zu der am 1. Juli 1957 stattfindenden Einweihung
des Beckens am Oiso Long Beach. Scharen von Touristen wurden
in Bussen an die Küste gekarrt, und andere Bauunternehmer
begannen, ebenfalls Schwimmbecken an der Küste zu bauen.

Obwohl die Studenten ihr Studium vernachlässigt hatten,
bestanden sie alle ihre Abschlußprüfungen, Yoshiaki und Tsuruoka im Jahr 1957, Ishida 1958. Tsuruoka arbeitete kurze Zeit
im Unternehmen seiner Familie und anschließend vier Jahre bei
Seibu. Dann beschloß er, in die Politik zu gehen. Yoshiaki schüttelte ihm die Hand und sagte: »Falls du jemals wieder zu uns
kommen willst, du bist jederzeit willkommen.« Die beiden blieben stets gute Freunde. Auch Ishida wollte gerne für Seibu arbeiten, doch er mußte in den Betrieb seiner Familie einsteigen.

Yasujiro machte Yoshiaki zum Leiter der Tourismus-Abtei-
lung von Kokudo Keikaku, dem zentralen Unternehmen innerhalb der Seibu-Gruppe, das für Landerwerb und Landerschließung verantwortlich war. Im Oktober 1957 wurde Yoshiaki im
zarten Alter von vierundzwanzig Jahren Direktor dieser Abteilung. Yasujiro selbst war damals beinahe siebzig.

In den folgenden Jahren bildete Yasujiro seinen Sohn von früh
bis spät für Führungsaufgaben aus. Oft sagte er zu ihm: »Yoshiaki, ich werde dir beibringen, was ich von meinem Vater gelernt

habe und was ich mir selbst erarbeitet habe – das gesamte Wissen von zwei Generationen.«[4]

Die beiden steckten fast immer zusammen. Wenn eine Entscheidung getroffen werden mußte, beauftragte Yasujiro seinen Sohn, sich eine Meinung zu bilden. Zuerst mußte Yoshiaki sich Gedanken machen. Wenn er Yasujiro seine Meinung mitteilte, dann erklärte ihm der Alte seine Denkfehler. Doch Yasujiro versah kein Dokument mit seiner Unterschrift, solange er sich mit Yoshiaki nicht hundertprozentig einig war.

Im Lauf der Jahre näherten sich Vater und Sohn zunehmend einander an. Angeblich vertraten sie bei 99 Prozent aller Projekte die gleiche Meinung. Es waren harte Lehrjahre gewesen, doch Yoshiaki hatte sich als vortrefflicher Schüler erwiesen.

Zweifellos war er von allen Söhnen Yasujiros derjenige, der am meisten Ähnlichkeit mit seinem Vater hatte. Er besaß denselben unfehlbaren Instinkt für profitable Geschäfte, denselben unerschütterlichen Willen, das große Geld zu machen, und denselben Weitblick. Und er konnte Menschen manipulieren. Um das Imperium zu regieren, mußte er ein Tenno werden.

# 12
# Tod des letzten Giganten
## 1964

*Er war zweifellos waghalsig bei seinen Geschäften. Er tat alles, um seine Ziele zu erreichen. Sogar vor Gewaltanwendung schreckte er nicht zurück. Doch nun ist er tot, und es scheint, als ob wir einen Mann verloren hätten, der noch etwas wagte. Man braucht sich nur umzusehen. Die meisten Unternehmer sind heutzutage nur noch Studenten mit Prädikatsexamen. Es gibt viele gescheite Männer in Keidanren und Doyukai [Unternehmervereinigungen]. Doch Goto und Tsutsumi waren Männer der Tat. Unternehmer sind aus einem ganz anderen Holz geschnitzt als Professoren.*

HIROSHI OKAWA[1]

Ende April 1964 stand Yasujiro eines Tages wie gewohnt um fünf Uhr auf. Am Vormittag stattete er Ministerpräsident Ikeda einen Besuch ab. Wieder zurück in seinem Haus in Hiroo, sank er schwerfällig in einen Sessel im Wohnzimmer. Er klagte, er habe sich während des Vormittags wie benommen gefühlt. Eine ganze Weile saß er schweigend da, als denke er über etwas nach.

Zufälligerweise war Kuniko zu dieser Zeit zu Hause. Vor acht Jahren war sie nach Paris gegangen, und dies war ihr erster Besuch. Sie war sechsunddreißig Jahe alt, eine vornehme Pariserin, die sich schwarze Lidstriche zog, die Lippen blaßrosa malte und ihr Haar hochtoupiert hatte. Sie sprach noch immer mit leiser, sanfter Stimme, und sie hatte noch immer nicht ihren Traummann gefunden.

Sie war zurückgekommen, um sich mit ihrem Vater zu versöhnen. Eigentlich wollte sie früher kommen, doch sie war aufgehalten worden. Die drei gingen zum Mittagessen in ein Restaurant. Der alte Mann bestellte gekochten Karpfen und – was ganz untypisch für ihn war – überschüttete Misao mit Komplimenten wegen ihres Kimonos. Der Wirtin des Restaurants machte er Komplimente für ihre Suppe. Dann trennten sie sich. Einer von Yasujiros jungen Sekretären und sein Lieblingsdienstmädchen aus Shiga erwarteten ihn, um ihn nach Atami zu begleiten. Er wollte das Wochenende in seinem Landhaus an der Küste verbringen.

Am Bahnhof von Tokio brach Yasujiro auf dem Bahnsteig

zusammen. Der Sekretär benachrichtigte sofort Misao. Wenige Minuten später war sie bei ihm und hielt seine Hand. Sein Gesicht war fahl, und er hatte einen schwachen Puls. Doch er sprach deutlich und schien bei klarem Verstand.

Mit beruhigender Stimme sagte Misao immer wieder zu ihm: »Es ist nicht das, wovor du so Angst hattest.« Seit Jahren fürchtete er, einen Gehirnschlag zu bekommen wie sein Großvater. Tatsächlich hatte er eine leichte Gehirnblutung.

Wenige Minuten später traf Seiji ein. Der alte Mann wurde auf dem schnellsten Weg ins Krankenhaus gebracht. Auf der Fahrt dorthin murmelte immer wieder: »Laßt uns nach Hause gehen. Ich will nach Hause.« Später fragte sich Seiji, ob er vielleicht gar nicht das Haus in Hiroo gemeint hatte, sondern das Dorf Yagiso in Shiga, wo er geboren worden war.

Anderthalb Tage wachte die Familie an seinem Bett. Misao war keinen Augenblick von seiner Seite gewichen. Schließlich gingen sie und Seiji schlafen, und seine abtrünnige, eigenwillige Tochter Kuniko nahm den Platz an seinem Bett ein. Auch wenn Vater und Tochter sich oft stritten, hatten sie sich immer geliebt. Mehr als alle anderen Kinder schlug Kuniko ihrem Vater nach. Die beiden verstanden sich. Später sagte Kuniko wiederholt, sie könne bei keinem Mann lange bleiben, weil keiner den Vergleich mit ihrem Vater aushalte.

Yasujiro konnte nicht mehr sprechen. Einen kurzen Moment trafen sich ihre Blicke, und er bedeutete ihr mit einer Geste, daß er sein Verhalten bereue. Kuniko berichtete später, sie habe ihm gesagt, daß sie ihm verzeihe. Die beiden hatten sich wieder versöhnt. Am Sonntag, dem 26. April, drückte ihm Kuniko morgens um 8.10 Uhr die Augen zu. Der große alte Mann, der letzte Gigant, war tot.

Noch am selben Abend erschienen die Nachrufe in den Zeitungen. In der *Asahi*-Zeitung schrieb Hyo Hara. Er war während Yasujiros Präsidentschaft Vizepräsident gewesen. Der ehemalige Präsident Tsutsumi, schrieb er, sei ein Mann mit viel Humor und von bester Gesundheit gewesen. »Als Persönlichkeit des öffentlichen Lebens war er ernsthaft und höflich.«

Einige Nachrufe erwähnten Seiji, als wäre dieser zu Yasujiros Nachfolger bestimmt. Hyo Hara schrieb:

Sein Sohn, der junge Seiji, ist ein junger, aufstrebender Geschäftsmann und Direktor des Kaufhauses Seibu. In letzter Zeit realisierte er viele Projekte des Konzerns. Tsutsumi hatte immer alles unter Kontrolle. Doch das hat sich geändert. In letzter Zeit wurde viel davon gesprochen, das Kaufhaus Seibu bis nach Shibuya, das Territorium des Konkurrenzunternehmens Tokyu, zu erweitern. Tsutsumi hat Seijis neue Geschäftspolitik offenbar akzeptiert.[2]

Doch in Wirklichkeit war alles offen. Yasujiro war zu früh gestorben. Nach seinem Tod begannen die Probleme.

Eine Stunde nachdem Yasujiro den letzten Atemzug getan hatte, versammelten sich die mächtigsten Männer des Seibu-Imperiums in einem Hinterzimmer des Hiroo-Hauses, in dem Sitzungssaal, in dem sie dienstags immer ihre Konferenzen abgehalten hatten. Sie nahmen die ihnen zugewiesenen Plätze an dem langen Tisch ein. Yasujiros Platz am Tischende blieb leer. Auf einem Regal hinter dem Tisch stand eine große Fotografie des alten Mannes, der nun aus dem Jenseits über die Gruppe wachte.

Yoshiaki saß rechts vom Platz seines Vaters, Misao links. Neben ihr saß Seiji. Die beiden Brüder Yoshiakis, Yasuhiro und Yuji, die beiden Schwiegersöhne, Shojiro Kojima und Juro Morita, sowie die drei mächtigsten, nicht zur Familie gehörenden Seibu-Manager waren in dem Raum versammelt.

Sie mußten die wichtige Entscheidung treffen, wer künftig das Imperium regieren sollte? Es war die schwerste Krise, in der sich das Unternehmen jemals befunden hatte. Wenn sie keine gütliche Einigung erzielten, würde der Konzern auseinanderbrechen. Dies wäre das Ende all dessen, wofür der alte Mann gekämpft hatte. Die Nachwelt würde Yasujiro danach beurteilen, ob er den Richtigen als Nachfolger bestimmt hatte.

Scheinbar war die Angelegenheit bereits entschieden. Kiyoshi war enterbt worden, also war Seiji der älteste Sohn. Er wurde als Sohn Misaos, Yasujiros rechtmäßiger Frau, betrachtet und galt somit als legitimer Sohn. Folglich war er der rechtmäßige Nachfolger. Es lag auf der Hand, daß Misao, die eine enorme Macht ausübte, ihn unterstützen würde.

Außerdem hatte er seine Bewährungsprobe bestanden. Er hatte die Kaufhauskette Seibu mit durchschlagendem Erfolg geführt. Seiji war intelligent, sympathisch, gutaussehend, von sanftem Wesen, und er erfreute sich großer Beliebtheit. Er hatte sich ein ausgedehntes Netz politischer und wirtschaftlicher Verbindungen geschaffen.

Nur Seiji und sein Vater wußten, wie tief der Antagonismus zwischen ihnen wirklich war. Weil Seiji das kapitalistische System ablehnte, stellte er sich auch gegen seinen Vater und alle von ihm repräsentierten Werte. Allein durch die Tatsache, daß er der Kommunistischen Partei beigetreten war, hatte er das Recht auf sein Erbe verwirkt. Während er das Kaufhaus sanierte, hatte er ständig unter dem Widerstand und der Feindseligkeit seines Vaters zu leiden gehabt. Yasujiro hatte Seiji gefürchtet. Er war zu intelligent und zu kritisch. Sein Führungsstil wies in ein neues Zeitalter. Anstatt seine Angestellten anzuschreien, hörte er ihnen zu. Yasujiro hatte Angst, daß Seiji sein Lebenswerk zerstören könnte.

Die alten Herren bei Seibu wußten, daß Yasujiro Yoshiaki zu seinem Nachfolger bestimmt hatte. Er hatte ihn nach seinem eigenen Bild geformt und wußte, daß er den Kurs steuern würde, den er ihm befohlen hatte. Doch Yoshiaki hatte sich noch keinen Namen gemacht, und er hatte keine Beziehungen. Wenn er Nachfolger werden würde, hätten sich Misao und Seiji ihm widersetzen können. Das hätte zur Spaltung des Konzerns führen können.

Es gibt verschiedene Theorien darüber, wie sie letztlich zu einer Entscheidung gelangten. Damals ging das Gerücht, Yasujiro habe Yoshiaki mit seinen letzten Worten bestimmt. Der Journalist Yonosuke Miki hingegen schrieb kurz nach dem Tod des alten Mannes, die alten Herren bei Seibu, die oberen und mittleren Führungskräfte, hätten Seiji ausmanövriert. Sie fürchteten angeblich, ihre Jobs zu verlieren, falls er an die Macht gekommen wäre.[3]

Der Journalist Toshiaki Kaminogo, der 1983 für sein Buch *Seibu okoku* (Seibu-Imperium) recherchierte, interviewte einen Mann namens Kunio Fukumoto. Dieser stellte die Zusammenhänge ganz anders dar.

Fukumoto ist eine mysteriöse und ziemlich finstere Gestalt. Er gehört in der japanischen Politik mittlerweile zu den mächtigsten und gefürchtetsten Drahtziehern. Er war vermutlich bereits als Student an der Tokio-Universität mit Seiji befreundet und er wußte von dem Streit, der die Familie entzweite. Damals war er Sekretär eines Ministers und somit in einer einflußreichen Position. Seiner Meinung nach war es an der Zeit, daß ein Außenstehender sich als Mittler in den Streit einschaltete.

Kurz bevor Yasujiro starb, traf sich Fukumoto mit Seiji in einem abgelegenen Restaurant namens Komatsu. In einem Nebenzimmer hatten die beiden eine Unterredung.

Fukumoto kam gleich zur Sache. »Was tut sich in puncto Nachfolge? Will dein Vater noch immer deinen Bruder als Nachfolger?«

»Gewiß«, sagte Seiji, blaß geworden, widerwillig. »Yoshiaki ist sein Liebling. Aber er kann sich nicht entscheiden. Yoshiaki ist noch jung, er hat keine Beziehungen. Mein Vater macht sich wohl Gedanken darüber, ob er der Aufgabe überhaupt gewachsen ist. Möglicherweise entschließt er sich dazu, daß ich ein Jahr lang an der Macht bin, und Yoshiaki das darauffolgende Jahr. Doch das könnte problematisch werden …«

Fukumoto hatte sich bereits eine Meinung gebildet. »Das Wichtigste ist«, sagte er sehr bestimmt, »daß der Konzern nicht auseinanderbricht. Innerhalb des Seibu-Konzerns muß eine enge Zusammenarbeit gewährleistet sein.«

»Du hast recht«, sagte Seiji.

»Denk doch mal nach. In dieser Situation ist es gleichgültig, wer von euch mehr Erfahrung oder Fähigkeiten hat. Du mußt kompromißbereit sein und der Realität ins Auge sehen.«

»Darin habe ich mich geübt«, entgegnete Seiji. »Auch ich möchte in dieser entscheidenden Phase keinen Fehler machen.«

»Das freut mich zu hören. Ich sage dir meine Meinung als Außenstehender. Vielleicht solltest du zurücktreten und Yoshiaki die Nachfolge überlassen. Du solltest sein Berater und Gehilfe werden, damit im Seibu-Konzern weiterhin alles reibungslos läuft. Ihr Brüder solltet zusammenarbeiten. Das ist bestimmt keine einfache Aufgabe. Aber hin und wieder muß man zurückstecken, um seine wahre Stärke zu zeigen.«

»Ich verstehe, was du sagen willst«, meinte Seiji, und seine Miene hellte sich auf. »Ich weiß, daß ich genug zum Leben habe, auch wenn ich auf die Nachfolge verzichte. Gleich morgen teile ich meinem Vater mit, daß ich Yoshiaki unterstützen werde. So kann ich noch zu seinen Lebzeiten meine Pflicht ihm gegenüber erfüllen.«

»Tu das«, sagte Fukumoto.

»Das werde ich«, erwiderte Seiji.[4]

Zweifellos trug Fukumotos Vermittlung dazu bei, daß sich Seiji zu einer Entscheidung durchgerungen hat. Er selbst hat immer wieder betont, er habe freiwillig auf die Nachfolge verzichtet. »Ich sagte, daß ich nichts von [meinem Vater] übernehmen würde«, äußerte er 1990 in einem Interview im belgischen Fernsehen. »Ich hatte ähnliche politische Ziele wie die Studenten im Quartier Latin während der Mai-Revolution im Jahre 1968. Ich wollte nicht zurückblicken! Ich wollte nie etwas von ihm annehmen. Ich wählte den dornigen Weg und wollte es alleine schaffen.«[5]

Seiji war ein hochintelligenter, sensibler junger Mann. Zweifellos kannte er die Wünsche seines Vaters sehr genau. Er war viel zu stolz, um auf seinem eigenen Recht auf die Nachfolge zu bestehen. Vielleicht wollte er auch tatsächlich beweisen, daß er seinen Weg ganz alleine machen konnte. Er ließ damals keinerlei Anzeichen von Groll erkennen. Sein Vater hatte vor seinem Tod zu ihm gesagt: »Mach die Familienangelegenheiten nicht noch komplizierter.« Seiji war entschlossen, sein letztes Versprechen, das er dem alten Mann gegeben hatte, zu halten. Die Entscheidung war nicht mehr rückgängig zu machen. Yoshiaki würde den Konzern führen.

An jenem Tag arbeitete die Familie im Sitzungssaal in Hiroo unter dem Porträt des toten Yasujiro die Details der Vereinbarung aus. Ein Komitee aus fünf Personen sollte den Konzern leiten: die beiden Söhne, Seiji und Yoshiaki, die Schwiegersöhne, Kojima und Morita, sowie der ehrwürdigste Spitzenmanager des Seibu-Konzerns, ein Mann namens Iwao Miyauchi. Alle sollten weiterhin die Firmen leiten, denen sie bereits als Direktoren vorstanden. Yoshiakis jüngere Brüder hatten gerade erst die Schwelle zum Erwachsenenalter überschritten.

Yasuhiro, ein stiller, in sich gekehrter junger Mann von sechsundzwanzig Jahren, sollte Direktor des Toshimaen-Vergnügungsparks werden. Der zweiundzwanzigjährige Yuji sollte die Hotels führen – alle bis auf zwei, nämlich Misaos Lieblingsprojekt, das prächtige neue Tokio Prince Hotel, und das neue Prince Hotel am internationalen Flughafen von Haneda. Die beiden Hotels sollten zusammen mit dem Helikopterunternehmen Asahi Koyo an Seiji fallen, dessen Anteil am Erbe sich aus diesen Unternehmen und den Kaufhäusern zusammensetzte. Der gesamte Konzern jedoch unterstand Yoshiakis Kontrolle. Von nun an würde er den Platz seines Vaters einnehmen.

Am 30. April fand mit großem Pomp die Trauerfeier statt. Die Rollschuhhalle des Toshimaen-Vergnügungsparks wurde für diesen Zweck zur Verfügung gestellt. Die Halle war riesig, aber dennoch zu klein für all die Menschen, die dem bedeutenden Mann die letzte Ehre erweisen wollten. Insgesamt 50 000 Menschen waren gekommen.

In der ersten Stunde wurde eine Zeremonie nur für die Familie und das Seibu-Personal abgehalten. Nishibei hatte früher in Yasujiros Gegenwart stets gezittert. Er erinnert sich daran, wie traurig alle waren. Andere Angestellte erklären jedoch, sie seien überhaupt nicht traurig gewesen. Der alte Mann sei ein Tyrann gewesen. Sie hegten eher Befürchtungen, was nun aus dem Unternehmen und aus ihnen werden sollte.

Die ganze Familie war versammelt, die Frauen in schwarzen Kimonos, die Männer in schwarzen Anzügen. Yoshiaki führte den Trauerzug an und trug die Urne mit der Asche seines Vaters. Dann folgte Misao. Sie trug die traditionelle Totentafel.

Hinter Misao schritt Seiji mit den Opfergaben des Tennos. Dann folgte Kuniko. Auf einem Samtkissen trug sie einen großen Verdienstorden, der Yasujiro verliehen worden war. Der jüngste Sohn, Yuji, bildete den Schluß der Prozession. Er trug eine Fotografie des alten Mannes, die ihn so zeigte, wie ihn jeder in Erinnerung hatte. Auch Kiyoshi und seine Frau waren anwesend. Yasujiros zahlreiche Mätressen hingegen, auch Tsuneko, nahmen an der Trauerfeier nicht teil.

Danach folgte die öffentliche Zeremonie. Unter den Trauergästen waren Ministerpräsident Hayato Ikeda, der Parlamentspräsident und der Führer der oppositionellen Sozialistischen Partei. Der Tenno, Kronprinz Akihito, Prinzessin Michiko und viele Angehörige des Herrscherhauses und der Regierung schickten Kondolenzschreiben, Blumenkränze und Opfergaben. Yasujiros Porträt wurde feierlich auf dem Altar aufgestellt und mit den traditionellen weißen Chrysanthemen umrahmt. Die ganze Halle war mit unzähligen Reihen weißer Chrysanthemen dekoriert.

Die Tatsache, daß nicht der älteste Sohn den Trauerzug anführte, sondern Yoshiaki, löste viel Gerede aus. Yoshiaki hielt auch eine ergreifende Rede. Die Beobachter waren bestürzt. Dies war der erste öffentliche Hinweis, daß nicht Seiji, wie allgemein angenommen, den riesigen Seibu-Konzern erben würde, sondern der unbekannte junge Yoshiaki.

Genau ein Jahr nach Yasujiros Tod, am 26. April 1965, wurden die sterblichen Überreste des alten Mannes mit großem Zeremoniell bestattet. Das Grab lag auf einem Hügel am äußersten

Stadtrand Kamakuras. Yasujiro hatte sein Grabmal selbst entworfen. Viele Jahre zuvor war Yasujiro als junger Mann häufig in diese alte Tempelstadt gefahren, die nur wenige Meilen von Tokio entfernt liegt.

Ein kleiner Familientempel hatte es Yasujiro besonders angetan. Er lag auf einer Lichtung ganz oben auf einem Hügel, wo sich die dichten Wälder, die die Hänge bedeckten, plötzlich lichteten.

Yasujiro pflegte auf der Tempelterrasse zu stehen und die eindrucksvolle Landschaft zu betrachten, die sich vor ihm ausbreitete. Die Umrisse des Fujiyama zeichneten sich scharf gegen den Horizont ab. Yasujiro betrachtete die hinter dem Berg untergehende Sonne. Im Vordergrund konnte er die sanften, welligen Hügel von Hakone erkennen, jenem Ort, der ihm so viel bedeutete.

Später kaufte er den Tempel und den dazugehörigen Hügel. Er fragte sich bisweilen, was er damit machen solle. Er spielte mit dem Gedanken, zwischen den Bäumen Ferienhäuser zu bauen. 1959 wurde er dann in die Vereinigten Staaten eingeladen. Im Verlauf seiner Reise besichtigte er den Arlington-Friedhof. Er war von der Größe des Friedhofs mit seinen Rasenflächen und dichten Gräberreihen, vor allem aber von seiner Helligkeit fasziniert. Die traditionellen japanischen Friedhöfe sind dunkle, düstere Orte. Hochgewachsene Nadelbäume werfen dort lange Schatten, und die Gräber sind mit Moos überwuchert.

Yasujiro ließ sich inspirieren. In Tokio waren alle Friedhöfe restlos überfüllt, und das Land für neue Friedhöfe war knapp. So beschloß Yasujiro, seinen Hügel in Kamakura in einen Friedhof umzuwandeln. Dieser sollte nicht dunkel und düster sein, sondern hell und freundlich, mit Rasenflächen, auf denen die Kinder Drachen steigen lassen und Fußball spielen konnten, und die zum Picknicken einluden. Yasujiro wollte dort einen Tempel bauen und zehntausend Gräber mit Grabsteinen aus Granit anlegen lassen. Die Gräber wollte er natürlich verkaufen, doch auf dem Gipfel des Hügels plante er sein eigenes Grab.

Der alte Mann war zu früh gestorben, um sein Werk selbst vollenden zu können. Doch es war alles genau so, wie er es geplant hatte. Der gesamte Hügel erinnerte von seiner Form her an ein Amphitheater. Treppen führten an einem Tempel und an einer riesigen Bronzeglocke vorbei auf eine weite Rasenfläche mit einem gepflasterten Weg hinauf. Dort oben wachten zwei Löwen aus Stein über den Frieden des Ortes. Am Ende des Steinweges, ein kleines Stück oberhalb der Rasenfläche, lag das Grab selbst. Vor dem Grab erstreckten sich üppige Blumenbeete, im Hintergrund schlossen gestutzte Hecken das Grabmal ab.

In der Mitte einer mit schimmernden weißen Kieselsteinen bedeckten Fläche ragte der Grabstein auf. Er war aus schwarzem Granit und trug die Inschrift: »Yasujiro Tsutsumis Grab«. Er war ehrfurchtgebietend und majestätisch, würdig eines Pharaos oder Tennos.

Nachdem Yasujiros Urne bestattet war, hielten Spitzenmanager des Konzerns die Totenwache. »Der alte Chef muß sich da oben einsam fühlen, so ganz alleine«, sagten sie. »Wir wollen ihm Gesellschaft leisten.« In Dreier- oder Fünfergruppen verbrachten sie die Nächte auf dem Friedhof und bewachten das Grab.

Später wurden für diesen Brauch genaue Vorschriften erlassen. Die Anzahl der Wache haltenden Männer wurde auf zwei festgesetzt, und es wurde ein Leitfaden erstellt, der die korrekte Verhaltensweise vorschrieb. Alle Angestellten der verschiedenen Firmen innerhalb der Unternehmensgruppe wetteiferten darum, die Wache übernehmen zu dürfen, und es gab immer eine lange Warteliste von Bewerbern.

Die beiden Auserwählten fanden sich etwa um halb sechs Uhr abends, wenn sich der Himmel hinter dem Fujiyama gerade rötlich färbte, auf dem Hügel ein. Sie gingen zunächst zum Grab. Dort standen sie mit gefalteten Händen und gesenkten Köpfen und machten ihrem alten Chef ihre Aufwartung.

Dann bereiteten sie sich auf ihre erste Aufgabe vor. Kurz vor sechs Uhr, wenn der Himmel bereits dunkelviolett war, hielten sie sich an der bronzenen Glocke bereit, die sie beide weit überragte. Einer von beiden zählte die Sekunden, und der andere zog den Baumstamm zurück, der als Klöppel diente. Der erste Schlag ertönte um Punkt sechs Uhr. Das Echo hallte weit über die Hügel Kamakuras. Dann folgten neun weitere Schläge, jeder mit einem tiefen, dröhnenden Nachhall. Die Glockenschläge folgten im Abstand von genau dreißig Sekunden aufeinander. Um halb zehn machten die beiden Männer einen Rundgang und prüften, ob alles in Ordnung war. Dann zogen sie sich in das kleine Haus zurück, wo sie plauderten, Yasujiros Bücher studierten und schliefen. Am nächsten Morgen wiederholten sie um Punkt sechs Uhr das Glockenritual. Kein Tag verging, an dem Yasujiro nicht auf diese Weise geehrt worde wäre.

Für die Auserwählten war das Ritual wie eine Läuterung. Die meisten berichteten, sie hätten in der Gegenwart des Toten große Ehrfurcht empfunden. Sie fühlten sich stärker als Teil der großen Familie, die der Konzern darstellte, und sie spürten eine engere Verbundenheit mit der Seibu-Gruppe als je zuvor.

Yasujiro war zu einem Gott geworden. Sein Foto hing in den Büros sämtlicher Firmen der Unternehmensgruppe, und die allmorgendliche Konferenz wurde unter dem wachsamen Auge des alten Chefs abgehalten.

# Teil III
*Neuanfänge*

# 13
# Die Midas-Jahre
## Seijis Geschichte 1964–1973

*Unordnung war die Ordnung der Zeit*
*Ideen – eine kostbare Nahrung*
*Aller Humor war in Tränen gehüllt*
*Ein roter Apfel zerbarst*
*Und die Unordnung brach aus wie ein Feuer in einem fernen Dorf*
*Ein leiser Wind wehte in das zusammenstürzende Schloß*

TAKASHI TSUJII[1]

Im Jahr 1970 war Seiji Anfang Vierzig. Er machte oft Schlagzeilen, weil er so ganz anders war als die grundsoliden Mitglieder der japanischen Geschäftswelt. Er war ein Einzelgänger, ein Außenseiter, der mit Künstlern, Komponisten, Schriftstellern und Modeschöpfern verkehrte und die exzentrischsten Figuren der japanischen Halbwelt zu seinen Freunden zählte. Statt des obligatorischen grauen Anzugs trug er elegante, von jungen Modeschöpfern entworfene Maßanzüge und erschien selbst auf hochoffiziellen Veranstaltungen oft mit einer unpassend extravaganten Krawatte. Auf Parties der High-Society, Vernissagen oder Konzerten war er fast häufiger anzutreffen als bei den Konferenzen der Geschäftsleitung.

In den ersten sechs Jahren nach Yasujiros Tod hatte Seiji es irgendwie geschafft, die Balance zwischen Wachstum und Bankrott zu halten und sein Versprechen zu erfüllen: Das Imperium bestand weiter, und die Familie hatte keinen Grund zur Klage. Er war immer noch an allen Unternehmen beteiligt, die zu dem Imperium gehörten. Er war einer der Vizepräsidenten von Seibu Railways, und die Eisenbahngruppe hielt die Hälfte der Warenhausaktien. Doch die Leute assoziierten den Namen Seibu inzwischen nicht mehr mit der Eisenbahn, den großen Ländereien, den Hotels oder dem Chemiebetrieb, sondern mit der Warenhauskette.

Trotz aller Nachfolgestreitigkeiten verkörperte immer noch Seiji nach außen hin den Seibu-Konzern. Aus dem jungen Kronprinzen war der neue Herrscher geworden. Yoshiaki war noch viel zu jung, um die Leitung eines so großen Konzerns zu übernehmen. Er hielt sich im Hintergrund, beobachtete das Gesche-

207

hen und eignete sich die nötigen Kenntnisse an. Das Fünfer-Komitee – die beiden Söhne, die Schwiegersöhne und der Geschäftsführer Miyauchi – beherrschte nun nominell das Imperium und trug die volle Verantwortung. Die konkreten Entscheidungen des Arbeitsalltags, vor allem für die Eisenbahnlinien und den Landbesitz des Imperiums, fällten die Manager, ausnahmslos alte Männer, die Yasujiro fast sein ganzes Leben lang treu zur Seite gestanden hatten und sein Andenken in Ehren hielten. Sie sorgten dafür, daß alles so weiterlief, wie er es gewünscht hätte. Jeden Dienstag versammelten sich die Spitzenmanager dieser Gruppe und die Mitglieder der Familie unter Yasujiros Porträt, wie sie es schon zu seinen Lebzeiten getan hatten.

Seiji machte sich keine Illusionen. Er wußte, daß es nicht sein Imperium war, sondern das seines Bruders. Er konnte Yoshiaki lediglich auf seine Aufgabe vorbereiten und ihn unterstützen, wenn er eines Tages aus dem Schatten heraustreten und die Führung übernehmen würde. So blieb Seiji zwar an allen Unternehmen beteiligt, konzentrierte seine Aktivitäten jedoch auf die Unternehmensgruppe, für die er die Verantwortung übernommen hatte: die Warenhauskette.

Unmittelbar nach den Trauerfeierlichkeiten für seinen Vater wandte Seiji seine Aufmerksamkeit dem Erbe zu, das der alte Mann ihm hinterlassen hatte: dem verheerenden Defizit von 5 Milliarden Yen, das durch den Zusammenbruch des Warenhauses in Los Angeles entstanden war. Nach dem damaligen Wechselkurs waren das um die 15 Millionen Dollar, nach dem von 1994 wären es an die 1,5 Milliarden Dollar gewesen. Selbst bei einer konsequenten Sparpolitik mußten zwanzig Jahre vergehen, bevor die Warenhauskette wieder schwarze Zahlen schreiben würde. Von der Eisenbahngruppe und den Unternehmen, die den Landbesitz des Imperiums verwalteten und vergrößerten, war keine Hilfe zu erwarten, da sie ihr ganzes Geld in Immoblilien investierten.

Seit Seiji die Kaufhauskette übernommen hatte, war er von seinem Vater ständig gegängelt worden. Der alte Mann hatte Seijis Ideen nicht akzeptiert und stets darauf bestanden, daß alle Gewinne der Warenhauskette der Unternehmensgruppe zuflossen, die den Landbesitz des Imperiums verwaltete. Doch jetzt gehörte die Warenhauskette Seiji, und er konnte schalten und walten, wie er wollte. Endlich war er von den Grundstücksmaklern des Konzerns unabhängig und mußte seine Gewinne nicht mehr an sie abführen.

Seiji hatte sein eigenes Konzept, aus den roten Zahlen heraus-zukommen. Tatsächlich sagte er später, das Defizit sei ein großer Ansporn gewesen. Es habe ihn zum Handeln gezwungen. Er wollte expandieren, und die erwirtschafteten Gewinne nicht nur sicher anlegen. »Im Rückblick erwies sich [der Schuldenberg] als großes Glück.«[2]

Seiji wurde sofort aktiv. Die zwei Hotels, die auch zu seinem Anteil des Erbes gehörten – das Tokyo Prince und das Prince am Haneda-Flughafen – würde er abgeben müssen. Er verkaufte sie an Yoshiaki Kokudo Keikaku. Damit blieben sie im Besitz des Imperiums und unter der Leitung der Kaufhauskette.

Seiji suchte unermüdlich nach neuen Ideen und verfolgte auf-merksam die jüngsten Entwicklungen in seinem Geschäftsfeld. Sein Vorbild waren wie immer die Amerikaner. Im Jahr 1955 war Seiji nach Los Angeles gereist, um an einem Lehrgang über eine typisch amerikanische Einrichtung teilzunehmen: den Super-markt.

In der besten Wohngegend von Tokio war bereits ein Super-markt eröffnet worden, in dem die Hausangestellten ausländi-scher Diplomaten und begüterte Japaner an den glitzernden Regalen entlangspazierten und ihre Einkaufskörbe mit impor-tierten Waren füllten. Für die Japaner, die ihren Reis und ihr Gemüse sonst auf dem Markt oder im kleinen Laden an der Ecke kauften, symbolisierten Supermärkte Wohlstand, Verwestli-chung und die Zukunft.

Da damals noch sein Vater die Finanzen verwaltete, mußte Seiji sich mit kleineren Experimenten begnügen. Nach seiner Rückkehr aus Los Angeles eröffnete er außerhalb von Tokio vier kleine Seibu-Selbstbedienungsläden, in denen Lebensmit-tel und die Haushaltswaren angeboten wurden. Alle Gewinne, die sie abwarfen, wurden wieder in die Eisenbahngruppe und in den Landbesitz des Imperiums investiert. 1963 war Seiji zu der festen Überzeugung gelangt, nun sei die Zeit reif, Japan in großem Stil mit Supermärkten zu überziehen. Zudem stand damals das Warenhaus in Los Angeles bereits kurz vor dem Zusammenbruch. Seiji brauchte dringend ein neues lukratives Geschäft, um seine immer knapper werdenden Geldmittel auf-zustocken. In diesem Jahr benannte er seine vier Selbstbe-dienungsläden von Seibu in Seiyu um und eröffnete fünf wei-tere Filialen – diesmal in den reichen Vororten im Westen von Tokio.

Ein anderer aufstrebender junger Mann namens Isao Naka-
uchi, dessen Unternehmen seinen Sitz auf der Insel Kyushu im
Süden Japans hatte, kam zur selben Zeit auf diesselbe Idee.
Während Seiji die alten Männer von Seibu in zähen Verhandlungen zu überzeugen versuchte, daß aus der Supermarktkette nur
dann ein finanzieller Erfolg werden könne, wenn so schnell wie
möglich immer mehr Filialen eröffnet würden, schossen im West-
teil von Osaka mehrere Filialen seines Konkurrenten Daiei aus
dem Boden.

Seiji hatte eine einträgliche Geldquelle entdeckt. Die Seiyu-
Selbstbedienungsläden florierten. 1966 umfaßte die Supermarktkette bereits dreißig Filialen, 1967 kamen weitere sechs hinzu,
und 1968 waren es schon fünfzig. Daiei eröffnete in der Zwi-
schenzeit zehn bis zwanzig neue Märkte pro Jahr. Es zeichnete
sich bereits ab, daß die Supermärkte bald beliebter und lukrati-
ver sein würden als die Warenhäuser. Ehrgeizige junge Männer
rissen sich um einen leitenden Posten bei den beiden großen
Konkurrenzunternehmen Seiyu und Daiei. 1968 bewarben sich
bei Seiyu mehr als tausend Hochschulabgänger um die vierzig
oder fünfzig freien Stellen. Schließlich stellte das Unternehmen
hundert neue Führungskräfte und tausend Hochschulabsolven-
ten ein und expandierte von da an Jahr für Jahr im gleichen
Umfang weiter.[3]

Die Supermärkte veränderten die Einkaufsgewohnheiten der
Japaner. Doch Seiji erkannte, daß auf allen Ebenen der japani-
schen Gesellschaft noch viel dramatischere und tiefgreifendere
Veränderungen im Gange waren, und er wollte auch mit der
Seibu-Warenhauskette von der Entwicklung profitieren.

Das Herzland von Seibu war Ikebukuro, der trostlose Außenbezirk im Südwesten Tokios mit den vielen schäbigen, kleinen
Bars und Nachtclubs, in dem die beiden Eisenbahnlinien von
Seibu endeten. Auch alle möglichen anderen Firmen hatten dort
ihren Hauptsitz. Das Warenhaus, das inzwischen das längste der
Welt war, zog sich mitten durch den Vorort und zerteilte ihn in
zwei Hälften. Yasujiro hatte sich stets allen Plänen Seijis widersetzt, außerhalb von Ikebukuro nach einem Gelände zu suchen,
um das Warenhaus zu erweitern. Doch nach seinem Tod hatte
der junge Mann freie Hand und ging zielstrebig daran, sich einen
langgehegten Traum zu erfüllen.

Zuerst wandte Seiji sich an die Dai-ichi-Kangyo-Bank, die
größte Bank der Welt. Er wollte sie nicht nur um ein Darlehen

von mehreren Millionen Yen, sondern um ihre aktive Mitarbeit bitten. Die Bank sollte ihn finanziell unterstützen und ihm die nötige Rückendeckung für seine Projekte geben. Die Zeit, in der Seiji alle Banken abklappern mußte, um ohne den Segen seines Vaters Kredite zu bekommen, war nun vorbei. Inzwischen war er die prominenteste Figur im mächtigen Seibu-Imperium. Grundeigentum ist in Japan die einzige, allgemein anerkannte Sicherheit für Kredite. Daher war Seibu, der vielleicht mächtigste Großgrundbesitzer Japans, für die Banken ein idealer Partner. Und da Yoshiaki, der rechtmäßige Besitzer des Landes die Bürgschaft übernahm, wurden Seiji die Kredite zugesagt. Zudem hatte Seiji mit seiner Seiyu-Supermarktkette ja erneut bewiesen, daß er als Geschäftsmann ein goldenes Händchen hatte.

Die Bank fand schließlich ein geeignetes Gelände. Zu ihren Kunden zählte der Besitzer des Toei-Kinos im Shibuya-Bezirk von Tokio. Weil das Kino schlecht lief, wollte der Besitzer es schließen und das Gelände verpachten. Schon als kleiner Junge war Seiji immer wieder durch die von Buchläden und Kinos gesäumten Straßen von Shibuya gewandert. Das war genau die Gegend, in der er ein Kaufhaus eröffnen wollte. Mit Unterstützung der Eisenbahngruppe investierte er in das Gelände, und der Bau seines neuen Kaufhauses konnte beginnen.

Das im Westen Tokios gelegene Shibuya war früher ein Randbezirk wie Ikebukuro gewesen. Zur Zeit der Shogune bildete der Fluß Shibuya die Grenzlinie, an der die Daimyo-Residenzen und die Häuschen der Kunsthandwerker aufhörten und das offene Land begann. Im Laufe der Zeit dehnte die Stadt sich immer weiter nach Westen aus, und Shibuya wuchs mit. Nach dem großen Erdbeben von 1923 flohen viele Menschen aus dem verwüsteten Osten Tokios in den Westen. Yasujiro war wie immer zur Stelle, wenn irgendwo Profite winkten. Er kaufte dort Land und baute die Hundert Läden auf. Damals war Shibuya bereits ein geschäftiger Vorort mit einem eigenen Bahnhof, auf dem stets reger Betrieb herrschte.

Doch erst Goto der Dieb gestaltete Shibuya völlig um. Er kam im Zuge einer seiner berüchtigten Geschäftsübernahmen fast zufällig vorbei, riß sich große Grundstücke im Westen des Vororts unter den Nagel und kam auf die geniale Idee, eine Eisenbahnlinie zwischen Shibuya und der großen Hafenstadt Yokohama zu bauen. So wurde aus dem Vorort über Nacht ein wichtiges Tor nach Tokio. Über dem Bahnhof gab es bereits ein Kaufhaus –

Gotos mehrstöckiges Tokyu-Kaufhaus, in dem es alles zu kaufen gab, was die Hausfrauen so brauchten: Kimonostoffe, Unterwäsche, Kühlschränke, japanische Kuchen, Töpfe und Pfannen. Dann kamen die Olympischen Spiele, und Shibuya begann zu erwachen. Nur einen Kilometer weiter zogen sich die glänzenden Dächer von Kenzo Tanges Olympiastadion den Hügel hinauf. Die breiten neuen Autobahnen, auf denen der Olympia-Verkehr dahinrollte, liefen nur ein paar Meter neben den Kinos und Buchläden von Shibuya vorbei.

Die Olympischen Spiele stellten einen Wendepunkt dar, das Ende der schweren, entbehrungsreichen Nachkriegszeit. Endlich zahlte sich all die harte Arbeit aus. Die Leute wurden sich allmählich bewußt, daß es ihnen wirtschaftlich immer besser ging. 1960 hatte Premierminister Ikeda versprochen, das Volkseinkommen innerhalb von zehn Jahren zu verdoppeln; tatsächlich dauerte es dann sogar nur vier Jahre. Zur Zeit der Olympischen Spiele erlebte die Wirtschaft Japans einen ungeheuren Aufschwung. Das Stadtbild von Tokio veränderte sich unaufhörlich. Im Vorfeld der Olympischen Spiele entstanden überall neue moderne Gebäude.

Und da die Menschen nun endlich Geld in den Taschen hatten, suchten sie nach neuen Möglichkeiten, es auszugeben. Die meisten hatten ihr Heim längst mit einer brandneuen Waschmaschine und den modernsten Elektrogeräten ausgerüstet; doch sie konnten sich noch mehr leisten.

Das Kaufhaus Seibu Shibuya wurde im Mai 1968 eröffnet, in der Goldenen Woche, in der die Japaner traditionell Urlaub haben. Das Angebot übertraf alles, was man in Shibuya jemals gesehen hatte.

Für damalige Verhältnisse war dieses Kaufhaus ein tollkühnes Projekt. Nicht nur, weil Seiji sich in enorme Schulden gestürzt hatte, um es zu verwirklichen, sondern auch, weil Shibuya einfach kein erfolgversprechender Standort für so einen Einkaufspalast war. Dieser ruhige, wohlhabende Vorort war mit dem Tokyu-Kaufhaus eigentlich schon bestens bedient. Die alten Männer, die das Seibu-Imperium leiteten, schüttelten den Kopf. Hätte unser alter Chef noch gelebt, hätte er sich einem so riskanten Unterfangen sicherlich widersetzt, murrten sie. Das Kaufhaus erschien ihnen als schlagendes Beispiel für Seijis Unbesonnenheit. Doch er hatte gar nicht die Absicht, dem Tokyu-Kaufhaus Konkurrenz zu machen. Sein Warenangebot war nicht auf biedere Hausfrauen mittleren Alters, sondern auf deren Kinder zugeschnitten. Es war die aus dem Babyboom hervorgegangene, neue Generation. Diese Jugendlichen hatten die Kriegsjahre nicht miterlebt. Sie strömten in Scharen ins neue Seibu-Kaufhaus, hatten das sauer verdiente Geld ihrer Eltern in den Taschen und scheuten sich nicht, es mit vollen Händen auszugeben.

Das ganze Kaufhaus, vom Gebäude bis zur Dekoration und Präsentation der Waren, entsprach bis ins kleinste Detail einem sorgfältig durchdachten Gesamtkonzept. Alles war hypermodern durchgestylt und genau auf die Bedürfnisse und Sehnsüchte der jungen Japaner der sechziger Jahre abgestimmt. Statt der Kühlschränke und der Unterwäsche des Tokyu-Kaufhauses bot Seibu Shibuya Oberbekleidung, Hüte und Handtaschen an. Entworfen wurden die modernen Kollektionen und Accessoires für junge Leute von Kunikos französischen Modeschöpfern und namhaften japanischen Designern, aber auch von jungen Unbekannten. Leute, von denen noch niemand etwas gehört hatte, führten auf der Eröffnungsmodenschau ihre Modelle vor, unter anderem Takeo Kikuchi und Kansai Yamamoto, der schnell eine Kollektion zusammenstellte und sie eigenhändig ablieferte – beide sind heute Gurus der Modewelt.

Als 1970 ein junger Modeschöpfer namens Issey Miyake, der sich in New York und Paris einen Namen gemacht hatte, nach Tokio zurückkehrte, kam als Schauplatz für sein Debüt in der Heimat nur das Seibu Shibuya in Frage. Die Modenschau war ein sensationeller Erfolg. Sie wurde auf dem Parkplatz des Kaufhauses veranstaltet, wo die Mannequins in Isseys eigenwilligen, asymmetrischen Kompositionen aus zauberhaften Stoffen zwischen parkenden Autos und fahrenden Jeeps und Motorrädern herumspazierten.

Seibu war zu einem Tor geworden, durch das alles Junge und Moderne – die Jugendkultur des Westens sowie die wilderen Extreme der japanischen Avantgarde – ins japanische Leben eindrang. Das gesamte Konzept war ein klarer Ausdruck von Seijis Interessen und Idiosynkrasien. Während andere Kaufhäuser impressionistische Kunst oder andere gefällige Werke ausstellten, von denen sie sicher wußten, daß sie Kunden anlocken und den Verkauf fördern würden, bot Seiji zeitgenössischen Künstlern aus dem Westen und aus Japan ein Forum, auf dem sie ihre Arbeiten der Öffentlichkeit vorstellen konnten.

Für Seiji war es eine berauschende Zeit. Alles, was er anfaßte, wurde zu Gold. Selbst wenn er nur zum Vergnügen herumexperimentierte – seinen Launen frönte, Künstlerfreunde förderte oder einen Laden entwarf, in dem Träume feilgeboten wurden –, stets schienen seine Ideen einem Bedürfnis zu entsprechen, eine Marktlücke zu füllen, die bisher noch niemand erkannt hatte. Er war im Begriff, sich mit derselben Entschlossenheit wie sein Vater ein eigenes Imperium aufzubauen, doch bis jetzt war es eher ein Imperium aus immateriellen Vermögenswerten, aus Ideen und Einfluß, als ein Imperium aus Land und Geld. Die japanische Wirtschaft jedoch war ganz auf seiner Seite. Zwischen 1965 und 1970 boomte sie wie noch nie. Was immer Seiji auch tat, es brachte ihm Geld ein, ohne daß er sich Gedanken darüber zu machen brauchte.

Bei einer jährlichen Wachstumsrate von 11,7 Prozent konnte er sich so viel Geld leihen, wie er wollte, da die Zinsen nicht mehr ins Gewicht fielen. Im Grunde waren alle Darlehen für ihn zinslos. Und das Land schien im Geld zu ertrinken. Die Leute hatten so viele Jahre lang den Gürtel eng schnallen müssen, daß sie ihr Glück kaum fassen konnten. Die Regierung ermunterte sie zum Konsumieren, da sie einen starken einheimischen Markt schaffen wollte. Geldausgeben war in Mode. Jeder wollte einen neuen Fernseher, ein neues Autos und topmodische Kleidung. Der Wunschtraum jedes Kaufhausbesitzers war in Erfüllung gegangen.

Seiji baute sein Imperium mit sorgloser Kühnheit aus. Er borgte sich immer mehr Geld und expandierte immer weiter. Er übernahm Kaufhäuser in anderen Städten und wandelte sie in Seibu-Filialen um. Begabte Hochschulabgänger rissen sich darum, für diesen aggressiven jungen Unternehmer arbeiten zu dürfen. Im Jahr 1970 hatte er bereits eine Warenhauskette mit acht Filialen aufgebaut, die größtenteils im Raum Tokio lagen. Im folgenden Jahr dehnte Seiji seinen Aktionsradius mit drei weiteren Filialen bis Osaka aus.

Die Expansion ging nicht ohne Rückschläge vonstatten. Es kam zu Fehlkalkulationen, Katastrophen – und zu vielen Unfällen. Ein paar Jahre nach der Brandkatastrophe von 1963 brach im Warenhaus in Ikebukuro ein weiteres Feuer aus. Und während der Eröffnungswoche des Seibu Shibuya stürzte eine Fensterputzgondel vom obersten Stockwerk des Gebäudes auf die Straße und tötete mehrere Schulkinder.

Seiji bewies Anstand. Er besuchte die Eltern, weinte und zahlte Entschädigungen, doch der Unfall warf einen Schatten auf den Ruf der Kaufhauskette. Seibu galt inzwischen als Unternehmen, in dem sich ständig Unfälle ereigneten. Gerüchte wurden laut, daß es zu schnell expandiere und dabei wichtige Sicherheitsvorkehrungen vernachlässige.

Die ehrgeizigen jungen Hochschulabgänger, die einen Posten in dem Unternehmen ergattert hatten, stellten sehr bald fest, daß Seiji ein Mann mit vielen Gesichtern war. Bei Presseinterviews und Fernsehauftritten war er jungenhaft, charmant und freundlich und sprach mit sanfter Stimme – wie der nervöse junge Student von einst, der seine Kommilitonen an der Universität von Tokio eines Tages dann mit einer flammenden Rede überrascht hatte.

Doch wenn Seiji jedes Jahr im April seine neuen Mitarbeiter auf der Begrüßungsfeier in der Stadthalle im Hibiya-Park willkommen hieß, wirkte er in seinem eleganten, maßgeschneiderten Anzug mit der auffallend extravaganten Krawatte betont kultiviert, arrogant und aggressiv. Alle Geladenen schätzten sich glücklich, von nun an einem Unternehmen anzugehören, das von einem so charismatischen Inhaber geleitet wurde. Doch bei der täglichen Arbeit lernten sie Seiji dann von einer völlig anderen Seite kennen.

Ein paar Jahre nach der Eröffnung des Seibu Shibuya kam das Thema der unbezahlten Überstunden auf. Ein Mitglied der Sozialistischen Partei hatte enthüllt, daß die Seiyu-Supermarktkette ihren Mitarbeitern schon drei Jahre lang keine Überstunden vergütet hatte. Das Arbeitsministerium ging dem Vorwurf nach und verdonnerte Seiyu dazu, die geleisteten Überstunden nachträglich zu bezahlen.

Damals waren die Mitarbeiter von Seibu noch nicht gewerkschaftlich organisiert. Seiji verdächtigte die Kommunisten, eine Gewerkschaft gründen zu wollen – die der Geschäftsleitung natürlich den Kampf ansagen würde. Um ihnen zuvorzukommen, gründete er selbst eine Betriebsgewerkschaft mit einem gefügigen Vorsitzenden. Diese Vorgehensweise war damals in den meisten japanischen Unternehmen üblich, mit dem Ergebnis, daß es so gut wie nie zu Arbeitskonflikten oder Streiks kam. Seijis Vorgehen war kaum mit seiner Vergangenheit als Revolutionär in Einklang zu bringen.

Kurz darauf fand ein Treffen zwischen den Vertretern der Betriebsgewerkschaft und der Geschäftsleitung statt. Einer der

Gewerkschaftsführer hatte in der Gewerkschaftszeitung geschrieben, Herrn Tsutsumis Interesse gelte ausschließlich seinen verrückten Expansionsplänen. Die Arbeitsbedingungen seiner Belegschaft hingegen kümmerten ihn nicht. Seiji sprang auf, schlug mit der Faust auf den Tisch und schrie: »Sie sprechen von verrückten Expansionsplänen, Sie sagen, ich sei zu aggressiv. Das sind billige Hetzparolen! So ein Geschwätz kann ich nicht ernst nehmen!«

»In Interviews bediente er sich einer sehr sanften Ausdrucksweise«, erinnerte sich ein langjähriger Mitarbeiter, »doch auf Konferenzen benahm er sich wie ein Tier. Er nannte einen *baka* [Idiot] und warf mit Gegenständen – zum Beispiel mit Aschenbechern.«

Vielleicht ahmte Seiji nur den tyrannischen Führungsstil seines Vaters nach. Oder lag es am Tsutsumi-Blut in seinen Adern, daß er ein Mensch voller Widersprüche war? Einer der größten Gegensätze, auf den er selbst oft zu sprechen kam, war der zwischen dem Leben eines Literaten und dem eines Geschäftsmannes – der Konflikt zwischen der dichterischen, sensiblen Seite seiner Persönlichkeit, die er von seiner Mutter geerbt hatte, und seinem unbändigen Ehrgeiz, ein Imperium aufzubauen. Seine Gedichte schrieb Seiji unter dem Pseudonym Takashi Tsujii, vielleicht um auf diese Weise die zwei Seiten seiner Persönlichkeit voneinander abzugrenzen.

Im Jahr nach der Eröffnung des Seibu-Kaufhauses in Shibuya gab Seiji sein Debüt als Schriftsteller. Im September 1969 erschien *In the Season of Roaming*. Alle Charaktere dieses Romans tragen fiktive Namen, aber sie sind sehr leicht wiederzuerkennen.

Die Literaturkritiker überhäuften das Werk mit Lob, und das Lesepublikum verschlang es voller Neugier. Doch die Belegschaft von Seibu fragte sich: »Warum hat er dieses Buch geschrieben? Warum mußte er all das vor der Öffentlichkeit ausbreiten?« Langjährige Mitarbeiter, die Yasujiro gut gekannt hatten, waren über einige Enthüllungen geradezu schockiert. Selbst Seijis ergebenste Anhänger räumten ein, für den Schriftsteller Seiji sei dieses gelungene Erstlingswerk zwar ein Erfolg, dem Firmenchef jedoch schade es ganz erheblich.

Aus dem Kreis der Familie erhielt Seiji nur von Misao und Kuniko Unterstützung. Yoshiaki und Kojima, Shukukos Ehemann, waren besonders aufgebracht. In Interviews erklärt Yoshiaki hartnäckig, er habe das Buch nie gelesen. Es sei reine Fiktion, daher habe er nichts dazu zu sagen. Doch der Inhalt des Werkes ist ihm sicherlich bekannt.

Seijis Verleger war ein Mann namens Tadao Sakamoto, der Programmchef des Verlagshauses Shinchosha. In einem Interview, das der Journalist Toshiaki Kaminogo in seinem Buch *Seibu Empire* veröffentlichte, erzählte Sakamoto, daß Seiji jede Nacht von elf Uhr bis in die frühen Morgenstunden an seinem Roman gearbeitet habe. Je mehr ihn seine Kaufhäuser in Anspruch genommen hätten, desto fiebriger habe er geschrieben. Als der Abgabetermin für das Manuskript nähergerückt sei, habe Seiji nachts sogar nur noch ein bis zwei Stunden geschlafen.

Es war fast wie eine Teufelsaustreibung, wie ein Versuch, sich von seinem Vater zu befreien und aus dem übermächtigen Schatten herauszutreten. Seiji wollte sich alles von der Seele schreiben, all seine leidvollen Kindheitserfahrungen, seine ganze bisherige Lebensgeschichte. Vielleicht würde er danach imstande sein, seine Vergangenheit ein für allemal hinter sich zu lassen und einen neuen Anfang zu machen.

In einer Hinsicht hatte Seiji sich bereits vom Einfluß seines toten Vaters freigemacht. Seit seiner Trennung von Motoko Yamaguchi war er einer der begehrtesten Junggesellen Tokios. Viele mächtige Persönlichkeiten aus Politik und Wirtschaft, denen an einer Allianz mit den Tsutsumis gelegen war, warteten mit hoffnungsvollen Bräuten auf. Selbst der ehrwürdige Konosuke Matsushita, der Gründer der Matsushita Electric Company, schlug eine charmante junge Dame vor. Immer wieder begab sich Seiji in Begleitung eines Freundes zum traditionellen ersten Treffen, das gewöhnlich in einem Teesalon in der Ginza stattfand und stets nach dem gleichen Schema ablief. Der Vermittler stellte die Kandidatin, die eine Freundin mitbringen durfte, ihrem potentiellen Gatten vor und pries ihre Vorzüge. Anschließend machten die jungen Leute steif und höflich Konversation.

Seiji nahm oft seinen alten Freund Kunio Fukumoto mit, der ihm vor Yasujiros Tod geraten hatte, seine Ansprüche auf das Imperium aufzugeben. Nach diesen Treffen zog Seiji sich stets mit untadeliger Höflichkeit aus der Affäre. Wenn er nach seiner Entscheidung gefragt wurde, antwortete er tiefernst: »Ich bin gerade erst geschieden worden. Ich kann wirklich noch nicht sagen, wann ich wieder zur Ehe bereit bin.«

Gewöhnlich war es dann Fukumotos Aufgabe, den jungen Damen zu erläutern, wie diese zweideutige Aussage zu verstehen sei, nämlich daß die Antwort leider nein laute.[4]

Von Zeit zu Zeit machten die beiden Freunde – wie das unter japanischen Männern jeden Alters so Sitte war – einen Abstecher in die Geisha-Häuser. Die vornehmsten lagen damals an den Ufern des Kanga-Flusses im Bezirk Yanagibashi (Brücke der Weiden), wo der Kanga in den Sumida einmündet. In den Restaurants und Geisha-Häusern dieses Viertels, die alle im traditionellen Stil aus Holz erbaut und mit Ziegeln gedeckt waren, verbrachten Fukumoto und Seiji die Abende in Gesellschaft von Damen, die eigens dazu ausgebildet waren, ihren Gästen die Stunden der Muße mit Tanz, Gesang, charmantem Geplauder, pikanten Geschichten und ihrem silberhellem Lachen zu versüßen.

Der mächtige Shigeo Mizuno, einer der Vier Shogune der Nachkriegszeit, verkehrte oft in den Geisha-Häusern von Yanagibashi. Da er mit Seiji befreundet war, könnte er Seiji seine Favoritin vorgestellt haben, eine Geisha, die unter dem Namen Katsuko arbeitete, in Wirklichkeit jedoch Asako hieß. Als Seiji dem Mädchen zum ersten Mal begegnete, war sie kaum älter als zwanzig Jahre und noch so lieb und scheu, wie man es von einer jungen japanischen Frau damals erwartete. Sie sprach wenig, doch sie strahlte eine heitere Gelassenheit aus, die sehr anziehend wirkte.

Fünf Jahre lang besuchten die beiden jungen Männer regelmäßig das Geisha-Viertel. Seiji verbarg seine Gefühle so gut, daß Fukumoto die ganze Zeit über nicht merkte, wie angetan sein Freund von Mizunos Favoritin war. Seiji wollte Asako unbedingt heiraten; jedoch war er sich der großen praktischen Hindernisse durchaus bewußt. Eine Geisha war zwar etwas völlig anderes als eine Prostituierte, doch eine ehrbare Frau war sie deswegen noch lange nicht.

Schließlich half Mizuno Seiji aus der Klemme, indem er Asako adoptierte. Sie verließ Yanagibashi und ging für drei Jahre nach Paris, um Französisch zu studieren und kochen zu lernen. Dort nahm Kuniko sich ihrer an und führte sie in die High-Society ein. Asako veränderte sich. Nach ihrer Befreiung aus der Welt der Geishas, in der sie immer nur gefallen mußte, brauchte sie ihr wahres Wesen und ihren starken Charakter nicht mehr zu verleugnen. 1968 wollte Seiji nicht länger warten. Er reiste zu Asako nach Paris, und die beiden wurden in aller Stille in der japanischen Botschaft getraut. Asako war inzwischen dreißig und Seiji einundvierzig.

Die eigentliche Hochzeitsfeier fand erst nach ihrer Rückkehr in Tokio statt. Asako wurde natürlich als Mizunos Tochter vorgestellt, die längere Zeit in Frankreich gelebt habe. Doch die Wahrheit begann schon nach kurzer Zeit durchzusickern. Im Tokyo Prince wurde ein großer Empfang gegeben. Die führenden Politiker und Wirtschaftsbosse Japans hielten Glückwunschreden, und ein berühmter Konzertpianist gab Proben seiner Kunst. Die Führungsstäbe sämtlicher Unternehmen des Imperiums waren eingeladen, und die ganze Familie erschien – keiner fehlte, auch Yoshiaki und Kojima nicht.

Gab Seijis Mesalliance den Ausschlag, die Veröffentlichung seines Romans *In the Season of Roaming* oder letztendlich doch seine Kühnheit, mit geliehenem Geld und Yoshiaki als Bürgen ständig neue Filialen aus dem Boden zu stampfen? Jedenfalls beschlossen Seiji und Yoshiaki 1970, am sechsten Jahrestag des Todes ihres Vater, daß die Zeit gekommen sei, sich zu trennen. Statt eines Imperiums würde es von nun an zwei geben.

Die Initiative ging von Yoshiaki aus. Zu dieser Zeit hielten die Seibu-Eisenbahngesellschaften und Kokudo Keikaku – die Unternehmensgruppe, die den Landbesitz des Imperiums verwaltete und vergrößerte – immer noch über die Hälfte der Seibu-Kaufhausaktien. Yoshiaki bot Seiji eine Abfindung von mehreren Milliarden Yen sowie die Aktienmehrheit an der Kaufhauskette an, und erklärte sich bereit, ihm außer diesem Aktienpaket auch noch die Seibu Chemical Company mit den dazugehörigen 5 Millionen *tsubo* (1650 Hektar) Land zu überschreiben. Doch danach sollten die zwei Imperien – die Seibu-Kaufhauskette und die Seibu-Eisenbahngesellschaften – zwei völlig autonome, getrennt voneinander agierende Konzerne werden. Yoshiaki würde also künftig nicht mehr die Bürgschaften für Seijis Kredite übernehmen. Doch eine private Hintertür zum einstigen Imperium sollte Seiji weiterhin offenstehen: Er durfte wie Yoshiaki einer der Vizepräsidenten der Seibu-Eisenbahngesellschaften bleiben.

Damit hatte Seiji die Sicherheit, Teil des mächtigen Seibu-Imperiums zu bleiben, gegen seine Freiheit eingetauscht. Seiji selbst beschrieb die Situation mit folgendem Vergleich: Früher war die Kaufhauskette eine Kolonie, ein vernachlässigter Außenposten des großen Seibu-Imperiums gewesen. Nun war sie ein unabhängiger Staat mit ihm als Alleinherrscher. Und Seiji hatte bereits begonnen, in unbekanntes Gebiet vorzustoßen, um sein eigenes Imperium zu vergrößern.

Neben dem monolithischen Seibu-Bau, der sich östlich der Eisenbahnlinien durch ganz Ikebukuro zog, hatte Mitsukoshi, die große alte Dame unter den Kaufhäusern, inzwischen ebenfalls eine Filiale eröffnet. Und westlich des Bahnhofs, wo Tobus private Eisenbahnlinie endete, gab es noch ein Tobu-Warenhaus, das einer der großen »Eisenbahnfamilien«, den Nezus, gehörte. Genau in der Mitte zwischen diesen drei Giganten – in zentraler Lage oberhalb des Hauptbahnhofs – fristete ein kleines Warenhaus namens Marubutsu eine kümmerliche Existenz.

Das altmodische Marubutsu stand am Rande des Bankrotts. Es konnte seinen mächtigen Nachbarn schon lange keine Konkurrenz mehr machen. Die eigentliche Gefahr bestand für Seiji darin, daß ein Konkurrent wie die große Supermarktkette Daiei, die inzwischen auch den Westen Japans mit Filialen zu erobern begann, sich das kleine Kaufhaus einverleibte. Daiei rückte immer näher an Tokio heran. Wenn dieser große Rivale im Herzen von Ikebukuro einen Supermarkt eröffnete, hätte das verheerende Folgen für Seibu gehabt. Deshalb beschloß Seiji, das Marubutsu selbst zu übernehmen.

Die Frage war nur, was er damit anfangen sollte. Er brauchte keine zwei Kaufhäuser in Ikebukuro. Das mit 800 Millionen Yen (2 Millionen Dollar) verschuldete Warenhaus war im Grunde nur eine Belastung.

Seiji hatte einen alten Freund namens Tsuji Masuda. Als Student hatte Masuda als einer von Yasujiros Sekretären im großen Haus in Hiroo gearbeitet. Der alte Mann hatte diesen lebhaften und aufsässigen Freund seines Sohnes gemocht und ihm alle möglichen Unverschämtheiten durchgehen lassen – zum Beispiel, daß er im Auto rauchte, wenn er mit seinem Chef unterwegs war.

Viele Jahre vergingen. Masuda versuchte sich in allen möglichen Berufen, hielt es jedoch nirgendwo lange aus. 1961 schlug Seiji, inzwischen Präsident der Kaufhauskette, seinem Freund vor, doch wieder für Seibu zu arbeiten.

Aber schon 1968 wurde Masuda der Job wieder zu langweilig. Er war einfach kein Verkäufer. Er interessierte sich für Architektur und Design, für große, kühne Projekte. Seiji beteiligte ihn an der Planung des neuen Kaufhauses in Shibuya. Das Konzept eines »femininen« Gebäudes stammte von Masuda. Doch nach der Eröffnung des modernen Einkaufspalastes mußte er wieder an seinen alten Arbeitsplatz zurückkehren.

Er ging zu Seiji und verkündete: »Ich gehe. Ich will etwas anderes machen.«

»Was denn?« fragte Seiji.

»Das weiß ich noch nicht so genau.«

Seiji überlegte eine Weile, dann sagte er zu Masuda, er solle sich in ein Café um die Ecke setzen und dort auf ihn warten. Seiji kam bald nach.

»Ich mache dir einen Vorschlag. Wenn er dir nicht gefällt, kannst du gehen,« eröffnete Seiji das Gespräch und schwieg eine Weile.

»Was hast du denn mit mir vor?« fragte Masuda neugierig.

»Du sollst das Tokyo Marubutsu übernehmen.«

Masuda zögerte keinen Augenblick. »Das mache ich«, sagte er.

Herausforderungen reizten Masuda. Er war, um eine alte japanische Redensart zu gebrauchen, »ein herausstehender Nagel, der eingeschlagen werden muß«. In den meisten japanischen Firmen hätte Masuda es mit seiner respektlosen und anarchischen Art nicht weit gebracht. Niemand hätte einem so unerfahrenen jungen Mann die Chance gegeben, ein ganzes Kaufhaus zu konzipieren und zu leiten. Das Risiko erschien einfach zu groß. Doch Seibu war anders. Seiji führte das Unternehmen auf seine ganz eigene Art. Er ließ sich von Eingebungen und Launen leiten und stellte kurzerhand Leute ein, die er irgendwo aufgegabelt hatte, wenn sie ihm für einen Job geeignet erschienen. Masuda sollte völlig freie Hand haben; im Marubutsu konnte er so wild und unkonventionell sein, wie er wollte.

Als erstes machte Masuda einen langen Spaziergang durch Ikebukuro. Er wanderte stundenlang durch die trostlosen Straßen und überlegte sich, mit welcher Art von Kaufhaus er hier wohl Erfolg haben könnte. Er gelangte zu dem Schluß, daß Ikebukuro ein Image-Problem hatte. Mit seinen drei Kaufhäusern war das Viertel vom kaufmännischen Standpunkt aus zwar gut versorgt, doch es war nach wie vor Hinterland, eine Gegend, in der sich Erpresserbanden der *yakuza*, der japanischen Mafia, herumtrieben und kleine Ladenbesitzer terrorisierten und in der es nachts auf den Straßen zu Schlägereien kam. Ikebukuro hatte den Anschluß an das moderne Tokio verpaßt. Hier gab es nichts, was junge Leute anzog – jene Kunden, die das meiste Geld ausgaben.

Statt die Chefbuchhalter zu sich zu zitieren, beschloß Masuda, ganz von vorn anzufangen. Er suchte sich Architekten, Designer, Werbefachleute und Programmdirektoren vom Fernsehen und beauftragte sie mit der Planung eines brandneuen Kaufhauses, das ganz anders sein sollte als alles, was Tokio jemals zuvor gesehen hatte. Der Name Marubutsu mußte verschwinden. Er war zu nichtssagend und zu altmodisch. Masuda beschloß, das neue Kaufhaus Parco zu nennen. Zwar mußte damals alles, was mit Mode zu tun hatte, französisch klingen, doch Masuda wollte seinem Kaufhaus ein jüngeres, lebendigeres Image verleihen und fand daher einen italienischen Namen passender. Und ein Park war ein Ort, der viele Leute anzog.

Das Parco[5] wurde im November 1969 eröffnet, dem Jahr, in dem der Minirock Tokio eroberte. Und die Leute strömten von Anfang an in Scharen herbei. Das Parco war ein großes Einkaufszentrum, das erste seiner Art, mit insgesamt fast zweihundert kleinen Boutiquen auf vielen Verkaufsetagen. Die Geschäfte bedienten einen ganz spezifischen Markt: Ihre Zielgruppe waren junge Frauen zwischen zwanzig und dreißig. Sie verkauften moderne, topmodische Kleidung von der Stange, keine *haute couture*. Ihr Angebot änderte sich so schnell wie die Mode – alles mußte stets der letzte Schrei sein. Doch das Parco war mehr als nur ein großer Kleidermarkt. Masuda hatte mit diesem neuartigen Einkaufsparadies den Zeitgeist getroffen. Selbst das prunkvolle Seibu Shibuya war immer noch ein Kaufhaus, doch das Parco war etwas völlig Neues. Die junge Generation war zu ihrem Recht gekommen, und das Parco wurde ihr Mekka.

Das Parco selbst vermietete lediglich Verkaufsfläche. Es war eine schöne Fassade, ein großes, neuartiges Mietshaus. Die Mieter waren die Boutiquen, die 10 Prozent ihrer Einnahmen an die Geschäftsleitung des Parco abführten. Der Verkauf der Kleidung war ausschließlich Sache der Boutiquen. Das Parco als Gebäude lockte jedoch den richtigen Typ von Kunden an. Es verkaufte ein Image, das unter anderem durch die Architektur des Gebäudes und das spezielle Warenangebot kultiviert wurde. Japanische Geschäfte warben stets gern damit, ein solider Betrieb mit einer langen Geschichte zu sein – ein Paradebeispiel dafür war die angesehene Kaufhauskette Mitsukoshi. Doch das

Parco war das genaue Gegenteil dieses traditionsreichen Unternehmens. Es glich einem Basar, der sich ständig veränderte, weil er stets den jüngsten Launen der Mode folgte. Es war ein Konsumtempel, in dem das Einkaufen zu einem Lebensstil erhoben wurde.

Im Juni 1973 wurde das zweite Parco eröffnet – in Shibuya. Die Ära des Minirocks war bereits vorbei. Maxi war angesagt. Aus den jungen Frauen waren inzwischen Karrierefrauen geworden. Es war Zeit für ein nobleres Parco, das den gestiegenen Ansprüchen seiner Kundschaft besser gerecht wurde.

Shibuya verhalf dem Parco endgültig zum Durchbruch, und das Parco bescherte Shibuya seinerseits einen ungeahnten Aufschwung. Nach seiner Eröffnung schossen entlang der Park Road überall Boutiquen aus dem Boden, und schon nach kurzer Zeit waren auch die Seitenstraßen, die sich vom Zentrum aus zu den Hügeln Shibuyas hinaufwanden, von neuen Geschäften gesäumt. In den darauffolgenden Jahren entwickelte Shibuya sich zu einem der gepflegtesten und schicksten Viertel Tokios. Das Parco selbst wurde zu einem Wahrzeichen der schönen neuen Modewelt Japans.

Es war, als habe Tokio auf das Parco gewartet, auf ein Unternehmen mit dem erklärten Ziel, Images und Anregungen zu verkaufen. Für junge Künstler, Grafikdesigner, Werbetexter und Fotografen war es eine einmalige Chance. Masuda umgab sich mit begabten jungen Menschen, die wie er voller origineller Ideen waren.

Der erste Fernsehwerbespot für das neue Parco dauerte nur fünfzehn Sekunden. Mehr Zeit wäre mit dem Werbebudget des Parco nicht zu finanzieren gewesen. Gezeigt wurde eine große schlanke Schwarze in einem schwarzen Bikini, die mit einem sehr kleinen Mann in einem Nikolauskostüm tanzte. Und zum Schluß wurden die Worte eingeblendet: »Shibuya Parco – Eröffnung 14. Juni«.

Der Werbespot war die Idee einer jungen Designerin namens Eiko Ishioka. Masuda entdeckte sie, als sie noch für die Kosmetikfirma Shiseido arbeitete. Sie war der einzige weibliche Werbechefin in ganz Japan und eine außerordentlich dynamische und starke Frau. Zehn Jahre lang arbeitete sie mit Masuda zusammen, und ihre verblüffenden, einprägsamen Werbespots und Anzeigen hatten immensen Einfluß auf das Image, das sich das Parco in dieser Zeit aufbaute.

Eiko erinnerte sich, wie sie und Masuda an dem Tag, an dem das neue Parco eröffnet wurde, im Café im Erdgeschoß saßen und die hereinströmenden Menschenmassen beobachteten. »Kannst du das fassen?« staunte er. »In mein Parco kommen lauter gutaussehende, elegante Männer und Frauen, die nach der allerneuesten Mode gekleidet sind – ist das zu fassen?«

In Eikos berühmtester und letzter Werbekampagne für das Parco trat die Schauspielerin Faye Dunaway auf, die damals auf dem Gipfel ihrer Karriere stand und gerade für *Network* einen Oscar verliehen bekommen hatte. Ein Jahr lang war sie »das Gesicht des Parco«. Ein legendärer Werbespot zeigt die schöne geheimnisvolle Faye Dunaway in einem schwarzen chinesischen Gewand. Sie sitzt auf einem schwarzen Stuhl an einem schwarzen Tisch vor einer schwarzen Wand, und auf dem Tisch liegt ein weißes gekochtes Ei. Sie nimmt es hoch, schält es und ißt es – alles in einer Minute. – Dann sagt sie mit ihrer rauchigen Stimme: »Das ist ein Film für Parco.« Der Spot war die Quintessenz dieses neuen Stils.

# 14
# Die Ölkrise und die Folgen
## Seijis Geschichte 1973–1984

*Ich bin, was ich bin*
*Daher schloß ich mich keinem Verein an*
*Selbst mit denen, die ich liebe, spreche ich nur in meinem Herzen*
*Und so baute ich meine Straßen, eine um die andere*

TAKASHI TSUJII[1]

Als das neue Parco 1973 eröffnet wurde, jährte sich Yasujiros Todestag zum neunten Mal. In diesen neun Jahren hatte Seiji sein kümmerliches Erbe angetreten und das eine Warenhaus im rückständigen Randbezirk Ikebukuro zu einem gewaltigen Imperium ausgebaut. Inzwischen gab es sieben elegante Seibu-Kaufhäuser, zwei äußerst beliebte und einflußreiche Parcos und ein Netz von 157 Seiyu-Supermärkten, die größtenteils an den Bahnhöfen von Yoshiakis Seibu-Eisenbahnlinien lagen. All diese Unternehmen waren sensationell erfolgreich. Vieles hatte sich verändert – die Einkaufsgewohnheiten der Japaner, wenn nicht gar die ganze japanische Gesellschaft. Und alle verdienten eine Menge Geld. Das bedrohliche Defizit, das Seiji ebenfalls geerbt hatte, war inzwischen Teil eines weit größeren Schuldenbergs. Seiji hatte wie Yasujiro sein Imperium auf Schulden aufgebaut, doch solange die Wirtschaft weiter boomte, bestand für ihn keine Gefahr. Seine Unternehmen florierten, und die Banken standen hinter ihm.

Auch in seinem Privatleben war Seiji das Glück hold. Aus dem unausgeglichenen jungen Mann, der jahrelang verzweifelt nach der Familie suchte, die er nie hatte, war ein erfolgreicher Mann mittleren Alters geworden. In der Öffentlichkeit war er so freundlich, zurückhaltend und bescheiden wie eh und je, doch gleichzeitig immer noch voller Neugier und stets auf der Suche nach neuen Ideen. Nach seiner täglichen Arbeit begab Seiji sich oft in eine Kneipe oder in ein Café, um sich unter Studenten und junge Leute zu mischen. Er wollte sich einen jungen Kopf bewahren.

Asako hatte sich inzwischen in eine perfekte Ehefrau verwandelt. Mit ihrer Fröhlichkeit, Wärme und Stärke bildete sie ein Gegengewicht zu Seijis zurückhaltendem Wesen. Wie es sich für eine japanische Ehefrau schickte, hielt sie sich im Hintergrund und mischte sich nicht in die Geschäfte ihres Mannes ein, sondern kümmerte sich in ihrer geräumigen Villa auf dem Gelände des großen Hauses in Hiroo um ihren kleinen Sohn Tadao, der 1970 zur Welt kam.

Von allen Schatten der Vergangenheit befreit, stürzte Seiji sich in die Arbeit. Seine Tage waren mit Sitzungsterminen angefüllt, abends traf er sich mit Mitarbeitern und Geschäftsfreunden in seinen Stammlokalen, und wenn er nachts um zwei nach Hause kam, schloß er sich in sein Arbeitszimmer ein und schrieb.

Er war wie sein Vater voller Ungeduld. Er konnte sich nicht zurücklehnen und sich seines Erfolges freuen. Stets mußte er zu den Ersten gehören, das Unmögliche wagen und zu neuen Ufern aufbrechen.

Unlängst hatte Seiji einen Kooperationsvertrag mit Sears, Roebuck and Company, dem traditionsreichen amerikanischen Großversand, abgeschlossen. Seiji hatte erkannt, daß Japan in vielerlei Hinsicht immer noch den westlichen Industrieländern hinterherhinkte. In den Bereichen Vertrieb und Versand gab es noch viel zu lernen. Er mußte sich mit den neuesten Techniken und Technologien vertraut machen. Sears war das ideale Vorbild. Das Unternehmen hatte im Verlauf seiner langen Geschichte ein perfektes System entwickelt, Verbraucherwünsche exakt zu ermitteln, in die Produktplanung einzubeziehen und umgehend und gezielt zu befriedigen.

Die Verhandlungen mit dem amerikanischen Großversand waren nicht einfach. Andere japanische Unternehmen bemühten sich ebenfalls um eine enge Zusammenarbeit mit Sears. Doch nach zwei Jahren war der Vertrag unter Dach und Fach. 1972 flog Seiji nach Chicago, um ihn zu unterzeichnen.

Nach dem Vertrag sollte Seibu vorerst als Verkaufsagentur von Sears in Japan agieren. Der bunte Sears-Katalog, der so dick wie ein Telefonbuch war, lag in jedem Seibu-Kaufhaus in einer speziellen Katalogecke zum Kauf aus, so daß die Kunden ihn mitnehmen und zu Hause in aller Ruhe durchstöbern konnten. Es zeichnete sich jedoch bald ab, daß in Japan das Versandgeschäft keine große Zukunft hatte. Das Land war viel kleiner als die Vereinigten Staaten, und die Japaner kauften lieber weiterhin im Kaufhaus um die Ecke ein. Seibus Prestige wuchs, als das Unternehmen Haushaltsartikel von Sears – von Grills über Briefkästen bis hin zu Bettlaken – ins Sortiment nahm und in seinen

Kaufhäusern anbot, doch sie verkauften sich nicht sonderlich gut. Die meisten amerikanischen Haushaltsgeräte waren viel zu groß für die winzigen Küchen der Japaner. Der einzige Artikel, der ein echter Bestseller wurde, war der luxuriöse und geräumige Kühlschrank von Sears.

Seibu profitierte in erster Linie von Sears' Know-how und den hochmodernen Technologien, die das amerikanische Unternehmen seinem japanischen Partner zur Verfügung stellte. Seiji traf sich regelmäßig mit Führungskräften von Sears und lernte von ihnen viel über Vertrieb und den internationalen Markt. Außerdem bekam er Einblicke in neue Geschäftsbereiche, die ihn sehr interessierten, denn der amerikanische Großversand handelte nebenbei auch noch mit Versicherungen, Grundstücken und Kreditkarten.

Was Seiji damals vor allem fehlte, war Land – das Fundament der japanischen Wirtschaft. Alle geschäftlichen Transaktionen wurden mit Grundeigentum abgesichert. Nur weil Yoshiaki so viel Land besaß, konnte er sich so viel Geld leihen, wie er wollte. Es verlieh ihm Kreditwürdigkeit und Stärke. Doch Seijis Grundbesitz war gering. Ohne Land, mit dem er seine Kredite abdecken konnte, war sein Imperium extrem verwundbar. Solange die Wirtschaft florierte, hatte er nichts zu befürchten, doch in einer Wirtschaftsflaute lief er Gefahr, alles zu verlieren.

Deshalb investierte er bei jeder Gelegenheit in Land. Und 1972 hatte sich eine sehr vorteilhafte Gelegenheit ergeben. Der charismatische Politiker Kakuei Tanaka war soeben Premierminister Japans geworden. Er sollte zwar bald wegen seiner »Geldpolitik« und seiner Verwicklung in den Lockheed-Korruptionsskandal in Ungnade fallen, doch damals war er noch der beliebteste Premierminister seit Jahren.

Tanaka hatte sein Amt mit dem Versprechen angetreten, die vielen Probleme des Landes entschlossen in Angriff zu nehmen. Japans Wirtschaftswunder hatte die Lebensqualität massiv beeinträchtigt. Große Teile der Landbevölkerung waren auf der Suche nach Arbeit in die Städte abgewandert. Dort lebten viele der Neuankömmlinge nun in unzumutbar beengten Verhältnissen, während viele ländliche Regionen nahezu entvölkert waren. Da die schnelle industrielle Weiterentwicklung oberste Priorität hatte, wurde der Ausbau des Straßen- und Eisenbahnnetzes und der Kanalisationssysteme sträflich vernachlässigt. Die Landschaft wurde verwüstet, und die Umweltverschmutzung nahm in den Industriegebieten entlang der Pazifikküste bedrohliche Ausmaße an.

Tanaka veröffentlichte seine Verbesserungsvorschläge unter dem Titel »Der Aufbau eines neuen Japan: ein Plan zur Umgestaltung des japanischen Archipels«. Die Grundidee dieses sehr kühnen und umfassenden Plans zur radikalen Umgestaltung des ganzen Landes war, die vernachlässigten Regionen in großem Stil zu fördern und Industrien dort anzusiedeln. Alle Teile Japans sollten durch elf Schnellzugverbindungen (damals gab es erst eine) und ein zusammenhängendes Autobahnnetz miteinander verbunden werden. All diese Reformen waren weitsichtig und notwendig, doch nach der Veröffentlichung des Plans brach sofort ein Spekulationsfieber aus. Bau- und Maklerfirmen rissen sich um Land in den Regionen, die industriell erschlossen werden sollten, und trieben die Grundstückspreise in die Höhe.

Von allen Unternehmen, die zu Seijis Gruppe gehörten, besaß der Chemiebetrieb Seibu Chemicals am meisten Land. Die Betriebe wurde von Kunikos Ex-Ehemann Morita geleitet. Morita wandelte die Immobilien-Abteilungen seines Unternehmens in eine eigenständige Firma um, die er Seibu Urban Development nannte, beschaffte sich bei den Banken Kredite mit hohen Zinsen und begann, Land aufzukaufen.

Doch dann bahnte sich im Oktober 1973 eine Krise an, die niemand vorausgesehen hatte. Im mehr als 6000 Kilometer entfernten Nahen Osten griffen die arabischen Staaten Israel an, um die besetzten Gebiete zurückzuerobern. Anschließend drohte die OAPEC (Organisation der arabischen erdölexportierenden Länder) den westlichen Industrienationen, durch Zudrehen des Ölhahns ihre mächtigste Waffe gegen sie einzusetzen, und sie forderten Unterstützung für die arabischen Staaten. Bereits im November desselben Jahres machten die OAPEC-Staaten ihre Drohung wahr. Sie hatten ihre Öllieferungen bereits drastisch gekürzt und die Ölpreise um 70 Prozent erhöht, doch nun kündigten sie zusätzlich eine Senkung der Fördermengen um 25 Prozent an.

In Japan setzte diese Ölkrise der Euphorie der letzten Jahre ein jähes Ende. Eine Grundvoraussetzung für den spektakulären Wirtschaftsaufschwung zwischen 1965 und 1970 waren die niedrigen Ölpreise gewesen. Japan deckte seinen Energiebedarf zu 75 Prozent mit importiertem Öl. Die Krise verschärfte sich noch, als die westlichen Ölgesellschaften, die über die Verteilung des

Öls bestimmten, verkündeten, sie würden die Vereinigten Staaten bei den Öllieferungen bevorzugen. Japan mußte sich nach anderen Lieferanten umsehen.

Im ganzen Land brach Panik aus. Alle Preise stiegen über Nacht auf das Doppelte, das Dreifache und dann auf das Vierfache. Die Leute stürmten in die Geschäfte, um sich mit immer knapper werdenden Grundnahrungsmitteln wie Salz, Sojasauce und Zukker einzudecken. Bald waren alle Regale leer. An den Tankstellen bildeten sich lange Schlangen. Man riß sich sogar um die letzten Lieferungen Toilettenpapier. Dann schritt die Regierung ein. Die strahlenden Neon-Leuchtreklamen in der Ginza, die das Wirtschaftswunder symbolisierten, wurden ausgeschaltet. Alle Heizungen mußten auf 20 Grad Celsius heruntergedreht werden, alle Lichter brannten auf Sparflamme, und die Kinos und Theater schlossen früh. Die Jahre des Aufschwungs schienen vorbei. Nun mußte Japan den Gürtel wieder enger schnallen.

Immer mehr Firmen machten Konkurs. Die Zahl der Arbeitslosen schnellte in die Höhe. Ministerpräsident Tanakas große Pläne zur Umgestaltung Japans mußten auf unbestimmte Zeit verschoben werden. All die vielen Spekulanten, die in der Hoffnung auf baldigen Reichtum Unsummen in Grundstücke investiert hatten, standen nun mit vielen Hektar nutzlosen Landes und enormen Schulden da, die sie nicht mehr zurückzahlen konnten. Die Schulden von Seibu Urban Development beliefen sich auf runde 70 Milliarden Yen.

Seiji befand sich in einer verzweifelten Lage. Der drohende Zusammenbruch von Seibu Urban Development konnte sein ganzes Imperium vernichten. Unter der Belegschaft von Seibu Urban Development gingen Gerüchte um, daß Yoshiaki das Unternehmen übernehmen würde. Doch niemand war beglückt angesichts der Aussicht, Mitarbeiter in einer kleinen Filiale in Yoshiakis riesigem Eisenbahnimperium zu werden.

Seiji wandte sich an seine Bank Dai-ichi Kangyo. Er benötigte ein weiteres Darlehen, um die fälligen Zinsen für die laufenden Kredite von Seibu Urban Development zu bezahlen. Die Bank bewilligte ihm keine weiteren Kredite ohne Sicherheiten. Schließlich blieb Seiji nichts anderes übrig, als Yoshiaki um Hilfe zu bitten. Yoshiaki rief bei der Bank an und teilte ihr nur kurz mit, daß er die Bürgschaft für seinen Bruder übernehmen werde. Unverzüglich erklärte sich die Bank bereit, Seiji weitere Kredite zu gewähren.

Damit war Seijis Imperium zwar vorerst gerettet, aber noch lange nicht aus der Krise heraus. Zunächst mußte die Firma wieder saniert werden. Das konnte nur mit Hilfe aller anderen Unternehmen gelingen. Die stärkeren wurden angewiesen, die schwächeren zu unterstützen, und das ganze Imperium wurde durchrationalisiert und gesundgeschrumpft.

Doch es entsprach nicht Seijis Charakter, lange in der Defensive zu bleiben. Er war fest entschlossen, so bald wie möglich wieder zum Angriff überzugehen.

Japan erholte sich schließlich schneller als erwartet von der Ölkrise. Das Land hatte ein weiteres Wirtschaftswunder vollbracht, diesmal unter extrem erschwerten Bedingungen. Das erste Jahr nach der Krise war besonders hart. Die Preise waren extrem hoch, und die Geschäfte liefen schlecht, doch die Nation hielt zusammen. Manager nahmen freiwillig Gehaltskürzungen in Kauf, und die Bevölkerung hielt tapfer durch. Jeder sparte Energie, wo er nur konnte. Gleichzeitig förderte die Regierung die Erschließung neuer Energiequellen – Atomkraft, Sonnenenergie und Wasserkraft. Ende 1975, zwei Jahre nach dem Ausbruch der Krise, hatten sich die Verhältnisse wieder stabilisiert. Die Wirtschaft kam wieder in Schwung und wuchs bis zum Ende des Jahrzehnts schneller und kontinuierlicher als in den westlichen Industrienationen.

Doch die Stimmung im Land hatte sich verändert. Die Japaner waren nicht mehr so berauscht von ihrem neuen Wohlstand, daß sie alles einfach kauften, weil es neu war. Das goldene Zeitalter der Warenhäuser ging zu Ende.

Seiji reagierte auf die neue Situation so aggressiv wie immer. Erstaunlich war nicht, daß er fast in eine Katastrophe geschlittert wäre, sondern wie schnell er die gefährliche Situation in den Griff bekommen hatte. Die letzte große Krise – das hohe Defizit, das durch den Zusammenbruch des Warenhauses in Los Angeles entstanden war – hatte er gemeistert, indem er immer weiter expandierte. Doch die Ölkrise und die tiefe Rezession, die sie nach sich zog, ließen ihm keine andere Wahl, als den Bankrott zu riskieren.

Schon vor der Ölkrise hatte er begonnen, seine Geschäftspolitik zu ändern und neue Wege zu gehen. Von Anfang an hatte er in seinen Kaufhäusern die Künste gefördert und sich bei der Auswahl der Exponate stets von seinen persönlichen Vorlieben leiten lassen. Er stellte avantgardistische moderne Kunst aus,

230

Arbeiten seiner Freunde und anderer Künstler, die er bewunderte. Das neue Parco in Shibuya war bereits ein Musterbeispiel für Seijis neue Unternehmensphilosophie. Es beherbergte außer den Boutiquen auch Kunstgalerien, Restaurants, ein Café und das Seibu-Theater oben im neunten Stock, von dem aus man einen herrlichen Ausblick auf Shibuya hatte.

Das Seibu-Theater war vom kaufmännischen Standpunkt aus von Anfang an ein absurdes Verlustprojekt. Das Publikum, das die Experimente auf der Bühne hingerissen verfolgte, bestand größtenteils aus Studenten und jungen Mädchen in makellos weißen Blusen, die sicher keine großen Summen in den Boutiquen des Parco liegenließen. Doch das Theater war eine Oase in der kulturellen Wüste, die Japan in den siebziger Jahren war, und es galt bald als das führende Avantgarde-Theater des Landes.

Auf geheimnisvolle Weise war Japans einst so reiche und lebendige Kultur im Laufe der letzten hundert Jahre verschwunden. In den militaristischen Jahren vor dem Krieg war alles den Kriegsanstrengungen untergeordnet worden. Und in der Nachkriegszeit widmeten sich die Japaner mit derselben Zielstrebigkeit dem Wiederaufbau ihrer Wirtschaft.

Dieses einseitige Engagement hatte zur Folge, daß Japans große Künstlerpersönlichkeiten im eigenen Land sehr wenig Anerkennung und Unterstützung erfuhren. Es gab – und gibt – in Japan kein Kulturministerium, kein staatliches System der Kunstförderung. Nur 0,03 Prozent des Haushalts flossen in den Bereich Kultur. Es mangelte zwar nicht an Theatern, in denen die traditionellen Formen des Schauspiels – No-Spiele, Kabuki-Theater, Bunraku-Puppenspiele – gepflegt wurden, doch Bühnen für zeitgenössische oder experimentelle Stücke gab es kaum.

Seiji war sich bewußt, daß Japan in vielerlei Hinsicht ein kulturelles Notstandsgebiet war und daß seine jetzige Position es ihm erlaubte, etwas gegen diese Verarmung des kulturellen Lebens zu unternehmen. Seine Anhänger und seine Kritiker sind sich einig, daß ihn der bloße Profit nie sonderlich interessierte. Vielleicht lag es an Seijis komplizierter Beziehung zu seinem Vater, am Einfluß seiner Mutter oder einfach daran, daß er einer neuen Generation angehörte, daß er nicht denselben Drang zum Geldscheffeln verspürte wie Yasujiro. Er war zwar genauso ehrgeizig und ungeduldig, doch sein Ehrgeiz hatte andere Ziele. Im Gegensatz zu anderen Kaufhäusern, die die Kunst als Lockmittel benutzten, wollte Seiji mit seinen Ausstellungen der Kultur einen Dienst erweisen.

Im Jahr 1975, bereits einige Zeit vor dem Ende der Ölkrise, eröffnete er im Seibu Ikebukuro ein Kunstmuseum, das fast die ganze oberste Etage einnahm. Das Seibu-Museum zeigte zeitgenössische Kunst, die Seijis Geschmack entsprach, doch nicht nur Kunst im klassischen Sinne, sondern auch Meisterwerke aus den Bereichen Fotografie, Design, Handwerk, Mode oder Architektur. Auf der ersten Ausstellung waren neben zeitgenössischer japanischer Kunst Werke von Kandinsky und Max Ernst sowie die »Bekleidungkunst« von Issey Miyake und Arbeiten von Charles Rennie Mackintosh zu bewundern. Nach westlichen Maßstäben war das nicht sonderlich revolutionär, doch in Japan stellten zu jener Zeit nur sehr wenige Galerien und Museen zeitgenössische Werke aus.

Künstler und Kunstinteressierte begrüßten diese Initiative. Das Museum war von Anfang an vom Kaufhaus finanziell unabhängig, unterschied sich in dieser Hinsicht also nicht von anderen größeren Museen, die nicht kommerziellen Interessen dienen sollten. Das Museumspersonal wurde sogar ausdrücklich angewiesen, sich keine Gedanken darüber zu machen, ob die Ausstellungen Geld einbrachten oder Kunden anlockten, sondern sich kompromißlos auf provozierende und radikale Kunst zu spezialisieren.

Seijis Idealismus war mit dem Scharfsinn seines Vaters gekoppelt. Er erkannte, wohin das Land sich bewegte, und der neue Kurs Japans stimmte mit seinen eigenen langfristigen Zielen und Idealen überein. Seijis kulturelle Projekte waren Teil eines umfassenden Plans, den Kaufhäusern seines Imperiums ein ganz neues Image zu verleihen.

Mitsukoshi, die *grande dame* unter den Kaufhäusern mit dem klangvollen alten Namen und der dreihundertjährigen Firmengeschichte, war eine Bastion des Snobismus, des Traditionsbewußtseins und des Standesdünkels. Seibu war dagegen ein Emporkömmling, der mit seiner Jugend und seinen neuen Ideen prunkte. Seijis Unternehmen verdankten ihren Erfolg einer Vielzahl äußerst komplexer Faktoren, unter anderem der Demokratisierung der Gesellschaft nach dem Krieg, der allmählichen Auflösung der alles beherrschenden traditionellen Familienstrukturen und Japans zunehmender Auseinandersetzung mit anderen Nationen. Seibu erkannte und nutzte diese neue Entwicklung nicht nur, sondern unterstützte und beschleunigte sie.

Für die jungen Japaner war Seibu das gelobte Land. In keinem anderen japanischen Unternehmen waren so viele Führungskräfte zwischen zwanzig und vierzig Jahre alt. Und diese Jungmanager wurden obendrein ermuntert, lieber kreativ, mutig und avantgardistisch zu sein als geschäftstüchtig. Sie wurden im Grunde dafür bezahlt, daß sie genau das taten, was sie wollten.

Eine solche Unternehmenspolitik hätte leicht zu einer Katastrophe führen können, doch statt dessen zahlte sie sich hundertfach aus. Seijis Ideen schienen genau dem Zeitgeist zu entsprechen. Die Seibu-Kaufhäuser, die allmählich den Stil der Parcos übernahmen, wurden zu Hochburgen der Kreativität. Seibu stand für die allerneueste Mode, das avantgardistischste Design und die einprägsamste und originellste Werbung. Seibu erhob die Werbung zur Kunstform. In der Werbeabteilung von Seibu begann die Karriere von Shigesato Itoi, einem der berühmtesten Werbetexter Japans.

Itoi dachte sich die verstümmelten Werbesprüche aus, die den Stil von Seibu prägen halfen. »Oishii seikatsu – köstliches Leben« war einer der Slogans für 1982. Das Plakat zeigt das nachdenkliche Gesicht von Woody Allen. Er kniet in einem traditionellen Männerkimono auf einem Kissen und schaut hinter einer Schriftrolle hervor, auf der in großer Kinderschrift »Köstliches Leben« steht.

Das waren große Jahre für Seibu und Seiji. Er hatte vermutlich mehr erreicht, als er jemals für möglich gehalten hätte. Die Seibu-Kaufhäuser waren nicht nur eine Glitzerwelt des schönen Scheins, sie brachten auch Geld ein. Im September 1982 erreichte Seiji sein Ziel: mit einem Umsatz von 3,74 Milliarden Yen überflügelte das Seibu Ikebukuro seinen Konkurrenten Mitsukoshi um fast eine dreiviertel Milliarde Yen und stieg damit zum erfolgreichsten Kaufhaus Japans auf.

Es lag jedoch nicht nur an Seijis brillantem Marketing, daß Mitsukoshi ins Hintertreffen geriet. Tatsächlich waren die Geschicke von Seibu und Mitsukoshi einige Jahre lang auf komplizierte Weise miteinander verknüpft gewesen.

Um 1970 nahm Seiji an einer Konferenz amerikanischer und japanischer Finanzexperten in Washington teil, auf der er zufällig neben einem Mann namens Yoshiaki Sakakura saß. Seiji hatte schon viel von Sakakura gehört. Er gehörte der Geschäftsleitung von Mitsukoshi an und galt als einer der besten Manager der Kaufhausbranche. Es war damals allgemein bekannt, daß bei Mitsukoshi ein interner Machtkampf zwischen Sakakura und einem Konkurrenten namens Shigeru Okada im Gange war. Beide hatten die renommierte Keio-Universität besucht, und beiden räumte man seit ihrem Eintritt in das Unternehmen gute Chancen ein, Präsident von Mitsukoshi zu werden. Sakakura war ein ruhiger, solider und hochbegabter Geschäftsmann, der genau wußte, wie man gute Umsätze und hohe Gewinne erzielte. Doch Okada, ein untersetzter Mann mit einem arroganten Blick, hatte mehr Charisma. 1968 übernahm Okada die Leitung der Mitsukoshi-Filiale an der Ginza, der elegantesten Straße Tokios. Das Mitsukoshi lag an einer zentralen Kreuzung auf einem Gelände, das während des Wirtschaftsaufschwungs der achtziger Jahre als das teuerste Grundstück der Welt berühmt wurde.

Okada wollte aus dem Kaufhaus an der Ginza eine Goldgrube machen. Direkt an der Kreuzung – gegenüber dem Wako, einem noblen Fachgeschäft für exklusive Damenmode – richtete er einen McDonald's-Imbiß ein, und unter dem ehrwürdigen Dach des Kaufhauses eröffnete er eine große Bierkneipe. Das Kaufhaus selbst ließ er im brandaktuellen, psychedelischen Stil dekorieren. Treue Kunden fragten sich entsetzt: »Ist das wirklich noch Mitsukoshi?« Doch trotz der Beschwerden der Stammkundschaft strömten die Leute in Scharen herbei. Die Verkaufszahlen der Ginza-Filiale schnellten in die Höhe, und Mitsukoshi blieb die japanische Kaufhauskette mit den höchsten Umsätzen.

Auf der Konferenz in Washington stellte Seiji beeindruckt fest, daß Sakakura sich nur auf englisch Notizen machte. Daß er eine fremde Sprache so gut beherrschte, sprach für seine Fähigkeiten. Die beiden kamen ins Gespräch, und nach einer Weile fragte Seiji Sakakura so beiläufig wie möglich: »Bleiben Sie weiter bei Mitsukoshi?« Es waren nämlich Gerüchte laut geworden, daß Sakakura sich mit dem Gedanken trage, das Unternehmen zu verlassen.

»Ich habe mir überlegt, daß ich mich zu einem günstigen Zeitpunkt vielleicht verändern könnte«, lautete die Antwort.

Im April 1972 wurde Okada zum Präsidenten von Mitsukoshi Ltd. ernannt. Er gab einen pompösen Empfang in einem der besten Hotels von Tokio. Zweihundert Journalisten waren geladen, die dafür sorgten, daß Okadas lächelndes Gesicht über alle

Fernsehkanäle flimmerte und in allen Zeitungen erschien. Genau ein Jahr später nahm Sakakura den Hut.

Sakakura war ein Ehrenmann vom alten Schlag. In Japan, wo praktisch alle Beschäftigungsverhältnisse Lebensstellungen sind, war ein Wechsel zu einem anderen Unternehmen etwas höchst Ungewöhnliches. Doch wer sich dazu entschloß, wechselte gleichzeitig die Branche. Zur Konkurrenz überzulaufen, verstieß gegen alle Regeln des Anstands. Seiji war an Sakakura sehr interessiert. Seiner Meinung nach war er genau der richtige Mann für Seibu. In der Geschäftswelt rühmte man Seijis guten Riecher für Talente und sein Geschick, die Leute, die er haben wollte, über gute Beziehungen schließlich auch zu bekommen. Seiji wußte, daß er den richtigen Augenblick abwarten mußte. Wenn er vorschnell handelte, würde er sein Wild vergrämen.

Seiji mußte Sakakura drei Mal fragen, bevor dieser seine Skrupel überwand und sich bereit erklärte, bei Seibu einzusteigen. Seiji rief anstandshalber Okada an und teilte ihm mit, daß er seinen Mitarbeiter abwerben wolle.

»Da Sie mich davon in Kenntnis setzen, bin ich einverstanden«, erklärte der Präsident von Mitsukoshi.

Seiji stellte Sakakura 1974 als Vizepräsidenten ein und ernannte ihn wenig später zum Präsidenten der Seibu-Kaufhauskette.

Zu Anfang bildeten Seiji und Sakakura ein perfektes Gespann. Seiji war der Mann mit den Ideen, der ständig mit neuen großartigen Plänen und aufregenden Strategien aufwarten konnte, und Sakakura, der pragmatische Geschäftsmann, setzte sie um und sorgte dafür, daß sie sich für das Unternehmen auch auszahlten. Den Rekordumsatz von 1982 verdankte Seiji größtenteils der Umsicht, mit der Sakakura seine Ideen verwirklicht hatte.

Im Laufe der Jahre kühlte das Verhältnis zwischen Seiji und Sakakura jedoch immer mehr ab. Wenn man Seibu-Insider nach den Gründen fragt, bekommt man recht unterschiedliche Darstellungen zu hören. Die japanische Fachpresse und viele enttäuschte ehemalige Mitarbeiter von Seibu führen alle Differenzen auf Seijis Launenhaftigkeit zurück. Alle bestätigen, daß Seiji schon immer die einzigartige Gabe besessen hatte, qualifizierte Leute mit genau den Talenten aufzuspüren, die Seibu gerade brauchte. Doch Seijis anfängliche Begeisterung lege sich stets nach ein paar Jahren. Er hatte zwar viele neue Talente – Journalisten, Fernsehchefs oder Führungskräfte aus der Wirtschaft –

angeworben, doch die meisten hatten das Unternehmen nach zehn Jahren wieder verlassen. Offenbar gingen Sakakuras und Seijis unternehmerische Ziele fast in jeder Hinsicht völlig auseinander. Sakakura war ein konservativer, pragmatischer und bodenständiger Geschäftsmann, Seiji dagegen ein Idealist, der sich ständig neue Strategien ausdachte und Träume zu verwirklichen versuchte. Unter Sakakuras Präsidentschaft florierten die Kaufhäuser und warfen höhere Gewinne ab, doch seine gewinnorientierte Unternehmenspolitik vertrug sich auf Dauer nicht mit Seijis unkonventionellen Zielen.

Zweifellos gab es viele schwer durchschaubare Gründe für Sakakuras Rücktritt. Er verließ Seibu 1984 und verkündete – wie zehn Jahre zuvor nach seinem Weggang von Mitsukoshi –, daß er sich aus dem Kaufhausgeschäft zurückziehen wolle. Doch schon wenige Monate später bot Mitsukoshi ihm endlich den langersehnten Posten des Präsidenten an.

Sakukura ist heute noch der Präsident von Mitsukoshi. Seibu blieb trotz seines Ausscheidens noch mehrere Jahre lang die erfolgreichste Kaufhauskette Japans und verwies Mitsukoshi auf den zweiten Platz. Im Jahr 1990 betrug der Umsatz des Seibu Ikebukuro 432 Milliarden Yen, während das Stammhaus von Mitsukoshi es nur auf 315 Milliarden Yen brachte.

Seijis Methoden wurden im Verlauf seiner Karriere immer wieder scharf kritisiert. Im Westen hätte seine Hire-and-Fire-Politik kaum noch Aufsehen erregt, doch in Japan, wo lebenslange Beschäftigungsverhältnisse und eine intensive Cliquenwirtschaft zwischen Absolventen derselben Hochschule üblich waren, löste sie Empörung aus. In den siebziger und frühen achtziger Jahren hielt sich die Kritik allerdings in Grenzen. Seibu florierte und expandierte. Seijis mangelndes Gewinnstreben befremdete zwar viele Geschäftsleute, doch nach Meinung der Künstler, Designer, Werbetexter und Modemacher tat er stets genau das Richtige.

Die Eröffnung des Theaters und des Museums war nur ein bescheidener Anfang. In den Jahren nach der Ölkrise schlug Seiji gleich mehrere neue Wege ein und dehnte seine geschäftlichen Aktivitäten auf Bereiche aus, die mit dem Kaufhausgeschäft im herkömmlichen Sinne gleichfalls wenig zu tun hatten.

Doch warum sollte Seiji sein Angebot auf typische Kaufhausartikel beschränken? Ganz allgemein gesprochen bestand die Aufgabe eines Verkäufers doch darin, Verbraucherwünsche zu befriedigen. Wenn der Kunde zum Beispiel eine Versicherung abschließen wollte, warum sollte er dies nicht bei seinem wöchentlichen Einkauf im Supermarkt tun können? So stieg Seibu auch ins Versicherungsgeschäft ein. 1975, kurz nach der Ölkrise, gründete Seiji in Zusammenarbeit mit Sears Roebuck die Seibu Allstate Life Insurance Company Ltd. Die Firma fing in Japan mit zwei Angestellten an, deren erste Aufgabe darin bestand, beim Finanzministerium eine entsprechende Genehmigung zu erwirken. Da Seibu keinerlei Erfahrung im Versicherungsgeschäft hatte, zögerte das Ministerium zunächst. Erst nachdem ein Berg von Papieren eingereicht worden war, erteilte es schließlich die gewünschte Lizenz. Aus den zwei Angestellten wurden zehn, fünf in Japan und fünf in Chicago, die gemeinsam ein Versicherungssystem zu erarbeiten begannen, das den Bedürfnissen japanischer Versicherungsnehmer gerecht wurde.

Seiji eröffnete in ganz Japan immer mehr Seibu-Kaufhäuser, Parcos und Seiyu-Supermärkte und erweiterte gleichzeitig das Spektrum seiner geschäftlichen Aktivitäten. So schloß Seibu unter anderem Exklusivverträge mit Sotheby's, Liberty's und Habitat ab und eröffnete unter dem Namen Family Mart eine neue Kette kleiner Selbstbedienungsläden, die bis spät in die Nacht Lebensmittel und Waren des täglichen Bedarfs verkauften.

Darüber hinaus stieg Seibu mit Unterstützung von Sears in das Kreditkartengeschäft ein. Der Kreditkartenboom hatte Japan damals noch nicht erreicht. Fast alles wurde bar bezahlt. Niemand benutzte Schecks. Die Löhne und Gehälter wurden in Umschlägen ausgehändigt, die prall mit Bargeld gefüllt waren. Große Unternehmen konnten zwar Bankkredite in Anspruch nehmen, doch Privatpersonen war das nur in sehr begrenztem Umfang möglich. So ein System funktionierte in einem Land, in dem nur relativ geringe Summen bewegt wurden. Als die Wirtschaft jedoch wuchs, zeichnete sich ab, daß Japan modernere Formen des Zahlungsverkehrs brauchte. Seiji erkannte als einer der ersten, daß Kreditkarten in Japan eine Marktlücke sein könnten. Die 1982 eingeführte Seibu Card wurde sofort ein Renner.

Doch damals wagte Seiji sich wieder einmal viel zu weit über die Grenzen seines Metiers hinaus. Das Fiasko begann, als Seibu einen Anteil an einem staatseigenen Grundstück in Ikebukuro erwarb. Ikebukuro war nie ein sehr einladendes Viertel gewesen. Eines seiner düstersten Wahrzeichen war das Zentralgefängnis von Tokio, die Vollzugsanstalt Sugamo, ein ausgedehnter grauer Gebäudekomplex, in dem einst der Premierminister der Kriegsjahre Hideko Tojo und andere Kriegsverbrecher inhaftiert und hingerichtet worden waren. Als das Viertel sich zu verändern begann und nicht mehr Gangster und andere zwielichtige Gestalten, sondern die Kunden der neueröffneten Geschäfte und Kaufhäuser das Straßenbild beherrschten, bereitete die Nähe dieses düsteren Gefängniskomplexes den Geschäftsleuten von Ikebukuro zunehmend Sorge. Von den oberen Etagen des Seibu Shibuya und des benachbarten Mitsukoshi aus konnte man direkt auf das Gefängnisgelände hinunterblicken, was dem Image, das die Geschäftsleute anstrebten, nicht gerade förderlich war.

Ende der fünfziger Jahre wurden die ersten Klagen über das Gefängnis laut. Yasujiro war zweifellos die treibende Kraft unter den Geschäftsleuten, die sich für die Sanierung von Ikebukuro einsetzten. Er machte sicher auch seinen Einfluß als ehemaliger Parlamentspräsident geltend. Nach Yasujiros Tod hielt Seiji die umfangreichen Kontakte seines Vaters zur Politik aufrecht und übte sicherlich auch weiterhin Druck aus.

Nach langem Streit bekamen die Geschäftsleute ihren Willen. 1971 wurde das Gefängnis abgerissen. Übrig blieb eine großes ödes Gelände, das dem Staat gehörte und sinnvoll genutzt werden mußte. Es wurde zahlreiche Debatten darüber geführt, was mit dem Land geschehen sollte. Sollte es in einen Vergnügungspark verwandelt oder lieber an Interessenten aus der Wirtschaft verkauft werden? Seiji legte einen attraktiven Plan vor. Was Ikebukuro brauchte, war ein Kulturzentrum mit Theatern, Museen, Galerien und einem Konzertsaal. Die Wirtschaftlichkeit des Projekts sollten Büros, ein Kaufhaus, eine Messehalle und ein Hotel garantieren. In dem geplanten Komplex war auch ein Wolkenkratzer geplant, der erste in Ikebukuro. Mit seinen insgesamt sechzig Stockwerken sollte er ein markanter Orientierungspunkt und gleichzeitig das höchste Gebäude Japans werden. Es war ein kühnes Projekt. Ende der achtziger Jahre schossen zwar – wie von Seiji vorausgeahnt – überall im Land »Kulturdörfer« aus dem Boden, doch damals gab es noch nichts dergleichen.

Allerdings gab es auch vehemente Gegner des Plans. Nach Aussagen von Seibu-Insidern war Yoshiaki alles andere als begeistert von Seijis Projekt. Auf einer symbolischen Ebene war es beinahe ein bewußter Affront. Yoshiakis Hauptquartier – die Büros von Seibu Railways – lag in Ikebukuro, ganz in der Nähe des Bahnhofs. Mit dem sechzigstöckigen Wolkenkratzer würde Seiji sich gewissermaßen eine eigene Festung errichten, die Yoshiakis älteres Bollwerk weit überragte. Doch das war noch nicht alles. Seiji wollte auch ein Hotel bauen, doch Hotels waren eigentlich Yoshiakis Domäne. Selbst von einem rein praktischen Standpunkt aus war das Projekt fragwürdig. Wer in aller Welt würde schon ein Hotel in einem öden Außenbezirk wie Ikebukuro beziehen wollen? Yoshiaki gab eine öffentliche Erklärung ab, in der er sich entschieden gegen den Plan aussprach.

Doch Seiji ließ sich nicht beirren. Die verschiedenen Unternehmen und Banken, die wie Seibu Anteile an dem Grundstück erworben hatten, gründeten ein Konsortium. Was dann geschah, ist nicht genau bekannt. Jedenfalls verloren die beteiligten Bankiers und Geschäftsleute nach dem von der Ölkrise ausgelösten Schock irgendwann das Vertrauen in das Projekt. Es war einfach zu groß und zu ehrgeizig. Und Seiji, der Initiator, besaß schlicht nicht genug Land, um die erforderlichen Kredite abzusichern.

Seiji erkannte stets schnell, wann etwas schieflief. Er wollte sich aus dem Projekt zurückziehen, doch das war sehr schwierig. Außer Seibu waren noch einige andere Unternehmen beteiligt, und es war bereits sehr viel Geld investiert worden. Das Projekt war schon zu weit fortgeschritten.

Wieder blieb Seiji nichts anderes übrig, als sich an Yoshiaki zu wenden. Jener hatte, ob ihm das nun paßte oder nicht, als Tsutsumi eine gewisse Mitverantwortung. Denn die Bankiers und Geschäftsleute hatten sich natürlich nur auf dieses kühne Projekt eingelassen, weil der Name Tsutsumi im Spiel war.

Yoshiaki soll sehr aufgebracht gewesen sein. Seiji hatte ihn mit diesem Projekt, das er ohne ihn zu fragen und gegen seinen Willen in Angriff genommen hatte, in eine Zwangslage gebracht. Widerwillig erklärte Yoshiaki sich bereit, das Bauvorhaben zu übernehmen. In Geschäftskreisen gingen Gerüchte um, er habe seine Einwilligung an eine Bedingung geknüpft: Seiji mußte ihm angeblich versprechen, in Zukunft die Finger vom Hotelgewerbe zu lassen.

Ein neues Konsortium, dem auch die Japan National Railways und Mitsubishi angehörten und in dem Yoshiaki das letzte Wort hatte, führte das Projekt schließlich zu Ende. 1978 wurde das sechzigstöckige Sunshine-60-Gebäude eingeweiht, das sich wie ein riesiger Monolith über die schäbigen Straßen von Ost-Ikebukuro erhob. Das Hochhaus, von dem aus man den Vulkankegel des Fuji am Horizont erkennen konnte, war bis zum Bau der neuen Metropolitan-Regierungsgebäude im Jahr 1991 tatsächlich das höchste Bauwerk Tokios. Der Rest von Sunshine City entsprach ziemlich genau Seijis Plänen. In dem zugigen Gebäudekomplex, der trotz des einladenden Namens eher eine kalte Nüchternheit ausstrahlte, waren ein Theater, ein Museum, ein Konzertsaal, ein Planetarium, ein Aquarium und der World Import Mart untergebracht, in dem Waren aus aller Welt ausgestellt wurden. Es gab auch ein Hotel, das Sunshine City Prince, das zu Yoshiakis Kette von Prince Hotels gehörte.

Angesichts der rasanten Geschwindigkeit, mit der Seiji in diesen goldenen Jahren sein Imperium ausbaute, erstaunte es kaum, daß er ab und zu ins Stolpern geriet. Verblüffend war vielmehr, daß er trotz der vielen Risiken, die er einging, so selten auf die Nase fiel. Er schien unbesiegbar.

In der Öffentlichkeit gab Seiji sich immer noch so bescheiden und sanftmütig wie eh und je, doch auf Vorstandssitzungen war von dieser freundlichen Zurückhaltung nichts mehr zu spüren. Die Topmanager des Unternehmens mußten stets damit rechnen, daß er sie wüst beschimpfte, vor ihren Kollegen demütigte oder Aschenbecher nach ihnen warf. Einer von Seijis engsten Mitarbeitern bemerkte dazu: »Menschen in Spitzenpositionen werden verrückt. Seiji Tsutsumi war manchmal streng. Zwischen 1974 und 1984 war er besonders grimmig. Auch er litt an dieser Krankheit der Mächtigen.«

Wie jeder bedeutende japanische Geschäftsmann hatte auch Seiji seine Liebesaffären – es hätte die Japaner gewundert, wenn es anders gewesen wäre. Trotzdem führte er weiterhin eine glückliche Ehe. Asako war stark, zuverlässig, schön und unabhängig, und die beiden zeigten sich oft zusammen in der Öffentlichkeit. Doch wie Seiji einmal lachend zu einem alten Freund sagte: »Wer die Frauen nicht mag, ist nicht menschlich.«

Die Sensationsreporter der Regenbogenpresse verfolgten Seiji wie die Aasgeier, denn sie waren davon überzeugt, daß er das Temperament seines Vaters geerbt hatte. Doch er tarnte seine Affären so geschickt, daß sie in ihren Artikeln über vage Andeutungen nicht hinauskamen.

Seiji selbst äußerte sich in seinen Romanen ziemlich offen zu seinem Sexualleben. Je mehr seine Arbeit ihn in Anspruch nahm, desto stärker war offenbar sein Drang, zu schreiben. All seine Romane schrieb er in Zeiten, in denen seine Karriere einen neuen Höhepunkt erreichte. *In the Season of Roaming* erschien ein Jahr nach der Eröffnung des bahnbrechend neuen Seibu-Kaufhauses in Shibuya. Und 1983, ein Jahr nachdem das Seibu Ikebukuro zum umsatzstärksten Kaufhaus Japans geworden war, wurde *A Spring Like Any Other* veröffentlicht.

Während Seiji in Japan sein Imperium aufbaute, führte Kuniko in Paris das Leben einer Prinzessin. Die japanischen Klatschmagazine, die ihr Treiben aufmerksam verfolgten, nannten sie »Prinzessin Tsutsumi«. Nach ein paar Jahren in Paris verkehrte die junge japanische »Ausreißerin« mit dem rabenschwarzen Pilzkopf und der zarten Flüsterstimme bereits in den höchsten Kreisen der Pariser Gesellschaft. Sie war Seibus Repräsentantin in Paris, die erste, die eine Brücke geschlagen hatte zwischen Japan und der europäischen Modewelt. Sie hatte bereits einige Modeschöpfer entdeckt. Viele verdankten ihren Ruhm Kunikos Protektion. Sie war berühmt für ihren untrüglichen Modeinstinkt und verfügte über ein Budget von mehreren Millionen Yen.

Kuniko und Dewi Sukarno waren die einzigen japanischen Mitglieder der Pariser Oberschicht. Kuniko kannte alle bedeutenden Persönlichkeiten der französischen Gesellschaft – die Reichen und Privilegierten, prominente Figuren der Demimonde, namhafte Modeschöpfer und führende Politiker von Louis Féraud und Yves Saint-Laurent bis zu François Mitterrand und Jacques Chirac. Jeden Tag wurden Blumensträuße und Einladungen zu Diners und in exklusive Clubs an ihrer Tür abgegeben. In Japan galt es als sehr ungehörig, ein Luxusleben zu führen oder seinen Reichtum zur Schau zu stellen, doch in Frankreich hatte Kuniko dabei kein schlechtes Gewissen. Sie war ohnehin die Rebellin und das schwarze Schaf der Familie. Warum sollte sie sich also um die alten Normen der japanischen Gesellschaft kümmern? Sie lebte in einem Luxusapartment voller Antiquitäten, trug Haute-Couture-Kleidung von Modeschöpfern, die sie protegierte, und hatte gutaussehende junge Liebhaber.

Kuniko selbst sagte einmal, Seiji schlage seiner Mutter nach, sie dagegen ihrem Vater. Sie war eine noch extremere Spielernatur als Seiji. Doch im Gegensatz zu ihrem Bruder schlitterte sie mit ihrer wilden und kapriziösen Art ständig in Katastrophen hinein. Das Glücksspiel war eine ihrer großen Leidenschaften. Spielkasinos verkörperten für sie die kultiviert-verwegene Demimonde. In dieser Welt war das Leben ein Spiel mit nur einer

241

Regel: es mit Stil zu spielen. Freunde beschrieben Kuniko als notorische Spielerin, und Seiji sah in ihrer Spielleidenschaft einen Drang, »mit den Glücksspielen im Kasino die Spiele des wirklichen Lebens« zu ersetzen.

Einige Zeit vor der Ölkrise von 1973 bot sich Kuniko eine Gelegenheit, die ihr als die Erfüllung ihrer kühnsten Träume erschienen sein muß. Damals förderte die französische Regierung den Tourismus im Languedoc und subventionierte die Sanierung von Urlaubsorten und Hotels in dieser Region. Kuniko faßte einen kühnen Plan: Sie wollte ein 2000-Tonnen-Schiff namens *Lydia* restaurieren, es in ein schwimmendes Kasino verwandeln und zur Hauptattraktion eines Ferienparadieses für Reiche an der Mittelmeerküste zwischen Perpignan und der spanischen Grenze machen. Außer dem schwimmenden Kasino waren noch ein Hotel mit zweihundert Zimmern und eine Apartmentanlage mit zweihundertvierzig luxuriösen Ferienwohnungen geplant. Kuniko hatte nach ihrer Heirat die französische Staatsbürgerschaft angenommen. Sie tätigte bereits seit mehreren Jahren im Auftrag der Seibu-Gruppe Investitionen in Frankreich. Ein solches Kasino schien ihr ein ideales Anlageobjekt. Bei ihrem nächsten Japanbesuch sprach sie mit Seiji über ihr Vorhaben.

Für die frankophile Kuniko waren Spielkasinos der Inbegriff von kultiviertem Luxus, doch für die Japaner der frühen siebziger Jahre haftete allen Glücksspielen der Geruch der Pferderennbahn an. Seiji wollte das Image von Seibu aufpolieren und nicht schädigen, indem er Geld in eine Spielhölle investierte. Außerdem erschien ihm die Wirtschaftlichkeit eines solchen Projekts fraglich. Doch Kuniko war durch nichts von ihrem Vorhaben abzubringen. Schließlich gab Seiji nach, und die Seibu-Kaufhausgruppe investierte 3,5 Milliarden Yen in das Projekt.

Das Casino Lydia wurde 1974 eröffnet. Die *crème de la crème* der französischen Gesellschaft erschien und drängte sich scherzend und lachend um die Roulettetische, während Kuniko in einer lässig-eleganten Robe aus Seide und Perlen die Gastgeberin spielte.

Doch das schicke Casino Lydia erwies sich trotz des Renommees der Betreiberin als finanzielles Fiasko. Wieder war es die Ölkrise, die Seibu einen Strich durch die Rechnung machte. Außerhalb der Saison war das Kasino leer. Die Hotels waren oft nur halb belegt, und hundert der Luxusapartments konnten nicht verkauft werden. Schließlich mußte das Kasino schließen.

Wenige Jahre später, um 1976, bot sich eine weitere Gelegenheit. Der Bürgermeister von Trouville-sur-Mer an der Atlantikküste der Normandie unterstützte damals verschiedene Sanierungsprojekte, um Besucher in seine Stadt zu locken. Ein Sanierungsplan sah die Renovierung des städtischen Kasinos vor. Wieder war Kuniko Feuer und Flamme. Sie sprühte vor Ideen, erwarb die Genehmigung, ein Kasino zu betreiben, und plante großzügig auch noch ein Restaurant, ein Luxushotel und einen Nachtclub.

Natürlich brauchte Kuniko für ein Projekt dieser Größenordnung einen Investor. Sobald die Pläne der Architekten fertig waren, flog sie erneut nach Tokio, um Seiji zu den erforderlichen Investitionen zu überreden. Seiji muß sich in einem echten Dilemma befunden haben. Er stand seiner eigensinnigen Schwester näher als allen anderen Mitgliedern der Familie, doch als Präsident eines riesigen Konzerns mit vielen tausend Beschäftigten konnte er es sich einfach nicht leisten, in ein Projekt einzusteigen, das seiner Überzeugung nach zum Scheitern verurteilt war.

Schließlich traf er eine sehr schmerzliche, aber klare Entscheidung. Er teilte seiner Schwester mit: »Mach weiter, wenn du willst, doch dann mußt du alle Verbindungen zur Firma abbrechen.«

Kuniko ließ sich durch Seijis mangelndes Vertrauen in das Projekt nicht beirren. Sie gab die Leitung der Seibu-Vertretung in Paris unverzüglich ab und wandte sich an Banken in Japan, doch ohne den mächtigen Seibu-Konzern im Rücken bekam sie keine Kredite. Am Ende verkaufte sie ihre Villa und all ihre Wertpapiere und Aktien – ihr ganzes Erbteil. Nachdem sie in Japan alle Brücken hinter sich abgebrochen hatte, kehrte sie nach Paris zurück.

Zunächst schien es so, als habe Seiji sich geirrt. Kuniko mußte ihr ganzes Vermögen beleihen, um von französischen Banken 6,5 Millionen Franc für die Restaurierung des Kasinos zu bekommen. Anschließend verwandelte sie es in ein aufsehenerregendes Schmuckstück im Rokokostil. An sechs Roulettetischen, die in verschwenderisch dekorierten Räumen mit funkelnden Kronleuchtern standen, konnte gespielt werden, ein großes Restaurant, ein Nachtclub und ein Hotel erwarteten ihre Gäste. Am Eröffnungsabend im Frühjahr 1978 empfing die kleine zarte Kuniko, ganz in Nerz gehüllt, etliche Mitglieder des europäi-

243

schen Adels, Hollywoodstars und amerikanische Wirtschaftsmagnaten.

Im ersten Jahr erreichten die Gewinne des Kasinos das Dreifache der Investitionssumme. Doch alle geschäftlichen Unternehmungen Kunikos schienen unter einem schlechten Stern zu stehen: Im Oktober 1979 mußte ihr Unternehmen den Konkurs anmelden. Das Management des Kasinos hatte einen Schuldenberg von 2,6 Millionen Franc angehäuft und es versäumt, den 120 Bediensteten die Gehälter für den letzten Monat zu bezahlen. Und zu allem Übel wurde Kuniko auch noch vorgeworfen, sie habe Firmengelder veruntreut. Die Polizei von Trouville verhaftete sie, steckte sie in Untersuchungshaft und verhörte sie mehrere Stunden lang. In dieser Nacht schlief die lebenshungrige Frau in einer Gefängniszelle.

Am nächsten Tag zahlte Seiji die Kaution von 150 000 Franc. Kuniko wurde auf freien Fuß gesetzt, doch ihr Paß wurde einbehalten. Bei ihrer Ankunft in Paris stellte sie fest, daß ihre Wohnung ausgeraubt worden war.

Von einem Tag auf den andern war Kuniko völlig auf sich gestellt. All ihre sogenannten Freunde, die sie mit Blumen und Einladungen überhäuft hatten, schienen sie auf einmal nicht mehr zu kennen. Selbst Seiji wollte mit seiner Schwester nichts mehr zu tun haben. Kuniko schrieb ihm immer wieder, erhielt jedoch keine Antwort. Es ging auch kein Geld mehr auf ihrem Bankkonto ein.

Erneut war Seiji hin und her gerissen zwischen seinen brüderlichen Gefühlen und seiner Verantwortung als Firmenchef. Das Risiko, in den Skandal um Kuniko hineingezogen zu werden, war sehr groß und mußte um jeden Preis vermieden werden. Außerdem hatte Kuniko all seine Warnungen in den Wind geschlagen.

Ein Jahr lang herrschte absolute Funkstille. Dann stellte Kuniko eines Tages fest, daß 5000 Franc auf ihrem Konto eingegangen waren. Seiji hatte endlich eingelenkt. Weitere 10 000 Franc trafen ein, dann 20 000. Auch Yoshiaki griff ihr unter die Arme. Trotz der gegenseitigen Abneigung zwischen Seiji und Yoshiaki hatte Kuniko stets beide verstanden und geliebt und sich nie in ihre Auseinandersetzungen eingemischt.

Kunikos Fall kam erst 1981 zur Verhandlung. Seiji zahlte alle anfallenden Anwalts- und Gerichtskosten. Es wurde ein langes und kompliziertes Verfahren, doch am Ende wurde Kuniko in allen Punkten der Anklage freigesprochen. Sie mußte lediglich für einen formalen Verstoß gegen das Handelsrecht 150 000 Franc bezahlen, doch die waren ja bereits als Kaution entrichtet worden.

Im gleichen Jahr kam in Frankreich François Mitterrand an die Macht. Nach dem Wahlsieg der Sozialisten wurde eine Untersuchung eingeleitet, die einige Fälle von Korruption in den Reihen der alten Regierung klären sollte. Dabei wurde Beweismaterial entdeckt, das darauf schließen ließ, daß Kuniko als Sündenbock benutzt worden war. Sie war von Anfang bis Ende ein Opfer gewesen. Endlich war ihr guter Ruf wiederhergestellt.

# 15
# Der schlafende Löwe erwacht
## Yoshiakis Geschichte 1964–1978

*Mein Großvater erzog meinen Vater. Er setzte von Anfang an große Erwartungen in ihn. Er investierte in ihn, gab seinetwegen sein Ehrenamt im Dorf und seine Arbeit als Leinenhändler auf und starb im Alter von vierundsiebzig Jahren. So vermittelte mein Großvater seine vierundsiebzig Jahre Erfahrung meinem Vater. Zählt man dessen eigene Lebenserfahrung aus fünfundsiebzig Jahren hinzu, kommt man auf einhundertfünfzig Jahre. Und wenn man zu diesen einhundertfünfzig Jahren noch meine fünfzig hinzurechnet, hat man insgesamt zweihundert Jahre Erfahrung. Darin liegt die Stärke der Seibu-Eisenbahngruppe – in der Lebensweisheit dreier Menschen. Sie ist das sichere Fundament meines Unternehmens.*

YOSHIAKI TSUTSUMI[1]

Am 1. März 1966 war das Tokyo Prince Hotel der Schauplatz eines bedeutenden Ereignisses. Ab dem späten Morgen rollte eine Limousine nach der anderen die breite Allee hinauf und parkte vor dem Luxushotel. Den Karossen entstiegen in traditionellen schwarzen Kimonos oder dunklen Anzügen die reichsten und mächtigsten Persönlichkeiten Japans.

Der Anlaß, aus dem sich diese illustre Gesellschaft im Tokyo Prince Hotel versammelte, war die Hochzeit Yoshiaki Tsutsumis mit Yuri Ishibashi, der Tochter des Tokutaro Ishibashi von Mutsui & Co.

Fast zwei Jahre waren seit jenem schicksalhaften Tag vergangen, an dem der neunundzwanzigjährige Yoshiaki, der immer noch wie ein großer pausbackiger Junge aussah, aus dem Schatten geholt worden war, um als designierter Nachfolger an der Beisetzung seines Vaters teilzunehmen. Seit diesem Tag gehörte ihm allein das ganze riesige Imperium aus Land, Eisenbahn- und Buslinien, Hotels, Golfplätzen und neuerschlossenen Skigebieten. Natürlich hatten alle Unternehmensgruppen ihre eigenen Manager, doch die höchste Instanz war er.

Seiji hatte bereits durch seine politischen und geschäftlichen Aktivitäten von sich reden gemacht, doch Yoshiaki kannten damals nur wenige Japaner. In der Geschäftswelt galt er als viel

246

zu jung und unerfahren, um die Leitung einer so großen Organisation zu übernehmen. Der letzte Befehl seines Vaters machte unmißverständlich klar, daß Yasujiro Yoshiaki die Nachfolge übergeben wollte. Er lautete: Laß zehn Jahre alles beim alten! In diesen zehn Jahren sollte er die Führung des Unternehmens den alten Männern überlassen, den Präsidenten, Vizepräsidenten und Managern, die Yasujiro sein Leben lang zur Seite gestanden waren und weiterhin als sein verlängerter Arm fungieren sollten. Yoshiaki sollte sich nur Erfahrung sammeln und mit allen betrieblichen Abläufen bestens vertraut werden. Vor allem sollte er keine neuen Projekte in Angriff nehmen. In zehn Jahren sollte er die erforderliche Reife erwerben, um den Konzern zu führen.

»Solange ich noch am Leben bin, kannst du ruhig Fehler machen«, pflegte der alte Herr zu brummen, »doch wehe du machst Fehler, wenn ich tot bin!«[2]

Als Erbe des Seibu-Imperiums suchte Yoshiaki gerne bei Freunden seines Vaters Rat. Einer dieser Freunde war Premierminister Hayato Ikeda. Angeblich hatte Yasujiro Ikeda zur Macht verholfen. Zweifellos war er in seinen letzten Jahren ein Freund und Mentor des Premierministers.

Ikeda war damals schon krank und sollte kurz darauf zurücktreten. Yoshiaki besuchte ihn und seine Familie oft in seiner Sommerresidenz im Küstenort Atami. Dort war es seine Gewohnheit, mit Ikeda seine Zukunft zu erörtern und dem Premierminister respektvoll zuzuhören, wenn dieser sich über die gegenwärtige politische und wirtschaftliche Lage des Landes ausließ. Auch nach Ikedas Tod im Jahr 1965 blieb Yoshiaki der Familie verbunden. Nach Aussagen von Ikedas Witwe eröffnete er ihr bei einem Besuch, daß er verheiratet werden solle. Seine zukünftige Braut sei die Tochter eines Geschäftsmannes. Seine Mutter habe sie für ihn ausgesucht, weil sie einen sehr guten Eindruck von ihr gewonnen habe, und er habe zugestimmt.

Yoshiaki hatte untertrieben. Yuri Ishibashis Vater hatte eine hohe Stellung bei Mitsui & Co. inne; er war der stellvertretende Direktor der Auslandsabteilung. Die Ehe mit ihr bedeutete ein Bündnis zwischen den Tsutsumis und einer der mächtigsten und angesehensten Familien Japans, den Mitsuis. Die Tsutsumis waren schließlich nur Emporkömmlinge. Sie hatten zwar Geld, aber keine ruhmreiche Geschichte und keinen Zugang zu den höchsten Kreisen der japanischen Gesellschaft. Für die angesehenen alten Samurai-Familien, die zwar ihre Titel verloren hatten, aber immer noch eine kleine, gesellschaftliche Elite bildeten, waren sie Parvenüs. Wieviel Geld und Macht die Tsutsumis auch immer anhäufen mochten, einen höheren gesellschaftlichen Status konnten sie nur durch eine Heirat erlangen.

Tsuneko, Yoshiakis Mutter, hatte Yuri sorgfältig ausgewählt. Die beiden Frauen hatten zusammen die Kunst der Teezeremonie zelebriert. Es ist schwierig, etwas über Yuri in Erfahrung zu bringen, da Yoshiaki und die Familie sie völlig abschirmen. Nach der Hochzeit zeigte sie sich nie wieder in der Öffentlichkeit, und nur wenige von Yoshiakis Freunden haben sie je zu Gesicht bekommen. Die wenigen, die sie kennen – wie der unbezähmbare Hoshino, der als kleiner Junge mit Yoshiaki die Hügel von Karuizawa unsicher machte –, beschreiben sie als sehr ruhig. Yuri ist zierlich, sanft und liebenswürdig, eine hübsche Frau mit schulterlangem, gewelltem Haar, die immer sehr dezent gekleidet ist. Sie besitzt also alle Qualitäten einer idealen japanischen Ehefrau.

Nach der Trauung, die im engsten Familienkreis stattfand[3], wurden mehrere Empfänge gegeben: einer für Verwandte, Freunde, ehemalige Lehrer und andere Personen, die der Braut und dem Bräutigam persönlich nahestanden, dann einer für die vielen Geschäftsfreunde der Familie und zum Schluß der große Empfang in der Festhalle des Hotels mit den funkelnden Kronleuchtern, den dicken Teppichen und den mit Blattgold verzierten Wänden.

Die Hochzeit war eine beeindruckende Demonstration von Reichtum und Macht. Für die Familie war sie ein guter Anlaß, das neue Oberhaupt des Tsutsumi-Klans vorzustellen, und für die hohen Gäste eine gute Gelegenheit, ihn in ihrem illustren Kreis willkommen zu heißen. Seiji war zweifellos ebenfalls anwesend. Er war zu jener Zeit die prominenteste Figur im Seibu-Imperium, denn er führte die Regentschaft, solange sein Bruder noch zu jung war, um die Amtsgeschäfte selbst zu übernehmen. Allen alten Freunden Yoshiakis fiel sicher sofort auf, daß jemand fehlte.

Misao stand in der Reihe der Gastgeber und begrüßte die Gäste mit höflichen Verbeugungen. Und sie hielt auch die Festansprache. »Wenn der Präsident noch lebte, wäre er heute überglücklich«, versicherte die zierliche Misao, die in ihrem schwarzen Kimono ungemein elegant wirkte, mit einem strahlenden Lächeln.

Tsuneko jedoch mußte zu Hause bleiben. Yoshiaki war offiziell als dritter Sohn Misaos, Yasujiros rechtmäßiger Ehefrau, im Geburtsregister eingetragen. Für die Frau im Schatten war selbst auf der Hochzeit ihres eigenen Sohnes kein Platz.

Mit dem Ritual wurde Yoshiaki eine Hauptrolle zugewiesen, die ihm keinerlei Entscheidungsfreiheit ließ. Er war zwar der neue Herrscher, doch es stand nicht einmal in seiner Macht, seine eigene Mutter zu seiner Hochzeit einzuladen. Er konnte sich nur damit trösten, daß er seiner Mutter mit dieser Heirat eine Freude machte, denn schließlich hatte Tsuneko Yuri für ihn ausgewählt.

Yoshiaki soll eine innige Beziehung zu seiner Mutter gehabt haben. Seiji war in seiner Jugend ständig von Ängsten gequält worden, daß Misao nicht seine leibliche Mutter sein könnte, und Kiyoshi war daran zerbrochen, daß sein Vater die Frau, die ihn geboren hatte, so lieblos behandelt hatte. Yoshiaki jedoch waren solche Seelenqualen erspart geblieben. Von allen offiziell anerkannten Söhnen Yasujiros waren nur er und seine beiden Brüder von ihrer leiblichen Mutter erzogen worden.

Tsuneko überschüttete ihre Söhne mit Liebe und lebte nur für sie. Doch die drei Brüder spürten sehr wohl, wie traurig und niedergeschlagen ihre Mutter oft war. Ihr ganzes Leben lang war sie dazu verdammt, in Misaos Schatten zu stehen und das demütigende Dasein der Geliebten zu führen.

Yoshiaki konnte am Status seiner Mutter nichts ändern. Misao war Yasujiros rechtmäßige Gattin und stand bei offiziellen Anlässen an seiner Seite. Nach Yasujiros Tod tat Yoshiaki alles, um Tsuneko das Leben so angenehm wie möglich zu gestalten. Er ließ auf dem Grundstück in Takagi-cho ein neues Haus für sie bauen, das viel geräumiger und vornehmer war als das schlichte Holzhaus, in dem er aufgewachsen war.

Im Gegensatz zu ihm nutzte Seiji die Handlungsfreiheit, die er nach dem Tod seines autoritären Vaters hatte. Er baute sich ein aufsehenerregendes Mini-Imperium auf, verblüffte die Japaner mit seinen extravaganten Kaufhäusern, dehnte seine Aktivitäten auf neue Gebiete aus, trat im Fernsehen auf und schrieb Gedichte und Romane.

Yoshiaki hielt sich im Hintergrund und machte sich erst einmal in aller Ruhe kundig, wie Yasujiro es ihm befohlen hatte. Auch im Wirtschaftsboom der späten sechziger Jahre und in der Zeit danach blieb er passiv, obwohl er jede Menge Ideen im Kopf und praktisch unbegrenzte Mittel zur Verfügung hatte. Zu Lebzeiten seines Vaters hatte er bereits zahlreiche eigene Projekte verwirklicht. Er hatte das Eisstadion in Karuizawa und das Strandschwimmbad in Oiso gebaut und in abgelegenen Bergregionen Skigebiete und Golfplätze angelegt. Doch nun mußte er seine ehrgeizigen Pläne zehn Jahre lang zurückstellen und abwarten.

Die ersten paar Jahre ließ Yoshiaki die Unternehmen des Imperiums einfach weiterlaufen. Projekte, die zu Lebzeiten seines Vaters begonnen worden waren, mußten zu Ende geführt werden – Landerschließungspläne, Verhandlungen über den Kauf von Land und geplante oder bereits im Bau befindliche Hotels. In diesen Jahren trug das Fünfer-Komitee die Verantwortung. Shojiro Kojima, der Ehemann von Yasujiros ältester Tochter Shukuko, blieb weiterhin Präsident der Seibu Railways. Seiji und Yoshiaki waren Vizepräsidenten. Yoshiakis jüngster Bruder, der fünfundzwanzigjährige Yuji, der gerade erst mit einer Beatles-Frisur von der University of California in Los Angeles (UCLA) zurückgekehrt war, leitete die Hotels des Imperiums. Und Juro Morita, Kunikos verschmähter Ex-Mann, führte den Chemiebetrieb Seibu Chemicals.

Nur ein einziger Geschäftsbereich wurde nicht von Yoshiaki kontrolliert: die Seibu-Warenhauskette. Diese expandierte mit beängstigender Geschwindigkeit, schneller als irgendein anderes Unternehmen des Imperiums. Yoshiaki gewann zunehmend den Eindruck, daß Seiji unverantwortlich hohe Risiken einging, und er wollte verhindern, daß der brennende Ehrgeiz seines Bruders das ganze Imperium gefährdete. Wie er es einmal ausdrückte: »Ziel meiner Überlegungen ist nicht, mein Unternehmen zu vergrößern, sondern es vor dem Bankrott zu bewahren.«[4]

Um 1970 war der vorsichtige Yoshiaki zu der Überzeugung gelangt, daß Seijis Unternehmensgruppe ein nicht kalkulierbares Risiko darstellte. In diesem Jahr wurde das Imperium auf Betreiben Yoshiakis aufgeteilt. Juro Morita schloß sich Seiji an und nahm die Seibu Chemical Company mit.

Der »schlafende Löwe«, wie die Presse Yoshiaki nannte, begann sein Haupt zu erheben. 1972 starb der langjährige Präsident von Seibu Railways, Shukukos Ehemann Shojiro Kojima, an Krebs. Yoshiaki ernannte keinen Nachfolger, sondern übernahm das Amt selbst. Damit war er gleichzeitig Präsident von Seibu Railways und von Kokudo Keikaku, der Unternehmensgruppe, die den Landbesitz des Imperiums verwaltete und erweiterte.

Bis zu diesem Augenblick deckte sich die Einschätzung der japanischen Geschäftswelt weitgehend mit der öffentlichen Meinung. Alle hielten Seiji aufgrund seiner dynamischen Expansionspolitik und seiner richtungweisenden Kaufhäuser für den eigentlichen Nachfolger Yasujiros. Er verkörperte den Seibu-Konzern.

Doch nach dem Beinahe-Zusammenbruch von Seijis Imperium änderte sich das schlagartig. Seiji sorgte ständig für Schlagzeilen, während Yoshiaki sich weiterhin bewußt im Hintergrund hielt. Die Öffentlichkeit assoziierte den Namen Seibu zwar nach wie vor mit Seiji und seiner Kaufhauskette, doch in der Geschäftswelt war man sich inzwischen einig, daß Yoshiaki die Kraft war, mit der man in Zukunft zu rechnen hatte.

Zehn Jahre nach Yasijiros Tod steckte Japan noch immer in einer tiefen Rezession. Zahlreiche Unternehmen gingen 1974 bankrott, viele Menschen wurden arbeitslos. Die Leuchtreklamen waren ausgeschaltet, die Heizungen heruntergedreht. Die Unternehmen hatten ihre Expansionspläne verschoben. In dieser Situation erwachte der schlafende Löwe.

Yoshiakis zehn passive Jahre waren keineswegs vergeudete Zeit gewesen. Er betont immer wieder, daß er stets zehn Jahre vorausplane. In dieser Wartephase hatte er nicht nur das Imperium seines Vaters konsolidiert, sondern auch die Voraussetzungen für viele künftige Entwicklungen geschaffen. Nur ein kleines Projekt, das ihm sehr am Herzen lag, hatte er gegen den Befehl seines Vaters in Angriff genommen. Schon kurz nach Yasujiros Tod ließ er das alte Hauptbüro von Kokudo Keikaku abreißen und an seiner Stelle ein neues errichten.

Die Kommandozentrale Yasujiros war das große Haus in Hiroo gewesen, das Seiji geerbt hatte. Das alte Kokudo-Hauptbüro war ein sehr funktionelles und schon recht schäbiges Gebäude ohne Aufzug, aber die Lage in Harajuka, genau in der Mitte des Stadtviertels, das für die Olympischen Spiele völlig neu gestaltet wurde, war ausgezeichnet. Auf der anderen Seite der Eisenbahnschienen erhob sich das elegant geschwungene Dach von Kenzo Tanges Olympiastadion. Gegenüber dem Kokudo-Büro lag das dunkle Wäldchen, in dem der Kaiser-Meiji-Gedächtnis-Schrein lag, und vor seinem Haupteingang endeten die »Champs-Élysées von Tokio«, eine neue prächtige Allee, über die der Olympiaverkehr zum Stadion rollen sollte.

251

Genau hier ließ Yoshiaki sein neues Hauptquartier errichten, die Kommandozentrale, von der aus er sein riesiges und ständig wachsendes Imperium leiten wollte. Es wurde ein sehr repräsentatives, vierstöckiges Gebäude mit großen Fenstern, durch die man auf das schattige Wäldchen mit dem Meiji-Schrein hinunterblicken konnte. Der Präsident residierte in der vierten Etage, in der es nach Aussagen eines Insiders eine Toilette westlichen Stils und heißes Wasser gab, was im Japan der späten sechziger Jahre noch als Luxus galt.

Yoshiaki herrschte in seinem Palast wie ein Feudalherr. Er führte einen strengen Verhaltenskodex ein, der seine Autorität stützen und seine Belegschaft zu einer großen Familie zusammenschweißen sollte.

Immer wenn Yoshiaki das Gebäude betrat oder verließ, mußten seine Angestellten am Eingang Spalier stehen und sich respektvoll verbeugen, bis sein Wagen außer Sichtweite war. Das war an sich nichts Ungewöhnliches. Viele altmodische Firmenchefs und *yakuza*-Paten verlangten solche Ehrenbezeugungen. Doch Yoshiaki führte noch andere, viel befremdlichere Verhaltensregeln ein.

Zunächst verschärfte er das bereits von Yasujiro eingeführte Rauchverbot. Im ganzen Gebäude gab es keinen einzigen Aschenbecher, nicht einmal in den Empfangsräumen. Selbst Yoshiakis prominenteste Besucher mußten damit rechnen, daß er sie bat, in seiner Gegenwart die Zigarette auszudrücken. Im Japan der späten sechziger Jahre, als noch jeder Geschäftsmann vor Beginn einer Konferenz ein Päckchen Zigaretten vor sich auf den Tisch legte, war dieses Verbot sehr anmaßend.

Noch empörender war in den Augen junger Japaner jedoch die Art, wie Frauen in Yoshiakis Unternehmen behandelt wurden. Wenn Besucher eintrafen, wurden sie in ein Sitzungszimmer geführt. Im Verlauf der Sitzung mußte dann jede halbe Stunde ein junges Mädchen in einem adretten roten Blazer mit Krawatte unauffällig in den Raum schlüpfen, vor jedem Gast niederknien, eine Tasse grünen Tee oder Kaffee vor ihn hinstellen und dabei »*Dozo*« flüstern, was wohl am besten mit »*Ihr Tee, mein Herr*« zu übersetzen ist. Für ältere Japaner war das lediglich eine Höflichkeitsgeste, die an die Teezeremonie und an die schönen alten Zeiten erinnerte, als die Frauen einen noch auf Knien an der Tür begrüßten. Doch die jüngeren betrachteten solche Sitten voller Abscheu als Ausdruck von Yoshiakis autoritärem und chauvinistischem Führungsstil. Auch in vielen Zeitungskolumnen wurde angeprangert, daß Kokudo-Mitarbeiterinnen den Tee auf Knien servieren mußten.

Von seiner Zitadelle aus unternahm Yoshiaki die ersten Schritte. Doch statt sich wie Seiji in die Öffentlichkeit zu begeben, zog er die Rolle der grauen Eminenz vor.

Die ersten Signale neuer Aktivitäten kamen zur allgemeinen Überraschung aus einem vergleichsweise unbedeutenden Sektor des Imperiums. Zu Yasujiros Zeiten war die Hotelkette – wie auch das Warenhaus – im Grunde nur ein lästiges Anhängsel des Unternehmens gewesen. Yasujiro war durch seine Landkäufe ungewollt zum Besitzer mehrerer Landgasthöfe und der großen alten Prinzenpaläste geworden, die natürlich sinnvoll genutzt werden mußten. Obwohl die Paläste, die mit modernen Anbauten versehen wurden, bei den Gästen sehr beliebt waren, widerstrebte es Yasujiro, große Summen in diese Projekte zu investieren, die eigentlich nur einen »Nebenertrag« zu den Grundstücksgeschäften abwarfen. Tatsächlich wurde den Hotels so wenig Bedeutung beigemessen, daß nach Yasujiros Tod Yuji, das jüngste Mitglied der Familie, mit ihrer Leitung betraut wurde.

Im Gegensatz zu Yoshiaki, der während seiner Lehrjahre in der Firma von seinem Vater keine Sekunde lang aus den Augen gelassen wurde, durfte Yuji machen, was er wollte. Er genoß die liberale Erziehung eines Sprößlings aus reichem Hause und wurde sogar in die Vereinigten Staaten geschickt, um an der Wirtschaftsuniversität von Kalifornien in Los Angeles (UCLA) modernes Marketing zu studieren. Dort übernahm er den Lebensstil eines gebildeten Mitglieds einer wohlhabenden Elite. Er hatte cinen legeren Charme und liberale Ansichten, was natürlich nicht die Tugenden waren, die von einem japanischen Geschäftsmann und zukünftigen Erben eines Imperiums erwartet wurden.

Nach dem Tod Yasujiros mußte der damals zweiundzwanzigjährige Yuji sein Studium an der kalifornischen Eliteuniversität abbrechen und nach Tokio fliegen, um an der eilig einberufenen Familienkonferenz teilzunehmen. Er wußte, daß er als jüngster Sohn nicht viel erben würde. Doch Yoshiaki nahm sich seiner beiden jüngeren Brüder väterlich an und sorgte dafür, daß sie einflußreiche Posten innerhalb des Imperiums erhielten. Yasuhiro machte er zum Präsidenten des Toshimaen-Vergnügungsparks, und Yuji brachte er zunächst bei Seibu Railways unter, um ihn dann 1967, mit nur fünfundzwanzig Jahren, zum ersten Direktor und bald darauf zum Präsidenten der Prince Hotelkette zu ernennen.

Yuji stürzte sich mit viel jugendlichem Elan und Enthusiasmus auf seine neue Aufgabe. In einem Interview, das 1973 im Wirtschaftsmagazin *Business Week* abgedruckt wurde, sagte er, die Hotels seien von der alten Konzernleitung sträflich vernachlässigt worden. »Ich mußte feststellen, daß sie sich in einem sehr schlechten Zustand befanden und daß die Motivation der Angestellten schlecht war ... Sie waren schon zufrieden, wenn sie den Tag ohne Ärger herumbrachten.«[5] Yuji beschloß, zuerst einmal das Joch von Seibu Railways abzuschütteln und die Hotels zu einem eigenständigen Unternehmen zu machen.

Yoshiaki hatte zunächst Bedenken gegen Yujis Ansinnen, schon allein deshalb, weil sein Bruder noch so jung und unerfahren war. Doch am Ende erklärte er sich einverstanden – unter der Bedingung, daß die Hotelkette auch weiterhin schwarze Zahlen schrieb.

Im Jahre 1971 wurden die Prince Hotels offiziell von Seibu Railways abgekoppelt, doch Yuji hatte schon lange davor ein ehrgeiziges Expansions- und Sanierungsprogramm gestartet. Er hatte neues Personal eingestellt und unter anderem einen Kanadier zum Leiter der Auslandsabteilung ernannt. Ausländer einzustellen, und obendrein noch als Manager, war in Japan damals geradezu revolutionär. Yuji begann die bestehenden Hotels zu renovieren und zu erweitern und nahm Verhandlungen über neue Projekte auf, unter anderen über den Bau weiterer Hotels in Toronto, Los Angeles, auf der Hawaii-Insel Maui, auf der Fidschi-Inselgruppe und auf Tahiti. Zum ersten Mal seit dem Zusammenbruch des Warenhauses in Los Angeles bezog ein Unternehmen der Seibu-Gruppe das Ausland in seine Expansionspläne ein.

Was Yuji auch tat, Yoshiaki schaute ihm ständig über die Schulter. Die beiden Brüder waren in vielerlei Hinsicht grundverschieden. Yoshiaki hatte nicht nur das Imperium, sondern auch die Ansichten und Wertmaßstäbe seines Vaters übernommen. Doch Yuji mit seiner demokratisch-amerikanischen Erziehung ging es allmählich auf die Nerven, daß sein Bruder ihn ständig gängelte und bevormundete. Yoshiaki behandelte ihn eher wie einen ungeratenen Sohn als wie einen jüngeren, aber erwachsenen Bruder.

Als erstes plante Yuji einen wuchtigen Neubau neben dem Takanawa Prince Hotel. Das Hotel stand auf dem Gelände des ehemaligen Anwesens von Prinz Takeda. Der wunderschöne japanische Garten des Prinzen mit dem Teich, dem Teehaus und den kleinen Wäldchen mit den verschlungenen Pfaden blieb erhalten.

Bei der Planung des zwölfstöckigen Hochhauses, dem zukünftigen Hauptgebäude des Hotels, wurde an nichts gespart. 1971, in dem Jahr, in dem das Imperium aufgeteilt wurde, war der neue Flügel fertig. Danach eröffnete Yuji ein neues Hotel nach dem anderen. 1972 wurde ein Prince Hotel in Sapporo auf der Insel Hokkaido eingeweiht, 1973 ein Hotel in Karuizawa und ein weiteres im Urlaubsort Shimoda. Und 1974, als im von der Ölkrise erschütterten Japan die Lichter auf Sparflamme brannten und viele Menschen arbeitslos wurden, eröffnete er in Toronto ein prunkvolles neues Hotel mit vierhundert Zimmern, das Milliarden von Yen verschlungen hatte. Der mächtige Mann hinter all diesen Projekten war Yoshiaki, doch im Rampenlicht stand sein kleiner Bruder Yuji.

Yuji war eine imponierende Figur. Er war nicht nur auffallend jung für einen Präsidenten eines japanischen Unternehmens, sondern auch ein auffallend gut aussehender Mann mit ebenmäßigen Gesichtszügen, einem weichen Mund und großen Augen. Er war der mit Abstand attraktivste unter den Brüdern, trug das Haar modisch lang und kleidete sich stets mit erlesenem Geschmack. Die *Business Week* bezeichnete ihn als einen »Samurai im Pierre-Cardin-Anzug« und behauptete, seine Hotelkette sei das aggressivste Unternehmen der ganzen Seibu-Gruppe.[6]

Doch Yujis Triumphzug sollte nicht lange dauern. Der Bruch zwischen dem steifen konservativen Yoshiaki und dem verwestlichten Yuji war wohl unvermeidlich. Sie waren einfach zu verschieden. Zudem wollte Yoshiaki sicherstellen, daß es in seinem Unternehmen niemanden gab, der seine Macht gefährden oder seine Autorität in Frage stellen könnte. Ausgelöst wurde der Konflikt durch Yujis Heirat.

Yuji war damals einer der gefragtesten Junggesellen Tokios, und seine attraktive blonde Braut war die amerikanische Erbin Lynette Himmelman, die Tochter des damaligen Präsidenten der Westin International Hotels, einer Hotelkette mit Firmensitz in Seattle. Die Hochzeit des Traumpaares war eine Allianz zwischen zwei großen Familien, die für die Prince Hotelkette ausgesprochen nützlich war.

1972 kehrte Yuji mit seiner Braut nach Tokio zurück, wo die beiden sich im Nobelviertel Nishi Azabu ein Haus einrichteten. Yuji führte seine bildschöne Frau in die mondänsten Kreise Tokios ein, und alle waren begeistert von der lebhaften und energischen Amerikanerin.

Doch Yoshiaki war alles andere als entzückt. Die Vorstellung, daß eine Amerikanerin ein Mitglied des Tsutsumi-Klans werden sollte, behagte ihm gar nicht. Falls Yuji etwas zustoßen sollte, würde diese Lynette womöglich seine Hotels erben. Damit wären sie für die Familie verloren. Zudem war diese Frau geradezu bedrohlich amerikanisch. Japanische Ehefrauen kannten ihren Platz und waren ehrerbietig und gefügig, doch sie war streitlustig und nahm kein Blatt vor den Mund. Sie wagte zu behaupten, die Prince Hotels hätten keinen Charme. Sie fand die Teppiche und Vorhänge abscheulich und erbot sich, neue auszusuchen. Und sie gab viel Geld aus, um ihr Heim in Nishi Azabu in eine schicke amerikanische Villa zu verwandeln.

Viele Leute behaupten, Yoshiaki habe das Paar gezwungen, sich zu trennen. Sicher war Yuji hin und her gerissen zwischen seinem paternalistischen Bruder und seiner charakterstarken Frau. Und zweifellos wurden die Spannungen noch durch die sozialen Zwänge verstärkt, denen Mischehen in Japan ausgesetzt sind. Yuji stand in seinem eigenen Land und im Kreise seiner großen und mächtigen Familie unter einem starken Anpassungsdruck, und Lynette konnte die in Japan vorherrschende Auffassung nicht akzeptieren, daß der Platz einer Ehefrau ihr Heim sei. In Tokio fehlte ihr einfach das abwechslungsreiche gesellschaftliche Leben, das sie gewohnt war. Nach einigen Jahren ließ das Paar sich scheiden. Lynette zog mit ihren beiden Kindern nach Paris, und Yuji blieb in Japan, doch es wurde für ihn immer schwieriger, seine Position zu behaupten. Yoshiaki brauchte niemanden, der sein Imperium für ihn leitete. In einem Interview, das Yiju im August dem Magazin *Newsweek* gab, sagte er: »Ich könnte mir vorstellen, daß Yoshiaki mich eines Tages nicht mehr braucht.«[7]

Dieser Tag kam schneller, als Yuji erwartet hatte. Noch vor Ende des Jahres, in dem er geschieden wurde, gab Seibu bekannt, daß Yoshiaki Tsutsumi die Leitung der Prince Hotelkette übernommen habe. Yuji wurde zum Vizepräsidenten degradiert, dessen besonderer Aufgabenbereich die Projekte im Ausland waren. Wenig später wurde er nach Toronto geschickt, um das Toronto Prince Hotel zu leiten. In Wirklichkeit wurde er ganz einfach verbannt. Yuji lebte fortan in Kanada und besuchte Japan nur noch selten.

Mit zweiundvierzig Jahren hatte Yoshiaki mit viel taktischem Geschick eine ähnliche Position erreicht wie sein Vater. Er war Alleinherrscher seines Imperiums und kontrollierte alle Bereiche des Unternehmens. Er war Präsident der Kokudo-Keikaku-Gruppe, der Seibu Railways Company, der Hotelkette und einer Vielzahl kleinerer Firmen. Die Spitze der Pyramide bildete die Kokudo-Keikaku-Gruppe, die in erster Linie als Holding-Gesellschaft fungierte und die Aktienmehrheit an allen anderen Unternehmen hatte. Und an der Spitze der Holding stand Yoshiaki und lenkte die Geschicke des Konzerns.

Die Bürde seiner großen Verantwortung war Yoshiaki nicht anzusehen. Der stämmige und schwere, aber gut gebaute Mann mit der Physiognomie eines Boxers stand in der Blüte seiner Jahre. Viele seiner Altersgenossen waren inzwischen beleibt geworden, doch er war immer noch muskulös, kräftig und gut in Form. Auf eine Art war er ein stattlicher Mann. Er hatte etwas Brutales an sich, und er brachte stets unmißverständlich zum Ausdruck, was er wollte. In Seijis weichen Gesichtszügen kamen die Sensibilität und das Differenzierungsvermögen eines Dichters zum Ausdruck. Yoshiaki hingegen hatte das scharfgeschnittene, kantige Gesicht eines Sportlers, ein energisches, vorspringendes Kinn und einen großen Mund, den er oft grimmig zusammenkniff. Unverkennbar besaß er die Entschlossenheit und den unbeugsamen Willen eines Samurai. Wenn er sich unbeobachtet fühlte, nahm sein Gesicht oft einen düsteren Ausdruck an; er lächelte so gut wie nie.

Yoshiaki war jetzt Vater. Die scheue sanfte Yuri hatte ihm drei Kinder geboren: zwei Söhne, Masatoshi und Hirotoshi, die 1970 und 1975 zur Welt kamen, und eine Tochter namens Chika, die 1973 geboren wurde. Zudem nahm Yoshiaki sich jeden Tag Zeit für einen kurzen Besuch bei seiner Mutter Tsuneko, ganz gleich, wie beschäftigt er war.

Yoshiaki erklärt stets, er folge lediglich dem Weg, den sein Vater ihm vorgezeichnet habe. Yasujiro hatte sein Imperium auf Land aufgebaut. Er hatte sich einige der besten Grundstücke in ganz Japan gesichert: herrliche Anwesen in Tokio und viele

Hektar guten Landes in den Ferienorten, die er in Hakone und Karuizawa aufgebaut hatte. Seit Yoshiaki sein Erbe angetreten hatte, schnellten die Grundstückspreise vor allem in Tokio mit atemberaubender Geschwindigkeit in die Höhe. Er wurde immer reicher, weil der Wert seines Landes durch diese inflationären Preissteigerungen ständig stieg.

Yasujiro hatte das Land erworben, und Yoshiaki nutzte es. Nachdem die zehn Jahre erzwungener Passivität verstrichen waren, verwirklichte er ein Projekt nach dem anderen.

Yoshiakis Spezialität waren Geschäfte, die mit dem von ihm geprägten Oberbegriff »Zonenerschließung« bezeichnet wurden. Während andere Firmen mit ihren Projekten meist eine bestimmte unternehmerische Idee umsetzten, zum Beispiel einen Plan für ein Hotel oder einen Wohnblock, war Yoshiakis Ausgangspunkt stets das Land, das er bereits besaß – die zauberhaften Anwesen der Mitglieder des ehemaligen Herrscherhauses in Tokio, Bauland in anderen Städten und riesige Grundstücke, die so weit außerhalb der Hauptstadt lagen, daß die Anreise mehrere Stunden dauerte. Er überlegte sich immer zuerst, wie er sein Land am besten nutzen konnte, bevor er ein konkretes Projekt, zum Beispiel eine bestimmte Art von Hotel für einen ganz bestimmtes Publikum, plante.

Die Entscheidung über die Nutzung der Grundstücke in den Städten war einfach. Die alten Prinzenpaläste wurden weiterhin als Hotels genutzt, und in den weitläufigen Anwesen sollten weitere Hotels entstehen; ein entsprechendes Bauprogramm hatte Yoshiaki bereits ausgearbeitet. Für die Olympischen Spiele waren zwar einige moderne Hotels aus dem Boden gestampft worden, doch was Tokio nach wie vor fehlte, war ein Netz von Hotels für Führungskräfte vorwiegend japanischer, aber auch ausländischer Unternehmen, die in Geschäften von Stadt zu Stadt reisten.

Einige Hotels hatten eine recht ausgefallene Lage. Sie waren nicht an Plätzen erbaut worden, an denen sich Reisende gern aufhielten, sondern dort, wo Seibu zufällig Land besaß. Ein Hotel mit dem hochtrabenden Namen Yokohama Prince wurde auf dem ehemaligen Anwesen des Prinzen Higashi-Fushimi errichtet, das eigentlich gar nicht in Yokohama, sondern mehrere Kilometer außerhalb auf einer hohen zugigen Klippe lag. Der Palast selbst, mit mehrstufigen Pagodendächern, die auf schweren Steinmauern ruhten, war noch gut erhalten. Früher bot er eine herrliche Aussicht über die Buchten vor Tokio, doch in der Nachkriegszeit war die Küste mit Fabriken zugebaut und in ein trostloses Industriegebiet mit hohen, qualmenden Schornsteinen verwandelt worden.

Auf dem Land war die Situation weit schwieriger. Seibu besaß weite Flächen unerschlossenen Landes in sehr abgelegenen Regionen, die landwirtschaftlich nicht nutzbar waren und auch als Industriestandorte nicht in Frage kamen. Neue Wohnungen brauchte die dortige Bevölkerung auch nicht, denn in diesen ländlichen Gebieten gab es kaum Arbeit. Die meisten jungen Leute wanderten in die Städte ab.

Yoshiaki war ein Sportler. Wenn er die schneebedeckten Hänge hoher Berge betrachtete, sah er hervorragende Skigebiete vor sich. Und wenn er auf einem Hügel stand und auf Ebenen und Waldflächen hinunterblickte, verwandelten sich diese vor seinem geistigen Auge in saftig grüne Golfplätze. Waren Skilaufen und Golfen nicht ideale Hobbies für die Japaner, die genug Geld hatten und ihre knapp bemessene Freizeit gern effektiv einteilten und nutzten? Gewiß, die meisten Leute hatten bisher gar keine Zeit für irgendwelche Hobbies, doch Yoshiaki war zuversichtlich, daß es ihm gelingen würde, noch einmal dasselbe Wunder zu vollbringen wie seinerzeit mit dem Eisstadion in Karuizawa und dem Strandschwimmbad in Oiso. Wenn die Anlagen erst einmal gebaut waren, würden die Leute schon kommen.

Schritt für Schritt richtete Yoshiaki in bestimmten »Zonen« Sportanlagen ein. Bald reichte es ihm nicht mehr, daß die Leute immer nur für einen Tag zum Skilaufen in die Berge fuhren. Sie sollten auch dort übernachten. So wurde 1967 in Naeba, wo ein paar Jahre zuvor die erste Skipiste angelegt worden war, ein kleines Hotel eröffnet. Je besser die Sportanlagen ausgebaut wurden, desto mehr Wintersportler reisten an. 1970 wurde aus dem kleinen Skihotel durch den Anbau eines mehrstöckigen neuen Flügels das luxuriöse Naeba Prince Hotel. Und 1975 war das Skigebiet um Naeba bereits so gut ausgebaut, daß die FIS (International Skiing Federation) es zum japanischen Austragungsort ihres World-Cup-Turniers bestimmte. 1976 wurde der neue Golfplatz des Naeba Prince Hotel eingeweiht, und wenig später kamen noch ein Swimmingpool und mehrere Tennisplätze hinzu.

In den folgenden Jahren wurden weitere Skipisten angelegt und mehrere neue Hotelflügel gebaut. Wo einst das weltabgeschiedene Dörfchen Naeba mit seinen strohgedeckten Häusern in den Bergen gelegen hatte, stand nun ein ausgedehnter Hotelkomplex mit insgesamt dreitausend Zimmern und sieben Hochhäusern; das größte hatte über zwanzig Stockwerke. Und in den Bergen, die einst so ruhig und einsam gewesen waren, wimmelte es nun von Urlaubern.

Yoshiaki hatte wieder einmal den richtigen Riecher gehabt. Die Leute strömten massenweise in seine Skiorte. Die Züge waren voll mit Studenten und Büroangestellten, die ihre Skiausrüstung mit sich herumschleppten. Skifahren war der größte Hit aller Zeiten, und mit dem Skiboom brach – wie von Yoshiaki vorausgesehen – das Zeitalter des Massentourismus an. Die Japaner begnügten sich nicht mehr damit, ihr ganzes Leben lang nur zu arbeiten. Eine von Seibu angeheizte Freizeitindustrie entstand.

Das Landschaftsbild der betroffenen ländlichen Gebiete veränderte sich unaufhaltsam. Jahrhundertelang unberührt gebliebene Bergregionen wurden in Skigebiete verwandelt. Die Hänge wurden glattgewalzt, die Wälder abgeholzt, Skilifte installiert und mehrstöckige Hotels aus Beton und Glas errichtet. Damals waren die Einheimischen hocherfreut über die neuen Erwerbsquellen und die vielen Arbeitsplätze, die von Seibu geschaffen wurden, auch wenn einige murrten, ein zu großer Teil der Gewinne fließe nach Tokio. Viele Dorfbewohner arbeiteten in den Hotels oder auf den Skipisten; andere richteten in ihren Häusern Gästezimmer für die anrückenden Heerscharen von Wintersportlern ein. Später sollten sie sich allerdings zunehmend bewußt werden, was um des lieben Profits willen für immer zerstört wurde.

Yoshiaki selbst fühlte sich nirgendwo wohler als vor Ort. Er hatte seine ganze Jugend damit zugebracht, an der Seite seines Vater auf Baustellen herumzustapfen, sich mit den Arbeitern zu verbrüdern oder sie anzuschreien, über das Reißbrett gebeugt neue Projekte zu entwerfen und auf Yasujiros Japankarte die Landflächen, die Seibu gehörten, rosarot auszumalen. Yoshiaki war wie sein Vater ein Mann der Tat.

Inzwischen wurde sein Führungsstil in den Medien eifrig kommentiert. Er versuchte seinen Vater in allem nachzuahmen, doch aus den mit einer kräftigen Dosis Humor entschärften Marotten des alten Herrn wurden bei Yoshiaki rigide Verhaltensregeln. Er wurde berühmt für seine markigen Sprüche zum

Thema Management und zu seiner Methode, seine Unternehmen zu leiten.

»Ich brauche keine Angestellten mit einer weltfremden akademischen Ausbildung. Ich will Leute, die meine Anweisungen ausführen können«, fauchte Yoshiaki einmal.

In einem Interview wurde er noch deutlicher: »In meinem Betrieb arbeitet man zuerst einmal mit dem Körper und dann erst mit dem Kopf. Ich brauche keine Intellektuellen. Ich brauche Leute mit Courage. Oberschüler, die einen Job anfangen, sagen sich nur: Ich will arbeiten. Sie sind also flexibel. Universitätsabsolventen müssen das erst wieder lernen. Die vier Jahre sind reine Zeitverschwendung.«[8]

Wie sein Vater regierte auch Yoshiaki sein riesiges Imperium völlig allein. Jeder, der zu intelligent war, stellte einen potentiellen Rivalen dar und galt als Bedrohung. Seiji war für sein Talent berühmt, hochqualifizierte Führungskräfte zu finden. Er umgab sich stets mit einem ausgewählten Kreis fähiger Leute. Yoshiaki hingegen stand ganz allein an der Spitze einer riesigen Pyramide der Macht.

Yoshiaki erwartete von seinen Mitarbeitern, daß sie sich völlig ihrer Arbeit verschrieben. Eine seiner Maximen lautete: »Wenn Sie sonntags frei haben wollen, dann können Sie nicht Manager in meiner Firma sein.«

»Die Züge fahren auch am Sonntag, und die Hotels und Golfplätze sind geöffnet«, pflegte er verächtlich zu schnauben. »Wenn Sie frei haben wollen, nur weil Sonntag ist, haben Sie nicht das Zeug zu einem Manager. Wenn Sie im Sommer Urlaub nehmen wollen, dann können Sie Ihre Hoffnungen auf eine Managerkarriere gleich aufgeben. Manager haben keine Ferien.«[9]

Yoshiakis Politik hatte den Nachteil, daß er stets von Männern umgeben war, die ihm weit unterlegen waren. Manchmal kam er sich beinahe wie ein Schuldirektor vor, der eine Meute ungestümer Schuljungen zu disziplinieren versuchte. Yasujiro war von seinen Angestellten zwar gefürchtet worden, doch alle waren dem rauhbeinigen alten Tyrannen völlig ergeben gewesen. Yoshiaki führte im Gegensatz zu seinem Vater ein wahres Terrorregime. Vielleicht lag das auch einfach daran, daß die Zeiten sich geändert hatten. Ein Führungsstil, der im Zeitalter der Giganten angebracht gewesen sein mochte, war in den satten siebziger Jahren ein Anachronismus.

Yoshiaki war ständig unterwegs. In späteren Jahren wurde sein Hubschrauber zu seinem Erkennungszeichen. Sein Imperium war inzwischen so groß, daß er einen Großteil seiner Zeit damit zubrachte, von einem Ort zum andern zu fliegen, um all seine Unternehmen unter Kontrolle zu halten und sich über den Stand seiner Projekte zu informieren. Hubschrauber flogen nur bei schönem Wetter und bei Tage. Hoshino erzählte grinsend, daß es im Karuizawa Prince Hotel einen Raum gegeben habe, in dem an jedem schönen Tag ein Hotelpage postiert wurde, der den Himmel genau beobachten mußte. In der Region gab es vier Hubschrauber. Der Wachposten mußte in der Lage sein, sie auseinanderzuhalten. Sobald er Yoshiakis Hubschrauber in der Ferne auftauchen sah, drückte er auf einen Knopf. Eine Glocke läutete, und das ganze Personal wurde geradezu von Panik erfaßt. Hektisch rannten alle im ganzen Hotel herum, überprüften und polierten alles und suchten die Teppiche nach Flecken ab. Die Ankunft des großen Mannes versetzte sie jedesmal in Angst und Schrecken. In den Restaurants sämtlicher Prince Hotels blieb stets der Tisch mit der besten Aussicht für Yoshiakis ein oder zwei Überraschungsbesuche pro Jahr reserviert.

Er führte in vielerlei Hinsicht ein einsames Leben. Yasujiro hatte seinen Sohn stets davor gewarnt, Freundschaften zu schließen. »Leg dir bloß keine Freunde zu«, pflegte der alte Herr zu sagen. »Sie nutzen dich nur aus, und sie nützen dir nichts.«[10] Yoshiakis Schulfreunde erinnern sich, daß er schon als kleiner Junge sehr reserviert war. Er erzählte ihnen nie etwas über seine Familie oder über seine Herkunft. Nachdem sie dann herausgefunden hatten, wer er war, gingen sie vorsichtshalber ein wenig auf Distanz.

Je reicher und mächtiger Yoshiaki wurde, desto isolierter war er. Seine Jugendfreunde beklagten sich, daß er stets von Leibwächtern umgeben sei. Wenn sie ihn sehen wollten, müßten sie seinen Sekretär anrufen und sehr respektvoll um einen Termin bitten. »Er tut mir leid«, sagte Yoshie Toshio, ein Freund aus der Schulzeit, mit dem Yoshiaki oft auf Fotosafari ging. »Er ist der Sklave seiner Aufgabe. Selbst der Premierminister kann tun, was ihm beliebt – aber er nicht.«

Viele Freunde Yoshiakis brachten ähnliche Gefühle zum Ausdruck. Er war offenbar ein ganz gewöhnlicher Mann, der mitten in einem hochkomplizierten Netz aus Geld und Macht gefangen saß. Er war der Mittelpunkt, der Herrscher, doch über sein Leben

konnte er nicht wirklich entscheiden. Er brachte seine Tage
damit zu, Hotels, Skipisten und Golfplätze zu inspizieren und
lebte ansonsten sehr einfach und sparsam – wie der Sohn eines
armen Bauern aus Shiga. Gewiß gilt es in Japan als unschicklich,
seinen Reichtum zur Schau zu stellen, doch Yoshiaki war selbst
bei seinen Geschäftspartnern für seinen fast zwanghaften Geiz
berüchtigt.

> Mein seliger Vater war sehr streng [sagte er]. Er schlug mich, wenn
> nach dem Essen noch ein Rest Sojasauce in meinem Teller war.
> »Warum hast du so viel genommen? Kannst du denn nicht einmal
> abschätzen, wieviel du brauchst?«

Yoshiaki wartete stets ein Jahr länger als seine Konkurrenz,
bevor er in seinen Hotels Teppichböden, Handtücher, Bettwä-
sche oder Mobilar austauschen ließ. Und wenn die Teppiche
erneuert wurden, ließ er die alten zerschneiden und die Perso-
nalräume damit auslegen.

Einmal bestellte Yoshiaki in einem Prince Hotel eine Tasse
Kaffee. Er riß das Zuckerpäckchen auf und süßte seinen Kaffee.
Das Päckchen enthielt acht Gramm Zucker. Als er die ge-
wünschte Menge Zucker in seine Tasse geschüttet hatte, waren
noch zwei Gramm übrig. Die Päckchen waren eindeutig zu voll.
Das war Verschwendung. Yoshiaki zitierte den Hotelmanager zu
sich, und fortan enthielten alle Zuckerpäckchen in all seinen
Hotels nur noch sechs Gramm Zucker.

Nachdem Yoshiaki das Imperium geerbt hatte, lebte er noch
jahrelang ganz bescheiden auf dem Stückchen Land in Takagi-
cho, wo er aufgewachsen war. Dort ließ er dicht nebeneinander
zwei Häuser bauen, die nach japanischen Maßstäben zwar groß,
aber keineswegs luxuriös waren – eines für seine Mutter Tsuneko und eines für sich und Yuri. Gegen Ende der siebziger Jahre
brachte er Yuri und die drei Kinder dann nach Oiso. Das war der
exklusive Badeort an der Küste, für den er in seiner Studentenzeit ein Strandschwimmbad entworfen hatte.

Das Herrenhaus, das sie bezogen, hatte einst dem großen alten
Politiker Shigeru Yoshida gehört. Wann es in den Besitz der
Familie Tsutsumi gelangte, ist nicht bekannt. Das Haus war eine
richtige Festung. Von der Straße aus war es praktisch nicht
zugänglich; hinter ihm lag ein Fluß und vor ihm ein See. Zudem
war es von dichtem Wald umgeben und dadurch allen neugieri-

gen Blicken entzogen. Yoshiaki ließ im Garten zwei Atombunker bauen. Zweimal die Woche, am Mittwoch und am Samstag, flog er mit seinem Hubschrauber ein.

Seine Kinder wuchsen sehr isoliert auf. Angeblich hatte Yoshiaki ständig Angst, sie könnten entführt werden. Auch als sie schon größer waren, durften sie das Haus nur selten verlassen, und wenn, dann nur in Begleitung von Leibwächtern.

Natürlich war die prominente Familie in dem großen Haus oft Stadtgespräch in Oiso. Nachbarn erzählten rührende Geschichten über die Teilnahme des berühmten Herrn Tsutsumi an einer Sportveranstaltung der örtlichen Vorschule:

Sie fragen, ob er ein besonderer Mensch sei – Herr Tsutsumi ist eigentlich wie alle anderen, ein ganz gewöhnlicher Mann. Mein Sohn und Herrn Tsutsumis Ältester besuchten im selben Jahr den Uminohoshi-Kindergarten, und am Tag des Sports brachte die Familie aus dem großen Haus wie jedermann Tatami-Matten und Freßpakete mit und feuerte ihr Kind an. Herr Tsutsumi nahm am Tauziehen der Eltern und am Staffellauf teil. Das sind ganz normale Leute. Von außen sieht ihr Haus sehr herrschaftlich aus, doch die Menschen, die darin wohnen, sind ganz normal.[11]

# 16
# Machtspiele
## Yoshiakis Geschichte 1978–1984

*Das Schlimmste für uns Angestellte ist, daß wir dauernd zu sport-*
*lichen Wettkämpfen gehen müssen. Zum Eishockey sowieso, und*
*seit letztem Jahr müssen wir auch noch die Lions anfeuern.*
*Immer wenn irgendwo ein Spiel ist und nicht genügend Fans kom-*
*men, werden wir hingeschickt. Ob es an einem freien Tag oder*
*während der Arbeitszeit stattfindet, spielt keine Rolle. Wir be-*
*kommen unsere Unkosten nicht erstattet, werden halb gezwun-*
*gen, uns dem Fanclub der Lions anzuschließen, und müssen die*
*1000 Yen Mitgliedsbeitrag aus unserer eigenen Tasche bezahlen.*[1]

ANGESTELLTER EINES PRINCE HOTELS[1]

Am 1. Januar 1978 fand auf dem Bergfriedhof außerhalb von
Kamakura die alljährliche Neujahrszeremonie statt. Wie jedes
Jahr seit Yasujiros Tod vor vierzehn Jahren waren fünfhundert
ganz in schwarz gekleidete Topmanager von Seibu in dem
großen Zelt versammelt, das über der Grabstätte des alten Mannes errichtet worden war. Sie waren in Blöcken gruppiert – jeder
Block repräsentierte ein Unternehmen – und standen nun
schweigend in Reih und Glied da. Ein eisiger Wind rüttelte an
den Zeltplanen. Im Osten rötete sich langsam der Himmel.

Die große Bronzeglocke schlug sechsmal. Als der letzte Ton
verhallt war, begann die stämmige Gestalt, die auf der Treppe
vor der Grabstätte stand, zu sprechen.

»Der Wind, der gegen die Zeltwände schlägt, ist die Stimme
des Präsidenten, der vom Himmel aus zu uns spricht und uns
sagen will, daß 1978 ein hartes Jahr werden wird«, erklärte er feierlich und laut, um mit seiner hohen Stimme das Heulen des
Windes zu übertönen.[2]

Wie jedes Jahr ermahnte er seine Männer, härter als jemals
zuvor zu arbeiten. Das letzte Jahr sei bereits hart gewesen, doch
das neue werde noch härter werden. Dann gab er seine Neujahrs-
beschlüsse bekannt. Dieses Jahr, verkündete er, wolle er ein
brandneues Baseballstadion bauen, und zwar in Tokorozawa.

Zweifellos lauschten die gut gedrillten Seibu-Manager seinen
Ausführungen mit unbewegter Miene und standen reglos da, bis
die Trinksprüche beendet waren und der Präsident sich verab-

schiedet hatte. Doch als dann das Fest begann, äußerten alle Bedenken gegen das geplante Projekt.

In den frühen Jahren der Meiji-Ära hatte ein junger Amerikaner namens Horace Wilson seinen Studenten einen Schläger und ein paar Bälle in die Hand gedrückt und ihnen die Grundregeln des Spiels beigebracht. Bis zu diesem Zeitpunkt war Baseball in Japan unbekannt. Mannschaftssport war ein völlig neues Konzept. Bis dahin hatten die Japaner nur Kampfsportarten wie Judo, Kendo und Sumo betrieben. Diese Zweikämpfe waren Übungen in der Kunst des Krieges, mit deren Hilfe der Körper gestählt, das Denken geschärft und der richtige Kampfgeist entwickelt werden sollte. Sie wurden sehr ernst genommen. Die Vorstellung, daß Sport Spaß machen und der Entspannung dienen könnte, war den Japanern völlig fremd.

Nach dem Baseball kamen andere Sportarten wie Tennis, Golf, Skifahren oder Eislaufen hinzu. Als das Land sich zunehmend westlichen Einflüssen öffnete, übernahmen die Japaner überraschend schnell viele Elemente der westlichen Kultur, verliehen ihnen jedoch stets eine typisch japanische Note.

Als neuer Herrscher des Seibu-Imperiums begann Yoshiaki nach Wegen zu suchen, wie er seine Sportbegeisterung mit seinen geschäftlichen Interessen verbinden könnte. Bereits 1966, lange bevor die Zehnjahresfrist verstrichen war, hatte er in eine Eishockeymannschaft investiert. Yoshiaki machte Eishockey in Japan populär. Als er die Seibu-Mannschaft aufstellte, verkündete er, daß sie innerhalb von fünf Jahren den Siegeswimpel gewinnen würde, was ihr dann auch tatsächlich gelang. 1972 half er mit, die japanische Hockey-Liga aufzubauen, und 1973 wurde er ihr Präsident. Auf seine Anregung hin durften Kinder sich die Eishockeyspiele im Nationalstadion umsonst ansehen.

Eishockey paßte zum Image von Seibu, doch es war kein Massensport. Baseball war der mit Abstand beliebteste Mannschaftssport in Japan. Überall sah man Kinder mit Baseballmützen auf der Straße herumrennen und voll eifrigem Ernst mit Schlagholz, Ball und Handschuh üben. Wenn irgendwo ein Baseballspiel stattfand, strömten die Japaner stets in Scharen herbei.

Yoshiaki war ein Meister in der Kunst, Menschen in Massen anzulocken. Sein Eisstadion und sein Strandschwimmbad hatten sich als lukrative Projekte erwiesen. Nun hatte er einen neuen guten Einfall. Er wollte ein Baseballstadion bauen, und zwar nicht irgendein Baseballstadion, sondern das beste und modernste in ganz Asien. Er war zuversichtlich, daß es wie all seine anderen Projekte ein Erfolg werden würde. Nach der Fertigstellung würden die Leute herbeiströmen – nicht um eine einheimische Mannschaft anzufeuern, denn in Tokorozawa gab es leider keine, sondern einfach, um sich in der hochmodernen Sportanlage zu vergnügen.

Ein Stadion zu bauen war an sich eine gute Idee. Doch alle machten sich Sorgen wegen des Standorts. Tokorozawa war einst eine ländliche Kleinstadt, die weit außerhalb der Stadtgrenzen am Fuße der Berge westlich von Tokio lag. Als gegen Ende des vorigen Jahrhunderts das große Zeitalter der Eisenbahn anbrach, wurde es von den Bewohnern Tokorozawas besonders begeistert begrüßt. Sie setzten sich so hartnäckig dafür ein, an das Schienennetz angeschlossen zu werden, daß ihr Städtchen schließlich mit Hilfe staatlicher Subventionen zum Knotenpunkt zweier Eisenbahnlinien wurde: der Seibu-Linie und der Musashino-Linie, die Yasujiro später aufkaufte.

Hätten sich in Tokorozawa nicht die zwei Seibu-Linien gekreuzt, wäre aus dem Städtchen eine völlig unbedeutende Trabantenstadt Tokios geworden. Yasujiro kaufte systematisch Land entlang seiner Eisenbahnlinien auf und begann es zu erschließen, und Yoshiaki setzte diese Politik fort. Zu seiner Zeit gab es im Raum Tokio kaum noch Flächen, die nicht intensiv genutzt wurden, doch Tokorozawa befand sich immer noch halb auf dem Land. Yoshiaki beschloß, den Vorort zu seiner Hauptstadt zu machen, und begann Tokorozawa in Seibu City zu verwandeln. Die Seibu Railways Company zog Wohnblocks hoch und richtete Busverbindungen, einen Golfplatz und einen auf Yoshiakis Bedürfnisse zugeschnittenen Hubschrauberlandeplatz ein. Das Hauptbüro der Seibu-Buslinien wurde nach Tokorozawa verlegt, und Seiji machte neben dem Bahnhof einen Seiyu-Supermarkt auf. Bald lebten etliche Bewohner des Vororts in Seibu-Apartments, kauften im Seiyu-Supermarkt ein, fuhren in Seibu-Bussen oder nahmen die Seibu-Bahn, wenn sie nach Tokio wollten, wo sie dann oft an der Endstation in Ikebukuro ausstiegen, um einen Bummel durch das dortige Seibu-Kaufhaus zu machen.

Tokorozawa befand sich nach wie vor mitten im Niemandsland. Trotz aller Bemühungen Yoshiakis blieb der Vorort für die anspruchsvolle Stadtbevölkerung Tokios uninteressant. Sein neuer Plan war genial einfach. Ein Baseballstadion war die

Attraktion, die die Leute nach Tokorozawa und in seine Züge locken würde.

Yoshiakis Mitarbeiter waren davon überzeugt, daß sein neues Projekt zum Scheitern verurteilt sei. Alle Baseballmannschaften hatten bereits eigene Stadien. Sie würden sich nie dazu bewegen lassen, in einer so abgelegenen Gegend wie Tokorozawa zu spielen.

Yoshiaki erläuterte seinen Direktoren niemals seine Gründe für einen neuen Plan. Er verkündete ihn einfach. Nach der Neujahrsversammlung, auf der er bekanntgegeben hatte, daß er ein Baseballstadion bauen wolle, fegte er auf einer Vorstandssitzung all ihre Einwände gegen das neue Projekt vom Tisch. Er selbst hatte keinerlei Bedenken und erklärte im Brustton der Überzeugung: »Wir werden vom ersten Jahr an Gewinne machen.«[3]

Yoshiaki sollte natürlich recht behalten.

Anfang 1978 wurde mit dem Bau des neuen Stadions begonnen, und ein Jahr später war es bereits fertig. Am 4. April 1979 wurde es mit Glanz und Gloria eröffnet. Alle waren sich einig, daß es das mit Abstand beste Stadion Japans war. Scharen von Menschen reisten an, nur um es zu bestaunen. Schon allein seine Lage war phantastisch. Es lag ein paar Kilometer außerhalb von Tokorozawa direkt neben dem von Hügeln und Laubwäldern umrahmten Tamako-See, an dem Yasujiros erste Eisenbahnlinie – die 1925 eingerichtete Tamako-Linie – vorbeiführte. Yoshiaki hatte die Seibu-Linie mit der Tamako-Linie verbunden und so eine direkte Zugverbindung zwischen Tokorozawa und dem Stadion geschaffen. Wie der »Zufall« so spielte, war der Parkplatz des Stadions sehr klein und die schmale Landstraße zum See ständig verstopft, so daß die meisten Leute schließlich lieber mit der Seibu-Bahn fuhren.

Das Stadion selbst war sehr groß und bewußt so konzipiert, daß es den Zuschauern den größtmöglichen Komfort bot. Auf den großzügig angelegten Zuschauertribünen für 37 000 Menschen saß man nicht beengt wie in anderen Stadien, sondern auf breiten Sitzen mit bequem angewinkelten Lehnen, die aus den Vereinigten Staaten importiert worden waren. Auf einer gepflegten Rasenfläche außerhalb des Spielfeldes konnten zusätzlich ein paar tausend Fans ihre Decken ausbreiten.

Ursprünglich sollte das Stadion die eigene Amateurmannschaft des Unternehmens – das Prince-Team – beherbergen. An diesem Plan war nichts Ungewöhnliches; die meisten großen Unternehmen in Japan hatten solche Amateur-Baseballmannschaften. Doch lange bevor das Stadion fertig war, erhielt Yoshiaki Besuch von einem guten Bekannten namens Choho Nakamura. Nakamura war ein Geschäftsmann, der unter Premierminister Nobosuke Kishi als dessen Sekretär im Unterhaus gearbeitet hatte. Außerdem war er der Sponsor der Profi-Baseballmannschaft Crown Lighter Lions.

Die Lions hatten eine wechselvolle Geschichte. Wie alle professionellen Baseballmannschaften in Japan wurden sie von einem großen Unternehmen finanziert – von der legendären Crown Lighter Corporation. In Japan verfolgte fast jedermann die Spiele der Profimannschaften mit begeisterter Hingabe. Millionen besuchten jedes Jahr die Spiele zu den Japan-Meisterschaften, und wer sie nicht im Stadion miterleben konnte, sah sie sich im Fernsehen an. Doch vom Standpunkt der Sponsoren aus war der Profi-Baseball schlicht eine Form der Werbung. Jede Mannschaft trug den Namen des jeweiligen Unternehmens. Die älteste und populärste Mannschaft des Landes, die Yomiuri Giants aus Tokio, spielte für den Medienkonzern Yomiuri, und ihr traditioneller Rivale, die Hanshin Tigers aus Osaka, für die private Eisenbahngesellschaft Hanshin.

Die Lions kamen aus Fukuoka auf der Insel Kyushu im Süden Japans. In den späten fünfziger Jahren spielten sie für die Nishitetsu Corporation, der verschiedene Bus- und Eisenbahnlinien sowie ein Hotel und ein Kaufhaus gehörten. Die Nishitetsu Lions, wie sie damals hießen, gehörten zu den erfolgreichsten Baseballmannschaften Japans. Doch zu der Zeit, als die Crown Lighter Corporation sie unter Vertrag nahm, waren sie ans Ende der Tabelle der zweiten Liga abgerutscht. Weil die Crown Lighter Lions jahrelang das Schlußlicht in der Tabelle blieben, war die Mannschaft bald kein guter Werbeträger mehr, sondern kostete das Unternehmen nur noch Geld.

Angesichts dieser Situation war Nakamuras Angebot, die Lions an Seibu abzutreten, alles andere als attraktiv. Er wies darauf hin, daß Yoshiaki ein Baseballstadion baue, ohne eine Profimannschaft unter Vertrag zu haben. Um Zuschauer anzulocken, würde er ständig gezwungen sein, Profimannschaften anderer Unternehmen zu Auswärtsspielen in seinem Stadion zu bewegen.

Am Ende übernahm Yoshiaki den Vertrag mit der Mannschaft für 1,1 Milliarden Yen. Die Crown Lighter Lions zogen in die

Mannschaftsquartiere des Stadions in Tokorozawa ein und nannten sich ab dem Beginn der Baseballsaison 1979 Seibu Lions.

Das Stadion machte von Anfang an Gewinne. Die Lions verloren zwar alle einundzwanzig Spiele, die sie in der ersten Saison in ihrem neuen Stadion bestritten, doch die Leute kamen trotzdem. Sie nahmen die Seibu-Bahn zum Stadion, kauften Eintrittskarten, aßen und tranken und deckten sich mit Wimpeln, Mützen und Bällen ein. Yoshiaki hatte richtig vorausgesehen, daß die Spielergebnisse keine Rolle spielen würden, wenn es ihm gelang, das Stadion selbst zu einer echten Attraktion zu machen.

Trotz dieser Erkenntnis war Yoshiaki ein viel zu ehrgeiziger Mann, um gelassen hinzunehmen, daß die Seibu Lions ständig verloren. Es ging nicht an, daß ein Unternehmen wie Seibu von der schlechtesten Mannschaft der Liga vertreten wurde.

Die meisten anderen Unternehmen betrachteten ihre Mannschaften als billige Werbeträger. Doch Yoshiaki hatte andere Vorstellungen. Erstens sollte aus seiner Mannschaft ein gut funktionierendes, eigenständiges Unternehmen werden, das Gewinne machte, und zweitens sollte sie gewinnen. Nachdem er das modernste Stadion des Landes besaß, wollte er auch die beste Mannschaft haben. Und er war bereit, alles Nötige zu tun, um dieses Ziel zu erreichen.

In den Vereinigten Staaten hätte eine solche Einstellung niemanden verwundert, doch in Japan war sie revolutionär. Für eine japanische Baseballmannschaft gehörte es sich einfach nicht, Gewinne zu machen. Im Grunde war Yoshiaki der erste, der den Baseball als Sport ernst nahm. Er wollte die Lions aufbauen wie eine amerikanische Mannschaft der obersten Spielklasse.

Zunächst ernannte er einen Mann namens Nemoto zum Cheftrainer und Manager. Nemoto war der Generaldirektor von Seibu Lions Incorporated – einem kleinen Unternehmen des riesigen Seibu-Konzerns – und in der Baseballszene als erfahrener Manager bekannt und beliebt. Da er fast genauso stur sein konnte wie Yoshiaki, gerieten die beiden oft aneinander. Nemotos erste Aufgabe als leitender Manager bestand darin, neue Spieler zu verpflichten. Die Lions waren die unpopulärste Baseballmannschaft in der vergleichsweise unbedeutenden zweiten Liga. Was sie brauchten, war ein Star, ein Spieler, der die Massen begeisterter Fans ins Tokorozawa-Stadion zog. Nemoto wußte auch schon, wen er haben wollte. Er arrangierte einen Spielertausch und nahm einen Star der Hanshin Tigers unter Vertrag, einen kräf-

270

tigen, stämmigen und sehr beliebten Fänger namens Koichi Tabuchi.

Nachdem er genug gute Spieler angeworben hatte, mußte er sie nur noch zu einer Mannschaft zusammenschweißen, die jedes Spiel gewann. Dafür brauchte er einen weiteren guten Mann. Nemoto war für seine besondere Gabe bekannt, leistungsfähige Teams aufzubauen. Er blieb weiterhin der Manager der Mannschaft, doch als Cheftrainer holte er sich einen Mann namens Tatsuro Hiroka, der nach Meinung der meisten Baseballkommentatoren der beste Trainer in der Geschichte des japanischen Baseballs war.[4]

Eines schönen Nachmittags im Herbst 1982, nur vier Jahre nachdem aus den Crown Lighter Lions aus Fukuoka die Seibu Lions geworden waren, gewann die Mannschaft zur allgemeinen Überraschung die Japan-Meisterschaften. In Nagoya, wo das Endspiel stattfand, kam es beinahe zu einem Aufstand. Die Polizei mußte einschreiten, als enttäuschte Fans der einheimischen Mannschaft, der Chunichi Dragons, Steine und Flaschen auf das Spielfeld warfen.

Bald bestritt niemand mehr, daß die Seibu Lions inzwischen die besten Baseballspieler Japans waren. Doch viele Zuschauer beklagten sich, es sei langweilig, ihnen zuzuschauen, weil sie immer nur auf Sicherheit und auf Sieg spielten. Ihre Spielweise entsprach Yoshiakis Führungsstil. Sie glänzten nicht durch brillante oder interessante Einlagen, sondern spielten stets defensiv und gingen keinerlei Risiken ein – aber sie gewannen immer. Die Leute sagten, sie spielten Baseball, als ob sie an einem Fließband arbeiteten.

Wie Yoshiaki waren sie erfolgreiche, aber unbeliebte Taktiker. Sie konnten die Giants zwar von der Tabellenspitze verdrängen, doch nicht aus den Herzen der japanischen Fans.

Yoshiaki veränderte den japanischen Baseball. Das Kräftegleichgewicht hatte sich verschoben. Die Giants konnten sich nicht mehr siegessicher zurücklehnen. Inzwischen gab die verhaßte Pacific League im Profi-Baseball den Ton an.

Doch vor allem war Yoshiaki der erste, der Baseball als Sport ernst genommen hatte. Seine Spieler durften nicht in Werbespots auftreten. Sie seien keine Fernsehstars, sondern Baseballprofis, wetterte er.[5] Wenn die Japaner nun den Namen Seibu hörten, dachten sie nicht mehr nur an Seijis Kaufhäuser, sondern auch an die Lions. Das löste nach Aussagen von Insidern aus Sei-

271

jis Lager die ersten Spannungen zwischen den Brüdern aus. Doch Yoshiakis Gefolgsleute dementieren solche Behauptungen hartnäckig.

Natürlich hätten die beiden Brüder niemals zugelassen, daß irgendwelche persönlichen Rivalitäten ihre Geschäfte störten. Die Firmenembleme der Seiyu-Supermärkte und der Seibu-Kaufhäuser prangten stets auf der Anzeigetafel im Tokorozawa-Stadion. Alle Lions trugen das Kaufhaus-Emblem auf dem linken Ärmel, und immer wenn die Lions die Japan-Meisterschaften gewannen, feierte die Kaufhauskette ihren Sieg mit umfangreichen Sonderangeboten. »Das macht nur Seibu – Mitsukoshi und Isetan veranstalten keine Verkaufsaktionen, wenn die Lions gewinnen«, betonte Yoshiakis Pressesprecher, um Gerüchten über Rivalitäten zwischen den Brüdern entgegenzuwirken. »Wäre das Verhältnis [zwischen Yoshiaki und Seiji] gespannt, würden sie das nicht tun.« Tatsächlich waren diese Aktionen der einzige Bereich, in dem die beiden zusammenarbeiteten.

Yoshiaki betrat mit dem Vertrag mit den Lions zum ersten Mal seit der Übernahme des Imperiums ein völlig neues Geschäftsfeld. Bisher hatte er einfach auf dem von seinem Vater gelegten Fundament aufgebaut. Viele ehemalige Mitarbeiter des alten Mannes verfolgten Yoshiakis Aktivitäten mit regem Interesse. Sie waren gespannt, ob der Sohn ebensoviel erreichen würde wie sein Vater.

Als der alte Mann starb, fragten sich alle Japaner, welcher Sohn sein Nachfolger in der Politik werden würde. Vierzig Jahre war Yasujiro als Abgeordneter für Shiga eine Stütze des konservativen Establishments und eine Schlüsselfigur in der Liberaldemokratischen Partei gewesen.

Nach seiner Beerdigung stellte sich heraus, daß keiner seiner Söhne die Absicht hatte, in die Politik zu gehen. Yonosuke Miki, der als Biograph Gotos die Geschichte der Familie Tsutsumi aufmerksam verfolgt hatte, vermutete, daß Yasujiros Söhne deshalb keine politischen Ambitionen hegten, weil sie die Fehler ihres Vaters nicht wiederholen wollten. Yasujiro hatte seine politische Position dazu benutzt, seine Geschäftsinteressen durchzusetzen, und sich dadurch sehr unbeliebt gemacht. »Sie sind sich bewußt, wie nachteilig es sich auswirken kann, wenn man gehaßt wird«, sagte ein langjähriger Feind Yasujiros in einem Interview zu Miki.[6]

Doch da Seiji und Yoshiaki als Yasujiros Söhne verpflichtet waren, alle Angelegenheiten ihres Vaters zu regeln, mußten sie sich dringend nach einem geeigneten Kandidaten für seine Wähler in Shiga umsehen. In der politischen Welt Japans wäre es undenkbar gewesen, solche personellen Entscheidungen dem Zufall oder den Unwägbarkeiten eines Wahlsystems zu überlassen. Es mußte ein einflußreicher Kandidat mit den richtigen Verbindungen gefunden werden, der die richtige Faktion unterstützte und von deren mächtigsten Mitgliedern und der ganzen Partei akzeptiert wurde. Bevor er sich zur gegebenen Zeit zur Wahl stellen würde, mußte erst – auf die in Japan übliche Weise – ein Konsens hergestellt werden.

Seiji machte sich auf die Suche. Zunächst wandte er sich an einen der mächtigsten Männer in der Liberaldemokratischen Partei, an Eisaku Sato, den Bruder des ehemaligen Ministerpräsidenten Kishi (er hatte einen anderen Nachnamen, weil er von einem anderen Zweig der Familie adoptiert worden war). Wenige Monate später, nach dem Rücktritt Ikedas Ende 1964, sollte Sato selbst Ministerpräsident werden.

Sato empfahl Seiji zwei Männer, die beide aus Shiga stammten und damit die Grundvoraussetzung für eine Kandidatur erfüllten. Der erste war ein entfernter Verwandter Misaos namens Shun Aoyama, den Seiji gut kannte. Er war früher Satos Sekretär gewesen und unlängst von seinem Posten im Finanzministerium zurückgetreten. Der andere war Ganri Yamashita, der damalige Leiter des Finanzamtes von Hiroshima.

Anschließend suchte Seiji bei Yasujiros altem Freund, dem kranken Ministerpräsidenten Ikeda, Rat. Im Verlauf ihres Gesprächs nannte er auch den Namen des zweiten Kandidaten: Ganri Yamashita.

Der alte Mann schlug sich auf die Schenkel. »Was? Ist der aus Shiga? Tsutsumi, mein Junge – das ist dein Mann! Einen besseren gibt es nicht!«

Auf diese herzliche Empfehlung hin stattete Seiji Yamashita einen Besuch ab. »Für einen Beamten ein ungewöhnlich bescheidener Mann«, beschrieb er seinen Eindruck später.[7]

1964 war Yamashita vierundvierzig. Er hatte fünfzehn Jahre lang beim Finanzamt gearbeitet. Sein höchster Vorgesetzter war Finanzminister Kakuei Tanaka, der später Ministerpräsident wurde und schließlich wegen seiner Verstrickung in den Lockheed-Skandal in Ungnade fallen sollte.[8] Der besonnene Yamashita überlegte sich Seijis Vorschlag mehrere Monate lang. Dann erschien er eines Tages unangemeldet bei Seiji und teilte ihm mit, er habe sich entschlossen, sein Angebot anzunehmen, und seinen Posten beim Finanzamt bereits gekündigt.

Damit stand der politische Nachfolger Yasujiros fest, und Seiji und Yoshiaki konnten sich wieder voll auf ihre Geschäfte konzentrieren.

Kaum jemand würde bestreiten, daß in Japan enge Verflechtungen zwischen der Politik und der Wirtschaft bestehen. Wie ein renommierter Finanzjournalist es formulierte: »Ohne sich der Politiker zu bedienen, kann in Japan heutzutage kein Unternehmen expandieren – das ist ein Muß.« Die Geschäftsleute unterstützen die Politiker finanziell und erhalten dafür wichtige Informationen. Wer ein Kaufhaus, ein Hotel oder einen Urlaubsort aus dem Boden stampfen will, ist auf Lizenzen, Genehmigungen und das Entgegenkommen der führenden Lokalpolitiker angewiesen. Es ist immer nützlich, rechtzeitig zu erfahren, daß ein bestimmtes Gebiet erschlossen werden soll, am besten mehrere Jahre vor der konkreten Umsetzung der Erschließungspläne, so lange die Grundstückspreise noch niedrig sind.

Dank Yasujiro verfügten Seiji und Yoshiaki über Kontakte, die bis in die allerhöchsten Kreise der Politik reichten. Beide waren viel zu klug, um nur eine bestimmte Partei zu unterstützen. Es war wichtig, gute Beziehungen zu allen zu unterhalten, die eines Tages an die Macht kommen könnten. Beide Brüder spielten ab und zu die graue Eminenz, übernahmen jedoch niemals ein politisches Amt.

Als offenkundig wurde, was für ein mächtiger und fähiger Mann Yoshiaki war, bedrängten ihn seine Bekannten aus der Politik und alte Kollegen seines Vater immer hartnäckiger, eine Kandidatur in Erwägung zu ziehen. Yoshiaki baute sein Netz von Kontakten zu führenden Politikern immer weiter aus. Zu seinen Freunden zählten ehemalige und zukünftige Ministerpräsident, der amtierende Ministerpräsident und einflußreiche Persönlichkeiten aus den Reihen der regierenden Liberaldemokratischen Partei.

Neben ehemaligen Günstlingen und Freunden seines Vaters, die ihn allesamt als Yasujiros legitimen Erben anerkannten, hatte er auch eigene einflußreiche Bekannte, zum Beispiel ehemalige Kommilitonen von der Waseda-Universität, die in die Politik gegangen waren. Einer davon war Tsuruoka, ein alter

Freund aus der College-Zeit, der ihn seinerzeit beim Bau des Eis-stadions in Karuizawa unterstützt und eine Zeitlang für Seibu gearbeitet hatte, bevor er sich der Partei für saubere Politik anschloß. Ein weiterer Studienfreund war Noboru Takeshita, der 1987 für zwei Jahre Ministerpräsident wurde und bis Anfang der neunziger Jahre der mächtigste Mann in den inneren Zirkeln der Liberaldemokratischen Partei blieb. Auch über den Sport lernte Yoshiaki wichtige Leute kennen. 1977 wurde er sogar Präsident der Japan Gymnastics Federation. Doch das waren keineswegs die einzigen, die er mit Spenden oder auf andere Weise unter-stützte.[9]

Bereits 1971 hatte Tanaka, der bald darauf Ministerpräsident werden sollte, Seiji und Yoshiaki auf einem Empfang anläßlich der Eröffnung von Yamashitas neuem Büro bedrängt, doch end-lich in die Politik einzusteigen. Der Empfang fand im prunkvol-len Bankettsaal des Tokyo Prince Hotel statt; Yoshiakis Hotels waren inzwischen die bevorzugte Kulisse für solche Veranstal-tungen. Tanaka schlug in seiner Rede vor, Seiji solle sich auf Lan-desebene und Yoshiaki auf lokaler Ebene um einen Sitz im Ober-haus bewerben[10], während Yamashita die Familie im Unterhaus vertreten würde.

Beide Brüder entschieden sich gegen eine Kandidatur. Es hieß, Yoshiaki sei sich sehr wohl bewußt gewesen, daß er als Abgeord-neter des Oberhauses nicht Ministerpräsident werden konnte.[11]

Von da an sprachen vor jeder Wahl Vertreter aller möglichen Faktionen im Hauptbüro von Kokudo Keikaku vor, um Yoshiaki zu bitten, für sie zu kandidieren, doch er lehnte hartnäckig ab. Die Leute ahnten allmählich, daß er einen eigenen Plan hatte. Als sein zehnjähriges Schweigen vorüber war und er 1976 im ganzen Land erste Bauvorhaben in die Tat umsetzte, zog er einen anderen alten Studienfreund von der Waseda-Universität, einen Finanzjournalisten namens Yasuo Hariki, ins Vertrauen. Er eröffnete ihm, daß er noch fünf Jahre brauche, um alle laufenden Projekte abzuschließen; dann könne er seine Aufmerksamkeit der Politik zuwenden. »Ich werde mich mit ganzem Herzen dem Land widmen. Ich glaube, das ist das Leben, das ein Mann führen sollte.«[12]

In den folgenden fünf Jahren, zwischen 1976 und 1981, war Yoshiaki ungeheuer aktiv. Er eröffnete ein neues Hotel nach dem anderen – auf den ehemaligen Anwesen der Prinzen, die bereits Yasujiro erworben hatte, und in seinen Ferienorten im Gebirge.

275

Er verwandelte Bergregionen in Skigebiete und Täler in Golf-plätze. Und alles, was er tat, wurde sorgfältig beobachtet.

Ein Abgeordneter aus Shiga namens Sosuke Uno, der 1989 für drei Monate Ministerpräsident werden sollte, rühmte die Ent-schlossenheit, mit der Yoshiaki den Baseball revolutionierte, und zwar lange bevor die Seibu Lions zum erstenmal die Japan-Meisterschaften gewonnen hatten. Hier sei ein Mann, der sich von Konventionen nicht einengen lasse, verkündete er. Viel-leicht könne dieser Mann die Politik auf die gleiche Weise ver-ändern. Männer wie er sollten das Land regieren.

In der Presse und in politischen Kreisen wurde viel spekuliert. Wollte Yoshiaki kandidieren und eine eigene Faktion bilden? Er verfügte zweifellos über genug Macht und die nötigen politi-schen Verbindungen, um Ministerpräsident zu werden, falls er das anstreben sollte.

Wie ein Unterhausabgeordneter es formulierte: »Vom Ober-haus aus kann man nicht an die Macht kommen. Dazu muß man im Unterhaus sitzen. Zudem sollte man noch in den Vierzigern sein, wenn man Minister wird, sonst ist es zu spät. Dann reicht die Zeit nicht mehr. Wenn er jetzt in die Politik einsteigt, hat er bei seinem großen Einfluß Aussichten, Ministerpräsident zu werden.«[13] 1981 war Yoshiaki erst siebenundvierzig. Er hatte genau das richtige Alter und auch bereits einen eigenen Wahl-kreis. Er wollte Yamashita keineswegs aus Yasujiros altem Wahl-kreis verdrängen, sondern in Tokorozawa kandidieren, einem Wahlkreis, den er praktisch selbst aufgebaut hatte.

Es gingen noch andere Gerüchte über Yoshiakis politische Aktivitäten um. Doch ob Yoshiaki offiziell in die Politik einstieg oder nicht, sein Einfluß auf die Politik war bereits enorm. Es hieß, Yoshiaki habe, schon einen Monat bevor Fukuda 1976 sein Kabinett bildete, gewußt, daß er der nächste Ministerpräsident werden und an welchem Tag diese Entscheidung bekanntgege-ben würde. Einem anderen Gerücht zufolge soll Yoshiaki die kritische Situation, die nach dem plötzlichen Tod von Minister-präsident Masayoshi Ohira im Jahre 1980 entstanden war, unter Kontrolle gebracht haben. Angeblich hatte er eine Gruppe ein-flußreicher jüngerer Unternehmer zusammengetrommelt und dazu veranlaßt, Zenko Suzuki geschlossen zu unterstützen, und auch seine Freunde und Bekannten aus der Politik dazu über-redet, sich hinter diesen Kandidaten zu stellen. Die Mitglieder der Liberaldemokratischen Partei trafen sich in einem Hotel

Yoshiakis, um über die Angelegenheit zu beraten, und am Ende wurde Suzuki gewählt. Yoshiaki wurde später einer seiner Berater.

1981 schien es, als habe Yoshiaki seine Zurückhaltung endgültig aufgegeben und sei nun nicht mehr aufzuhalten. Alles, was er anpackte, wurde ein Erfolg. Er sagte oft:»Wenn mein Vater länger gelebt hätte, wäre er Ministerpräsident geworden.«[14] Hatte Yoshiaki sich nun vorgenommen, dieses Ziel selbst zu erreichen?

# Teil IV
*Rivalisierende Imperien*

# 17
# Der mysteriöse Tod der beiden Mütter
## 1984

*Mein Leben ist eine Reise.*
*Mit meinem Dichterherzen durchwate ich einen großen Fluß.*
*Meine Gedichte sind erschöpft, die Blüten fallen.*

MICHIKO OTOMO (MISAO TSUTSUMI)[1]

Am letzten Samstagabend vor Weihnachten des Jahres 1983 fand im alten Gebäude des Takanawa Prince Hotel ein Fest statt. Prinz Takedas einstiger Palast hatte nichts von seiner Pracht verloren. Majestätisch hob sich der Bau vom klaren Winterhimmel ab. Die letzten Strahlen der untergehenden Sonne gleißten auf den kunstvoll durchbrochenen Kupferblechen des Dachs, und die massigen Steinmauern schimmerten silbergrau. Das gewaltige Steinportal, unter dem früher die Kutschen der Schloßherren und ihrer Gäste gewartet hatten, war noch erhalten, doch von dem dahinterliegenden, balkonartigen Säulengang aus konnte man nun nicht mehr auf die friedliche Bucht vor Tokio hinunterblicken. Hinter den Gärten und Wäldchen des Hotelparks ragten nun mehrstöckige Büroblocks und Kräne auf.

Ab 18.30 Uhr glitten die ersten Luxuslimousinen die Auffahrt hinauf. Vor den doppelten Türen stiegen die Gäste aus – die Herren in Fracks, die Damen in eleganten Abendkleidern oder sittsamen Kimonos: Schauspielerinnen und Schauspieler, Plattenstars, Wirtschaftsbosse, Reiche und Neureiche und viele Botschafter aus dem Ausland. Im Laufe der Zeit war die alljährliche Seibu-Party zu einem großen gesellschaftlichen Ereignis geworden. Wer eine der heißbegehrten Einladungskarten bekam, der hatte es auch zu etwas gebracht.

Am Eingang empfing eine grazile, elegante Frau in einem Abendkleid von Yves Saint-Laurent ihre Gäste mit einem strahlenden Lächeln. Ihr tadellos frisiertes schwarzes Haar umrahmte ihr ovales Gesicht mit den großen Augen, die hinter der Brille feucht schimmerten. Misao war nun Mitte Siebzig, doch sie hatte sich seit den Tagen, als sie Yasujiro zum ersten Mal mit ihrer aristokratischen Art und ihrer jugendlichen Schönheit betörte, erstaunlich wenig verändert. Misao war immer noch eine schöne, charmante und kultivierte Frau.

Als Yasujiro starb, war Misao sechsundfünfzig und eine der mächtigsten Persönlichkeiten des Seibu-Imperiums. Bei den Familienkonferenzen zu allen wichtigen geschäftlichen Entscheidungen spielte sie eine Schlüsselrolle. Sie war die Präsidentin des Tokyo Prince Hotel und als Witwe eines ehemaligen Parlamentspräsidenten und mächtigen Wirtschaftsmagnaten mit sehr vielen einflußreichen Persönlichkeiten aus Politik und Wirtschaft bekannt oder befreundet. Sie hatte, um die Worte eines ehemaligen Botschafters zu benutzen, eine ganze Menge Macht in Japan.

Nach Yasujiros Tod lebte sie weiterhin im großen Haus in Hiroo. Seiji hatte sich auf dem Anwesen eine Villa gebaut und wohnte nebenan.

Misao malte und töpferte – in der Familienresidenz in Karuizawa stand ein Brennofen –, verbrachte viele Stunden im Garten, wie sie es bereits in Yasuiros letzten Lebensjahren getan hatte, und verfaßte Tanka-Verse.

Diese klassische japanische Gedichtform hat einunddreißig Silben. Bevorzugte Themen sind die Blumen, die Vögel, die Jahreszeiten und die Gefühle des Dichters:»Alter, Resignation und unerfüllte Träume«.[2] Bis 1981 veröffentlichte Misao unter dem Pseudonym Michiko Otomo insgesamt neun Gedichtbände. Außerdem gründete sie eine Tanka-Gesellschaft und gab deren monatlich erscheinendes Mitteilungsblatt *Shiju* (Purpurner Juwel) heraus.

Doch das waren keineswegs ihre einzigen Aktivitäten. Die zerbrechlich wirkende alte Dame war nach wie vor eine imponierende Persönlichkeit voller Tatendrang und Energie. Mit demselben Engagement, mit dem sie sich früher für das Lebenswerk ihres Mannes eingesetzt hatte, unterstützte sie nun Seiji. Sie hatte keine offizielle Funktion in seinem Unternehmen, doch sie war stets in seiner Nähe und stand nun ihm mit Rat und Tat zur Seite.

Auch mit seinen Managern hielt sie ständig Kontakt. Für die jüngeren war sie, wie schon zu Yasujiros Zeiten, eine hilfreiche Mutterfigur und eine Verbündete. Sie lud sie oft zum Essen ein und hörte sich aufmerksam an, was sie zu sagen hatten. Wenn eine Kunstausstellung eröffnet wurde, stand die zarte alte Dame stets in einem edlen Kimono oder einem eleganten Modellkleid von Yves Saint-Laurent, ihrem Lieblingsmodeschöpfer, am Eingang und begrüßte die Besucher mit höflichen Verbeugungen und ihrem bezaubernden Lächeln. Außerdem betätigte sie sich als inoffizielle Modeberaterin der Seibu-Kaufhäuser. Da sie nun frei über ihre Zeit verfügen konnte und sehr gern ins Ausland reiste, flog sie ein- oder zweimal im Jahr nach Mailand, Paris, Montréal oder New York und unterrichtete die Kaufhausmanager anschließend über die neuesten Modetrends. Doch der Höhepunkt des Jahres war für sie zweifellos das Seibu-Fest vor Weihnachten.

Vermutlich wurde das Fest einige Jahre nach Yasujiros Tod eingeführt. Andere Unternehmen übernahmen die Idee und veranstalteten ähnliche Parties, doch das Seibu-Fest blieb das glanzvollste.

Das lag nicht nur an den prunkvollen alten Räumen mit den Kronleuchtern, den Seidentapeten und den massiven, antiken Möbeln westlichen Stils, sondern auch an der mit großer Sorgfalt zusammengestellten Gästeliste. Nach Aussagen eines Stammgasts traf man auf diesem Fest alle interessanten Leute der Stadt – zum Beispiel Akio Morita, den für seine liberalen Ansichten bekannten Präsidenten von Sony, oder Hanae Mori, den Altstar unter den Modedesignern, und natürlich viele Politiker, Bankdirektoren, Botschafter und ranghohe Mitglieder der amerikanischen Handelskammer. Um die organisatorischen Details des Festes kümmerte sich ein Mann namens Eitaro Yoshioka, der in der Filmindustrie gearbeitet hatte, bevor er zu Seibu kam. Er sorgte dafür, daß sich unter den Gästen stets viele schillernde Persönlichkeiten und bekannte Leute vom Theater, vom Film und vom Fernsehen befanden.

Seiji hatte im Kaufhausgeschäft inzwischen fast alles erreicht, was er sich vorgenommen hatte. Nur ein Ziel hatte er bisher noch nicht verwirklichen können. Solange das Seibu-Kaufhaus keine Filiale in der Ginza hatte, würde es auch nicht als ein erstklassiges Modehaus akzeptiert werden. So elegant und avantgardistisch es auch sein mochte und so hohe Umsätze es auch erzielte, es blieb ein Kaufhaus am falschen Ende der Stadt.

Die Ginza ist für die Japaner der Inbegriff der Eleganz, der Vornehmheit und des guten Geschmacks. Kleinstädte taufen ihre Einkaufszentren »Ginza« in der Hoffnung, ihnen schon allein durch diesen magischen Namen ein Flair von Luxus zu verleihen. Als in der zweiten Hälfte des 19. Jahrhunderts Besucher aus dem Westen ihre Technologie, ihre Mode und ihre Kultur nach Japan brachten, spiegelten sich diese westlichen Einflüsse zuerst in der Ginza wider. In der Ginza gab es bereits Bürgersteige, Gaslaternen (die ersten in Japan) und Backsteinhäuser mit Kolonnaden und Balkonen, als das übrige Tokio noch ein Gewirr aus engen Gassen war, die von dicht aneinandergebauten Holzhäusern gesäumt waren und bestenfalls mit einer Rikscha befahren werden konnten. Junge Leute, die das Ausgefallene suchten – Exotisches aus dem Westen wie Anzüge, Hüte, Brillen, Tische oder Stühle –, bummelten durch die Geschäfte der Ginza oder vertrieben sich die Zeit in den exklusiven Cafés.

Im Laufe der siebziger und der frühen achtziger Jahre änderte sich das Erscheinungsbild der Ginza. In dieser Zeit wurden viele exklusive Geschäfte eröffnet, deren Warenangebot eher auf eine konservative Kundschaft zugeschnitten war. Die jungen Leute flanierten inzwischen lieber die Park Avenue in Shibuya entlang und kauften im Parco, im Seibu oder in den Boutiquen ein, die rund um diese beiden Kaufhäuser aus dem Boden geschossen waren. Die Ginza war jetzt ein Nobelviertel, in dem reiche Witwen sich in teuren Geschäften wie dem Wako mit *haute couture* oder mit Perlen und Gold eindeckten. Alle waren entzückt von den geschmackvollen Auslagen des Wako, doch die meisten wagten sich nicht hinein, weil sie sich die teuren französischen Modellkleider nicht leisten konnten. Der Name Ginza verlor nie seinen Zauber, so sehr das Viertel sich auch veränderte. Jedes große Kaufhaus hatte eine Filiale dort. Die von Mitsukoshi – mit dem McDonald's im Erdgeschoß – lag direkt an der Ginza-Kreuzung. Nur ein Kaufhaus fehlte: das Seibu.

Eine Filiale in der Ginza zu eröffnen war nicht leicht. Das Hauptproblem war das Grundstück. Ein Kaufhaus benötigte einen großen Bauplatz, doch jeder Quadratmeter der Ginza war bereits mit Geschäften, Restaurants, Büros und Theatern zugebaut. Außerdem waren Grundstücke in der Ginza unerschwinglich und wurden Tag für Tag teurer. In den späten achtziger Jahren sollte ein kleines Eckchen Land an der Ginza-Kreuzung als das teuerste Grundstück der Welt berühmt werden. Es hieß, wenn man dort eine 10000-Yen-Note auf den Boden legte, dann wären die paar Quadratzentimeter Land, die sie bedeckte, mehr wert als der Geldschein.

Um 1975 meldete die Zeitung *Asahi*, daß sie in neue Büros außerhalb der Ginza umziehen würde. Diese Nachricht löste unter den Kaufhausbesitzern Tokios große Aufregung aus. Die alten *Asahi*-Büros standen auf einem erstklassigen Grundstück, das nur ein paar hundert Meter nördlich der Ginza-Hauptkreuzung und ganz in der Nähe einer U-Bahn-Station und eines Bahnhofs lag. Das Grundstück war sehr klein, doch zusammen mit dem Gelände des benachbarten Nichigeki-Theater, das gleichzeitig geschlossen wurde, war es der ideale Standort für ein Nobel-Kaufhaus. Zudem wäre damals in ganz Tokio kein anderer Bauplatz zu bekommen gewesen, der sich für ein solches Projekt geeignet hätte.[3]

Die *Asahi*-Zeitung und das Nichigeki-Theater wollten ihr Land nicht verkaufen, sondern nur verpachten, denn sie wußten, wie wertvoll es war. Die Kaution und die Pacht für das Land waren extrem hoch. Seibu war das erste Kaufhaus, das ein Angebot unterbreitete, dann steigerten auch Sogo, Isetan, Gotos Tokyo und sogar Mitsukoshi mit. Ein Bewerber nach dem anderen sprang ab. Schließlich ging das Grundstück des Nichigeki-Theaters an die Hankyu-Kette. Um das Gelände der Zeitung *Asahi* bemühten sich zum Schluß nur noch zwei Interessenten: die Sogo-Kette und Seibu.

Fünf Jahre lang reichten die Rivalen ihre Angebote ein. Die Zeitungsmagnaten überlegten hin und her. Seiji war fest entschlossen, das Grundstück zu erwerben, koste es, was es wolle. Er hatte viele Gegner. Die Besitzer der kleineren Geschäfte in der Ginza befürchteten, daß der für seine »verrückten Expansionspläne« berühmte Präsident der Seibu-Kaufhauskette, der bereits Ikebukuro und Shibuya völlig umgekrempelt hatte, auch das Erscheinungsbild der Ginza verändern und sie aus dem Geschäft drängen könnte.

Schließlich verkündete die Geschäftsleitung von *Asahi* ihre Entscheidung. Seijis Hartnäckigkeit hatte sich gelohnt. Er bekam das Grundstück, vielleicht durch Beziehungen, vielleicht aber auch einfach deshalb, weil Seibu das renommiertere Kaufhaus war. Ein großes Zugeständnis mußte er allerdings machen. Ursprünglich wollte er sein neues Kaufhaus Ginza Seibu nennen, doch um die Geschäftsinhaber in der Ginza zu beschwichtigen, mußte er versprechen, seinem neuen Kaufhaus keinen Namen zu geben, in dem »Ginza« vorkam. So taufte er es notgedrungen Seibu Yurakucho – nach dem nahe gelegenen Yurakucho-Bahnhof.

Am 6. Oktober 1984 wurde das Seibu Yurakucho eröffnet. So ein Kaufhaus hatte man in Tokio bisher noch nie gesehen. Viele Geschäftsleute meinten, es sei zu klein, um Gewinne abzuwerfen. Doch Seiji verstand es, die relativ kleine Verkaufsfläche optimal zu nutzen. Er hatte sich ja stets auf ausgesuchte Ware für einen auserlesenen Kundenkreis beschränkt, und diese Geschäftspolitik in der Ginza einfach noch kompromißloser weiterverfolgt. Im Seibu Yurakucho gab es keine Haushaltsartikel, kein Spielzeug und keine Elektronik – keine Computer, keine Kassettenrecorder, kein Video-Zubehör –, sondern nur *haute couture* und Schmuck der absoluten Luxusklasse für junge und jung gebliebene Kunden.

Besonders revolutionär war die achte Etage, in der keine Waren, sondern Informationen und Dienstleistungen verkauft wurden. Hier konnten die Kunden ihr Geld in Gold, Silber oder in Aktien an der Börse von Tokio investieren, Land in Japan oder im Ausland erwerben, spontan einen Kredit oder eine Hypothek aufnehmen, ein Haus kaufen, einen Flug oder einen ganzen Urlaub buchen oder eine Versicherung abschließen.

Erneut hatte Seiji bewiesen, daß er seinen Finger am Puls der Zeit hatte. Andere Kaufhäuser boten einige dieser Dienstleistungen zwar auch an, doch das Seibu Yurakucho hatte mehr zu bieten. Es verkaufte in erster Linie einen Lebensstil. Das eigentliche Angebot war im Grunde Nebensache.

Das Gebäude selbst, das neben dem Seibu Yurakucho auch noch die Hankyu-Filiale beherbergte, war ein Palast aus Glas, Betonpfeilern und glänzenden, facettierten Spiegelflächen. Mit seinem neuen Kaufhaus in der Ginza hatte Seiji sich in der Welt der Kaufhäuser eine Spitzenposition erobert. Er war endlich zum Kaufhauskönig aufgestiegen. In den genau zwanzig Jahren, die seit dem Tod seines Vaters vergangen waren, hatte er sein unternehmerisches Talent unter Beweis gestellt. Der Name Seibu war inzwischen in aller Munde, und die meisten assoziierten ihn mit dem Kaufhaus.

Misao war stolz auf Seiji und sonnte sich in seinem Triumph. Auf dem Eröffnungsfest begrüßte sie die Gäste mit ihrem strahlenden Lächeln. Es war unglaublich, wie jugendlich sie mit ihren sechsundsiebzig Jahren wirkte. Sie hatte Seiji mit viel Liebe großgezogen und ihm stets den Rücken gestärkt, wenn sein Vater ihn kritisiert hatte. Ohne Zweifel fühlte auch sie sich gedemütigt, als Yasujiro ihm das Erbe verweigerte.

Allen Widrigkeiten zum Trotz hatte Seiji es schließlich aus eigener Kraft geschafft, seinem Schicksal eine glückliche Wende zu geben. Misaos Genugtuung muß an diesem Tag ebenso groß gewesen sein wie die Seijis. Auf dem Fest sah ihr niemand an, daß sie direkt aus dem Krankenhaus kam. Zwei Tage davor war sie plötzlich krank geworden. Sie hatte über starke Magenschmerzen geklagt und war daraufhin in eine Klinik eingeliefert worden. Ein paar Tage später stand fest, daß sie Magenkrebs hatte und operiert werden mußte. Doch die Operation war erfolglos, und der Krebs breitete sich weiter aus. Am 16. November wurde ihr Zustand kritisch, und am folgenden Tag starb sie.[4] Die Todesursache war nach den Krankenhausunterlagen ein Herzinfarkt. Eine Woche später wäre sie siebenundsiebzig geworden.

Zwei Tage später fand wie von Misao gewünscht die Trauerfeier im kleinen Kreis in Hiroo statt. Nach Seibu-Maßstäben war die versammelte Trauergemeinde tatsächlich nicht groß. Die ganze Familie war da – Seiji und seine Söhne, Yoshiaki und seine Brüder, Tsuneko und andere Verwandte. Außerdem hatten sich zwei- oder dreihundert altgediente Seibu-Manager eingefunden, die Misao besonders gut gekannt hatten. Auch Kakuei Tanaka war erschienen – nicht als Politiker, sondern als langjähriger Freund der Familie – und zündete vor dem Porträt der Verstorbenen ein Räucherstäbchen an.

Mit einer ruhigen, würdevollen Zeremonie wurde der Witwe des ehemaligen Parlamentspräsidenten und der *grande dame* des Seibu-Imperiums die letzte Ehre erwiesen. Misaos Asche wurde auf dem Bergfriedhof von Kamakura beigesetzt, direkt unterhalb von Yasujiros majestätischem Grabmal auf dem Hügel.

Eine Woche später, an dem Tag, an dem Misao ihren siebenundsiebzigsten Geburtstag gefeiert hätte, gingen Yoshiaki und Tsuneko zum Abendessen in ein Restaurant in Akasaka – ein Viertel, das für seine hinter hohen Mauern verborgenen, exklusiven Restaurants berühmt ist. Nach Aussagen eines Seibu-Insiders hatte es nach der Beerdigung Misaos Streitigkeiten in der Familie gegeben, über die Tsuneko und Yoshiaki dort ungestört reden wollten.

Tsuneko war einundsiebzig. Während Misao bis zum Schluß ihre kühle Eleganz bewahrt hatte, war aus Tsuneko im Laufe der Jahre eine mollige, mütterliche Frau geworden. Sie war unprätentiös und voll überschäumender Herzlichkeit. Alle Kinder liebten sie. Sowohl Tsuneko als auch Misao hatten sich stets bemüht, alle Kinder wie ihre eigenen zu behandeln.[5] Ihre Liebe zu allen Kindern – ganz gleich, wer sie geboren hatte – schweißte die Familie zusammen.

Ihr ganzes Leben lang hatte Tsuneko sich stets ein paar Schritte hinter Misao gehalten. Nun, da Misao nicht mehr da war, würde sie es vielleicht endlich wagen können, aus dem Schatten heraustreten und sich ein wenig im Ruhm ihres Sohnes zu sonnen.

Tsuneko und Yoshiaki redeten in aller Ruhe miteinander. Plötzlich klagte Tsuneko über Kopfschmerzen. Kurz darauf brach sie im Restaurant bewußtlos zusammen. Ein Krankenwagen wurde gerufen, der sie sofort in eine Klinik brachte. Yoshiaki war sehr beunruhigt. Er sagte all seine Geschäftstermine ab, wich zwei Tage lang nicht von Tsunekos Seite und fand keine Ruhe und keinen Schlaf.

Tsuneko erlangte das Bewußtsein nicht mehr wieder. Nach zwei Tagen im Koma starb sie am 25. November. Als Todesursache wurde eine Gehirnblutung festgestellt.

Alle Welt fand es sonderbar, daß die beiden Mütter so kurz hintereinander gestorben waren. Es schien fast so, als wären die Leben der beiden Frauen so eng miteinander verflochten gewesen, daß Tsuneko die Trennung nicht überlebt hatte.

Yoshiaki gab sich keine Mühe, seinen Schmerz zu verbergen. Er lief völlig verstört herum und weinte hemmungslos. Jahrelang hatte er den Tyrannen gespielt. Seit sein Vater ihm eröffnet hatte, daß er sein Nachfolger werden sollte, hatte er die Allüren eines Herrschers entwickelt. Er forderte von seinen Angestellten bedingungslosen Gehorsam und demonstrative Devotion. Alle zitterten vor ihm. Die Öffentlichkeit mochte über Yoshiakis Überheblichkeit schockiert sein, doch die mächtigsten Männer Japans sahen in ihm einen künftigen Führer des Landes.

Aber irgendwo hinter der Maske des Herrschers mit dem eisernen Willen verbarg sich immer noch der kleine Junge, der einst die Hügel von Karuizawa unsicher gemacht hatte. Schulfreunde bezeichneten Yoshiaki als Gefangenen einer Rolle, in die er hineingedrängt worden war. Doch als seine Mutter starb, fiel zumindest für ein paar Tage die Maske von seinem Gesicht.

Die Trauerfeier für Tsuneko fand am 28. November statt. Es war ein schöner klarer Tag. Die Luft war kalt, doch die Sonne schien, und der Himmel war blau. Ein letzter Rest buntes Herbstlaub hing noch in den Baumkronen.

Viele Schaulustige beobachteten aus der Ferne die Prozession der Trauernden, die sich in Zehnerreihen auf die rotlackierten Tore des alten Zojoji-Tempels zubewegten. Das große Tempelgelände grenzte an das Grundstück des Tokyo Prince Hotel. Bevor Yasujiro die beide Ländereien nach dem Krieg aufkaufte, hatten sie den Tokugawa-Shogunen gehört. Der Zojoji-Tempel war ihr Familientempel und das Grundstück des Tokyo Prince Hotel ihr Friedhof gewesen.

Misao war im kleinen Kreis und in aller Stille beigesetzt worden war. Doch Yoshiaki sorgte dafür, daß die Trauerfeier für Tsuneko Aufsehen erregte. Seine Mutter hatte sich ihr ganzes Leben lang vergeblich nach Anerkennung gesehnt. Jetzt konnte er wenigstens bei dieser einen Gelegenheit seine Liebe zu ihr öffentlich zeigen. Die achttausend Trauergäste, die gekommen waren, um der sympathischen Mutter des Seibu-Imperators die letzte Ehre zu erweisen, bildeten eine lange Menschenschlange, die um den ganzen Block reichte. Der schwere Duft von Räucherstäbchen erfüllte den Tempel, dessen Altar über und über mit weißen Chrysanthemen bedeckt war. Der Großmeister der Teezeremonie Soshitsu Sen vollzog zu Ehren der Verstorbenen ein besonderes Ritual, bevor die offizielle Trauerfeier begann.

Yoshiaki und seine beiden Brüder Yasuhiro und Yuji führten den Trauerzug an, in dem außer den Familienangehörigen und den Seibu-Managern auch viele Größen aus Politik, Industrie und Wirtschaft sowie Künstler, Schauspieler und andere Stars mitmarschierten.

Es wurde nur eine Rede gehalten – von Yoshiaki, der mit gesenktem Kopf und verquollenen Augen ein paar Worte sprach. Seine sonst so hohe Stimme klang rauh: »Meine Arbeit nahm mich so stark in Anspruch, daß ich nicht in der Lage war, meinen Pflichten gegenüber meiner Mutter nachzukommen. Doch heute, da Sie alle sich in so großer Zahl hier versammelt haben, um von ihr Abschied zu nehmen, ist es mir endlich gelungen, etwas für sie zu tun...«[6]

Yoshiaki war der Herrscher des Seibu-Imperiums, doch es stand nicht in seiner Macht, seine Mutter würdig zu bestatten. Erneut war der gewöhnliche Mann und ergebene Sohn der Gefangene seiner Aufgabe. Tsuneko blieb auch nach ihrem Tod nur die Geliebte. Es schickte sich nicht, sie auf dem großen Bergfriedhof zu bestatten, den Yasujiro bei Kamakura eingerichtet hatte – nicht einmal in einem stillen Eckchen. Ihre sterblichen Überreste wurden nach Niigata zurückgeschickt, wo die Familie ihres Vaters gelebt hatte. Wie ein Mädchen, das nie verheiratet war, wurde sie im Familientempel ihres Vaters statt in dem ihres Mannes beigesetzt.

Yoshiaki machte auch in den Wochen danach keinen Hehl daraus, wie erschüttert er immer noch war. Am Neujahrstag fand zum ersten Mal seit Yasujiros Tod keine Zeremonie im Morgengrauen auf dem Bergfriedhof bei Kamakura statt. »Mutter ist gestorben – da kann es kein glückliches neues Jahr werden«, sagte Yoshiaki.[7] Er schwor sich, von nun an ein anderer Mensch zu werden.

Im Todesjahr von Misao und Tsuneko starb nach Aussagen eines Seibu-Insiders auch Seijis wirkliche Mutter, ohne daß jemand aus der Familie Tsutsumi ein Wort über diese Frau Yasujiros verloren hätte.

Ein wichtiger Abschnitt im Leben der beiden Brüder war zu Ende gegangen. Alle Mitglieder der älteren Generation waren gestorben. Jetzt gab es nichts mehr, was sie noch verband.

# 18
# Das Goldene Zeitalter
## Seijis Geschichte 1984–1991

*Ich rief mir den Blick meines Vaters ins Gedächtnis zurück... Ein lange vergessener Haß wallte in mir auf. Richtest du mich selbst nach deinem Tod noch? dachte ich. Dann laß dir sagen, daß ich die Note Ungenügend habe. Nach deinen Maßstäben muß man mich verdammen.*

TAKASHI TSUJII[1]

Ein paar Wochen nach Misaos Tod fand die traditionelle Seibu-Weihnachtsparty statt, allerdings nicht mehr im Takanawa Prince Hotel, sondern in Seijis illustrem Kaufhaus in der Ginza. Sie stand Misaos rauschenden Festen in nichts nach. Auf der Gästeliste standen wie jedes Jahr Botschafter, führende Politiker, Gesangs- und Filmstars und renommierte Modeschöpfer. Doch die Atmosphäre stimmte nicht. Sie war nicht so intim wie in dem alten Palast, in dem immer ein lebhaftes Gedränge geherrscht hatte. Die Räume des modernen Kaufhauses waren zu weitläufig und zu hell erleuchtet. Und natürlich vermißten alle die zierliche Witwe, die sie sonst immer in einer eleganten Robe von Yves Saint-Laurent mit ihrem strahlenden Lächeln begrüßt hatte. Es war die letzte Seibu-Weihnachtsparty. Seiji beschloß, diese Tradition nicht mehr zu pflegen.

Seiji ging bereits auf die sechzig zu. Er war inzwischen einer der mächtigsten Männer Japans und wahrscheinlich einer der berühmtesten Wirtschaftsshogune des Landes. Seine Kaufhäuser verkörperten all das, worauf die Japaner stolz waren: den neuen Wohlstand und Luxus und die mit vereinten Kräften aufgebaute, neue Gesellschaft, die sich mit dem Westen messen konnte. Die Industriebetriebe hatten diesen neuen Wohlstand geschaffen, und Seibu zeigte den Japanern, wie man das Geld ausgab. Die Kaufhäuser verliehen der Vision ihres Gründers Ausdruck – seinem Bestreben, die Lebensqualität in Japan zu erhöhen.

Seiji selbst blieb trotz seiner Macht und seines großen Einflusses erstaunlich bescheiden. Sein rundes Gesicht und sein schelmisches Grinsen hatten immer noch etwas Jungenhaftes. Bei Interviews saß er auf der Stuhlkante, machte sich Notizen und dachte angestrengt nach, bevor er antwortete. Im Gegensatz zu

Yoshiaki, der sich hart und männlich gab, wirkte Seiji sanft, fast feminin – zumindest bei seinen öffentlichen Auftritten. Er war in vielerlei Hinsicht das genaue Gegenteil von einem typischen japanischen Geschäftsmann. Er war ein miserabler Golfspieler und redete lieber stundenlang über Dichtung, statt über seinen Bilanzen zu brüten. Leute aus dem Westen, die ihn näher kennenlernten, beschrieben ihn als liebenswürdig, charmant, verblüffend freimütig und sehr kultiviert. Er hatte eine beeindruckende Allgemeinbildung. Ob es um Picasso oder Debussy, Blumen oder das Europa des 16. Jahrhunderts ging, er hatte zu jedem Thema einen neuen Gedanken. Er trug ständig ein Buch mit sich herum. Flüge buchte er am liebsten bei Aeroflot, denn in den Maschinen dieser Fluglinie saßen selten Leute, die er kannte, so daß er unterwegs ungestört lesen konnte. Er las sehr gründlich, unterstrich wichtige Passagen und führte eine Kartei über die Bücher, die er gelesen hatte.

In der Geschäftswelt blieb er trotz seines großen Erfolgs ein Außenseiter, ein Exot. Er gehörte nur wenigen der angesehenen und mächtigen Organisationen an, in denen die erfolgreichsten japanischen Geschäftsleute hohe Ämter bekleideten. Noboru Goto (der Sohn des »Diebes«) sollte bald zum Präsidenten der japanischen Industrie- und Handelskammer ernannt werden, andere Wirtschaftsbosse waren bestrebt, Präsident der Keidanren (Föderation Ökonomischer Organisationen) zu werden, doch Seiji wurden solche prestigeträchtigen Posten gar nicht erst angeboten. Ihm lag nichts daran, die traditionellen Hierarchien aufrechtzuerhalten. Er mischte sich unter Studenten und junge Leute und hörte ihnen mindestens ebenso aufmerksam zu wie seinen Geschäftspartnern. Er schätzte die Gesellschaft von Ausländern und begann oft unvermittelt zu lachen oder Witze zu reißen, wenn ihm ein Gespräch zu förmlich wurde.

Seiji gab sein Doppelleben als Dichter und Unternehmer nie auf, so beschäftigt er auch war. Spät am Abend, nach drei oder vier Geschäftsterminen, zog er sich in sein Arbeitszimmer zurück, um dort, umgeben von Bücherregalen, die bis zur Decke reichten, mehrere Stunden lang zu schreiben. Manchmal schien es so, als identifiziere er sich mehr mit dem Dichter Takashi Tsujii als mit dem Geschäftsmann Seiji Tsutsumi.

Asako sorgte für ein harmonisches Familienleben und gab ihm so ein stabiles Fundament. Als die beiden Mütter starben, war sie sechsundvierzig – und schöner denn je. Sie hatte immer noch die großen, feurigen Augen, das anziehende Lächeln, die Wärme und die heitere Liebenswürdigkeit des jungen Mädchens, das einst eine Geisha war. Doch nun trug die zierliche Asako – wie Misao – am liebsten französische *haute couture* und ließ ihr Haar in den besten Salons von Tokio stylen. Und wie Misao war sie eine charmante und souveräne Gastgeberin.

Jahrelang hatte Asako sich ganz ihren Kindern gewidmet. Der inzwischen sechsundzwanzigjährige Koji arbeitete bereits für Seibu, und der ernst wirkende vierzehnjährige Takao ging zur Schule. Endlich hatte Asako Zeit für sich selbst. Sie war eine viel zu lebenslustige Frau, um untätig zu Hause herumzusitzen. Da sie gerne Menschen um sich hatte, mit denen sie lachen und reden konnte, richtete Seiji ihr im Erdgeschoß eines seiner neuesten und schicksten Kaufhäuser ein Lokal ein. Sie entschied, was auf der Speise- und Getränkekarte stand, und hatte ansonsten ausreichend Gelegenheit, an einem eigens für sie reservierten Tisch Freunde zu bewirten und mit Gästen zu plaudern. Sie nahm auch wieder Tanzunterricht – in einem traditionellen und sehr stilisierten Tanz namens *jutamae*.

Nach dem Tod der beiden Mütter sahen Seiji und Yoshiaki offenbar keinen Grund mehr, irgendwelche Rücksichten zu nehmen. Seiji saß zwar immer noch im Aufsichtsrat von Seibu Railways, ließ sich jedoch immer seltener bei den Sitzungen blicken. Und wenn er erschien, brach er angeblich jedesmal Streit vom Zaun. Für Yoshiaki, dessen Wort in seinem Imperium Gesetz war, war das eine unhaltbare Situation.[2]

Im Jahr 1986 gab Seiji seinen Posten als leitender Direktor von Seibu Railways auf. Begründet wurde sein Rücktritt unter anderem damit, daß die mit diesem Amt verbundenen Aufgaben nur von einem Manager ohne anderweitige Verpflichtungen zu bewältigen seien. Seiji werde zu stark von seinen eigenen Unternehmen in Anspruch genommen. Nun verband Seiji nichts mehr mit Yoshiakis Imperium.

Bereits ein Jahr davor hatte Seiji die Seibu-Einzelhandelsgruppe – sein eigenes Imperium – in Seibu Saison umbenannt. Nach der Aufteilung des von Yasujiro gegründeten Seibu-Imperiums im Jahr 1970 befand sich ein Großteil der Kaufhausaktien weiterhin im Besitz von Yoshiakis Seibu Railways Company. Doch 1985 hatten die Kaufhäuser bereits all ihre Aktien aufgekauft. Seibu Railways gehörte also nicht mehr zu den Aktionären der Seibu-Kaufhauskette, und Seiji saß nicht mehr im Aufsichtsrat von Seibu Railways. Nun waren die beiden Imperien völlig unabhängig voneinander.

Seiji begründete die Umbenennung seiner Unternehmensgruppe damit, daß sie aufgrund der zunehmenden Diversifizierung ihrer geschäftlichen Aktivitäten längst keine reine Kaufhauskette mehr sei. Der poetische französische Name *saison* sollte zum Ausdruck bringen, daß die Zeiten sich veränderten. Seiji begann schon vor dem Tod der beiden Mütter, auf ganz neuen Gebieten aktiv zu werden. Eines Tages bat ihn ein Mann namens Shoichiro Okada um Hilfe. Okadas Vater hatte derselben Generation angehört wie Yasujiro und wie dieser mit Grundstücksspekulationen ein Vermögen gemacht. Die beiden hatten einander gekannt und geschätzt. Oft hatte Okada Land gekauft, das an Ländereien Yasujiros angrenzte, und später wie Yoshiaki Hotels gebaut und Golfplätze angelegt.

Nach Yasujiros Tod war Okadas Unternehmen, die Taiyo Development Company (Taiyo-Landerschließungsgesellschaft), in Schwierigkeiten geraten. Okada gehörte wie Seiji zu denen, die 1972, als Premierminister Kakuei Tanaka seinen Plan zur Umgestaltung des japanischen Archipels verkündete, ausgedehnte Ländereien erworben hatten, die nach dem Ausbruch der Ölkrise auf einmal viel weniger wert waren, als sie gekostet hatten. Als die Taiyo Development Company 1982 an seinen Sohn Shoichiro überging, war sie stark verschuldet.

Gerüchten zufolge beliefen sich die Schulden des Unternehmens auf stattliche 35 Milliarden Yen, als Shoichiro Okada es Seiji zum Kauf anbot, doch es besaß wertvolles Land in der Nähe von Yokohama, auf der im Norden Japans gelegenen Insel Hokkaido und auf Hawaii.

Seiji erklärte sich bereit, die Taiyo Development Company zu übernehmen. Er kaufte die Aktien auf, beglich die Schulden und machte sich daran, sein neues Land zu erschließen und die erworbenen Gebäude zu renovieren. Damit war Seiji nicht nur in Yoshiakis Branche eingestiegen, sondern darüber hinaus in den Besitz einiger Hotels und Sportanlagen gelangt, die praktisch neben denen seines Bruders lagen und damit eine direkte Konkurrenz darstellten. Seijis neuerworbenes Onuma Taiyo Hotel in der Stadt Onuma auf der Insel Hokkaido war nur ein paar Autominuten von Yoshiakis Onuma Prince Hotel entfernt. Und beide waren Sporthotels für Golfer und Skifahrer. Yoshiaki erfuhr angeblich erst aus den Zeitungen von Seijis geschäftlichen Plänen.[3]

Bald sickerte durch, daß die Übernahme von Taiyo nur der Anfang war. Seiji schmiedete zu diesem Zeitpunkt schon wieder »verrückte Expansionspläne«. Er war fest entschlossen, in großem Stil neue Geschäftsfelder zu erschließen, auf denen bisher noch keine Kaufhauskette aktiv geworden war. In den folgenden Jahren traf er eine ganze Reihe aufsehenerregender Entscheidungen. Er schloß eine Allianz mit einer anderen Hotelkette, durch die er an einigen Gasthäusern japanischen Stils beteiligt wurde, er übernahm ein in finanzielle Schwierigkeiten geratenes Hotel im Zentrum der Altstadt von Kyoto – das Kyoto Royal Hotel – und entwarf für die Japan National Railways ein kleines Hotel – das Edmont. Er richtete zusammen mit dem Club Med die ersten Ferienanlagen in Japan ein und sanierte zusammen mit Yamaha Badeorte. Außerdem übernahm er das traditionsreiche Handelshaus Osawa Shokai, das Sport- und Tenniskleidung importierte.

Oberflächlich betrachtet, hatte er sich zu einem ganz gewöhnlichen Geschäftsmann entwickelt. Seine Bewunderer aus der Kunstszene waren über diese Verwandlung bestürzt. Seiji schien keine Visionen mehr zu haben. Vielleicht begann er sich zu langweilen, mutmaßte Eiko Ishioka. Er war reich und dick geworden. Er brauchte nicht mehr zu kämpfen. »Kein Mensch kann drei Jahrzehnte lang die gleiche Tatkraft an den Tag legen«, bemerkte sie.

Die Presse hatte eine andere Erklärung. Seit der Aufteilung des Seibu-Imperiums im Jahr 1970 kursierten Gerüchte über eine – zumindest stillschweigende – Übereinkunft zwischen den Brüdern, die Interessen des anderen zu respektieren. Nun verfolgten alle gespannt, wie Seiji immer tiefer in Yoshiakis Domäne eindrang. Wenn dieser Vorstoß keine bewußte Provokation war, dann doch zumindest eine grobe Mißachtung der Spielregeln, die er angeblich mit seinem Bruder vereinbart hatte.

Offiziell war keine Fehde zwischen Seiji und Yoshiaki ausgebrochen. Die beiden Brüder waren moderne, kultivierte Japaner, die sich nicht in aller Öffentlichkeit bekriegten, stritten oder kritisierten. So wie gewisse Politiker der Liberaldemokratischen Partei, die sich bekanntermaßen von Herzen hassen, auf Wahlkampfplakaten Arm in Arm erscheinen,[4] so gaben sich auch die beiden Tsutsumi-Brüder große Mühe, ihre Rivalitäten geheimzuhalten. Doch es war allgemein bekannt, daß sie nicht gut aufeinander zu sprechen waren. Unter der Hand bestätigten Insider aus Seijis Lager bereitwillig, daß die Brüder sich aus dem Weg gingen und daß zwischen ihnen viel böses Blut herrsche. Zugleich übten sie scharfe Kritik an Yoshiaki und seiner selbstherrlichen Art. Doch konkrete Beweise für den Bruderzwist gab es kaum, da Seiji und Yoshiaki sich stets bedeckt hielten. Die Presse konnte nur aus ihren geschäftlichen Aktivitäten und subtilen Andeutungen von Insidern Rückschlüsse auf ihr Verhältnis ziehen. Aufschlußreich war zum Beispiel die Geschichte mit der Seibu-Kreditkarte. Die Saison Card, wie sie inzwischen hieß, wurde in den meisten größeren Geschäften und Hotels anstandslos akzeptiert, nicht jedoch in den Prince Hotels.

Doch die sensationslüsterne Presse bedrängte die Brüder so hartnäckig, daß sie sich allmählich geradezu verfolgt fühlten. Beide bestritten entschieden, daß es Spannungen zwischen ihnen gebe. In Interviews betonte Yoshiaki stets in sehr sachlichem Ton die völlige Unabhängigkeit der beiden Imperien. »Wir sehen uns nicht allzu oft«, soll er gesagt haben. »Von Zeit zu Zeit kommt er zum Essen vorbei, doch dann plaudern wir nur. Als Kinder spielten wir nicht miteinander. Seiji-*san* war sehr wißbegierig und las viel.« Und als Unternehmer hätten sie »eine erwachsene Beziehung. Das Verhältnis zwischen der Kaufhauskette und uns ähnelt nicht dem zwischen Amerika und der UdSSR, sondern den amerikanisch-japanischen Beziehungen.«[5]

Die Gerüchte über den Bruderzwist mehrten sich. Seiji reagierte auf Fragen zu diesem Thema immer gereizter. Einmal platzte er heraus: »Nicht *ich* beging einen Fehler, sondern *er*. Er hat dieses ganze Land, dieses ganze Geld ... Es ist eine große Plage, wenn man so viel besitzt!«

Zwischen den privaten Gefühlen, *honne*, und dem öffentlichen Auftreten, *tatemae*, wird in Japan scharf getrennt. Was man als Privatmensch auch tut oder fühlt, das Wichtigste ist, daß man es für sich behält. Nur wenn jeder den Schein und das Gesicht wahrt, können die Gesellschaft und die Wirtschaft reibungslos funktionieren. Die Tsutsumi-Brüder machten den Fehler, ihre privaten Gefühle nicht gut genug zu verbergen.

Die Presse blieb Seiji ständig auf den Fersen und schrieb alle Differenzen seinem Ehrgeiz zu, Yoshiaki zu übertrumpfen. Doch Seiji war ein viel zu kluger Geschäftsmann, um sich von Emotionen leiten zu lassen. Seine Motive waren wesentlich komplexer.

Mitte der achtziger Jahre herrschten in Japan ganz andere Verhältnisse als zehn Jahre zuvor. Auf dem Land vollzog sich der Wandel langsamer, doch Tokio veränderte sich rapide. Die überschäumende Kreativität der siebziger Jahre war verschwunden. Die Zeit der verrückten Ideen und der eigenwilligen Werbespots war vorbei. Zumindest in Tokio waren die Leute inzwischen reich und übersättigt.

Viele hatte der rapide Anstieg der Grundstückspreise zu Millionären gemacht. Jeder, der zufällig ein Stückchen Land in Tokio besaß, wurde von Tag zu Tag reicher. Andere verdankten ihren plötzlichen Reichtum der Währungskonferenz von 1985. Die Welt nahm kaum Notiz von dieser geringfügigen Korrektur der Wechselkurse im Weltwährungssystem, doch in Japan löste sie eine kleine Revolution aus. Der Kurs des Yen gegenüber dem Dollar wurde freigegeben. Der Dollar stürzte über Nacht ab, und alle importierten Waren kosteten plötzlich nur noch die Hälfte. In Dollars gerechnet, war jeder Japaner nun doppelt so reich wie am Vortag.

Ein Mercedes, den sich früher kaum jemand leisten konnte, war inzwischen nichts Besonderes mehr. Überall sah man Limousinen von Rolls-Royce, Jaguar und Ferrari. Die Frauen gingen in Chanel-Kostümen einkaufen, und vor dem Mitsukoshi standen Studenten in Jogginganzügen Schlange, um bei Tiffany's edle Halsbänder zu kaufen. Damals durfte eine Kaffeetasse 200 Dollar kosten und die Leute im Goldgeschäft in der Hauptstraße erwarben *en passant* ein paar Goldbarren. Gold diente nicht nur als Geldanlage oder als Schmuck. Man konnte auch Goldlippenstifte oder Goldnagellack kaufen, mit Goldstaub bestreute Salate oder Sushi-Gerichte essen oder sich eine Goldmassage gönnen.

Jahrelang waren die Japaner ein Volk von Sparern gewesen. Nun lernten ihre Kinder die Verschwendung. Nach der neuen Ethik waren billige Dinge nicht wert, gekauft zu werden.

Seiji hatte diese Entwicklung natürlich vorausgesehen. Seine Seibu-Kaufhäuser hatten bereits Luxusartikel angeboten, als die meisten Japaner noch gar nicht von Luxus zu träumen wagten. Damals verkauften nur Seibu und Parco die neueste französische Mode. Doch inzwischen waren die Hauptstraßen aller Provinzstädte von noblen Boutiquen gesäumt. Sejis Imperium wuchs unaufhörlich und expandierte in ganz unerwartete Richtungen. Seibu eroberte unaufhaltsam einen neuen Markt nach dem anderen. In den achtziger Jahren eröffnete Seiji mehrere High-Tech-

Einkaufsparadiese. Doch lange bevor die Konkurrenz nachzog, brach er bereits wieder zu neuen Ufern auf.

1985 eröffnete in der Stadt Tsukuba, Japans Hochburg der Wissenschaft, das Seibu-Kaufhaus für das Raumfahrtzeitalter, das »megatronische« Seibu. Es war in einem hypermodernen Gebäude untergebracht. Die Jalousien öffneten und schlossen sich vollautomatisch. Sogar die Regale waren mit elektronischen Sensoren versehen, die meldeten, wann Ware nachgefüllt werden mußte. Und wenn das Verfallsdatum eines Artikels aus der Lebensmittelabteilung ablief, änderte sich automatisch der Preis. Die einen Meter hohen Roboter hatten aufgemalte Augen und eine Samurai-Frisur aus Metall. Gesteuert von einem kleinen Gerät am Gürtel des Kunden, rollten sie die Gänge entlang und schoben die Einkaufswagen vor sich her.

Dann folgten Kaufhäuser mit so klingenden Namen wie Wave, Seed und Loft, Tochterunternehmen des Seibu-Imperiums. Das Wave war der größte Musikmarkt Tokios und mit der allerneuesten Technologie ausgestattet. Es gab dort ein elektronisches Plattenverzeichnis, ein Aufnahmestudio, ein Studio für Computergrafik, ein Kino, und natürlich ein Riesenangebot an Platten, Kassetten, Videos und Büchern auf mehreren Verkaufsetagen. Das erste Wave befand sich in einem fensterlosen, schiefergrauen Gebäude im Bezirk Roppongi, der unter anderem wegen seiner vielen Diskotheken bei der Jugend sehr beliebt war. Im Erdgeschoß war das von Seijis Ehefrau Asako betriebene Lokal Raintree untergebracht. Das zweite Wave wurde in Shibuya eröffnet.

Aus Shibuya, dem einstigen Revier Gotos, war längst Seibu City geworden. Mit dem Seibu-Kaufhaus und dem Parco hatte für Shibuya die Neuzeit begonnen. Inzwischen war das Viertel eines der vornehmsten in ganz Tokio, ein Mekka der *jeunesse dorée*. Auf der Park Avenue, die früher schlicht Ward Office Road hieß, flanierten nun elegante junge Männer mit schicken jungen Frauen am Arm an Rosenbäumen und Bänken vorbei. Die Herren trugen Pferdeschwänze und Mäntel, die ihnen mehrere Nummern zu groß waren, die Damen waren von Kopf bis Fuß in modisches Schwarz gehüllt.

Auf ihrem Bummel kamen sie zuerst am Parco, das oben am Hang lag, dann am Wave und später an dem zehnstöckigen Seed vorbei. Das Seed war der Trendsetter in Sachen Mode. Auf den zehn Verkaufsetagen wurden nicht die gutverkäuflichen Kollektionen etablierter Modeschöpfer angeboten, sondern exklusive Modelle unbekannter Designer aus Japan und aus dem Westen. Doch der ultimative Einkaufstempel, der den Zeitgeist zu verkörpern schien, war das Loft, in das Tag für Tag Scharen begeisterter Kunden strömten. Diese Kultstätte des Konsums wurde mit einem absolut dekadenten Marketing-Konzept betrieben: Eine Generation sollte angelockt werden, die bereits alles hatte, was Menschen sich nur wünschen konnten.

Das Loft (englisch für Dachboden) war eine Art riesiger Ramschladen voller Artikel, die bisher kein Mensch für nützlich gehalten hatte. Im Loft konnte man eine Fülle verblüffender Dinge aufstöbern, zum Beispiel einen »Felsfernseher« (ein Fernsehgerät, das in einen Felsen eingelassen war) oder ein Faxgerät, das sich zu einer Kamera umfunktionieren ließ. Das Angebot reichte von den neuesten High-Tech-Spielereien in dezentem Grau oder edlem Schwarz bis hin zu teuren, importierten Designerartikeln wie antiken Rolex-Modellen, Alessi-Kochkesseln oder Bugatti-Uhren.

Damals schien es, als würden die goldenen Jahre nie enden. Die Japaner arbeiteten hart, und die Wirtschaftslage war stabil. Es bestand kein Grund, sich Sorgen zu machen, daß dieser harterkämpfte Wohlstand nicht von Dauer sein könnte. Als einzige Sorge der Japaner erschien folglich, wie sie das viele Geld ausgeben sollten.

Seiji hatte sich schon frühzeitig auf das Zeitalter des Luxus eingestellt. Als der Konsumrausch seinen Höhepunkt erreichte, hatte er in der Kaufhausbranche bereits alle seine Ziele erreicht. Außerdem hatte er wie Yoshiaki richtig vorausgesehen, daß nach dem exzessiven Konsum die Freizeit der Zukunftsmarkt werden würde. Wenn Seiji nicht ins Hintertreffen geraten wollte, mußte er jetzt auf dem Freizeitsektor aktiv werden.

In Interviews betonte er mit verhaltenem Stolz, daß seine Kaufhauskette es mit ihrem Angebot als einzige verstanden habe, sich den veränderten Verhältnissen anzupassen und sich auf ein neues Zeitalter einzustellen. Sein Ziel sei es, buchstäblich jeden Verbraucherwunsch zu befriedigen.

Der Verbraucher wolle schließlich nicht nur Konsumgüter kaufen. Er wolle auch verreisen, brauche eine Hypothek, wolle eine Versicherung abschließen oder sein Geld in Aktien oder festverzinslichen Wertpapieren anlegen. All das könne er bei Seibu tun. Weil der Lebensstil der Verbraucher sich ändere, habe sich auch das Unternehmen verändern müssen. Vor allem aber wünsche sich der Verbraucher der Zukunft Hotels mit dem berühmten Seibu-Flair.

In der Geschäftswelt wurde gemunkelt, daß der Seibu-Saison-Konzern völlig überschuldet sei. Die Kaufhauskette machte jedoch weiterhin hohe Umsätze. In den meisten Jahren war Seibu Ikebukuro immer noch das umsatzstärkste Kaufhaus des Landes, doch die Zinsen für laufende Darlehen verschlangen so viel Geld, daß die Gewinne des Unternehmens gefährlich niedrig waren. Einer Quelle zufolge erzielten Seibu und Mitsukoshi 1985 fast gleich hohe Umsätze. Doch während Mitsukoshi bei einem Umsatz von 568,4 Milliarden Yen einen Gewinn von 7,2 Milliarden Yen erwirtschaftete, blieb Seibu bei einem Umsatz von 474,9 Milliarden Yen unterm Strich nur ein unverhältnismäßig kleiner Gewinn von 354 Millionen Yen.[6]

Das Unternehmen konnte sich nur über Wasser halten, indem es immer weiter expandierte. Doch je größer es wurde, desto stärker bebten seine Fundamente. Solange die Wirtschaft boomte, bestand keine Gefahr, wenn aber, wie nach der Ölkrise, eine Flaute einsetzte, konnte das ganze Gebäude zusammenstürzen. Aber in jenem Goldenen Zeitalter wurde keine vorsichtige Geschäftspolitik gemacht, sondern auf Teufel komm raus investiert.

An einem kalten Märzabend im Jahr 1987 versammelten sich die prominentesten und einflußreichsten Persönlichkeiten Tokios in der Ginza, um die Eröffnung eines spektakulären neuen Hotels zu feiern. Einige Minuten drängten sich die illustren Herrschaften in extravaganten Abendkleidern, leuchtenden Kimonos und dezenten dunklen Anzügen auf dem Bürgersteig vor dem Hotel, dann verschwand die Menge durch die automatischen Türen und bewegte sich die mit einem dicken, blaßroten Teppich belegte Treppe hinauf.

Gerüchten zufolge hatte Yoshiaki in dem Café gegenüber Beobachter postiert, die Fotos schossen, während die Gäste in das Hotel strömten. Seit einem Jahr waren alle gespannt auf das Hotel, das Seibu Saison in der Ginza baute. Nicht daß neue Hotels etwas Besonderes gewesen wären; in den letzten Jahren waren in Tokio viele Hotels aus dem Boden gestampft worden. Auch Yoshiaki hatte in der Stadt eine ganze Reihe neuer Prince Hotels eröffnet – alle in sehr guter Lage und entworfen von einem der besten Architekten des Landes.

Doch dieses Hotel war etwas Besonderes. Erstens war es das erste Hotel in der Ginza. Seine Anschrift stand schon lange vor seinem Namen fest: 1–1 Ginza, die beste Adresse der Stadt. Zweitens waren alle Journalisten und Neugierigen, die es besichtigen wollten, schroff abgewiesen worden. Im Gegensatz zu den anderen Hotels der Stadt, die allen Leuten offenstanden, war dieses kleine Luxushotel sehr exklusiv.

Wie alle anderen Projekte Seijis spiegelte auch das Seiyo Ginza seine ganz persönliche Vision wider. Auf seinen Auslandsreisen stieg er stets in kleinen Hotels europäischen Stils mit intimer Atmosphäre ab, in denen das Personal jeden Gast kannte. Doch in Tokio gab es kein einziges Hotel, das seinem Geschmack entsprach, sondern nur unpersönliche Betonklötze amerikanischen Stils mit funkelnden Kronleuchtern, Tausenden von Zimmern, Bankettsälen und Lobbies von der Größe eines Bahnhofs. Besucher aus dem Westen klagten, daß es in Tokio keine Hotels gebe, in denen sie sich wirklich wohlfühlten.

Seiji war von seinem Vater einfach ins Kaufhausgeschäft abgeschoben worden, sonst hätte er sich wahrscheinlich für eine andere Branche entschieden. Zu der Zeit, als Seiji sich noch für den zukünftigen Erben des Seibu-Imperiums hielt, galt sein besonderes Interesse dem Hotel- und Freizeitsektor. Er hatte zusammen mit Misao am Tokyo Prince Hotel mitgearbeitet, das nach Yasujiros Tod zusammen mit dem Haneda Prince Hotel seinem Erbteil zugeschlagen wurde.

Er hatte mehrfach versucht, ins Hotelgewerbe einzusteigen, doch es hatte nie geklappt. Zuerst mußte er das Tokyo Prince und das Haneda Prince an Yoshiaki verkaufen, um zumindest einen Teil der erdrückenden Schulden begleichen zu können, die nach der Pleite des Warenhauses in Los Angeles aufgelaufen waren. Auch als er in Sunshine City – auf dem Gelände des Sugano-Gefängnisses am Rande von Ikebukuro – ein Hotel bauen wollte, war er gescheitert und hatte Yoshiaki bitten müssen, ihm aus der Klemme zu helfen.

Nach Aussagen von Seibu-Insidern wollte Yasujiro mit seinem ersten modernen Hotel, dem Tokyo Prince, den besten Hotels der Stadt, dem Okura und dem Imperial, Konkurrenz machen. Das konnten die Prince Hotels nicht. Sie waren keine mit Liebe geplanten Schmuckstücke, sondern funktionelle Hotels, die in erster Linie hohe Gewinne abwerfen sollten. Mit dem Seiyo Ginza wollte Seiji das Nobel-Hotel bauen, das seinem

Vater damals vorschwebte. Damit erteilte er seinem Bruder gewissermaßen einen Rüffel.

Als am anderen Ende der Ginza ein Grundstück frei wurde, griff Seiji sofort zu. Das Theater, das dort schon seit Jahren stand, wollte er in seinen Hotelkomplex integrieren. So wie das Seibu Yurakucho – das Seibu-Kaufhaus in der Ginza – das ultimative Kaufhaus war, so sollte das Seiyo Ginza das ultimative Hotel werden.

So etwas wie das Seiyo hatte Tokio noch nie gesehen. Es war ein sehr diskretes, kleines Hotel mit intimer Atmosphäre, das gänzlich auf Werbung verzichtete. Sein Eingang lag nicht vorn an der großen Einkaufsstraße, sondern hinter einer Ecke versteckt und wurde von lächelnden Portiers in grauen Anzügen bewacht, die unerwünschten Gästen den Zutritt verweigerten. Der Empfangsbereich glich mit seinen Chintzsofas und den mit Leder bezogenen Tischen dem Salon eines sehr vornehmen Privathauses. Die achtzig Zimmer waren überwiegend Suiten für eine ganz erlesene Kundschaft.

Der Luxus war kaum noch zu überbieten. Die dekadenteste Suite war angeblich dem Schlafzimmer der französischen Schauspielerin Catherine Deneuve nachempfunden und mit einem Himmelbett, Bettüberwürfen aus Silberfuchsfellen und einem Badezimmer aus schwarzem Marmor ausgestattet. In einer anderen Suite war der Bettüberwurf aus schwarzem Nerz. Die Gäste konnten zwischen sieben Sorten von Kissen wählen; manche waren mit Federn gefüllt, andere mit Perlen aus Kunststoff, wieder andere mit winzigen Keramikkügelchen (was die Durchblutung der Schlafenden verbessern sollte). Es gab Bettlaken aus ägyptischer Baumwolle, superleichte Federbetten und große Badezimmer mit Fernseher und Dampfraum. Die Mahlzeiten wurden auf chinesischem Noritake-Porzellan serviert. Der Küchenchef hatte in Frankreich bei Roger Vergé gelernt und später in einem der besten französischen Restaurants von Tokio gearbeitet. In den Kellern lagerten die besten französischen Weine.

Das Seiyo Ginza war ein Hotel für das Goldene Zeitalter. Für das Personal galt nur eine Regel: an nichts zu sparen. Auch den Architekten des Hotels hatte Seiji keinen finanziellen Rahmen vorgegeben, sondern ihnen eingeschärft, daß er stets nur das Beste haben wollte.

Einmal besprach er mit dem Hotelmanager, einem Mann

namens Tokuya Nagai, die Zimmerpreise. Bemüht, mit Seijis großartiger Vision mitzuhalten, machte Nagai den kühnen Vorschlag, für die kleineren Suiten den unverschämten Preis von 90 000 Yen zu verlangen. »Zu billig«, sagte Seiji. »Verlangen Sie 100 000 Yen.«

Das Seiyo verschlang ein Vermögen. Es war das teuerste Hotel Tokios, vielleicht sogar das teuerste der Welt. Hollywoodstars, die früher immer im Okura oder im Imperial abstiegen, quartierten sich nun im Seiyo ein. In den Frühstücksräumen konnten die Gäste mitunter Liz Taylor und Dustin Hoffman begegnen. Brooke Shields gab in einer Suite eine Party. Die japanischen Journalisten waren skeptisch. Wie sollte so ein Hotel je die Unsummen erwirtschaften, die es gekostet hatte? fragten sie sich. Jedes andere Hotel in Tokio verdiente sein Geld mit Empfängen, Tagungen, Hochzeitsbanketten und Einkaufspassagen, doch solche trivialen Geschäfte waren unter der Würde des vornehmen Seiyo. Es sollte ausschließlich von reichen Gästen durch die Übernachtungs- und Bewirtungskosten finanziert werden. Doch schon vor der Eröffnung des Seiyo begann der Kurs des Dollar zu fallen. Wie sollte das Hotel sich halten, wenn seine Zimmerpreise, in Dollar umgerechnet, rapide stiegen?[7]

Falls Seiji diese Entwicklung Sorge bereitete, so ließ er sich das jedenfalls nicht anmerken. Das noble Seiyo verbesserte das Image der Seibu-Saison-Gruppe, doch das konnte sich schnell ändern, falls es irgendwann von anderen Unternehmen der Gruppe subventioniert werden mußte.

Bereits in der Planungsphase traf Seiji zwei wichtige Personalentscheidungen. Der berühmte untrügliche Instinkt, mit dem er für jeden Job den richtigen Mann fand, führte ihn nach New York, wo er einen dynamischen vierzigjährigen Japaner namens Tokuya Nagai als Hotelmanager anwarb. Nagai hatte in Japan für Schlagzeilen gesorgt, weil er in den USA höchster Manager der Waldorf Hotels geworden war. Dieser Spitzenjob war noch nie an einen Ausländer, geschweige denn an einen Asiaten vergeben worden.

Seiji war Nagai auf Anhieb sympathisch. Da stand nun einer der mächtigsten Unternehmer Japans vor ihm, doch anstatt ihn mit dem herablassenden Knurren eines befehlsgewohnten Potentaten zu begrüßen, sagte Seiji mit seinem schelmischen Lächeln: »Ich bin Seiji Tsutsumi. Es ist mir eine Ehre, Ihre Bekanntschaft zu machen!«

Nagai sollte bei der Planung des Hotels mithelfen und es später als Hotelmanager leiten. Doch das Hotel brauchte auch noch einen Präsidenten, der die Details von Seijis Grundkonzept ausarbeitete und die konkreten Pläne umsetzte. Für diese Aufgabe brauchte Seiji einen erfahrenen Mann, der schon mehrere Hotels geplant und geleitet hatte.

Seiji hatte schon 1984, im Todesjahr der beiden Mütter, mit der Planung seines neuen Luxushotels begonnen. Zur Beerdigung Tsunekos war auch ihr Sohn Yuji erschienen, der seit acht Jahren in Kanada lebte. Seiji hatte schon immer eine Schwäche für das jüngste Mitglied der Familie gehabt. Als Yuji gegen den Widerstand Yoshiakis die amerikanische Erbin Lynette Himmelman heiraten wollte, hatte Seji ihm beigestanden. Schließlich hatte die Familie auch seine unstandesgemäße Heirat mit einer ehemaligen Geisha mißbilligt. Außerdem hatte Seiji als moderner Mensch und weltoffener Unternehmer keine Vorbehalte gegen Ausländer.

Yuji hatte Japan schon vor langer Zeit verlassen. Seit Yoshiaki ihm die Leitung der Prince Hotels entzogen hatte, lebte er als Direktor des Toronto Prince Hotel in Kanada. Zwei- oder dreimal pro Jahr besuchte er Japan bei Geschäftsreisen.

Auf der Beerdigung unterhielten sich die beiden Halbbrüder miteinander. Seiji war zwar fünfzehn Jahre älter als der damals zweiundvierzigjährige Yuji, doch sie waren sich in vielerlei Hinsicht ähnlich. Yuji war so umgänglich und liebenswürdig wie eh und je. Sicher gefielen dem weltoffenen Seiji seine amerikanische Lässigkeit und sein Charme.

Gewisse Ereignisse in den darauffolgenden Jahren lassen darauf schließen, daß die beiden auch über geschäftliche Dinge sprachen. Seiji muß Yuji schon damals von seinem Traum erzählt haben, das beste Hotel Japans zu bauen, und vielleicht wollte Yuji inzwischen nicht mehr im Exil leben. Jedenfalls war es eine sehr verlockende Aufgabe, das luxuriöseste Hotel Japans zu bauen, besonders wenn man dabei nach Belieben auf das riesige Waren- und Dienstleistungsangebot der Seibu-Saison-Gruppe zurückgreifen konnte und Geld keine Rolle spielte.

Das Problem war nur, daß Yuji nicht Seijis, sondern Yoshiakis leiblicher Bruder war. Obwohl Yoshiaki recht hart mit Yuji umgesprungen war und sich ihm gegenüber stets als strenger Vater aufgespielt hatte, würde die Familie bestimmt verärgert reagieren, wenn Yuji jetzt in Seijis Lager überwechselte.

Ein knappes Jahr nach dem Tod der beiden Mütter gab die Geschäftsleitung der Prince Hotels eine überraschende Erklärung ab: Auf eigenen Wunsch scheide Herr Yuji Tsutsumi aus dem Unternehmen aus und trete von seinem Amt als Präsident des Toronto Prince Hotel zurück, um sich in Zukunft nur noch seinen beiden Restaurants in Kanada zu widmen. Gerüchten zufolge hatte Yuji schon sechs Monate vorher gekündigt, was jedoch niemals offiziell bekanntgegeben worden war.[8] Ein weiteres Jahr verstrich. Am 1. Dezember 1986 gab die Seibu-Saison-Gruppe ihren Plan bekannt, ein Luxushotel in der Ginza zu bauen. Als Präsident wurde ein gewisser Hiroaki Takashi genannt. Einer der neun Direktoren war Yuji Tsutsumi. Später, nach der Eröffnung des Seiyo, bestätigte Nagai, der Hotelmanager, was alle vermutet hatten: Der wirkliche Präsident des Hotels war Yuji. Um die Worte des amerikanisierten Nagai zu gebrauchen, das Seiyo war »Yuji-*san's* Baby«.

Seiji war für sein Talent, fähige Führungskräfte von Konkurrenzunternehmen abzuwerben, schon berühmt, ja berüchtigt. Doch nun hatte er zum erstenmal Yoshiaki einen Manager vor der Nase weggeschnappt, der noch dazu dessen Bruder war. Jahrelang war Seiji einer direkten Konfrontation mit Yoshiaki und seinem gewaltigen Imperium aus dem Weg gegangen, doch nun nahm er sie offenbar bewußt in Kauf. Es sah so aus, als betrachte er Yoshiaki inzwischen nicht mehr als Familienmitglied, sondern als Konkurrenten. Die Familie jedoch versuchte Gerüchte über zunehmende Spannungen zwischen den Brüdern stets herunterzuspielen.

Es gab auch Leute, die die Meinung vertraten, dieses Gerede von Rivalitäten zwischen Seiji und Yoshiaki sei gut für das Geschäft. Tatsächlich hatte Yasujiro dem Wachstum seines Imperiums nach seinem Tod optimal gedient, indem er für heftige Konkurrenz zwischen seinen Söhnen gesorgt hatte. Aufgrund ihrer Rivalitäten war das Imperium nun bereits doppelt so groß wie zu seinen Lebzeiten. Die rosaroten Flächen auf der Landkarte des alten Herrn breiteten sich immer weiter aus. Doch dann setzte Seiji seine Expansionspolitik plötzlich auf einer völlig anderen Ebene fort.

In Japan waren die späten achtziger Jahre eine Zeit der Euphorie. Das Land erlebte einen rasanten Aufschwung. Als George Bush und Michail Gorbatschow 1989 den kalten Krieg für beendet erklärten, war Japan die Bank der Welt. Es hatte weltweit Guthaben von 350 Milliarden Dollar und war damit der größte

Gläubiger der Welt, während die Vereinigten Staaten mit einem Schuldenberg von 650 Milliarden Dollar der größte Schuldner der Welt geworden waren.[9] Damals floß das Geld in Strömen, und japanische Unternehmen waren bereit, horrende Summen zu investieren. Plötzlich erkannten internationale Kunsthändler, daß die Japaner es sich leisten konnten, für Kunstwerke Höchstpreise zu bezahlen. Diese neue Entwicklung auf dem Kunstmarkt zeichnete sich im April 1987 ab. Die japanische Feuer- und Seeversicherung Yasuda bot bei einer Auktion für Vincent van Goghs *Sonnenblumen* 39,9 Millionen Dollar – mehr als das Doppelte des Eröffnungspreises. Im Mai 1990 zahlte Ryoei Saito im Auftrag von Daishowa Paper Manufacturing, 82,5 Millionen Dollar für van Goghs Porträt von Dr. Gachet. Niemals zuvor war ein so hoher Preis für ein Kunstwerk bezahlt worden. Nebenbei erwarb Herr Saito noch für 1,6 Millionen Dollar eine Skulptur von Rodin und bemerkte dazu, sie sei »für meinen Hinterhof«.[10]

Im Westen warf man den Japanern unfaire Geschäftspraktiken vor, doch gleichzeitig machten sich westliche Unternehmer kleinlaut auf die Suche nach japanischen Investoren. Zwischen 1985 und 1989 legten die Japaner insgesamt 433 Milliarden Dollar in Aktien und festverzinslichen Wertpapieren ausländischer Unternehmen an – das war mehr als ein Land wie Spanien in einem Jahr erwirtschaftete.

Sie investierten auch in Fabriken im Ausland – der Umfang dieser direkten Investitionen stieg zwischen 1985 und 1989 von 6 Milliarden Dollar auf 45 Milliarden Dollar.[11] Und sie erkannten allmählich, daß sie sich mit ihrem Yen in Welten einkaufen konnten, die sie bisher nur aus der Ferne bestaunt hatten.

Die Übernahme der Filmgesellschaft Columbia Pictures durch Sony und der Verkauf des Rockefeller Center an Mitsubishi waren noch Zukunftsmusik, als die Seibu-Saison-Gruppe Ende 1987 ihre Absicht bekanntgab, zusammen mit der Rockefeller-Gruppe einen Golfplatz zu kaufen: den Country-Club Old Course im schottischen St. Andrews. Zu dieser Zeit verwirklichte Seiji bereits zusammen mit der Rosewood-Gruppe ein Hotelprojekt. Auch mit der französischen Rothschild-Gruppe hatte er schon einen Kooperationsvertrag abgeschlossen.

Kurze Zeit später soll ein kleiner, liebenswürdiger japanischer Geschäftsmann das Inter-Continental in Manhattan betreten und sich kurz in der Lobby umgeschaut haben. »Sehr hübsch«, sagte er angeblich und ging wieder. Am nächsten Tag kam er wieder und kaufte die ganze Hotelkette.[12]

Im Herbst 1988 berief Seiji eine Pressekonferenz ein und gab bekannt, daß die Saison-Gruppe nun ein internationales Unternehmen war. Sie hatte vom britischen Konzern Grand Metropolitan die Inter-Continental-Hotelgruppe übernommen. Durch dieses Geschäft war sie mit einem Schlag in den Besitz von achtundneunzig Luxushotels auf der ganzen Welt gelangt, und sie war entschlossen, noch weiter zu expandieren. In den darauffolgenden Monaten sollten an Orten, die bevorzugte Reiseziele japanischer Touristen waren, neue Hotels entstehen, darunter auch zwei oder drei in Japan. Inzwischen reisten immer mehr Japaner ins Ausland. Nun konnten sie dort in Hotels absteigen, die in japanischer Hand waren, und ihre Rechnung mit der Saison-Kreditkarte begleichen.

Aufregung löste vor allem der Preis aus, der für die Hotelkette bezahlt worden war: 2,15 Milliarden Dollar. Das war eine der kostspieligsten Erwerbungen in Übersee, die sich ein einzelnes japanisches Unternehmen jemals geleistet hatte.

Viele meinten kopfschüttelnd, dieses Geschäft sei kein Geniestreich, sondern eine Wahnsinnstat gewesen. Diesmal sei Tsutsumi zu weit gegangen. Er habe einen viel zu hohen Preis für die Inter-Continental-Hotels bezahlt und der Saison-Gruppe eine erdrückende Schuldenlast aufgebürdet, um das Geld zusammenzubekommen.

In den japanischen Zeitungen erschienen die Schlagzeilen »Totaler Krieg zwischen den Tsutsumi-Brüdern« und »Saison trennt sich von Seibu«. Im Vergleich zu den über die ganze Welt verteilten achtundneunzig Inter-Continental-Luxushotels waren die sechsundfünfzig Prince Hotels nur eine unbedeutende Hotelkette.

Die Presse wies auch auf die Tatsache hin, daß im Vertrag mit Grand Metropolitan nicht mehr von der Seibu-Saison-Gruppe, sondern nur noch von der Saison-Gruppe die Rede gewesen sei. Der Name Seibu war verschwunden.[13] Es sah so aus, als wolle Seiji sich von dem Imperium seines Vaters abgrenzen. Die Frage war nur, ob sein Ehrgeiz, seinen Bruder auszustechen, ihn inzwischen so blind gemacht hatte, daß er sein eigenes Imperium an den Rand des Bankrotts manövrierte.

Die Nachricht von der Übernahme der Inter-Continental-Hotels löste auch in Seijis Unternehmen große Aufregung aus.

Ehemalige Mitarbeiter behaupten, Seiji und Yuji hätten die Entscheidung ganz allein getroffen. Die anderen Direktoren der Gruppe weilten zum Zeitpunkt des Geschäftsabschlusses außer Landes. Sie waren zu einem Treffen mit Sears Roebuck nach Chicago geflogen und wurden nach ihrer Rückkehr von Seiji vor vollendete Tatsachen gestellt. Seiji erklärte, wegen der Art des Geschäfts sei er gezwungen gewesen, die Verhandlungen geheimzuhalten. Dann begründete er seinen Entschluß und erläuterte seine weiteren Pläne.

Er nannte recht überzeugende Gründe für die Übernahme der Inter-Continental-Hotelkette. Der Kaufhausboom war vorüber. In Japan war kaum noch Raum für neue Supermärkte und Kaufhäuser. Daher hatte Seiji sich schon vor längerer Zeit entschlossen, in die Freizeitindustrie einzusteigen. Immer mehr japanische Unternehmen mischten auf dem internationalen Markt mit. »Wie sind im Hotelgeschäft, und unsere Kunden sind Reisende. Sie benötigen Hotels an allen Reisezielen, ob in London oder in Stockholm ... Wir brauchten eine internationale Hotelkette, um das Hotelgeschäft unserer Gruppe zu fördern.«[14]

Ein Mitarbeiter und enger Vertrauter Seijis nannte noch ein persönlicheres Motiv. Yasujiro hatte in Wirklichkeit nicht nur das beste Hotel, sondern die beste Hotelkette Japans aufbauen wollen. Die Prince-Kette wurde diesem Anspruch nicht gerecht. Seiji wollte den Traum seines Vaters verwirklichen. »Wir hatten nicht die Mittel, sie selbst zu bauen – also gingen wir ins Ausland und kauften eine Kette«, sagte der Insider.

Auch beim Kaufpreis schien Seiji sich nicht völlig übernommen zu haben, wie alle zunächst glaubten. Daß er extrem hoch war, bestritt niemand; schließlich hatte Seiji die Hotels zu einem Zeitpunkt gekauft, als die Nachfrage nach solchen Objekten besonders groß war. Doch andere Gruppen hatten noch mehr geboten, auch wenn sie am Ende nicht in der Lage waren, das Kapital zu beschaffen.[15] Mindestens ein Angebot – das eine kanadische Immobiliengesellschaft und die SAS (Scandinavian Airlines System) gemeinsam unterbreiteten – wurde von Grand Metropolitan abgelehnt, weil der Konzern befürchtete, daß diese zwei Interessenten die Kette auflösen und die Hotels einzeln weiterverkaufen könnten.[16]

Wollte bei diesem Geschäft etwa eine Maus eine Katze fressen? Von einem Tag auf den anderen hatte die Saison-Gruppe sich immens vergrößert und ihren Aktionsradius auf die ganze

Welt ausgedehnt. Doch konnte sie diese Expansion finanziell verkraften?

Seiji hatte eigens die Saison Holdings gegründet, über die alle Auslandsinvestitionen abgewickelt wurden, und Yuji fungierte als Präsident. Die Saison Holdings machte bei den anderen Unternehmen der Saison-Gruppe insgesamt 750 Millionen Dollar locker. Die restlichen 1,4 Milliarden Dollar wurden von einem japanischen Bankenkonsortium bereitgestellt, das von der Großbank Dai-ichi Kangyo geleitet wurde, mit der Seiji schon seit Jahren zusammenarbeitete. Das Darlehen sollte innerhalb von zwei Jahren – bis Dezember 1990 – zurückbezahlt werden.

Kaum war die Finanzierung der Hotelkette geregelt, da benötigte die Saison-Holdings-Gesellschaft erneut Geld. Einige der Inter-Continental-Hotels mußten dringend renoviert werden, zudem Seiji weitere Expansionspläne hatte, die er so bald wie möglich in die Tat umsetzen wollte. Die Inter-Continental-Hotels lagen überwiegend in Europa und Amerika. Seiji brauchte mehr Hotels in Südostasien – für japanische Touristen.

Allmählich schien der Boom auf dem Grundstücks- und Immobilienmarkt seinen Höhepunkt zu erreichen. Viele rieten Seiji zur Vorsicht. Das Vernünftigste sei, einen Teil der Hotels zu verkaufen, statt neue zu bauen. Doch Seiji war nicht zu überzeugen; er hielt solche Warnungen für Schwarzmalerei.[17] Bis jetzt hatten seine Kühnheit und sein Ehrgeiz sich immer ausgezahlt – jedenfalls fast immer.

So wandte Saison sich erneut an die Banken, einigte sich mit ihnen auf einen zusätzlichen Kredit von 200 Millionen Dollar mit einer Rückzahlungsfrist von fünf Jahren. Zusätzlich nahm er Verhandlungen mit der Fluggesellschaft SAS auf, die im April 1989 für 500 Millionen Dollar einen Anteil von 40 Prozent an der Hotelkette erwarb. Mit Hilfe dieser zusätzlichen 700 Millionen wurden aus den 98 Inter-Continental-Hotels im Handumdrehen 110.

Ungefähr um diese Zeit fiel Beobachtern auf, daß sich das Klima in der Saison-Gruppe zunehmend verschlechterte. Seiji hatte zwar ein erstaunliches Talent, für jeden Job den richtigen Mann zu finden, doch seine Personalpolitik hatte einen entscheidenden Nachteil. Im Gegensatz zu Yoshiaki (dessen Maxime lautete: »Ich brauche keine Mitarbeiter mit einer weltfremden Universitätsausbildung, ich brauche Leute, die tun, was ich sage.«) suchte Seiji sich stets Leute aus, die Kapazitäten auf ihrem Gebiet waren. Leider haben gerade diese Menschen in der

Regel ihren eigenen Kopf. Offenbar hatte Seiji immer öfter das Gefühl, daß sie seine Autorität in Frage stellten. Inzwischen kursierten üble Gerüchte über seinen autokratischen Führungsstil. Innerhalb des Unternehmens waren Seijis Entscheidungen so unanfechtbar wie göttliche Gebote. So sehr das Unternehmen auch wuchs, die Führung blieb seine Privatangelegenheit und diente der Verwirklichung seiner Ideen. Gegen Ende des Jahrzehnts erkannte jedoch auch Seiji die Nachteile seines Führungsstils. Seine engsten Mitarbeiter meinten, er habe »die Krankheit der Mächtigen«, doch nach Aussagen von Freunden wußte er sehr wohl, daß er seine Mitarbeiter tyrannisierte – im Gegensatz zu Yoshiaki, der ein Tyrann war, ohne sich dessen je bewußt zu werden. Seijis Anhänger bestätigen zwar, daß einige Mitarbeiter das Unternehmen verlassen hatten, fügten jedoch sogleich hinzu, daß viele lebenslang geblieben seien. Außerdem sei einigen auch gekündigt worden, weil sie inkompetent oder aus irgendwelchen Gründen untragbar gewesen seien.

Doch die Saison-Gruppe wurde weiterhin von Seiji Tsutsumi beherrscht. Er gewöhnte sich zwar ab, auf Sitzungen mit Aschenbechern zu werfen und mit der Faust auf den Tisch zu schlagen, doch die leitenden Direktoren gaben sich weiterhin alle Mühe, seine Gedanken und Wünsche zu erraten, und sie lauschten seinen Ausführungen immer noch mit tiefer Ehrfurcht. Die Gruppe stand und fiel mit Seiji. Wenn er einen Fehler machte, litt die ganze Gruppe darunter.

»Es ist unmöglich, so viele Unternehmen zu kontrollieren«, sagte Seiji 1990 in einem Interview. »Die Saison-Gruppe besteht aus zwölf unabhängigen Kernunternehmen mit zwanzig oder dreißig Tochtergesellschaften. Immer wenn in diesen Unternehmen irgend etwas passiert, schreiben die Zeitungen: Die Saison-Gruppe und ihr Repräsentant Seiji Tsutsumi ... Es wird also stets mein Name genannt, bei unerfreulichen wie bei erfreulichen Ereignissen.«

Eine Zeitlang sprach Seiji gelegentlich von Rücktritt. Er hatte die Saison-Gruppe gegründet, und sie verkörperte seine Vision. Doch in den letzten Jahren war sie so immens gewachsen, daß sie sich von einem einzigen Mann fast nicht mehr kontrollieren ließ. Vielleicht war die Ära der kühnen Visionen vorüber. Vielleicht war es nun an der Zeit, zurückzutreten und die Leitung des Unternehmens »prosaischeren« Männern zu überlassen.

# 19
# Der Tenno
## Yoshiakis Geschichte 1984–1991

*Mein Vater, der Begründer des Konzerns, hat immer gesagt:»Tu etwas für die Gesellschaft. Tu etwas, das noch niemand zuvor getan hat.« Ich würde gern noch einmal ganz von vorn anfangen und genau danach streben. Zwanzig Jahre lang, seit seinem Tod, habe ich seine Lehre treu befolgt, doch dann handelte ich, ohne es zu merken, gegen seine Prinzipien. Wenn mein Vater noch lebte, würde er zu mir sagen:»Bei den Olympischen Spielen hast du ohne Überlegung zugeschlagen. Du bist entschieden zu weit gegangen.«*

YOSHIAKI TSUTSUMI[1]

Seiji nahm nach dem Tod der Mütter rasch seine Arbeit wieder auf und organisierte in dem prächtigen neuen Seibu-Gebäude im Ginzaviertel eine Weihnachtsfeier. Yoshiaki hingegen trauerte monatelang um seine Mutter. Bei einem Interview im Januar 1985, wenige Wochen nach ihrem Tod, schien er in gedrückter, nachdenklicher Stimmung.

Damals erschien Yoshiaki als ein ganz außergewöhnlicher Mensch. Journalisten berichteten von seinen sagenhaften Fähigkeiten als Manager und noch mehr von seinem sagenhaften Reichtum. Ihm – oder zumindest seiner Firma – gehörte angeblich ein großer Teil aller Immobilien in Japan. Er soll über ein Vermögen verfügt haben, das dem gesamten Staatshaushalt entsprach.

Die Muttergesellschaft des Unternehmens, Kokudo Keikaku, ist in geräumigen Büros untergebracht, von denen man eine Aussicht auf den Meiji-Schrein in Harajuku hat. Kokudo Keikaku war – und ist – ein »schwarzes Loch«, ein dunkles Kapitel in den Bilanzen des Konzerns. Nur die wenigsten von Yoshiakis Firmen waren aufgeführt. Schließlich brauchte er seine Firmen nicht aufzulisten, um sich von den Aktionären Geld zu holen. Er konnte sich von den Banken so viel Geld leihen, wie er brauchte, weil er seine Immobilien als Sicherheiten stellen konnte. Im Jahr 1985 erschien in dem Magazin *Shukan Asahi* ein sehr wohlwollender Artikel, in dem »anhand von finanziellen Daten der Finanzierungsgesellschaften« geschätzt wurde, daß der gesamte

Grundbesitz von Yoshiakis Firmen über 10 Billionen Yen wert sei. Im Vergleich dazu waren die Ländereien von Seibus altem Rivalen, dem Tokyu-Konzern Gotos, nur 1 Billion Yen wert. Die Immobiliengesellschaft Mitsubishi verfügte über etwas mehr Grundbesitz. Und die Ländereien der Immobiliengesellschaft Mitsui wurden auf nur 200 Milliarden Yen geschätzt.[2] Ein solches Vermögen bedeutete natürlich Macht. In Artikeln wurde hin und wieder angedeutet, daß Yoshiaki, sollte er in die Politik gehen, mit Leichtigkeit Ministerpräsident werden könne. Doch er war immerhin bereits fünfzig Jahre alt, und er hatte bislang keinerlei Anzeichen erkennen lassen, daß er dieses Ziel anstrebe. Vielleicht, meint ein Tsutsumi-Beobachter, habe er ganz richtig erkannt, daß es viel Geld kostet, in die Politik zu gehen, und daß die Politiker in Wirklichkeit sehr wenig Macht haben. Vielleicht war er zu dem Schluß gekommen, ihm stehe die Rolle der grauen Eminenz besser zu Gesicht.

Doch es spielte noch ein weiterer Faktor mit. 1981 blickten alle auf Yoshiaki und stellten Vermutungen darüber an, wann er sich an den politischen Machtspielen beteiligen würde. Doch das politische Klima hatte sich gewandelt. Yasuhiro Nakasone war 1982 Ministerpräsident geworden. In vielerlei Hinsicht war er das genaue Gegenteil von Kakuei Tanaka – auch wenn er sich, um dieses Amt zu erlangen, mit dem bedeutenden Staatsmann verbünden mußte. Tanaka war ein Selfmademan, ein Emporkömmling, der sich ständig den Schweiß von dem runden, glänzenden Gesicht wischte. Nakasone hingegen war ein distinguierter Gentleman. Einige Jahre lang hielt sich Nakasone an der Macht, indem er die verschiedenen Faktionen innerhalb der Liberaldemokratischen Partei geschickt gegeneinander ausspielte. Doch dann geriet Tanaka unter massiven Beschuß. Im Oktober 1983 wurde Tanaka im Lockheed-Prozeß der passiven Bestechung für schuldig befunden und zu vier Jahren Gefängnis verurteilt (auch wenn er alsbald gegen Kaution wieder freigelassen wurde). 1986 erlitt er einen schweren Schlaganfall. Aus dem grobschlächtigen, einflußreichen Paten, der über zehn Jahre die politische Bühne beherrscht hatte, war ein mürrischer, an den Rollstuhl gefesselter Greis geworden.

Tanaka war ein Freund und Mentor beider Tsutsumi-Brüder gewesen. Nakasone war nur am Rande in die Faktionskämpfe verwickelt gewesen. Er konnte sich an der Macht halten, und zwar hauptsächlich aus einem Grund, der in der japanischen

Politik bisher nicht viel Gewicht gehabt hatte: Er war sehr beliebt bei den Wählern. Er war groß, staatsmännisch und konnte mit internationalen Spitzenpolitikern auf gleicher Ebene kommunizieren. Es ist bekannt, daß er sich mit Präsident Reagan duzte. Bei Fototerminen auf Gipfeltreffen der G7-Staaten stand er stets in der Mitte neben Reagan, im Gegensatz zu früheren japanischen Ministerpräsidenten, die in der Regel an den Rand gedrängt wurden.

Yoshiaki hatte immer darauf geachtet, gute Beziehungen zu allen Führern der verschiedenen Faktionen zu unterhalten. Nur mit einer politischen Persönlichkeit stand Yoshiaki auf Kriegsfuß: mit Nakasone. All diese Bündnisse und Querelen drangen natürlich nicht an die Öffentlichkeit. Trotzdem leuchtet es ein, daß die Voraussetzungen in den frühen achtziger Jahren für einen Einstieg Yoshiakis in die Politik nicht gerade günstig waren.

Deshalb konzentrierte er sich ganz auf den Aufbau seines Konzerns. Im Jahr 1985 besaß er siebenundzwanzig feudale Prince Hotels, zweiundzwanzig weitere Gasthöfe und Hotels, vierundzwanzig Golfplätze und neunzehn Wintersportgebiete. Zehn Jahre zuvor hatte Yoshiaki gesagt, er werde in die Politik gehen, sobald er sein größtes Bauvorhaben abgeschlossen habe. Doch in Wirklichkeit expandierte er unablässig. Wenn eine Reihe von Bauprojekten vollendet war, warteten bereits wieder neue.

Hin und wieder konnte Seibu als alteingesessener und sehr erfolgreicher Konzern Land kaufen, das nicht öffentlich angeboten wurde. Beim Erwerb des Takaragaike Prince Hotel in Kyoto kam es jedoch zu Auseinandersetzungen.

Yasujiro, der alte Bauer aus Shiga, hatte stets den Wunsch gehegt, seinen Konzern bis nach Kyoto auszudehnen. Für die Kaufleute aus Shiga war es von jeher der Inbegriff des Erfolgs gewesen, in der alten Hauptstadt des Tennos ein Geschäft zu gründen.

Dieses Ziel hatte Yasujiro nie erreicht. All seine Ländereien lagen in Tokio und im Norden des Landes. Zweifellos wollte Yoshiaki, der pflichtbewußte Sohn und Erbe, seinem Vater diesen letzten Wunsch erfüllen. Zugleich erschien es sinnvoll, das Territorium allmählich ins Zentrum und in den Süden Japans auszuweiten.

Auf dem Wirtschaftsgipfel 1983 wurde beschlossen, das nächste Gipfeltreffen in Japan abzuhalten. Den Stadtvätern von Kyoto – der Handelskammer und den führenden Geschäftsleuten der Stadt – lag sehr viel daran, daß das Gipfeltreffen 1986 in Kyoto stattfand. Tokio war zweifellos die politische und wirtschaftliche Metropole des Landes, doch Kyoto war tausend Jahre lang Hauptstadt gewesen und galt noch immer als das geistige und kulturelle Zentrum Japans. Um gegen Tokio bestehen zu können, mußten die Stadtväter in Kyoto ein Konferenzzentrum und ein Luxushotel bauen, das geeignet war, die Führer der mächtigsten Staaten der Welt zu beherbergen. Das bereits existierende Konferenzzentrum lag weit außerhalb in den Gebirgsausläufern im Norden der Stadt, und dort gab es keine geeigneten Hotels.

Land jedoch stand genug zur Verfügung: wellige Hügel, mit Wäldern bedeckt, in denen es von Vögeln und zirpenden Zikaden nur so wimmelte. Das Gebiet war ein Nationalpark, der der Stadt gehörte. Das Gelände stand unter Naturschutz und durfte nicht verkauft oder erschlossen werden. Der Wirtschaftsgipfel war sicherlich der gegebene Anlaß, den führenden Bauunternehmer des Landes zu bitten, in dem Naturschutzgebiet ein prächtiges Luxushotel zu errichten. Die Stadtväter wußten genau, daß sie allein wenig Chancen hatten, die Regierung dazu zu bringen, das Gipfeltreffen in ihrer Stadt abzuhalten. Wenn sie sich jedoch Yoshiakis politische Fürsprache sichern konnten, hätten sie weitaus bessere Chancen.

Es ist nicht bekannt, ob die Stadtväter an Yoshiaki herantraten oder ob er das Bauvorhaben angeregt hat. Fest steht, daß Yoshiaki 8400 *tsubo* (2,8 Hektar) herrliches Waldland im Takaragaike-Gebiet kaufen konnte, unweit des Internationalen Konferenzzentrums von Kyoto. Der Grundstückspreis in diesem Gebiet betrug im Durchschnitt 1 Million Yen pro *tsubo*. Die Stadt Kyoto verkaufte ihm die 8400 *tsubo* für nur 290 000 Yen pro *tsubo*, also für ein Drittel des marktüblichen Preises.[3]

Aus Yoshiakis Sicht war es zweifellos ein gutes Geschäft – auch wenn einige behaupten, der Deal sei keineswegs ungewöhnlich. Diesen Quellen zufolge hatte Yoshiaki mittlerweile so gute Beziehungen zu den Mächtigen, daß Seibu jederzeit Geschäfte mit der Regierung abschließen und zu stark herabgesetzten Preisen staatlichen Grundbesitz erwerben konnte, der normalerweise unverkäuflich war.[4]

Die Arbeiten am neuen Prince Hotel begannen im August 1984. Wie bei den Prince Hotels üblich zog Seibu mit Togo Murano einen der führenden Architekten des Landes hinzu. Er entwarf ein ringförmiges Hotel mit einem runden Hof in der Mitte. Die Sitzungssäle befanden sich im Erdgeschoß, darüber lagen sieben weitere Stockwerke – eines für jedes an dem Gipfel teilnehmende Land. Doch Nakasone hatte sich noch immer nicht entschieden, wo das Gipfeltreffen stattfinden sollte. Angeblich stattete Yoshiaki ihm einen Besuch ab und bat ihn unverblümt, den Gipfel in Kyoto abzuhalten. Nakasone wollte sich nicht festlegen. Schließlich verkündete er in letzter Minute, daß der Wirtschaftsgipfel im Jahr 1986 in Tokio stattfinden würde. Dies war ein offener Affront. Es sah ganz so aus, als wäre Yoshiakis politischer Einfluß erheblich gesunken, seit Nakasone an der Macht war.

Obwohl es Yoshiaki nicht gelungen war, den Gipfel nach Kyoto zu verlegen, erwies sich sein Projekt nicht als Fehlschlag. Immerhin gehörte ihm jetzt eine weite Fläche kostbaren, normalerweise unverkäuflichen Landes mitten in einem Nationalpark, und in Kyoto stand endlich auch ein Prince Hotel.

Ministerpräsident Nakasone war eine beeindruckende Gestalt. Unter seiner Führung entwickelte sich Japan zu einem der Hauptakteure auf der internationalen Bühne der Politik und zog mit den westlichen Mächten gleich. Selbst bei den Handelsbeziehungen konnte er ein gutes Verhältnis zu den Vereinigten Staaten schaffen. Seine zweite Amtsperiode näherte sich dem Ende, und Parlamentswahlen wurden angesetzt. Die LDP siegte mit überwältigender Mehrheit, und Nakasone durfte noch ein Jahr länger im Amt bleiben.

Doch er konnte nicht für immer und ewig Ministerpräsident bleiben. Yoshiaki wartete geduldig auf den richtigen Zeitpunkt und unterhielt weiterhin gute Beziehungen zu den drei »neuen Führern«, von denen einer zwangsläufig der nächste Ministerpräsident werden würde.

Noboru Takeshita, Shintaro Abe und Kiichi Miyazawa waren die Vorsitzenden der drei stärksten politischen Faktionen. Takeshita und Abe, beides konservative Politiker der alten Schule, arbeiteten eng zusammen. Takeshita, klein und unscheinbar, mit einem massigen Kopf und einem freundlichen Lächeln auf den Lippen, hatte von dem einflußreichen Staatsmann Kakuei Tanaka die größte Faktion übernommen. Deshalb hatte er auch die meisten Anhänger. Abe, von größerer Gestalt und bebrillt, stand Yoshiaki angeblich am nächsten. Miyazawa war eher ein Intellektueller, ein liberaler und fortschrittlicher Denker. Wie Nakasone hatte er in nationalen sowie in internationalen Angelegenheiten seine eigenen Methoden. Es verwundert nicht, daß er ein politischer Außenseiter blieb und daß er ausgerechnet mit Seiji Tsutsumi befreundet war. Die beiden hatten sich kennengelernt, als Seiji Yasujiros Sekretär im Unterhaus war. Miyazawa war damals ein junges, aufstrebendes Mitglied des Unterhauses gewesen. Die beiden blieben gute Freunde, und Seiji unterstützte viele Projekte Miyazawas oder war sogar an ihnen beteiligt.

Miyazawa traf nur selten mit den anderen beiden »neuen Führern« zusammen. Ein Ereignis, bei dem alle drei zusammen gesehen wurden, war Tsunekos Begräbnis. Außerdem trafen sie sich 1984, als Yoshiaki alle drei zu einer Partie Golf auf einem seiner Golfplätze einlud.

In den Augen der Presse hatte Yoshiaki eine Glanzleistung damit vollbracht, daß er die drei Konkurrenten zusammenbrachte. Es wurde vermutet, daß er beim Golfspiel zwischen den drei Politikern vermitteln wollte. Außerdem zeigte es, daß Yoshiaki auch in der Nakasone-Ära aktiv auf der politischen Bühne mitmischte.[5]

Yoshiaki selbst dementierte diese Interpretation. In einem Interview mit Shigeki Manabe sagte er, das Spiel habe lediglich den Zweck gehabt, »die gegenseitigen Beziehungen zu fördern«. Für die Geschäftswelt, fuhr er fort, spiele es kaum eine Rolle, wer Ministerpräsident werden würde. Das sei Sache der Politiker.

Je mehr Yoshiakis Konzern expandierte, desto kritischer nahm ihn die Presse unter die Lupe. Seiji verkaufte sich in journalistischen Kreisen besonders geschickt. Er wollte als milder Literat dargestellt werden – und mit diesem Image seine Geschäfte fördern. Yoshiaki hingegen war aus demselben Holz geschnitzt wie sein Vater. Er wollte geschäftlich vorankommen. Er haßte die neugierigen Blicke der Journalisten und machte kein Hehl aus seiner Aversion. Nur selten erklärte er sich zu Interviews bereit. Doch je mehr er die Öffentlichkeit mied, desto mehr wurde in der Presse über ihn spekuliert.

Im Jahr 1987 war Nakasones Amtszeit schließlich abgelaufen. Nach dem japanischen System war es Aufgabe der Faktionsführer – die jeweils eine Gruppe von Unterhausabgeordneten repräsentierten, welche ihrerseits die Wählerschaft repräsentierten –, zu entscheiden, wer der Nachfolger werden sollte. Folglich kam es in den Monaten vor Nakasones Rücktritt zu einer wahren Schlacht zwischen den drei hoffnungsvollen Bewerbern – Takeshita, der die größte Faktion anführte, Yoshiakis Favorit Abe und Seijis Freund Miyazawa. Zahlreiche geheime Versammlungen fanden statt, und es kursierten Gerüchte über Bündnisse, Gegenbündnisse und mörderischen Verrat.

Einem der hartnäckigsten Gerüchte zufolge waren die Tsutsumi-Brüder in den Wahlkampf involviert. Als erster intervenierte Seiji. Er stellte sein Privathaus, das sich neben dem großen Haus in Hiroo befand, für ein geheimes Treffen zwischen Miyazawa und Abe zur Verfügung. Die beiden sollten ein Bündnis schließen, um mehr Stimmen und somit auch mehr Macht als Takeshita zu bekommen.

Yoshiaki war bislang auf Distanz geblieben. Er hatte darauf geachtet, keinen der drei Kandidaten zu favorisieren. Man munkelte, erst Seijis Engagement habe ihn dazu gebracht, seine Karten aufzudecken.

Am 19. Oktober spitzte sich die Lage zu. Die Kandidaten mußten innerhalb von wenigen Stunden zu einer Einigung gelangen. An jenem Morgen trafen sich alle drei in einem Raum in Yoshiakis Akasaka Prince Hotel. Um die Mittagszeit schließlich verabschiedete sich Miyazawa, und Abe und Takeshita setzten die Verhandlungen fort.

Inzwischen warteten ihre Berater ungeduldig im Raum nebenan. Plötzlich klingelte dort das Telefon. Keizo Obuchi nahm den Anruf entgegen. Er war mittlerweile zu einer führenden Gestalt in der japanischen Politik geworden und stand Yoshiaki seit ihrer gemeinsamen Zeit an der Waseda-Universität sehr nahe.

Angeblich war Yoshiaki am Telephon und sagte, er habe eine vertrauliche Information: Wenn Abe und Takeshita sich nicht einigen könnten, wer von beiden Ministerpräsident werden solle, liege die Entscheidung bei Nakasone, und dieser werde zweifellos Miyazawa auswählen. Angeblich fügte Yoshiaki noch hinzu:»Darauf verwette ich mein ganzes Vermögen!«

Obuchi gab die Information an die beiden Kandidaten weiter. Doch die Behauptung, daß ausgerechnet Yoshiaki die Absichten Nakasones kennen sollte, erweckte ihr Mißtrauen. Die ganze Geschichte ist wenig glaubwürdig.

Ob Yoshiaki nun tatsächlich angerufen hat oder nicht, die Kandidaten erzielten rasch eine Einigung. Nakasone traf offiziell seine Wahl: Noboru Takeshita. Es war eine naheliegende Entscheidung. Takeshita war der Führer der größten Faktion. Einige behaupten, er habe das Amt deshalb bekommen, weil Yoshiaki angedeutet haben soll, er werde ihn unterstützen. Am 6. November 1987 wurde Takeshita vom Unterhaus zum neuen Ministerpräsidenten gewählt.

Yoshiaki hat die ganze Geschichte immer als vollkommen absurd bezeichnet. »Darauf hätte ich nicht mein ganzes Vermögen verwettet«, erklärte er dem Journalisten Shigeki Manabe. In einem anderen Interview erklärte er mit großer Ernsthaftigkeit:

Meine Beziehungen zu [den »neuen Führern«] sind distanziert und oberflächlich. Wären sie eng und tiefgehend, so wären die gegenseitigen Anforderungen und Erwartungen zu groß. Wirtschaft und Politik sind zwei völlig unterschiedliche Bereiche, und Geschäftsleute sollten Politikern nur als Privatpersonen entgegentreten, unabhängig von ihren geschäftlichen Aktivitäten. Zur Zeit sind die politischen und die wirtschaftlichen Gruppen zu eng miteinander verflochten.[6]

Ob die Geschichte nun wahr ist oder nicht, sie trug sicherlich dazu bei, daß sich allmählich ein Mythos um die Person Yoshiakis rankte. Seine Zurückhaltung förderte den Mythos erst recht. Man sprach von Yoshiaki als einem gefürchteten Mann, als dem heimlichen Drahtzieher hinter dem Ministerpräsidenten.

Im Juni desselben Jahres hatte das Magazin *Forbes* seine jährliche Liste der reichsten Männer der Welt veröffentlicht. Zum ersten Mal registrierte *Forbes*, ein amerikanisches Wirtschaftsmagazin, in Japan mehr Milliardäre als in den Vereinigten Staaten. Dies war der konkrete Beweis, daß Japan nicht nur wirtschaftlich stark war, sondern einen ungeheuren Boom erlebte.

In jenem Jahr registrierte *Forbes* zweiundzwanzig Milliardäre in Japan. Angeführt wurde die Liste vom reichsten Mann der Welt, dessen Privatvermögen auf 21 Milliarden Dollar (was dem Bruttoinlandsprodukt Israels entspricht) geschätzt wurde: Yoshiaki Tsutsumi.

Yoshiaki, gegen seinen Willen ins Blickfeld der Öffentlichkeit geraten, zeigte sich über die von *Forbes* ermittelten Ergebnisse überrascht. »Ich möchte diese Zahl nicht kommentieren«, sagte er nur. Analytiker wiesen rasch darauf hin, daß diese Zahlen durch viele Faktoren relativiert wurden. Der Großteil von Yoshiakis geschätztem Vermögen steckte im Grundbesitz seiner Firmen, und es war allseits bekannt, daß die Grundstückspreise in Japan noch immer stiegen. Ein weiterer Unsicherheitsfaktor waren die Kursschwankungen an der japanischen Börse. Erst kürzlich hatte sich der Wert des Yen im Verhältnis zum Dollar verdoppelt. Doch selbst wenn man all diese Faktoren berücksichtigt, war Yoshiaki – vorausgesetzt, die Berechnungen in *Forbes* stimmten – sehr viel reicher als Sam Moore Walton, der reichste Amerikaner. Verglichen mit Yoshiaki war dieser mit einem Vermögen von »nur« 4,5 Milliarden Dollar ein armer Schlucker. Ohne Zweifel war Yoshiaki jedoch der reichste Mann Japans.

Um zu diesen Ergebnissen zu kommen, mußte *Forbes* die kryptischen Bilanzen der Firma Kokudo Keikaku gründlich analysieren. Die Journalisten nahmen das vorwiegend in Grundstücken angelegte Vermögen der verschiedenen Firmen von Yoshiakis Konzern als Ausgangspunkt. Sie setzten für diese Immobilien einen Wert fest, der aufgrund aktueller Marktpreise errechnet wurde. Dann ermittelten sie, zu wieviel Prozent die jeweiligen Firmen zu Kokudo Keikaku, der Muttergesellschaft des Unternehmens, gehörten. Es war bekannt, daß Yoshiaki zu 40 Prozent Eigentümer von Kokudo Keikaku war. Anhand dieser Zahlen errechneten sie den Wert seines gesamten Vermögens.

Eine Frage konnte *Forbes* jedoch trotz gründlicher Recherchen nicht beantworten: Wem gehörten die restlichen 60 Prozent der Firma Kokudo Keikaku? Es kursierten Gerüchte, daß diese ebenfalls Yoshiaki gehörten. Dann hätte sein Vermögen eine wahrhaft astronomische Höhe erreicht!

Noch eine weitere Anomalie kam ans Licht, nachdem Yoshiaki und seine Firmen einmal in den Brennpunkt des öffentlichen Interesses geraten waren. Die Firma des reichsten Mannes der Welt zahlte offenbar keine Körperschaftssteuer.

In einem Artikel, der ein Jahr zuvor veröffentlicht wurde, hatten zwei japanische Journalisten die Bilanzen von Kokudo Keikaku kritisch unter die Lupe genommen. Die Firma hatte jedes Jahr einen relativ hohen Betriebsgewinn. 1986 belief er sich auf 4,5 Milliarden Yen (fast 13 Millionen Dollar). Doch Kokudo Keikaku war ein gesundes, expandierendes Unternehmen. Deshalb finanzierte die Firma neue Grundstücke, Hotels, Golfplätze und Wintersportgebiete nicht mit ihren Gewinnen, sondern nahm hohe Kredite bei den Banken auf. Wenn man die Abschreibung der Vermögenswerte und die Zinskosten berücksichtigte, betrugen die steuerpflichtigen Gewinne der Firma jedes Jahr ziemlich genau Null. Die aufgeführten Firmen mußten Gewinne erzielen, um ihre Aktionäre zu befriedigen. Kokudo hingegen war nicht aufgelistet und konnte es sich leisten, die Firmengewinne sehr niedrig zu halten. »Dies«, sagte ein Analytiker, »ist ein Unternehmen, das versucht, seine Gewinne auf Null zu bringen, anstatt Profit zu machen.«[7]

Natürlich war alles völlig korrekt und lediglich geschickt bilanziert. Doch in der Öffentlichkeit hatte die Firma einen zweifelhaften Ruf. Firmensprecher behaupteten, daß Kokudo Keikaku als expandierendes Unternehmen zwangsläufig rote Zahlen schreiben mußte. Es handle sich keineswegs um gezielte Taktik. Zudem wiesen sie darauf hin, daß sie zwar keine Körperschaftssteuer, dafür andere Steuern bezahlten – beispielsweise Kommunalsteuern.

Yoshiaki zahlte natürlich Steuern auf seine Privateinkünfte. 1986 bezahlte er sage und schreibe 218 Millionen Yen. Sein Einkommen muß also etwas weniger als das Doppelte davon betragen haben.[8]

Es war allen ein Rätsel, was er mit seinem Geld anstellte. Er war bekannt für seinen Geiz. Viele der neuen Milliardäre in Japan investierten ihr Geld in Kunst. Und die meisten sorgten dafür, daß sich die Grenze zwischen Betriebsvermögen und Privatvermögen verwischte. Bei oberflächlicher Betrachtung schien es, als gebe es in Japan massenhaft arme Schlucker, die steinreiche Unternehmen leiteten.

Es gibt in Japan zwei traditionelle Bereiche, in die Männer ihr Geld investieren: politischer Einfluß und Frauen. Ein alter japanischer Spruch lautet: »Alle bedeutenden Männer sind hervorragende Liebhaber.« Yoshiaki bildete keine Ausnahme. Im Gegensatz zu seinem Vater bemühte er sich jedoch, seine Affären soweit wie möglich vor den neugierigen Kameras der Presse zu verbergen.

Wie bei allen reichen Männern kursierten über Yoshiaki und seine Frauen zahllose Gerüchte. Meist wurde die Anzahl von Yoshiakis Haushalten auf etwa fünf geschätzt. Yuri und ihre drei Kinder lebten von Leibwächtern umgeben in jener Villa, die einst dem ehemaligen Ministerpräsidenten Yoshida gehört hatte. Von Zeit zu Zeit kam Yoshiaki mit dem Hubschrauber, um sie zu besuchen. Er hatte noch weitere Haushalte, die aus je einer »Ehefrau« und mehreren Kindern bestanden. Eine dieser »Familien« war in einer Eigentumswohnung in Tokio untergebracht, eine andere in einem Vorort.

Der einzige Lebensbereich, in dem Yoshiaki Leidenschaft erkennen ließ, war der Sport. Er liebte Skifahren und Golf. In seiner Freizeit probierte er die neuen Skipisten in seinen Feriengebieten aus, und er entwarf selbst Golfplätze. Der Sport bildete auch einen wesentlichen Bestandteil seines Industriekonzerns. Seit seiner Studentenzeit hatte Yoshiaki stets eine Möglichkeit gefunden, das Angenehme mit dem Nützlichen zu verbinden und dem von seinem Vater gegründeten Konzern neue Geschäftsfelder zu erschließen.

In den späten achtziger Jahren, ein Vierteljahrhundert nachdem Yoshiaki den Seibu-Konzern übernommen hatte, hatte er sich in der Welt des Sports eine gewaltige Machtbasis geschaffen. Er war Vorsitzender der Skisport- und Eislaufverbände, Vizepräsident des japanischen Amateursportvereinigung und Mitglied des Olympischen Komitees in Japan (JOC). Es wurde gemunkelt, er sei die einflußreichste Person im gesamten japanischen Sport.

Der japanische Sport steckte damals in einer Krise. Seit den legendären Olympischen Spielen in Tokio 1964 war das Leistungsniveau immer weiter gesunken. Bei den Olympischen Spielen in Seoul 1988 holte Japan nur vier Goldmedaillen und nur vierzehn Medaillen insgesamt. Von Japans asiatischen Konkurrenten holte Südkorea dreiunddreißig und China achtundzwanzig Medaillen.

Im selben Jahr traf sich das JOC, um über den Austragungsort der Olympischen Winterspiele 1998 zu entscheiden. Die Wahl fiel auf Nagano, eine kleine, verschlafene Stadt hoch im japanischen Gebirge. Von Karuizawa aus, wo Yasujiro das Fundament zu seinem Konzern gelegt hatte, mußte man noch eine Stunde mit der gleichen Bahnlinie weiterfahren.

Die Sportfunktionäre hatten zwei wichtige Aufgaben. Zum einen mußte das sportliche Niveau in Japan, insbesondere in der Leichtathletik, gehoben werden. Zum anderen galt es, alles zu tun, damit Nagano den Zuschlag für die Olympischen Winterspiele 1998 erhielt. Benötigt wurde ein mächtiger Führer, der die erforderlichen Geldmittel auftreiben konnte und die Kraft und das Charisma besaß, eine Gruppe resignierter Athleten in eine siegreiche Mannschaft zu verwandeln. Die Entscheidung lag auf der Hand:

Jener Mann besaß eines der größten Industrieimperien Japans, und seine Baseballmannschaft holte sich praktisch jedes Jahr den Wimpel. Außerdem war er 1988 zum zweiten Mal im Magazin *Forbes* als der reichste Mann der Welt bezeichnet worden. Von Anfang an leitete Yoshiaki das JOC, als wäre es eine seiner eigenen Firmen. Er gab barsch seine Befehle und wählte das Personal aus. Es war ihm gelungen, sein Baseballteam, die »Löwen«, im wahrsten Sinne des Wortes zu verwandeln, weil er den Sport als ein Geschäft betrachtet hatte. Nun beabsichtigte er, mit dem JOC genauso zu verfahren.

Einige Monate nachdem Yoshiaki sein neues Amt als Vorsitzender des JOC angetreten hatte, bekam er Besuch. Juan Antonio Samaranch, Präsident des Internationalen Olympischen Komitees (IOK), war für die Verwandlung der Olympischen Spiele aus einer idealistischen, jedoch stets vom Bankrott bedrohten Sportveranstaltung in ein sehr einträgliches Geschäft verantwortlich.

Es war ein erfolgreiches Treffen. Zwischen den beiden Männern kam ein freundschaftlicher Kontakt zustande, und viele japanische Beobachter prophezeiten, daß Yoshiaki eines Tages zum Präsidenten des IOK aufsteigen werde. Es wurde gemunkelt, dies sei sein wahres Ziel.

Doch zuerst mußte dafür gesorgt werden, daß Nagano die Olympischen Winterspiele 1998 zugesprochen bekam. Im Laufe der Jahre hatte sich die ganze Region um Nagano zu einem der beliebtesten Skigebiete des Landes entwickelt und sogar international einen gewissen Bekanntheitsgrad erreicht. Mehrere Olympia-Skiläufer stammten aus Nagano.

Schon zweimal hatte sich Nagano vergeblich als Veranstaltungsort für die Olympischen Winterspiele beworben. Nun hatte die Stadt glücklich die erste Hürde genommen. Einige munkelten, Yoshiaki habe von seinem politischen Einfluß Gebrauch gemacht. Doch, wie sein Sprecher zutreffend bemerkte, beherrschten die Wintersportanlagen der Firma Seibu nahezu alle konkurrierenden Städte. Seibu war zu 70 Prozent Eigentümer sämtlicher Skigebiete Japans und konnte somit kaum verlieren, ganz gleich, welches Gebiet ausgewählt wurde.[9] Abgesehen davon hatte das konkurrierende Tokyu-Konglomerat einen ebenso großen Anteil an Nagano wie Seibu und würde fast ebensoviel von den Winterspielen profitieren.

Es war jedoch bekannt, daß Nagano und die umliegenden Skigebiete sehr schlechte Verkehrsverbindungen hatten. Die Regierung wäre also gezwungen gewesen, die Verbesserung der Infrastruktur an erste Stelle zu setzen. Bis zum Jahr 1998 müßten Hochgeschwindigkeitstrassen für Züge, Autobahnen und sogar ein Flugplatz gebaut werden.

Die Einwohner von Nagano waren überglücklich, daß ihre Stadt vom JOC als Kandidatin für die Austragung der Olympischen Winterspiele 1998 ausgewählt wurde. Hunderte von Freiwilligen halfen, den Austragungsort vor der entscheidenden Abstimmung zu schmücken. Die Entscheidung sollte 1991 auf der Konferenz des IOK in Birmingham fallen. Eine kleine, aber hartnäckige Gruppe leistete jedoch erbitterten Widerstand gegen die Olympischen Spiele. Im Oktober 1989, kurz nach Samaranchs Besuch bei Yoshiaki, fand in Nagano eine Bürgermeisterwahl statt. Neben dem amtierenden Bürgermeister Tsukada, welcher Naganos Bewerbung nach Kräften gefördert hatte, stellte sich ein weiterer, rätselhafter Kandidat zur Wahl. Noriko Ezawa, eine dreißigjährige Frau aus der Region, widersetzte sich den Olympischen Spielen mit großer Heftigkeit. Sie vertrat die Ansicht, wenn die Spiele in Nagano abgehalten würden, würde die Umwelt schweren Schaden nehmen. Um neue Skipisten zu bauen, müßten die unberührten Berge von Nagano zerstört werden, und die Tiere der Bergwelt würden aus ihren natürlichen Lebensräumen vertrieben werden.

Bei der Abstimmung errang Bürgermeister Tsukada eine klare Mehrheit: 103 000 Stimmen bei einer Bevölkerung von insgesamt 350 000 Einwohnern. Noriko Ezawa erhielt jedoch überraschenderweise 15 406 Stimmen. Mehr als 10 Prozent der Wähler hatten sich gegen die Olympischen Spiele entschieden.

Das JOC und das Komitee der Stadt behandelten die Gegner geringschätzig, weil die große Mehrheit der Wähler die Bewerbung für Olympia unterstützte. Doch die Olympia-Gegner hatten mittlerweile einen inakzeptablen Erschließungsplan aufgedeckt. Hinter Yoshiakis Skipisten im Hochland von Shiga ragten zwei eindrucksvolle, unberührte Bergspitzen empor, der Iwasuge und der Ura-iwasuge (»hinter Iwasuge«). Die Stadt Nagano mußte für die Olympiade über mehrere verschiedenartige Skipisten verfügen. Vor allem wurde es als vorteilhaft betrachtet, eine »kompakte Olympiade« zu planen, bei der alle alpinen Disziplinen im gleichen Gebiet stattfinden sollten. Deshalb sollte der unberührte Wald an den Hängen eines dieser Berge für eine Abfahrtspiste gerodet werden.

Ezawa, ihr Ehemann Masao und ihre Anhänger waren empört. Die Berge waren als Nationalpark ausgewiesen. Sie waren der Lebensraum des japanischen Serow, einer Antilopenart, und des asiatischen Schwarzbären. Auch der Steinadler, von dem es in Japan nur noch vierzig Paare gab, war dort beheimatet, ebenso Schmetterlinge, Libellen und zahlreiche seltene Pflanzenarten. Außerdem existierte in der Region bereits eine sehr gute Abfahrtspiste, doch sie befand sich zufällig in Happo-one, also in dem von Tokyu beherrschten Gebiet Hakuba.

Die Protestierenden waren überzeugt davon, daß Tsutsumi die olympischen Einrichtungen in seinem eigenen Gebiet konzentrieren wollte, um seine eigenen Feriendörfer auszubauen.

Um die Gegner zu beschwichtigen, gründete das Bewerbungskomitee für die Olympischen Spiele in Nagano einen Unterausschuß für Umweltfragen. Dieser erstellte Berichte und veröffentlichte nichtssagende Statements über die Wichtigkeit des Umweltschutzes. Der Bewerbungsausschuß hatte sich mittlerweile auf den Berg Ura-iwasuge geeinigt, weil dort weniger Umweltschäden zu befürchten seien. Doch die Ezawas blieben hartnäckig. Sie protestierten beim japanischen World Wildlife Fund, der dem Gouverneur der Präfektur Nagano im März 1990 einen Brief vorlegte. Die Angelegenheit werde dem internationalen World Wildlife Fund und anschließend dem IOK vorgetragen, hieß es in dem Schreiben. Wenn Nagano den eingeschlagenen Kurs nicht ändere, habe die Stadt wenig Chancen, den Zuschlag zu erhalten.[10]

Kurz zuvor hatte Yoshiaki in seiner Eigenschaft als Vorsitzender des JOC sein erstes größeres Sportereignis, die Asiatischen Winterspiele, durchgeführt. Die Spiele fanden in Sapporo statt, der Hauptstadt der Nordinsel Hokkaido. Diplomatisch betrachtet war es eine besonders heikle Zeit. Nord- und Südkorea verhandelten auf höchster Ebene miteinander, und beide Länder sandten Athleten zu den Spielen.

Eine der ersten Disziplinen am Tag der Eröffnung war der Eisschnellauf. Kim So Hee, der dreizehn Jahre alte südkoreanische Gewinner, bestieg das Siegerpodest. In diesem Augenblick ertönte aus den Lautsprechern, die rings um das Stadion aufgestellt waren, die ergreifende Melodie der mongolischen Nationalhymne. Die entsetzten Helfer wechselten eilends das Tonband. Diesmal dröhnte auch noch die nordkoreanische Nationalhymne durch das Stadion. Erst nach dem dritten Anlauf erklang die richtige Hymne. In den darauffolgenden Tagen kam es zu weiteren peinlichen Fehlern. Die Ansager stellten einen südkoreanischen Athleten als Nordkoreaner vor. Dann gaben Schiedsrichter einem japanischen Athleten ein Zeichen, daß er noch eine weitere Runde laufen mußte, in Wirklichkeit jedoch waren es noch zwei. All das deutete auf mangelhafte Organisation hin.

Für keinen dieser Schnitzer war Yoshiaki verantwortlich, doch als Vorsitzender des JOC mußte er letztlich den Kopf hinhalten. Gemeinsam mit dem Bürgermeister von Sapporo mußte er die südkoreanische Botschaft aufsuchen und den Botschafter demütig um Entschuldigung bitten. Wenige Tage später landete der Brief des World Wildlife Fund auf seinem Schreibtisch.

Zum ersten Mal sah sich Yoshiaki derartigen Hindernissen gegenüber. Es blieb ihm nichts anderes übrig, als würdevoll nachzugeben. Am 5. April, zwei Tage nachdem ihn der Beschwerdebrief erreicht hatte, verkündete Yoshiaki in seiner Eigenschaft als Vorsitzender des JOC und des japanischen Skisportverbands in einem Exklusivinterview mit der Zeitung *Asahi*, das JOC habe beschlossen, die Planung für eine neue Abfahrtspiste auf dem Berg Ura-iwasuge zu stoppen.

Die Bewerbung Naganos um die Spiele könne nur mit der vollen Unterstützung der Menschen Erfolg haben, erklärte er. »Ich habe die Nachteile, die entstünden, wenn man einen Teil der alpinen Disziplinen außerhalb des Shiga-Hochlands durchführte, mit den Problemen verglichen, welche auftreten würden, wenn man die Olympischen Winterspiele gegen den Willen der Bevölkerung in Nagano abhielte. Und ich kam zu dem Schluß, daß die Probleme in Nagano größer sind.«[11]

Damit schien die Angelegenheit erledigt. Doch eine Woche später wurde eine Nachricht bekanntgegeben, die die gesamte Welt des Sports erschütterte. Nach nur neun Monaten Amtszeit hatte Yoshiaki beschlossen, von seinem Posten als Vorsitzender des JOC zurückzutreten. Oberflächlich betrachtet sah es so aus, als sei er deshalb zurückgetreten, weil er sich für die peinlichen Fehler verantwortlich fühlte, welche die Asiatischen Spiele überschattet hatten. Er müsse seinen eigenen Geschäften nachgehen und habe dieser Aufgabe nicht die erforderliche Zeit widmen können, behauptet er. »Ich fürchte, ich habe euch große Schwierigkeiten bereitet«, sagte er. »Ein Teilzeitpräsident, der noch andere Aufgaben hat, tut besser daran, sein Amt niederzulegen. Ich trete lieber zu einem frühen Zeitpunkt zurück.«[12]

Für das JOC und die Einwohner Naganos war das ein harter Schlag. Der ehemalige olympische Schwimmstar Hironoshin Furuhashi wurde Yoshiakis Nachfolger. Doch alle fürchteten, daß Nagano ohne den Einfluß und die Macht Yoshiakis keine Chance mehr hatte. Denn Yoshiaki besaß die unbestrittene Fähigkeit, mit den Mitgliedern des IOK auf gleicher Stufe zu verhandeln. Er hatte sich jedoch lediglich von der Front zurückgezogen und sich in eine Position begeben, wo er sich sehr viel wohler fühlte. Wieder einmal agierte er hinter den Kulissen, und er blieb weiterhin Ehrenvorsitzender des Bewerbungskomitees für die Olympischen Spiele in Nagano.

Die beiden Favoriten für die Olympischen Winterspiele waren Nagano und Salt Lake City in Utah. Die Stadt Nagano hatte die besseren Karten, weil sie in einem asiatischen Land lag. Für die Olympischen Sommerspiele 1996 war Atlanta ausgewählt worden, und es war für die Vereinigten Staaten sicherlich nicht vorteilhaft, zweimal nacheinander als Gastland der Olympischen Spiele zu fungieren.

Doch vieles sprach auch gegen Nagano. Salt Lake City verfügte bereits über alle notwendigen Einrichtungen und über die erforderliche Infrastruktur. Der Stadt Nagano mangelte es an allem. Die Sportanlagen waren kümmerlich. Die Stadt besaß nicht einmal ausreichend Land. Sollte sie die Wahl gewinnen, müßte sie Land erwerben, um ein Stadion, ein Olympiadorf, neue Skipisten, Eisbahnen und eine Bobbahn zu bauen. All das würde Unsummen verschlingen, und zudem müßte man, nachdem die Spiele vorüber waren, für all diese Einrichtungen eine anderweitige Verwendung finden. Außerdem waren die Straßen- und Zugverbindungen zwischen Tokio und Nagano sowie zwischen Nagano und den umliegenden Gebieten miserabel. Und es gab kein einziges Hotel in der Stadt, das internationalem Standard entsprochen hätte.

Nagano hatte für all das eine einfache Lösung. Die Stadt würde alle erforderlichen Einrichtungen bauen. Sie hatte den Enthusiasmus ihrer Bürger und die florierende japanische Wirtschaft im Rücken. Tatsächlich begannen sie schon lange vor der Abstimmung mit dem Bau von »Olympia-Straßen«, die Nagano mit dem Hochland von Shiga und dem von Tokyu beherrschten Ort Hakuba verbanden.

Einen Monat vor dem entscheidenden Treffen in Birmingham kam der Präsident des IOK, Juan Antonio Samaranch, zu den Weltmeisterschaften im Tischtennis nach Japan. Dort wohnte er einem fürstlichen Empfang im New Takanawa Prince Hotel bei. Anlaß der Feier war die Erringung der vollen Unabhängigkeit des JOC von der Amateursportvereinigung. Auf dem Empfang überreichte Samaranch seinem Gastgeber und neuen Freund Yoshiaki Tsutsumi eine Verdienstmedaille des IOK. Das IOK erklärte, Yoshiaki habe der olympischen Bewegung hervorragende Dienste geleistet. Doch viele fragten sich, was Yoshiaki eigentlich getan hatte, um diese Ehre zu verdienen.

Zwei Tage später reiste Samaranch auf Einladung des Bürgermeisters und des Gouverneurs von Nagano in einem eigens gemieteten Zug mit drei Wagen in die Gebirgsstadt. Angeblich war es ein feudaler, mit Teppichen und Vorhängen ausgestatteter alter Zug.[13] Einer anderen Quelle zufolge kostete die Bahnfahrt die Stadt Nagano 2,4 Milliarden Yen.[14]

Drei Personen begleiteten ihn auf seiner Reise: der Bürgermeister, der Gouverneur und Yoshiaki Tsutsumi.

Keiner weiß, worüber im Zug gesprochen wurde. Dem erfahrenen Sportjournalisten Taniguchi zufolge, der angeblich über Insiderinformationen verfügte, führten Yoshiaki und Samaranch mit Hilfe von Yoshiakis Dolmetscher eine private Unterredung. Samaranch hatte ein doppeltes Anliegen. Er bat den reichsten Mann der Welt um eine Geldspende für das Olympia-Museum, das er in Lausanne (Schweiz) bauen wollte. Laut Taniguchi bat er um 13 Millionen Dollar. Yoshiaki war angeblich zur Kooperation bereit und versprach, sein möglichstes zu tun, um auch andere japanische Firmen zu Spenden zu bewegen. Der Präsident des IOK bot ihm außerdem ein Geschäft an. Vielleicht sei die Firma Seibu daran interessiert, auch bei Barcelona, Samaranchs Heimatstadt, Gebiete für den Tourismus zu erschließen?[15] Angeblich versprach Samaranch Yoshiaki als Gegenleistung, dafür zu sorgen, daß die Spiele in Nagano abgehalten würden. Ein festes Bündnis schien sich anzubahnen.

Am 11. Juni 1991 trat das IOK in Birmingham zusammen. Die Einwohner Naganos, erpicht darauf, die Wahl zu gewinnen, entsandten eine riesige Delegation. Außer dem offiziellen, für die Delegation aus Nagano vorgesehenen Raum im Hyatt Hotel mieteten sie Highbury House, ein feudales Haus am Stadtrand von Birmingham. Dort buhlten sie mit einer Teezeremonie, gefolgt von einem erlesenen Dinner mit Sashimi und fritiertem Tempura, um die Gunst der IOK-Mitglieder. Noriko Ezawas Ehemann Masao und sechs weitere Olympia-Gegner waren ebenfalls nach Birmingham gekommen. In ihren Augen hatte Yoshiaki sie mit der Abfahrtspiste auf dem Berg Ura-iwasuge überlistet. Nachdem er in dieser einen Angelegenheit nachgegeben hatte, verlor die Presse das Interesse an ihnen und ihren Protestaktionen. Doch ihr Protest richtete sich nicht nur gegen die neue Piste, sondern gegen die Olympische Spiele insgesamt. Tag für Tag, während die Mitglieder des IOK drinnen ihr Festgelage abhielten, standen die Gegner auf der grauen, nassen Straße vor dem Internationalen Kongreßzentrum. Sie bildeten Sprechchöre und schwenkten Transparente mit der Aufschrift: »Keine Olympischen Spiele in Nagano.«

Eine Person glänzte durch Abwesenheit: Yoshiaki Tsutsumi, der Ehrenvorsitzende des Bewerbungskomitees von Nagano. Ein Beobachter drückte es folgendermaßen aus: »Er übt gern Macht aus – doch er möchte nicht, daß man ihn dabei sieht.«

Die entscheidende Abstimmung fand am Abend des 15. Juni statt. Auf der anderen Seite des Erdballs, in Japan, begann gerade die Morgendämmerung. Doch der Platz vor dem alten Zenkoji-Tempel in Nagano war voll von Menschen, die nervös auf die riesigen Bildschirme starrten. Um halb vier Uhr morgens erschien Samaranchs gnomenhaftes Gesicht auf den Monitoren.

Auf dem Platz vor dem Tempel wurde es mucksmäuschenstill. In Birmingham faltete Samaranch theatralisch einen Zettel auseinander.

»Nagano«, verkündete er.

Die Menge brüllte vor Freude. »*Banzai!*« riefen sie. »Nagano! Nagano!« Frauen in Kimonos schlugen die Trommeln, und im Zentrum der Stadt zapfte das Bewerbungskomitee nicht etwa ein Faß mit traditionellem Reiswein an, sondern ein Faß Wasser. »Wir müssen bescheiden sein«, sagte ein Beamter aus der Region.

Die Mitglieder des IOK hatten sich für Nagano entschieden, um dem Vorwurf zu entgehen, die Vereinigten Staaten zu bevorzugen. Doch um diese Wahl zu gewinnen, hatte der Bewerbungsausschuß von Nagano Milliarden Yen investiert. Woher kam das Geld? Wohin ging es? Betrachtete der Rest der Welt Japan einfach als Geldquelle, als ein Land, das bereit war, alles zu kaufen, von einem van Gogh über das Rockefeller Center bis zu den Olympischen Spielen?

Naganos »Wahlkampf« hatte größtenteils aus Versprechungen bestanden. Von Monat zu Monat stiegen die geplanten Baukosten um ein Vielfaches. Neben all den sportlichen Einrichtungen in und um die Stadt sollte auch ein Hochgeschwindigkeitszug in Karuizawa halten, wo der Eisschnellauf stattfinden sollte. Der Zug sollte bequemerweise direkt vor dem Karuizawa Prince Hotel halten. Mehrere Autobahnen sollten durch das Gebirge nach Nagano führen, mit Zufahrtsstraßen nach Karuizawa. Und der Flugplatz in der benachbarten Stadt Matsumoto sollte modernisiert werden, damit auch große Passagiermaschinen landen konnten.

Die Einwohner Naganos beklagten sich keineswegs. Doch Yoshiaki hatte sich mit seinem kurzem Ausflug ins Licht der Öffentlichkeit Feinde gemacht. Sie waren zwar weder mächtig noch zahlreich, aber sie konnten den Boulevardblättern jede Menge Material liefern.

Yoshiakis Engagement für die Olympischen Spiele war der Presse nicht verborgen geblieben, ebensowenig wie die Tatsache, daß seine Skigebiete in Nagano und Karuizawa in hohem Maße von den Verbesserungen der Infrastruktur und der Erhöhung der Grundstückspreise profitieren würden.

Die Jahre vergingen. Der Medienrummel um Nagano legte sich wieder. Die Verschlechterung der Konjunkturlage gab zu der Befürchtung Anlaß, Nagano könne die Einrichtungen nicht rechtzeitig fertigstellen. Dennoch ging die Arbeit an den Bauprojekten kontinuierlich voran. Die Stadt Nagano und das Olympische Komitee von Nagano sind zuversichtlich, daß bis zum Jahr 1998 alle Einrichtungen fertiggestellt sein werden.

Quellen innerhalb des Organisationskomitees zufolge gibt es jedoch immer Verzögerungen, wenn das JOC eine Entscheidung über das Marketing oder eine andere Angelegenheit treffen soll. Wenn die endgültige Entscheidung dann mitgeteilt wird, wissen alle Parteien ganz genau, daß Tsutsumi seinen Willen durchgesetzt hat, selbst wenn sein Name niemals erwähnt wird.

Im Juni 1993 wurde in Lausanne für 55 Millionen Dollar das prunkvolle Olympia-Museum eröffnet. Yoshiaki war bei der Eröffnung nicht anwesend. Auf einer Wand aus Steinen sind die Namen der Firmen eingemeißelt, die für den Bau des Museums gespendet haben. Auf zwei Steinen ganz oben finden sich ausnahmsweise die Namen von einzelnen Personen anstatt von Firmen. Nebeneinander ist zu lesen:»Juan Antonio Samaranch« und»Yoshiaki Tsutsumi«.

# 20
## Die Versöhnung
### 1989–1993

*Entlang der menschenleeren Straße*
*trabt ein weißes Pferd, mit gesenktem Kopf und stumm.*
*Der Schloßherr sitzt nicht auf dem Pferd,*
*und der steinerne Grabstein steht dort friedlich im hellen*
*Sonnenschein.*

TAKASHI TSUJII[1]

Als das Jahr des Drachens endete und das Jahr der Schlange
begann, war Japan wie gelähmt. Die ganze Nation hielt im Jahreswechsel 1988/89 den Atem an. Die üblichen Parties am Jahresende fielen aus.

Der Tenno Hirohito lag im Alter von siebenundachtzig Jahren
im Sterben. Nach einer Amtszeit von vierundsechzig Jahren erwartete der alte Mann, der bis zuletzt friedlich seinem Hobby,
der Meeresbiologie, gefrönt hatte, nun den Tod. Jeden Tag brachte
die Zeitung auf der Titelseite eine genaue Beschreibung seines
Zustands – sein Puls, die Entwicklung seiner Gelbsucht, die aufgenommene Flüssigkeitsmenge und sein Stuhlgang. Es war ein
unrühmliches Ende für einen Mann, der einst »Sohn des Himmels« genannt worden war.

Am Samstag, den 7. Januar gab der oberste Kabinettsminister
die seit langem erwartete Nachricht bekannt: Seine Majestät der
Tenno war verschieden.

Die Reaktionen waren widersprüchlich. Die ältere Generation
und die Menschen aus dem Umland Tokios pilgerten zum Kaiserpalast, um sich in die dort ausliegenden Kondolenzbücher
einzutragen. Die jüngere Generation – die *shinjinrui*, die »neue
Rasse«, die Kinder des Goldenen Zeitalters, hingegen blieben
vollkommen gleichgültig. Der Tag, an dem der Tenno bestattet
wurde, war ein öffentlicher Feiertag. Doch anstatt am Straßenrand zu stehen und sich den Leichenzug anzusehen, nahmen
viele das Begräbnis lediglich zum Vorwand für einen arbeitsfreien Tag.

Doch alle spürten irgendwie, daß eine Ära zu Ende gegangen
war. Vier Stunden nach dem Tod seines Vaters wurden Akihito
die kaiserlichen Insignien verliehen – die Siegel, das Schwert und

der Juwel. Anstatt die archaische Sprache zu verwenden, die dem Herrscherhaus vorbehalten war, wandte sich der Tenno zum ersten Mal in modernem Japanisch an die Nation.

Eine Zeitlang grübelten die kaiserlichen Beamten über einen geeigneten Namen für die neue Ära nach. Schließlich einigten sie sich auf Heisei, zu deutsch »Frieden schließen«. Für Heisei 1, das erste Jahr der Heisei-Ära, wurde ein ganzer Schwung an neuen Kalendern gedruckt. Zunächst sah es so aus, als sei die Ära der Versöhnung eine Fortsetzung der goldenen Jahre, die ihr vorausgegangen waren. Die Japaner gaben weiterhin Geld aus, und zwar fieberhafter denn je. Japanische Gesellschaften kauften alles, von Golfplätzen in Kalifornien bis zu impressionistischen Meisterwerken. Sony kaufte Columbia Pictures auf. Gold und Diamanten wurden in großen Mengen gehortet. Die Medien sprachen von den sogenannten »Heisei-Aristokraten«. Damit waren Leute gemeint, die nur durch das Ansteigen der Grundstückspreise und der Aktienkurse das große Geld gemacht hatten. Und die Grundstückspreise stiegen weiterhin.

Im Jahr 1989 registrierte *Forbes* einundvierzig Milliardäre in Japan; 1990 waren es vierzig. Von Jahr zu Jahr führte derselbe Name die Liste an. Mit seinen riesigen Grundstücken im Zentrum Tokios war Yoshiaki zumindest nach Schätzungen ungeheuer reich. 1989 wurde sein Vermögen auf 16 Milliarden Dollar geschätzt, 1990 auf 15 Milliarden Dollar. Die Schwankungen hingen vom Wechselkurs des Yen gegenüber dem Dollar ab.

Auch Seijis Name tauchte etwas weiter unten in der Liste auf. Sein Vermögen wurde auf über 1 Milliarde Dollar geschätzt. Aus dem kleinen, schmuddeligen Kaufhaus in dem rückständigen Kaff Ikebukuro war inzwischen ein riesiges Imperium geworden. Yoshiakis Konzern war mit einer Pyramide vergleichbar: Der große Mann stand an der Spitze und regierte mit eiserner Hand eine Reihe wohlorganisierter, miteinander verknüpfter Firmen. Seijis Konzern hingegen war das Produkt von genialen Geistesblitzen und spontanen Käufen. Er war wie ein Krake, der seine Fangarme in alle Richtungen ausstreckt.

Seiji leitete den Konzern von seinem Büro aus, das sich im achtundvierzigsten Stock des Sunshine Building im Osten Ikebukuros befand. Das Gebäude gehörte zu dem Sunshine-City-Komplex, den Seiji ausgebaut hatte, als die erste Ölkrise seine ehrgeizigen Pläne zunichte gemacht hatte. Sein Büro war geschmackvoll mit einem halbmondförmigen, schwarzen Glastisch und schwarzen Ledersesseln eingerichtet. Auf dem Boden lag ein Teppich mit dickem Flor. Die Wände waren mit vereinzelten Kunstgegenständen und Gemälden von Seijis Lieblingskünstlern geschmückt. Eine Wand war von einem weißen, aus aufgeschlitzten Papierkarten bestehenden abstrakten Kunstwerk Lucio Fontanas beherrscht.

Am späten Abend, nachdem Seiji mehrere Besucher empfangen hatte, pflegte er in sein Haus zurückzukehren, in dem er mit Asako lebte. Die Pförtner öffneten flink die großen Tore, sobald sein Wagen heranfuhr. Dann zog sich Seiji in sein Arbeitszimmer zurück, dessen Regale bis zur Decke mit Büchern gefüllt waren. Dort schrieb er zwei oder drei Stunden. Wahrscheinlich schlief er nachts nie länger als vier Stunden. Er war nun über Sechzig, doch er hatte noch immer sein jungenhaftes, rundes Gesicht, sein schelmisches Lächeln und das lebhafte Temperament seiner Jugend.

Genauso wie Yasujiro sich den Kopf darüber zerbrochen hatte, wer sein Nachfolger werden sollte, sah sich nun auch Seiji vor dieses Problem gestellt.

Sein ältester Sohn Koji, der seiner ersten Ehe mit Motoko Yamaguchi entstammte, war anfang Dreißig. Seine Eltern hatten sich getrennt, als er noch klein war, und Seiji hatte ihn mit in das große Haus in Hiroo genommen. Koji war sechs Jahre alt, als Yasujiro starb. Fotos zeigen das Kind mit dem alten Mann und Misao im Garten. Amerikanische Generäle in Uniform bücken sich lächelnd, um dem kleinen Jungen die Hand zu schütteln.

Verglichen mit Seijis Kindheit wuchs Koji sehr behütet auf. Als Sohn einer der wohlhabendsten und mächtigsten Familien des Landes gewöhnte er sich an ein privilegiertes Leben. Er bekam alles, was er wollte. Von frühester Kindheit an war er von der Welt des Films fasziniert.

Nach Abschluß seines Studiums fing Koji im Seibu-Kaufhaus an. Seiji hatte selbst immer damit geliebäugelt, Filme zu drehen, und gründete für ihn eine spezielle Filmproduktionsabteilung namens Cine Saison. Mit neunundzwanzig Jahren avancierte Koji zum Direktor der Kaufhäuser. Er wurde offensichtlich darauf vorbereitet, als Nachfolger Seijis den Konzern zu übernehmen.

Koji war zu einem gutaussehenden jungen Mann herangewachsen. Er trug eine Brille und erinnerte in seinen ebenmäßigen Gesichtszügen an Misao. Wie Seiji – oder vielmehr wie fast alle Mitglieder der Familie – war er ruhig und zurückhaltend. Er war ein liebenswürdiger, solider junger Mann mit vielen Talenten. Doch er wurde nicht von der gleichen Leidenschaft getrieben wie Seiji. Er besaß weder das impulsive Wesen noch den scharfen Verstand seines Vaters. Mit Sicherheit war er jedoch kein Geschäftsmann. Wenn er etwas von Seijis Gaben geerbt hatte, war es dessen künstlerische, kreative Ader.

Seiji sprach mehr und mehr davon, sich zurückzuziehen. In einem Interview im Jahr 1990 wurde er gefragt, ob er je daran gedacht habe, sich aus dem Geschäftsleben zurückzuziehen und sich ganz der Literatur zu widmen.

»Ja, oft«, antwortete er. »Sogar jetzt in diesem Augenblick. Schließlich laufen meine Geschäfte gut, und ich bin nicht mehr der Jüngste. Möglicherweise höre ich sehr viel früher auf, als viele erwarten.«[2]

Dennoch war es für alle ein Schock, als die Nachricht bekannt wurde. Seiji hatte seinen Rücktritt sorgfältig inszeniert. Im Gegensatz zu Yoshiaki, der es vorzog, im Hintergrund zu bleiben, war Seiji seit langem zu einer öffentlichen Person geworden. Er hatte sich ein Image als Dichter und Romancier und als aggressiver Geschäftsmann geschaffen, dessen extravagante Projekte die wechselnden Stimmungen der Zeit vorwegnahmen. Anstatt sich bis zum bitteren Ende an seinen Konzern zu klammern, während sein Imperium unter ihm zerbröckelte, zog er einen stilvollen Abgang vor.

Am Samstag, den 12. Januar 1991 brachte die *Asahi*-Zeitung eine sensationelle Schlagzeile. Die englische Version lautete: »Chef der riesigen Saison-Einzelhandelsgruppe Tsutsumi tritt zurück.« Die meisten Vorsitzenden in Japan blieben in ihren Positionen, bis sie senil wurden. Seiji jedoch hatte beizeiten einer neuen Generation Platz gemacht.

Auch hatte er beschlossen, mit der japanischen Tradition zu brechen, nach der das Geschäft in den Händen der Familie blieb. Die Verantwortung wurde einem Führungsgremium übertragen. Die Zeiten, in denen ein einziger Inhaber und Manager mit den verschiedenen Abteilungen des riesigen Konzerns jonglierte, waren vorbei. »Es ist nicht wünschenswert, daß ein einziger Mann wie ein Diktator über die ganze Gruppe herrscht.«[3] Er beabsichtigte, die gesamte Saison-Gruppe in sechs Abteilungen aufzugliedern, die jeweils den verschiedenen Bereichen entsprachen: Einzelhandel, Großhandel, Export, Finanzwesen, Immobilien und das Management der Hotelkette.

Seiji hatte jedoch nicht vor, sich ganz zurückzuziehen. Zwar würde er nicht mehr den Titel des allmächtigen »Repräsentanten« der Unternehmensgruppe führen, doch er wollte in Zukunft als Berater fungieren. Außerdem wollte er einen größeren Teil seiner Energie auf Aufgaben wie den Umweltschutz, die Förderung der Kultur und seine Schriftstellerei verwenden. Mit anderen Worten: Er behielt die Zügel auch weiterhin fest in der Hand.

Alle rätselten über den Grund seines Rücktritts. Seiji war erst dreiundsechzig. In diesem Alter legt kaum ein Japaner sein Amt als Chef eines Konzerns nieder. Er hatte in Interviews klargemacht, daß er an den täglichen Abläufen im Konzern kaum noch beteiligt sei und daß er statt dessen die nächste Generation von Führungskräften heranziehe. Doch warum hatte er für seinen Rücktritt ausgerechnet diesen Zeitpunkt gewählt?

In der Presse gab es wilde Spekulationen. Viele Japaner vermuteten, Seijis beeindruckendes Imperium stehe kurz vor dem Zusammenbruch. Angeblich war er nicht freiwillig zurückgetreten, sondern ausgebootet worden. Ein Kommentator drückte es so aus: Entweder er oder der ganze Konzern.

Mittlerweile zeigten sich in der Struktur des Konzerns immer mehr Schwachstellen. Die Saison-Gruppe hatte riesige Schulden und nur geringe Gewinnspannen. Um fortbestehen zu können, war sie also auf eine florierende Wirtschaft angewiesen. Die kleinste Schwankung der Konjunktur gefährdete den ganzen Konzern. Anfang 1990 war es in Tokio zu einem Börsenkrach gekommen. Die Zinssätze stiegen, und die hoch verschuldete Saison-Gruppe geriet kurz darauf in starke Turbulenzen.[4]

Viele Beobachter hielten den Kauf der Inter-Continental-Hotels für den eigentlichen und verhängnisvollen Fehler. Der Kauf war eine große Geste, doch er hatte den Konzern mit einem riesigen Schuldenberg belastet. Doch damit nicht genug: Unmittelbar nach dem Kauf stockte Seiji die Kredite auf, um weiter zu expandieren. Einige betrachteten es als einen Pyrrhussieg Seijis im Kampf gegen Yoshiaki. Er hatte schließlich sein Ziel erreicht und sich ein Imperium geschaffen, das nicht nur sehr viel moderner, sondern auch genauso mächtig war wie das seines Bruders. Doch damit hatte er sich selbst und seinen Konzern an den Rand des Ruins gebracht.

Was auch immer die Gründe für Seijis Rücktritt gewesen sein mögen, in den folgenden Monaten wurde offensichtlich, daß er sich genau zum richtigen Zeitpunkt verabschiedet hatte. Vielleicht hatte er mit seiner berühmten Intuition die künftigen Probleme vorhergesehen. Allmählich sprachen alle besorgt von einem Konjunkturrückgang. Der Börsensturz zu Beginn des Jahres 1990 war eines der ersten Anzeichen dafür gewesen, daß der Wirtschaftsboom in Japan seinen Höhepunkt überschritten hatte. Die Euphorie der letzten Jahre von Tenno Hirohitos Regierung war vorüber. Verglichen mit der Rezession, die in vielen westlichen Ländern wütete, war Japans Wirtschaft noch immer relativ stabil. Das ungewöhnliche Wirtschaftswachstum der späten achtziger Jahre hatte sich nur verlangsamt. Grundstückspreise und Aktienkurse begannen zu fallen, und auch die Gewinnspannen der Unternehmen sanken. Die ganze Nation war im Kaufrausch gewesen. Die Leute hatten alles gekauft, was teuer und neu war. Nun kam die Zeit der Ernüchterung. Immer mehr Unternehmen machten Bankrott, und die Arbeitslosigkeit stieg. Alle mußten den Gürtel enger schnallen. Eleganz war nicht mehr »in«. Statt Designermarken trug man nun schlichte Jeans. Ein führender Modedesigner, der sich durch den Entwurf extravaganter Bars und Nachtclubs einen Namen gemacht hatte, antwortete auf die Frage, wie er seine Abende verbrachte: »Ich gehe nach Hause und lese ein Buch.«

Vor allem kauften die Leute keine Luxusgüter mehr. Diamanten wurden zu Ladenhütern, und auch Mercedes-Benz bekam Absatzprobleme. Niemand scherte sich noch darum, ob er den modernsten Kühlschrank hatte oder ob seine Video- und Hi-Fi-Geräte auf dem neuesten Stand der Technik waren.

Die Seibu-Kaufhäuser waren auf dem Weg in die goldenen Jahre tonangebend gewesen. Seibu hatte sich ein Image geschaffen, das auf Luxus und hohem Lebensstandard basierte. Mit dem nachlassenden Interesse an Luxusgütern sanken auch die Umsätze des Konzerns schlagartig. Auch anderen Kaufhäuser ging es schlecht, doch der Seibu-Konzern, der stets auf sehr hohe Umsätze angewiesen war, um die Zinsen seiner horrenden Schulden zu zahlen, war am schlimmsten betroffen. Insgeheim wurden bereits Vermutungen angestellt, daß möglicherweise die ganze Kette in Konkurs gehen könnte.

Doch es kam noch schlimmer: Es war Aufgabe der Kaufhäuser in der Saison-Gruppe gewesen, für den Aufbau der anderen, weniger stabilen Geschäftszweige Kapital bereitzustellen und sie im Notfall zu subventionieren. Die Hotelbranche des Konzerns machte weiterhin Verluste.[5] Ein Großteil der Inter-Continental-Hotels stand im Nahen Osten, und der Golfkrieg 1991 hatte katastrophale Auswirkungen auf die Belegung der Hotels in dem Krisengebiet.

Seiji hatte inzwischen seine Nachfolger ernannt: Sueaki Takaoka, der Leiter der Seiyu-Supermarktkette; Toshio Takeuchi, der Präsident von Credit Saison, der Abteilung für Kreditkarten; und Shigeaki Wada, der Präsident von Seiyo Food Systems. Alle drei standen Seiji sehr nahe. Mit Takaoka, einem ehemaligen Journalisten, war er befreundet, seit sie zusammen an der Tokio-Universität studiert hatten. Takeuchi und Wada hingegen hatten beide als ganz junge Männer in dem Unternehmen angefangen.

Zunächst behielt Seiji im Hintergrund alle Fäden in der Hand. Doch das Gleichgewicht der Kräfte veränderte sich allmählich, und die Marionetten entwickelten ein Eigenleben. Seiji hatte die eigentliche Leitung der Seiyu-Supermärkte bereits zu einem großen Teil an den neuen Vorsitzenden abgegeben, den weißhaarigen Ex-Journalisten Takaoka. Er entwickelte sich zur beherrschenden Gestalt in der Saison-Gruppe und machte sich daran, die hoch verschuldeten Inter-Continental-Hotels umzustrukturieren. Seiji wurde als Vorsitzender der Seibu-Kaufhäuser abgewählt, und der aggressive Redner Wada mit seinem kantigen Gesicht, den alle als »Shogun-Typ« bezeichneten, übernahm seinen Posten.

Alle drei Männer brachten Seiji jedoch große Sympathie und Achtung entgegen. Sie fragten ihn weiterhin um Rat und hörten auf seine Meinung. Der freundliche Takeuchi mit der leisen Stimme, Vorsitzender von Credit Saison und dritter Mann im Triumvirat, beteuerte: »Seine Analysen sind einfach die besten. Er verfügt über eine lange und intensive Erfahrung, und er hat das beste Urteilsvermögen.« Dennoch leuchtete allen ein, daß die neuen, schwierigeren Zeitumstände neue Methoden und neue Männer erforderten.

Der Konzern ging schließlich in andere Hände über, und Seiji hatte nun Zeit, sich anderen Interessen zu widmen. Da war zunächst einmal die Politik. Sein Freund, der nachdenkliche Intellektuelle Kiichi Miyazawa, der einige Jahre zuvor den Wahlkampf gegen Abe und Takeshita verloren hatte, war nun an der

Reihe, Ministerpräsident zu werden. Er wurde im November 1991 gewählt. Seiji hatte ihn unterstützt, seit sie sich als junge Männer in dem verräucherten Hinterzimmer des Unterhauses kennengelernt hatten. Angeblich hatte er sich bereits ein halbes Jahr vor der entscheidenden Wahl mit Politikern und Geschäftsleuten getroffen und sie gebeten, das Kabinett Miyazawa zu unterstützen.

Häufig fungierte Seiji als inoffizieller Berater Miyazawas. Außerdem war er im japanischen Komitee für wirtschaftliche Entwicklung (Keizai Doyukai), im Ausschuß für Wirtschaftsplanung, im Forum des Außenministeriums für Südwestasien, im Rat zur Kulturförderung, das im Amt für kulturelle Angelegenheiten untergebracht war, und in einigen anderen Gremien. Als Mitglied der Wirtschaftsdelegation des Südwestasien-Forums besuchte er Indien und Birma und beteiligte sich an der Angkor-Wat-Rettungsmission in Kambodscha. Er sprach mit Volkswirtschaftlern, Romanciers, Politikern und Philosophen.

Seiji begann nun, über sein nächstes größeres Projekt nachzudenken. Vielleicht war es einfach die zeitliche Distanz, doch als er älter und erfolgreicher wurde, ließen die Qualen, die ihm das Verhältnis zu seinem Vater bereitet hatte, allmählich nach. Er beschloß, eine Biographie seines Vaters zu schreiben.

Schon lange vor seinem Rücktritt begann er, eine Gedenkstätte für den alten Mann zu entwerfen. Das große Haus in Hiroo, in dem einst auch Yasujiro Hof gehalten hatte, wurde abgerissen. Seijis eigenes Haus stand jedoch weiterhin auf der einen Seite des Anwesens. An der Stelle des großen Hauses wurde ein sehr beeindruckendes Gebäude von glitzernder Modernität mit einem riesigen, schweren Dach und kolossalen Giebeln errichtet.

Vor dem Haus befanden sich Blumenbeete und ein Springbrunnen. Hinter dem Haus erstreckte sich noch immer der prächtige alte Garten mit seiner Steinbrücke, dem See, der die gleiche Form wie der Biwa-See hatte, und dem üppig fallenden Laub. Yasujiro pflegte dort spazierenzugehen. Im Inneren des Hauses befanden sich Empfangsräume, in denen Seiji Diplomaten und Würdenträger willkommen hieß, ferner Büros und die Gedenkstätte.

Mit dem Bau der Gedenkstätte bekannte sich Seiji schließlich zu seinen Vorfahren. Obwohl Yasujiro geradezu ein Ungeheuer hatte sein können, so war er doch ein bedeutender Mann gewesen, und nicht zu vergessen: er war Seijis Vater.

Im Jahr 1993 fanden die Manager aller Geschäftsbereiche von Seibu und Seiyu einen merkwürdigen Gegenstand auf ihren Schreibtischen vor: eine Büste Yasujiros. Ein Sockel von etwas über einem Meter Höhe war beigefügt, ebenso wie Anweisungen und ein Schaubild, wie die Büste auf den Sockel aufgesetzt und wo sie plaziert werden sollte: im Büro des Managers, auf der linken Seite des Schreibtisches.[6]

Die Büste rief unheimliche Erinnerungen an das Foto von Yasujiro wach, von dem er in allen Büros des Seibu-Konzerns auf seine Angestellten herablächelte. Es schien beinahe, als wolle die Saison-Gruppe es in ihrer Verehrung des alten Mannes mit Yoshiaki aufnehmen und Yasujiro als ihren Schutzheiligen zurückerobern. Oder vielleicht besann sie sich nach Seijis Rücktritt schließlich auf die gemeinsamen Wurzeln beider Imperien.

Yoshiaki war sieben Jahre jünger als Seiji und dachte noch lange nicht an einen Rücktritt. Er war noch immer ein stattlicher Mann, der streng auf seine Gesundheit achtete. Er war nie ein großer Trinker gewesen, und als er älter wurde, schränkte er den Genuß von Alkohol noch mehr ein und nahm einige Kilo ab. Doch er war der Gefangene seiner Aufgabe. Stets war er von Leibwächtern umgeben und hatte kaum jemals Gelegenheit, die Rolle des Seibu-Chefs abzulegen.

Es kursierten zahlreiche Geschichten – von roten Teppichen, die in den Eingangshallen der Prince Hotels ausgebreitet wurden, wenn Yoshiaki erwartet wurde; von Handbüchern, die an die Mitarbeiter des Konzerns verschickt wurden und in denen genau erklärt wurde, wie die Kinder ihre Dankesbriefe an den großen Mann formulieren sollten, nachdem sie ihre jährlichen Büchergutscheine von ihm erhalten hatten; von Angestellten, die sich beraten ließen, ob sie ihn ansehen sollten oder nicht, wenn er aus seinem Hubschrauber stieg. Angeblich fuhren Mitglieder seines Personals, bevor er ins Ausland reiste, die ganze Route ab, um sicherzustellen, daß er auf einer bestimmten Strecke zu einer bestimmten Zeit nicht von der Sonne geblendet werden würde.

Ein alter Mann aus Karuizawa, der Yoshiaki seit seiner Kindheit kannte, meinte wehmütig, der ältere Tsutsumi, Yasujiro, sei menschlicher gewesen. »Er hatte einige Mißerfolge«, sagte er. »Wir spürten mit ihm eine engere Verbundenheit.« Der Mann erinnerte sich, wie er vor Angst gezittert hatte, wenn Yasujiro wütend war, und wie er schallend über dessen Witze gelacht hatte.

Der junge Tsutsumi habe nun »diesen großen Konzern« und sei der »reichste Mann der Welt«. Yasujiro hingegen war auch im Dorf eine bekannte Gestalt gewesen. Seinen Stock schwingend, war er über die Baustellen gestapft. Yoshiaki hingegen schwebte nur gelegentlich in seinem Hubschrauber »wie ein Gott« aus himmlischen Gefilden auf die Erde herab. Die Dorfbewohner warteten wie Bittsteller auf sein Erscheinen.

Eine wichtige Angelegenheit war noch nicht entschieden: Wer wurde sein Nachfolger? In einem Interview kurz nach Tsunekos Tod sagte Yoshiaki, er werde seinen Sohn nicht dazu zwingen, sein Nachfolger zu werden. »Diese Zeiten sind vorbei. Vorsitzender eines Konzerns zu sein ist kein reines Vergnügen! Ich möchte die Last, die ich zu tragen habe, nicht meinem Sohn aufbürden.« Er erinnerte sich daran, daß sein eigener Vater ihn oft geschlagen hat, obwohl er nur der »Ersatz-Nachfolger« war und Kiyoshi und Seiji in der Abstammungslinie vor ihm kamen. Das wollte er seinem Sohn nicht antun. Er sagte grinsend: »Meine Frau kümmert sich um die Kinder. Es ist besser, wenn der Vater nicht allzuviel Kontakt mit ihnen hat!«[7]

Doch er fügte hinzu, daß die loyalen Mitarbeiter des Konzerns seinen Sohn, sollte dieser Nachfolger werden wollen, sicherlich nach Kräften unterstützen würden.

So konnte Masatoshi in seiner Jugend tun und lassen, was er wollte. Es gab nur eine Bedingung: Vor Abschluß seines Studiums konnte er tun, was ihm beliebte, doch danach mußte er sich eine Stellung suchen und in geregelten Verhältnissen leben.

Masatoshi wuchs in völliger Freiheit auf. Er war kein Intellektueller, doch wie Yoshiaki war er ein ausgezeichneter Sportler. Im Winter fuhr er begeistert Ski, im Sommer surfte er. Im Alter von sechzehn Jahren entdeckte er das Skateboardfahren. Zu Beginn seines Studiums war er bereits Mitglied einer Profimannschaft.

Seine Freunde, die mit ihm Skateboard fuhren, ahnten nichts von seiner Herkunft. Die meisten von ihnen hatten wahrscheinlich noch nie in ihrem Leben vom reichsten Mann der Welt gehört. Für sie war er einfach »Tsutsumi«, ein großer, dünner Junge mit strähnigem Haar. Er bemühte sich, seine Herkunft vor seinen Kameraden zu verbergen. Im Milieu der Skateboarder waren die Söhne reicher Eltern nicht gerade beliebt. Er war sich völlig darüber im klaren, daß ihm nur noch wenige Jahre der Freiheit blieben. Dann würde er im Unternehmen seines Vaters anfangen, und die Gefängnistore würden sich hinter ihm schließen.

Der junge Masatoshi Tsutsumi war ein ungehobelter Bursche mit schlechten Manieren. Dennoch war er zweifellos einer der begehrtesten Junggesellen im ganzen Land. Er war schließlich mutmaßlicher Erbe eines riesigen Vermögens. Zudem hatte sein Vater angeblich die gesamte Liberaldemokratische Partei fest in der Hand.

Yoshiaki war reich und mächtig. Doch die Adligen (die zwar ihren Titel verloren hatten, jedoch noch immer die Spitze der Gesellschaft bildeten) rümpften ihre feinen Nasen über ihn. Er war bis in alle Ewigkeit als Vertreter der neuen Plutokratie, als Neureicher geächtet. Die einzige Aufstiegsmöglichkeit bestand in der Schaffung neuer familiärer Bindungen durch Heirat. Masatoshi wurde erwachsen, und es begannen Gerüchte zu kursieren, daß Yoshiaki den allerhöchsten Preis anvisierte.

Über die Jahre hinweg hatte Yoshiaki stets darauf geachtet, die besondere Beziehung, die sein Vater zur Familie des Tennos aufgebaut hatte, sorgfältig zu pflegen. Jeden Sommer, wenn die Hitze zu drückend wurde, zog sich der Tenno in die Berge Karuizawas zurück. Genauso wie als junger Prinz Akihito wohnte er in der Villa, die einst Eigentum seines Großonkels, Prinz Asaka, gewesen war. Aus ihr war das Sengataki Prince Hotel geworden, das zu Yoshiakis Seibu-Konzern gehörte. Ungeachtet des Namens war es keineswegs ein Hotel, sondern die Sommerresidenz des Tennos. Er wohnte dort mit freundlicher Genehmigung des Seibu-Konzerns.

Doch es bestanden noch andere Verbindungen zwischen dem Herrscherhaus und Seibu. Die Schwester des Tennos, Prinzessin Takako Shimazu, war eine Beraterin der Prince Hotels. Und die Prince Hotels waren zum Teil für die Versorgung des kaiserlichen Gästehauses mit Speisen und Getränken zuständig. Hin und wieder traf Masatoshi während seines Urlaubs in Karuizawa die jüngste Tochter des Tennos, die reizende, unschuldige Prinzessin Sayako. Zufällig waren die beiden fast gleich alt. Masatoshi genoß seine letzten Jahre der Freiheit und pflegte Kontakte zu Surfern und Skateboardern. Sayako hingegen wurde auf eine veränderte Welt vorbereitet, in der sie vielleicht einen Bürgerlichen heiraten mußte. Genaugenommen hatte sie keine andere Wahl, weil es keine Aristokratie und keine jungen Prinzen mehr gab. Ihre Mutter Michiko, die selbst bürgerlicher Abstammung war, nahm sie mit zum Einkaufen und brachte ihr das Kochen bei. Gelegentlich benützten sie sogar öffentliche Verkehrsmittel.

Seit Jahren kursierten Gerüchte, daß die beiden jungen Leute miteinander liiert seien. Sie hatten zwar völlig verschiedene Charaktere, doch das spielte keine Rolle. Eine Heirat bedeutete eine Vereinigung von Familien und nicht von Individuen. 1993 schließlich durfte Kronprinz Hiro das Mädchen heiraten, das er schon lange begehrte: Masako Owada. Nur ein einziges Kind des Tennos blieb unverheiratet: Prinzessin Sayako stand auf einmal im Brennpunkt des öffentlichen Interesses. Einige Zeit galt Masatoshi als Favorit. Die allmächtige, offizielle Vertretung des Tennos, die sich mit den Angelegenheiten des Herrscherhauses beschäftigte, gab keinerlei Kommentare ab. Dies war ein deutliches Anzeichen dafür, daß die Heirat tatsächlich erwogen wurde. Doch viele äußerten Skepsis. In der Geschichte der Tsutsumis gab es zu viele Skandale – zu viele Frauen, zu viele dubiose Geschäfte. Es schickte sich nicht für die Familie des Tennos, eine solche Verbindung einzugehen.

Auf höchster Ebene muß schließlich eine Entscheidung getroffen worden sein. In Artikeln am Jahresende wurden potentielle Heiratskandidaten für Prinzessin Sayako genannt, doch man suchte Masatoshis Namen vergeblich. Alle dort aufgeführten jungen Männer waren adliger Herkunft, und keiner von ihnen war Skateboarder.

Die Heisei-Ära, das Zeitalter der Versöhnung, wurde für Yoshiaki zu einer Zeit der Enttäuschungen. Es schien, als würde ihm jedesmal, wenn er aus dem Schatten ins grelle Licht der Öffentlichkeit trat, eine Woge der Kritik entgegenschlagen.

Die Zeiten hatten sich geändert. Als »Pistole Tsutsumi« und »Goto der Dieb« sich ihre Imperien geschaffen hatten, spielte es kaum eine Rolle, was die Öffentlichkeit dachte. Die beiden waren über jegliche Moral erhaben. Sie waren Feudalherren. Die Bauern schimpften bisweilen, doch sie konnten ihren Gebietern nichts vorschreiben. Viele Menschen klagten, Yoshiaki schlage zu sehr seinem Vater nach. Er führte sich wie ein Feudalherr auf und tat so, als sei Japan sein privates Lehnsgut. Doch im modernen Zeitalter konnte ein solches Verhalten nicht ignoriert werden. Alle schilderten ihn als »arrogant«. Er zeigte ganz offen seine Verachtung für die öffentliche Meinung. Zwar achtete er die Gesetze und war nicht korrupt, doch im späten 20. Jahrhundert spielte der Ruf eines Mannes eine wichtige Rolle. Und sei es nun zu Recht oder zu Unrecht, Yoshiaki war zweifellos unbeliebt.

Der anhaltende Konjunkturrückgang brachte viel Kritik an den Wirtschaftkapitänen mit sich. In den Jahren des Wohlstands waren die Menschen zu sehr damit beschäftigt gewesen, zu arbeiten, Geld zu verdienen und Geld auszugeben, um auf die Eskapaden ihrer Führer zu achten. Der Wohlstand erzeugte Zufriedenheit. Jetzt wurde nach Ursachen des Niedergangs gesucht.

Anfang 1992 zeichnete sich ab, daß sich die Konjunkturlage nicht bessern würde. Man hatte angenommen, daß Japan, ebenso wie es die Ölkrise von 1973 und den weltweiten Börsenkrach von 1987 heil überstanden hatte, auch diese Krise mit eiserner Energie überwinden und zuletzt wieder triumphieren würde. Man hatte sogar gehofft, die Wirtschaft werde aus der Krise gestärkt hervorgehen. Doch statt dessen wurde die Lage immer ernster. Grundstückspreise und Aktienkurse fielen weiter, und das Wachstum schwand. Für den Durchschnittsbürger, der sich an Luxus gewöhnt hatte, wurde das Leben immer härter. Alle kannten Unternehmen, die Bankrott gemacht hatten, und es wurde immer schwieriger, eine Arbeit zu finden. Bislang hatte Japan praktisch keine Arbeitslosigkeit gekannt.

Schließlich mußte sogar die Regierung, die bisher Optimismus verbreitet hatte, zugeben, daß man nicht mehr von einer Konjunkturdelle sprechen konnte. Das Land litt unter einer massiven Rezession.

In der Vergangenheit hatte Yoshiakis riesiger Grundbesitz und sein vorsichtiges Management ihn vor den Folgen von Konjunkturschwankungen bewahrt. Der Bau eines Hotels oder die Erschließung eines Skigebiets zwangen ihn, Kapital für mehrere Jahre zu binden. In diesem Gewerbe konnte man nicht plötzlich die Bremse ziehen und eine neue Richtung einschlagen, nur um sich neuen wirtschaftlichen Bedingungen anzupassen. Yoshiaki hatte immer zehn Jahre im voraus geplant.

Am Beginn der Krise hatten die Menschen ihre zusätzliche Freizeit noch genutzt, in den Urlaub zu fahren. In den Skigebieten herrschte weiterhin ein reger Betrieb. Doch als das Geld knapp wurde, flaute das Geschäft allmählich ab. Unternehmen waren nicht mehr bereit, ihre Manager in den luxuriösen Prince Hotels einzuquartieren. Immer weniger Menschen hatten Geld übrig, um Skifahren zu gehen. 1992 sanken die Gewinne bei Seibu Railways, der einzigen größeren Firma in Yoshiakis Konzern, die Bilanzen veröffentlichte, um sage und schreibe 92 Prozent. Im darauffolgenden Jahr sanken sie abermals um 73 Prozent.

Das größte Übel war die Grundsteuer. Die im Jahr 1992 auf Grundbesitz erhobene Steuer wurde für geschäftliche Zwecke verwendet. Keiner wußte genau, wieviel Land Yoshiaki und seine Firmen besaßen. Ein Großteil des Landes war jedoch nicht erschlossen, hügelige und bewaldete Gebiete, die noch nicht kommerziell genutzt wurden.

Schließlich mußte Seibu Railways 3,7 Milliarden Yen Grundsteuer bezahlen. Einige andere Firmen zahlten noch mehr. Angesichts der stark gesunkenen Gewinne war das für Seibu ein harter Schlag.

All das war jedoch noch kein Hinweis darauf, daß sich Yoshiaki und sein Seibu-Konzern in Schwierigkeiten befanden. Seibu Railways hatte fast immer niedrige Gewinne versteuert. Doch Kokudo Keikaku, kürzlich zu Kokudo umbenannt, die Kerngesellschaft des Konzerns, unterstützte Seibu Railways mit Kapital. Selbst wenn es mit Seibu Railways bergab ging, hatte schließlich keiner Einblick in die Buchführung Kokudos. Sie blieb weiterhin im Dunkel.

Trotz allem expandierte der Konzern immer noch. Außer den Hotels, Wintersportorten und Golfplätzen in Japan, den Eisenbahnen, Vergnügungsparks und dem neuen, 1993 eröffneten Dinosaurierpark in der Nähe des zu Seibu gehörenden Baseballstadions besaß der Konzern weitere Hotels in Hawaii, Toronto, an der Goldküste Australiens, in Penang, Singapur und Alaska. Auch in Barcelona (Samaranchs Stadt) und Osteuropa wurden Bauvorhaben realisiert. Für die nächsten Jahre waren weitere Hotels geplant. Bislang wies also noch nichts darauf hin, daß die Bremse gezogen wurde.

Und trotz der wirtschaftlichen Schwierigkeiten des Landes war Yoshiaki laut *Forbes* noch immer der reichste Mann der Welt. 1993 ermittelte das Magazin durch gründliche Recherche für sein Vermögen einen Wert von 9 Milliarden Dollar. Wie üblich ging man davon aus, daß ihm Kokudo zu 40 Prozent gehörte. Wer der oder die Eigentümer der restlichen 60 Prozent waren, blieb weiterhin ein Rätsel. Doch Personen, die die Familie gut kannten, bestätigten, was viele bereits vermuteten: In Wirklichkeit war Yoshiaki der alleinige Eigentümer des ganzen Konzerns. Demzufolge war er keineswegs in finanziellen Schwierigkeiten. Sein Vermögen belief sich zumindest in der Theorie auf 22 Milliarden Dollar.

# Nachwort

Am 21. Juni 1993 meldete die angesehene japanische Wirtschaftszeitung *Nikkei* eine Sensation: »Seibu Railways und Saison schließen sich zusammen« lautete die Schlagzeile auf der Titelseite. In ihrem englischsprachigen Wirtschaftsmagazin benutzte sie eine noch deutlichere Formulierung: »Die Tsutsumi-Brüder begraben das Kriegsbeil.«[1] Jahrelang hatte die Presse alle Aktivitäten der Brüder aufmerksam verfolgt und stets mit ihrem gnadenlosen Konkurrenzkampf in Zusammenhang gebracht. Nun sah es so aus, als hätten sie Frieden geschlossen.

Für manche kam diese Nachricht gar nicht so unerwartet. Schon seit Jahren wurde bei jeder Krise der Saison-Gruppe gemunkelt, daß Yoshiaki ihr vielleicht aus der Klemme helfen oder sie womöglich übernehmen würde. Andere behaupteten, sie könnte so viele Schulden anhäufen, wie sie wolle, da die Banken sie aufgrund von Yoshiakis hohen Bankguthaben auch weiterhin unterstützen würden. Obwohl die beiden Imperien inzwischen völlig unabhängig voneinander waren, bestand zwischen ihnen doch eine nicht zu leugnende Beziehung.

Die wichtigste Voraussetzung für diese neue Entwicklung war Seijis Rücktritt. Die Belegschaft von Kokudo hielt nichts von Seiji, und die Mitarbeiter von Saison schimpften über Yoshiakis Arroganz, seinen Geiz und seine unlauteren Methoden zur Vermeidung von Steuern. Alle bestätigten, daß die beiden Brüder sich weder trafen noch auf andere Weise Verbindung miteinander aufnahmen. Doch viele ältere Mitarbeiter Seijis und Yoshiakis hatten vor der Aufteilung des Imperium jahrelang zusammengearbeitet und standen immer noch in Verbindung. Dieser älteren Generation gehörten auch die neuen Chefs von Saison an – das Triumvirat, das nach Seijis Rücktritt die Führung übernommen hatte. Sie hatten nichts gegen die Chefmanager der anderen Seite, unter denen viele ehemalige Kollegen waren. Außerdem wollten sie Seijis letzten großen Traum verwirklichen: ein eigenes Satellitenfernsehprogramm.

Nach Seijis Rücktritt verfolgte die Saison-Gruppe seine Vision weiter. Er hatte immer weit vorausgedacht. In seinen letzten Jahren als Präsident galt sein besonderes Interesse den aufregenden Entwicklungen auf dem Gebiet der neuen Medien.

Seiyu war längst keine reine Supermarktkette mehr. Inzwischen produzierte das Unternehmen sogar Filme – die meisten in Zusammenarbeit mit Robert Redfords Sundance Institute in den Vereinigten Staaten. Doch einige entstanden auch ohne fremde Hilfe, unter anderem ein Streifen von Mitsuo Yanagimachi mit dem Titel *Fire Festival*, der 1985 in Cannes den Grand Prix gewann.

Seiji verfolgte diese Filmprojekte mit großem Interesse und las vor Beginn der Dreharbeiten sogar die Drehbücher. Darüber hinaus baute er zusammen mit der japanischen Fernsehgesellschaft NHK eine neue Firma auf, die Filme und Fernsehproduktionen an- und verkaufte, und setzte sich intensiv mit neuen Technologien wie dem Satelliten- und dem Kabelfernsehen auseinander.

Der nächste Schritt war nahe. Saison brauchte einen eigenen Fernsehkanal. Er sollte der Unternehmensgruppe ganz neue Möglichkeiten eröffnen. Über das Fernsehen konnte man nicht nur Kultur und Nachrichten verbreiten, sondern auch Werbung machen und Produkte verkaufen (TV-Shopping). Im Jahr 1993 bot sich endlich eine Gelegenheit, dieses Vorhaben zu verwirklichen. Ein neuer Fernsehsatellit, der BS4, sollte die Einrichtung neuer Fernsehkanäle ermöglichen. Takaoka, der weißhaarige Präsident von Seiyu, der nun die mächtigste Figur in der Saison-Gruppe war, hatte seine Laufbahn als Journalist begonnen und teilte Seijis Begeisterung für das neue Projekt, doch jeder wußte, daß Seiji die treibende Kraft war. »Herr Tsutsumi verfolgt seine Pläne mit derselben Zielstrebigkeit wie eh und je«, soll Seijis Schwager Seiichi Mizuno, der Vizepräsident der Seibu-Kaufhauskette, in einem Interview mit der Zeitung *Nikkei* gesagt haben.[2]

Die Geschäftsleitung von Saison war fest entschlossen, das Satellitenprojekt zu verwirklichen, doch die Kosten waren beängstigend hoch. Insgesamt mußte die Gruppe 100 Milliarden Yen für technische Ausrüstung und Software aufbringen. Das wäre für jedes Unternehmen eine hohe Investition gewesen, doch die Saison-Gruppe konnte sich ein derart ehrgeiziges Projekt eigentlich gar nicht leisten. In diesem Jahr hatte die Seibu-Kaufhauskette zum ersten Mal seit ihrer Gründung im März 1940 Verluste gemacht. Nun war Mitsukoshi wieder das umsatzstärkste Kaufhaus des Landes.[3]

Saison mußte sich also nach einem finanzkräftigen Partner umsehen, und nach Seijis Rücktritt war der Weg frei für ein Bündnis, das vorher unmöglich gewesen wäre.

Es war gar nicht so erstaunlich, wie es auf den ersten Blick erschien. Yoshiakis Seibu-Gruppe hatte eine Zeitlang die Baseballspiele der Lions von TV-Saitama übertragen lassen. Der Fernsehsender hatte seinen Sitz in Tokorozawa, der Heimatstadt der Lions. Und die Saison-Gruppe war ebenfalls an TV-Saitama interessiert. Die beiden Imperien ergänzten einander perfekt. Saison konnte Beiträge aus den Bereichen Kunst und Kultur liefern, und Seibu sollte das Sportprogramm gestalten.

Den ersten Kontakt stellte Takaoka her. Er traf sich mit seinem alten Freund und ehemaligen Kollegen Iwao Nisugi, dem Präsidenten von Seibu Railways zu ersten Verhandlungen. Im Juni 1993 waren sie sich einig und gaben eine öffentliche Erklärung ab.

Nebenbei lösten sie noch ein anderes heikles Problem. Die Prince Hotels weigerten sich nach wie vor, die Saison-Kreditkarte als Zahlungsmittel anzuerkennen. Das war eine absurde Situation, die nun, da der Konflikt entschärft war, endlich bereinigt werden mußte. Schließlich verständigten Nisugi und Takaoka sich darauf, daß die Saison-Karte von nun an in allen Prince Hotels akzeptiert werden würde.

In Interviews betonte Takaoka, daß der Fernsehkanal das einzige gemeinsame Projekt der beiden Unternehmensgruppen sei; Pläne für eine umfassendere Zusammenarbeit bestünden nicht. Trotzdem verglichen die Medien die Annäherung zwischen den beiden Imperien mit der amerikanisch-sowjetischen Entspannungspolitik. Nach dem kalten Krieg zwischen den Konzernen schade ein Bankrott von Saison auch Seibu Railways. So wie Amerika inzwischen Rußland helfe, müsse nun die Eisenbahngesellschaft die Kaufhauskette unterstützen.

Seiji äußerte sich weiterhin sehr zurückhaltend. Nach seinem Rücktritt habe er damit nichts mehr zu tun, doch er begrüße natürlich alle Expansionspläne der Saison-Gruppe. Auf die Frage, ob er direkt mit Yoshiaki verhandele, antwortete er ganz sachlich: »Er ist der Eigentümer, doch ich bin zurückgetreten, daher wäre es merkwürdig, wenn ich zu ihm ginge. Wenn die Entscheidung auf administrativer Ebene gefällt werden kann, ist mir das recht.«[4]

Seit einiger Zeit waren auch auf politischer Ebene tiefgreifende Veränderungen im Gange, die zumindest teilweise eine Folge der Wirtschaftskrise waren. Nach einer Reihe spektakulärer Skandale mußte Shin Kanemaru, der mächtigste Drahtzieher in der japanischen Politik, den Hut nehmen. Inzwischen war allgemein bekannt, mit welchen Unsummen die japanische Wirtschaft dafür sorgte, daß das politische System des Landes »wie geschmiert« funktionierte.

Der Unmut in der Bevölkerung wuchs. Einige Liberaldemokraten, die diese Entwicklung vorausgesehen hatten, waren bereits aus der LDP ausgetreten und hatten eigene Faktionen gebildet. Ein Mißtrauensvotum zwang die Regierung von Kiichi Miyazawa, Neuwahlen anzuberaumen. Am 18. Juli 1993 erlitt die Liberaldemokratische Partei zur allgemeinen Überraschung die erste Wahlniederlage seit ihrer Gründung im Jahr 1955. Die von ehemaligen Liberaldemokraten gegründeten Splitterparteien koalierten mit einigen Oppositionsparteien und übernahmen die Regierung. Der neue Premierminister Morihiro Hosokawa war fest entschlossen, das politische System zu reformieren und die Wirtschaft anzukurbeln. Viele hielten die neuen gesetzlichen Bestimmungen, die er durchsetzte, für revolutionär und redeten von *Perestroika*. Doch in vielerlei Hinsicht waren die neuen politischen Führer konservativer als die alte Liberaldemokratische Partei.

Wie nicht anders zu erwarten, hatte die beiden Tsutsumi-Brüder auch zur neuen Regierung gute Beziehungen. Yoshiaki lernte Hosokawa Mitte der achtziger Jahre kennen, als der gutaussehende junge Adlige Gouverneur der Präfektur Kumamoto auf der im Süden Japans gelegenen Insel Kyushu wurde. Yoshiaki wollte damals die herrliche Landschaft am Fuße des erloschenen Vulkans Aso, der ein gutes Stück landeinwärts von Kumamoto liegt, für den Tourismus erschließen. Und Hosokawa wollte der Region Arbeitsplätze und Wohlstand bringen.

Mit Seibus Hilfe sollte aus der Gegend ein internationales Urlaubsgebiet, das »Karuizawa von Kyushu«, werden. In der üppigen grünen Landschaft am Fuße des Aso entstanden ein großes Hotel und ein Golfplatz, und an der Küste neue Badeorte. Die beiden Männer wurden Freunde. Ab und zu fuhren sie zusammen Ski. »Yoshiaki-*san* ist ein ungestümer Skifahrer«, soll Hosokawa einmal gesagt haben.[5] Und wenn Hosokawa im Sommer in seiner Familienvilla in Karuizawa weilte, traf er sich manchmal mit Yoshiaki zum Tennisspielen.

Auch Seiji kannte Hosokawa. Er hatte eine Zeitlang in einem inoffiziellen Beratungsgremium – der sogenannten Kumamoto

21st-Century-Group – gesessen, das Hosokawa zum Posten des Gouverneurs von Kumamoto verholfen hatte. Diesem gemischten Gremium gehörten auch führende Persönlichkeiten aus den Bereichen Kunst und Kultur an – unter anderem ein Theaterdirektor und der Avantgarde-Architekt Kisho Kurokawa. Seiji vertrat in diesem erlauchten Kreis die Geschäftswelt. Doch als Hosokawa Ministerpräsident wurde, wechselte Seiji in ein anderes politisches Lager über. Yoshiaki und Hosokawa verstanden sich deshalb so gut, weil Hosokawa erzkonservativ war. Yohei Kono, der neue Führer der abgewählten Liberaldemokratischen Partei, vertrat viel liberalere Positionen als der »neue Ministerpräsident für ein neues Zeitalter«. Kono hatte die Liberaldemokratische Partei auch einmal aus Protest gegen ihre »Geldpolitik« verlassen und die Oppositionspartei New Liberal Club gegründet, war jedoch später wieder eingetreten. Er war der politische Nachfolger von Seijis altem Freund, dem gebildeten und fortschrittlichen Miyazawa, dessen Faktion er nun anführte. Anfang 1994 wurde bekannt, daß Seiji eine Gruppe gegründet hatte, die sich für Kono stark machen wollte.

Wieder einmal standen die beiden grundverschiedenen Tsutsumi-Brüder in feindlichen Lagern.

Seit Yasujiros Aufbruch aus seinem Heimatdorf Yagiso war fast ein Jahrhundert vergangen. Fest entschlossen, dem Haus Tsutsumi Ehre zu machen, wie er es seinem Großvater versprochen hatte, hatte er ein Imperium aus Land und Macht aufgebaut, das Yoshiaki und Seiji nach seinem Tod in seinem Sinne weiterführen sollten. Jeder der beiden erbte auch einen Teil seiner Persönlichkeit und seiner Fähigkeiten; manche Beobachter behaupteten, beide zusammengenommen ergäben Yasujiro. Seiji und Yoshiaki bauten ihrerseits zwei völlig verschiedene Imperien auf, in denen es in den goldenen achtziger Jahren fast alles gab, was die Japaner begehrten. Doch trotz ihres großen Einflusses in der japanischen Gesellschaft blieben beide in gewisser Weise Außenseiter – wie ihr Vater.

Nach Jahrzehnten der Stabilität brachen in den neunziger Jahren für die Japaner unsichere Zeiten an. Hosokawa, in den viele so große Hoffnungen gesetzt hatten, blieb nicht einmal ein Jahr im Amt. Sein Nachfolger war der ehemalige Finanzminister Tsutomu Hata, einer der mächtigsten Drahtzieher hinter der Koalitionsregierung. Hata war Abgeordneter für den Wahlbezirk

Nagano und ein alter Freund Yoshiakis. Doch er konnte sich nur knapp zwei chaotische Monate lang an der Macht halten, dann wurde seine Regierung von einer völlig überraschenden Koalition zwischen der konservativen Liberaldemokratischen Partei und den Sozialisten gestürzt. Der neue Ministerpräsident wurde, ebenso unerwartet, der Führer der Sozialdemokraten, Tomiichi Murayama.

Welche Rolle würden die Tsutsumi-Brüder in diesem neuen, sich unaufhörlich verändernden Japan spielen? Berühmt für ihr Talent, gesellschaftliche Entwicklungen vorauszusehen, hatten sie sich längst auf die neue Zeit eingestellt. Im Gegensatz zu Seiji, der sich inzwischen hauptsächlich auf kulturellen Gebiet profilierte, hatte Yoshiaki keinen Grund, neue Prioritäten zu setzen; und dank seiner umfangreichen Beziehungen konnte er sicher sein, daß auch in Zukunft niemand an die Macht kommen würde, den er nicht bereits persönlich kannte.

Doch über der nächsten Generation schwebte ein großes Fragezeichen. Sie schien nicht diesen brennenden Ehrgeiz geerbt zu haben, der Yasujiro und seine beiden Söhne dazu getrieben hatte, sich riesige Imperien aufzubauen. Würde die Geschichte der Tsutsumis mit Seiji und Yoshiaki enden? Oder würden sie, wie schon so oft, die Welt mit einem völlig neuen Kapitel der Konzern-Geschichte überraschen?

# Dank

Meine Arbeit an diesem Buch wurde von vielen Menschen in dankenswerter Weise unterstützt. Zunächst möchte ich mich bei den Mitgliedern der Familie Tsutsumi bedanken, die sich sehr hilfsbereit und kooperativ zeigten. Seiji, Yoshiaki, Kuniko und Yuji Tsutsumi erklärten sich bereit, sich mit mir zu treffen und verschafften mir Zugang zu Personen, zu denen ich ohne ihre Vermittlung nie vorgedrungen wäre. Zu Dank verpflichtet bin ich auch Sir Terence Conran, der so freundlich war, mich mit Seiji Tsutsumi bekannt zu machen. Jeremy Hardie, Sue Henry, Graham McCallum, Chris McDonald, Sir Peter Parker und Ben Thorne öffneten mir ebenfalls viele Türen.

Innerhalb der Saison-Gruppe lieferten mir Seiji Tsutsumis Assistent Etsuko Miyairi, der Präsident der Seibu-Kaufhauskette Seiichi Mizuno, der Präsident von Credit Saison Toshio Takeuchi und viele andere nützliche Informationen. Katsutoshi Ozaki und der inzwischen pensionierte Hiroyuki Nishibe, die gemeinsam die Geschichte von Saison niederschreiben, opferten mir viel Zeit und ließen mich an ihrer Erinnerungen teilhaben. Danken möchte ich auch Yasuo Fukumoto von den Inter-Continental-Hotels in Großbritannien, der den Werdegang dieses Buches interessiert und unvoreingenommen verfolgte.

Die Werbeabteilung von Kokudo vermittelte mir viele wichtige Kontakte. Besonderen Dank schulde ich ihrem Direktor Nozomi Kawakami und dem Manager der Seibu Lions, Masaaki Mori.

Für ihre Gastfreundschaft und ihre freundliche Unterstützung in Karuizawa danke ich Kasuke Hoshino, Kaoru Iwata und seiner Familie, Masao Ezawa (in Nagano), Ichiro Koido, Matsuki Nakajima und Nobuo Tsuchiya.

Dank schulde ich auch allen nachfolgend Genannten, die mir Interviews gewährten oder auf andere Weise behilflich waren: Michio Akiyama, Mike Allen von Barclays de Zoete Wedd, Professor Eiichi Aoki von der Gakugei-Universität in Tokio, Jeffrey Archer, Setsu Asakura, Frau Aso, Arseny Besher, Martine

351

Bouché, Alan Catling, David Coleridge, Rodney Fitch, Sakumi Hagiwara, Sir Ralph Halpern, Takajiro Hamada, Bill Hersey, Kumiko Hirano, Ryuichi Ishida, Eiko Ishioka, Matsuko Ishizuka, Kunio Kamibayashi, Shizue Kato, Alex Kinmont von Morgan Stanley, Michihisa Kitashirawa, Kazuko Koike, Frau Kosugi aus dem Haus der Tsutsumis in Shimoyagi, Bernard Krisher, Tsuji Masuda, Michio Nagai, Tokuya Nagai, Bruce Osborne, Keiko Ruwhiu, Takayuki Suzuki von Merrill Lynch, Akiko Takahashi, Kumiko Takase von BZW, Takashi Takatsu von der Teikoku Databank, Yumiko Shimatsu, Torao Takazawa, Hideo Totsuka, Hiroshi Tsuruoka, Wedda Uyeda, Joy Walbert von Baring Securities, Michael Williams, Colin Woodhead, Ganri Yamashita, Takashi Yokota von Dentsu, Soichiro Yoshida, Toshiro Yoshie, Kunihiko Yoshimeki, Eitaro Yoshioka, Dr. Tsunehiko Yui.

Auch allen, die anonym bleiben wollten, möchte ich herzlich danken.

Von den vielen auf japanisch erschienenen Büchern über die Familie Tsutsumi lieferte mir vor allem Naoki Inoses Werk *Mikado no shōzō* [Porträt des Herrschers] wertvolle Anregungen.

Eine Fülle interessanter und aufschlußreicher Einzelheiten erfuhr ich von einigen japanischen Journalisten, die die Geschichte der Familie Tsutsumi seit Jahren aufmerksam verfolgen. Mein aufrichtiger Dank gilt Toshiaki Kaminogo, Koki Eikawa, Gentaro Taniguchi, Yasuo Hariki, Eiji Oshita, Hideki Otsuka, Yasunori Tateishi und Tatsuya Iwase.

Weitere nützliche Informationen verdanke ich den Journalisten: Kozo Abe von *Yukan Fuji*, Soichiro Arai, Yasuo Fujigane von *Toyo Keizai*, Nagaharu Hayabusa von *Asahi Shimbun*, Seigo Kimata von *Shūkan Bunshun*, Hiroshi Kusano, Yonosuke Miki, Mineo Noda, Makoto Sadaka, Yoichi Clark Shimatsu von der *Japan Times*, Gregory Starr, Henry Scott Stokes, Takao Toshikawa von *Insideline*, Robert Whiting und Karel von Wolferen. Besonders dankbar war ich für die Hilfe von John Roberts, der sich viel Zeit für meine Fragen nahm und mir seine umfangreiche Materialsammlung über Japan zur Verfügung stellte.

Ohne die tatkräftige Unterstützung meiner Forschungsassistenten wäre dieses Buch nie zustande gekommen. Chieko Tsuneoka erkannte stets sofort, was ich suchte und fand es für mich; sie beschaffte mir gute Übersetzungen und deckt mich bis zum heutigen Tag unermüdlich mit Material über die Familie Tsutsumi ein. Auch Itsuko Sugawara, Ann Hesugi und Shiho Sakamoto möchte ich für ihre engagierte Mitarbeit danken.

Meine Freundinnen und Freunde in Japan und in Großbritannien brachten mir viel Verständnis und Hilfsbereitschaft entgegen. Besonders dankbar bin ich meinen Bekannten in Tokio, die dafür sorgten, daß ich stets ein Dach über dem Kopf hatte: Carol Potter, Yuriko Kuchiki und Neil Gross, Nizam Hamid, Margaret Scott und Ben Rauch, Sho und Sachiko Ojima, Harriet und Stephen Cohen sowie Annie Cousin und Kazuto in Kamakura.

Simon und Takako Prentis waren meine Japanisch-Experten in London; von Takako stammt die Kalligraphie auf dem Einband.

Zu Dank verpflichtet bin ich auch Professor Arthur Stockwin vom Nissan-Institut in Oxford, der sich freundlicherweise bereit erklärte, den Text gegenzulesen; doch die Verantwortung für darin enthaltene Fehler trage selbstverständlich ich allein.

Jonathan Burnham und der ganzen Belegschaft von Chatto & Windus sowie meinem Agenten Gill Coleridge möchte ich hiermit ebenfalls meinen aufrichtigen Dank aussprechen.

Zum Schluß möchte ich noch dem Menschen danken, der mir die ganze Zeit über zur Seite stand, die erste Fassung las und Sonnenschein um mich verbreitete – danke, Kojo.


Mit freundlicher Erlaubnis der jeweiligen Verlage werden in diesem Buch Auszüge aus folgenden Werken wiedergegeben: *Mikado no shōzō* [Porträt des Herrschers] von Naoki Inose, Shōgakukan; *Seibu Okoku* [Das Seibu-Imperium] von Toshiaki Kaminogō, Kōdansha; *A Spring Like Any Other* von Tsujii Takashi, Kōdansha International; *Hōkō no kisetsu no nakade* [In the Season of Roaming] von Tsujii Takashi, Shinchōsha; *Kutō san-jū nen* [Dreißig Jahre Kampf] von Yasujiro Tsutsumi, Sankō Bunka Kenkyujo.


Dank gilt auch den folgenden Autoren, aus deren Werken in diesem Buch zitiert wird: Shigeki Manabe, *Tsutsumi Yoshiaki no keiei tamashii* [Das Management von Yoshiaki Tsutsumi]; Gentaro Taniguchi, *Tsutsumi Yoshiaki to Orimpikku* [Yoshiaki Tsutsumi und die Olympischen Spiele]; Takao Kaifu, »Itan no tōshō Seibu ōkoku Tsutsumi Yoshiaki no henshin« [Seibus Yoshiaki Tsutsumi, der Protagonist der Ketzerei, ändert sich] in

*Shūkan Asahi*; Kunio Kamibayashi, »Waga Tsutsumi ichizoku chi no himitsu« [Meine Familie Tsutsumi – das Geheimnis des Blutes] in *Shūkan Bunshun*; Foumiko Kometani, »The Conversation: Seiji Tsutsumi« in *Tokyo Journal*; Shigeki Manabe, »Tsutsumi Yoshiaki no yabō 1, 2, 6« [Yoshiaki Tsutsumis Ehrgeiz 1, 2, 6] und »Tsutsumi Yoshiaki chockugeki!« [Yoshiaki Tsutsumi Volltreffer!] in *Shūkan Gendai*; Yōnosuke Miki, »Kessen Hakone yama« [Die Entscheidungsschlacht von Hakone] in *Chuō Kōron*; »Zaikai saigo no kaibutsu no shi« [Der Tod des letzten Monsters in der Finanzwelt] und »Hakone yama kaitaku wo kisotta« [Konkurrenten bei der Erschließung von Hakone] in *Zaikai*; Mineo Noda & Tadashi Koyama, »Futatsu no Seibu wo eguru!« [Zwei Seibus werden geschaffen!] in *Gekkan Hoseki*; Makoto Sadaka, »Seibu tetsudō gurupu« [Die Seibu-Eisenbahngruppe] und »Ki ni kakaru ›hadaka no ōsama‹ no yukusue« [Das besorgniserregende Regiment des Tennos ohne Kleider] in *Asahi Journal*; Yasunori Tateishi, »PARCO seikō no makoto no kōsekisha« [Der wahre Schöpfer von Parcos Erfolg] in *Shokun!*, und »Seibu hyakkaten gurūpu zankoku monogatari« [Die grausame Geschichte der Seibu-Kaufhausgruppe] in *Shūkan Gendai*; Misao Tsutsumi, »Jigyō no oni to tomoni sanjūkyū ne« [39 Jahre mit dem Geschäftsgenie] in *Fujin Kōron*; und Jean Antoine, *Seiji Tsutsumi, ou, Les vertues de la fortune*, La Sept RTBG-BRT Cinéma et communication.

*Im Geschäftsleben muß man sich bis ans Gefängnistor wagen. Man geht bis zur Schwelle, doch man überschreitet sie nicht. So muß man es machen. Wenn man nur einmal hineingeht, ist man erledigt. Doch wenn man nie in die Nähe des Gefängnisses gerät, erreicht man gar nichts.*

YASUJIRO TSUTSUMI[1]

*Mein Großvater erzog meinen Vater. Er setzte von Anfang an große Erwartungen in ihn. Er investierte in ihn, gab seinetwegen sein Ehrenamt im Dorf und seine Arbeit als Leinenhändler auf und starb im Alter von vierundsiebzig Jahren. So vermittelte mein Großvater seine vierundsiebzig Jahre Erfahrung meinem Vater. Zählt man dessen eigene Lebenserfahrung aus fünfundsiebzig Jahren hinzu, kommt man auf einhundertfünfzig Jahre. Und wenn man zu diesen einhundertfünfzig Jahren noch meine fünfzig hinzurechnet, hat man insgesamt zweihundert Jahre Erfahrung. Darin liegt die Stärke der Seibu-Eisenbahngruppe – in der Lebensweisheit dreier Menschen. Sie ist das sichere Fundament meines Unternehmens.*

YOSHIAKI TSUTSUMI[2]

*Ich dachte, ich wüßte es zu vermeiden, in dem von meinem Vater geschaffenen Umfeld in seinen Sog zu geraten. Doch die dunklen Wolken seiner Handlungen verfolgten mich unaufhörlich, so sehr ich mich auch bemühte, sie zu verscheuchen. Ich hatte gehört, in mondhellen Nächten sei hinter Soldaten, die im Krieg Menschenfleisch gegessen hatten, um zu überleben, ein purpurner Ring zu sehen – ähnlich dem Lichtschein des Leuchtmooses. Ich fragte mich, ob Vater wohl ständig mit so einem Nimbus herumgelaufen war. Ich fürchte, kein Führer kann diesem Schicksal entrinnen... Manchmal denke ich, daß ich zumindest nie vergessen darf, daß auch ich mit einem purpurnen Nimbus belastet bin.*

TAKASHI TSUJII (SEIJI TSUTSUMI)[3]

# Anmerkungen

**Teil I**

Allgemeine Quellen: Tsutsumi, Yasujirō, *Kutō sanjū nen* [Dreißig Jahre Kampf]; *Shikaru* [Der Zankteufel]; *Watashi no rirekisho* [Meine Geschichte]; Chikui, Masayoshi, *Tsutsumi Yasujirō den* [Die Geschichte von Yasujiro Tsutsumi], Inose, Naoki, *Mikado no shōzō* [Porträt des Herrschers]; Kaminogō, Toshiaki, *Seibuōkoku* [Das Seibu-Imperium]; Tsujii, Takashi, *Hōkō no kisetsu no nakade* (In the Season of Roaming); Kamibayashi, Kunio, »Waga Tsutsumi ichizoku chi no himitsu« [Meine Familie Tsutsumi – das Geheimnis des Blutes]; Minichiello, Sharon, *Retreat from Reform: Patterns of political behaviour in interwar Japan*; Tsutsumi, Yasujirō, *Bridge across the Pacific*.

**Kapitel 1**

1. Tsutsumi, Yasujirō, *Kutō sanjū nen* [Dreißig Jahre Kampf], Sankō Bunka Kenkyūjo 1962.
2. Tsutsumi, Yasujirō, *Shikaru* [Der Zankteufel], Yōki Shōbō 1964.
3. Tsujii, Takashi, *Hōkō no kisetsu no nakade* (In the Season of Roaming), Shinchōsha 1969.
4. Kamibayashi, Kunio, »Waga Tsutsumi ichizoku chi no himitsu« [Meine Familie Tsutsumi – das Geheimnis des Blutes], *Shūkan Bunshun*, August 1987.
5. Ebenda
6. Tsutsumi, Yasujirō, *Kutō sanjū nen* [Dreißig Jahre Kampf], Sankō Bunka Kenkyūjo 1962.
7. *Kono hito kono michi* [Dieser Mann, dieser Weg], aufgezeichnet von NHK, April 1964.

**Kapitel 2**

1. Tsutsumi, Yasujirō, *Watashi no rirekisho* [Meine Geschichte], aus einer Sammlung von Kolumnen, die zwischen 1957 und 1969 in der Zeitung *Nihon Keizai Shimbun* erschienen.
2. Ebenda
3. Ōka, Yoshitak, *Five Politicial Leaders of Modern Japan*, ins Englische übersetzt von Fraser und Murray, University of Tokyo Press 1986.
4. Tsutsumi, Yasujirō, *Watashi no rirekisho* [Meine Geschichte], aus einer Sammlung von Kolumnen, die zwischen 1957 und 1969 in der Zeitung *Nihon Keizai Shimbun* erschienen.
5. Ebenda
6. Kinder waren ganz selbstverständlich das Eigentum des Vaters. Sie wurden gezeugt, um den väterlichen Familiennamen fortbestehen zu lassen. Im Falle einer Scheidung kehrte die Ehefrau zu ihren Eltern zurück. Die Kinder blieben dagegen beim Vater.
7. Tsutsumi, Yasujirō, *Bridge across the Pacific*, Sankō Cultural Research Institute 1964.
8. Tsutsumi, Yasujirō, *Watashi no rirekisho* [Meine Geschichte], aus einer Sammlung von Kolumnen, die zwischen 1957 und 1969 in der Zeitung *Nihon Keizai Shimbun* erschienen.

**Kapitel 3**

1. Zit. in: *Kyosei Tsutsumi Yasujirō* [Der große Yasujiro Tsutsumi], Tsuyoshi Nōma, Waka Shuppan 1966.
2. Inose, Naoki, *Mikado no shōzō* [Porträt des Herrschers], Shōgakkan 1986.
3. Ebenda
4. Nakajima, Matsuki, *Karuizawa hishochi 100 nen* [Der Sommerurlaubsort Karuizawa, 100 Jahre], Kokushokan kokai 1987.

## Kapitel 4

1. Tsujii, Takashi, *Hōkō no kisetsu no nakade* (In the Season of Roaming), Shinchōsha 1969.
2. Tsutsumi, Yasujirō, *Shikaru* [Der Zankteufel], Yūki Shōbō, 1964.
3. Kamibayashi, Kunio, »Waga Tsutsumi ichizoku chi no himitsu« [Meine Familie Tsutsumi – das Geheimnis des Blutes], *Shūkan Bunshun*, August 1987.
4. Inose, Naoki, *Mikado no shōzō* [Porträt des Herrschers], Shōgakkan 1986.
5. Ebenda
6. Tsutsumi, Yasujirō, *Watashi no rirekisho* [Meine Geschichte], aus einer Sammlung von Kolumnen, die zwischen 1957 und 1969 in der Zeitung *Nihon Keizai Shimbun* erschienen.
7. Dies war das Kabinett, das nach der Ermordung des Ministerpräsidenten Inukai gegründet wurde und von Admiral Makoto Saito geführt wurde. Es umfaßte Repräsentanten beider Parteien.
8. Minichiello, Sharon, *Retreat from Reform: Patterns of political behaviour in interwar Japan*, University of Hawaii Press 1984.
9. Tsutsumi, Yasujirō, *Watashi no rirekisho* [Meine Geschichte], aus einer Sammlung von Kolumnen, die zwischen 1957 und 1969 in der Zeitung *Nihon Keizai Shimbun* erschienen.
10. Tsutsumi, Yasujirō, *Bridge across the Pacific*, Sankō Cultural Research Institute 1964.
11. Tsujii, Takashi, *Hōkō no kisetsu no nakade* (In the Season of Roaming), Shinchōsha 1969.

## Kapitel 5

1. Tsutsumi, Yasujirō, *Watashi no rirekisho* [Meine Geschichte], aus einer Sammlung von Kolumnen, die zwischen 1957 und 1969 in der Zeitung *Nihon Keizai Shimbun* erschienen.
2. Tsutsumi, Yasujirō, *Bridge across the Pacific*, Sankō Cultural Research Institute 1964.
3. Tsujii, Takashi, *Hōkō no kisetsu no nakade* (In the Season of Roaming), Shinchōsha 1969.

## Kapitel 6

1. »Kiku to hoshi to gorin: Kōzoku kara supōtsu taishi e« (Chrysanthemum, star and Olympics: From the imperial family to ambassador of sport), in: Tsuneyoshi Takeda, *Bēsubōro Magajinsha*, 1977; zit. nach: Inose, Naoki, *Mikado no shōzō* [Porträt des Herrschers], Shōgakkan 1986.
2. Tsujii, Takashi, *Hōkō no kisetsu no nakade* (In the Season of Roaming), Shinchōsha 1969.
3. Gayn, Mark, *Japan Diary*, Charles E. Tuttle Company, Rutland, Vermont, und Tokio, Japan 1981 (Erstveröffentlichung 1948).
4. »Jū-ichi miyake kyō riseki: gojūichi hō go shin-seikatsu e« [Elf Adelshäuser wurden heute aus dem Register gestrichen: für einundfünfzig Menschen beginnt ein neues Leben], *Asahi Shimbun*, 14. Oktober 1947.
5. Inose, Naoki, *Mikado no shōzō* [Porträt des Herrschers], Shōgakkan 1986.

## Kapitel 7

1. *Seibu Group of Enterprises: Its characteristics, present conditions and future prospects*, Seibu 1961.
2. Aochi, Shin, »Gotō Keita to Tsutsumi Yasujirō: jimbutsu raibaru monogatari« [Keita Goto und Yasujiro Tsutsumi: Die Geschichte eines Konkurrenzkampfs], *Chūō Kōron*, Februar 1956.
3. Miki, Yōnosuke, »Zaikai saigo no kaibutsu no shi« [Der Tod des letzten Monsters in der Finanzwelt], *Zaikai*, 1. Juli 1964.

4. Miki, Yōnosuke, »Hakone yama kaitaku wo kisotta Gotō Keita to Pisutoru Tsu-tsumi« [Keita Goto und Pistole Tsutsumi: Konkurrenten bei der Erschließung von Hakone], *Zaikai*, 26. Februar 1991.
5. »Seibu-Linie gewinnt Schlacht um Straße«, *Japan Times*, 17. März 1961.

**Kapitel 8**

1. Tsutsumi, Misao, Jigyō no oni to tomoni sanjūkyū nen« [39 Jahre mit dem Ge-schäftsgenie], *Fujin Kōron*, 1964.
2. Die zwei führenden Parteien des rechten Flügels waren nach dem Krieg Yoshidas Liberale, die Nachfolgepartei der Vereinigung politischer Freunde aus der Zeit vor dem Krieg, und die Demokratische Partei, welche als Okumas Fortschrittspartei gegründet wurde. Yasujiro war wie vor dem Krieg Mitglied der Fortschritts- und der Demokratischen Partei. Die sozialistische Opposition war in zwei Teile ge-spalten, in einen linken und rechten Flügel. Es existierten auch viele kleinere Par-teien jeglicher Richtungen.
3. Murata, Kiyoaki, »Japan's biggest real estate man«, *Nippon Times*, 6. April 1954.
4. »Gichō fujin no meigi ryō. happyaku man en nari« [Der Preis für den Titel »Ehefrau des Parlamentspräsidenten« – acht Millionen Yen], *Sunday Mainichi*, 8. August 1954.
5. Tsutsumi, Yasujirō, *Kutō sanjū nen* [Dreißig Jahre Kampf], Sankō Bunka Kenkyūjo 1962.
6. Ebenda
7. Tsutsumi, Yasujirō, *Bridge across the Pacific*, Sankō Cultural Research Institute 1964.
8. Ebenda
9. »Doronuma no Tsutsumi ha ihan« (Tsutsumi faction's slough of violations), *Shiga nichi nichi shimbun*, 10. Dezember 1963.

**Teil II**

Allgemeine Quellen: Tsujii, Takashi, *Hōkō no kisetsu no nakade* (In the Season of Roaming) und *A Spring Like Any Other (Itsumo to onaji haru)*; Kaminogō, Toshiaki, *Seibu ōkoku* [Das Seibu-Imperium].

**Kapitel 9**

1. Tsujii, Takashi, *A Spring Like Any Other (Itsumo to onaji haru)*, ins Englische übersetzt von Beth Cary, Kodansha International, Tokio und New York 1992.
2. Tsujii, Takashi, *Hōkō no kisetsu no nakade* (In the Season of Roaming), Shin-chōsha 1969.
3. Ebenda
4. Antoine, Jean, *Seiji Tsutsumi, ou, Les Vertus de la fortune*, La Sept RTBF-BRT Cinéma et communication, in Zusammenarbeit mit FR3-Oceaniques, 1990.
5. Ebenda
6. Tsujii, Takashi, *Hōkō no kisetsu no nakade* (In the Season of Roaming), Shin-chōsha 1969.
7. Ebenda
8. Kometani, Foumiko, »The Conversation: Seiji Tsutsumi«, *Tokyo Journal*, Januar 1991.

**Kapitel 10**

1. Seiji Tsutsumi, Interview in: Antoine, Jean, *Seiji Tsutsumi, ou, Les Vertus de la fortune*, La Sept RTBF-BRT Cinéma et communication, in Zusammenarbeit mit FR3-Oceaniques, 1990.
2. *Seibu Group of Enterprises: Its characteristics, present conditions and future pro-spects*, Seibu 1961.

**Kapitel 11**

1. Akimoto, Yasushi, »Akimoto Yasushi no ›shachō‹ ni natta ›shōnen‹« [Yasushi Akimoto und der »Junge«, der »Präsident« wurde], *SPA*, 21. März 1990.
2. Ōshita, Eiji, *Waga seishun no Waseda* [Meine junge Waseda], Shōdensha 1991.
3. Inose, Naoki, *Mikado no shōzō* [Porträt des Herrschers], Shōgakkan 1986.
4. Ōshita, Eiji, *Waga seishun no Waseda* [Meine junge Waseda], Shōdensha 1991.

**Kapitel 12**

1. Hiroshi Okawa, Präsident von Tōei, zit. nach: Miki, Yōnosuke, »Zaikai saigo no kaibutsu no shi« [Der Tod des letzten Monsters in der Finanzwelt], *Zaikai*, 1. Juli 1964. Keidanren ist der japanische Verband für wirtschaftliche Organisation, Doyukai der Ausschuß für wirtschaftliche Entwicklung in Japan.
2. Hara, Hyō, »Tsutsumi Yasujirō shi wo itamu: Jō ni atsui jigyō no oni‹« [Trauer um Herrn Yasujiro Tsutsumi: einem warmherzigen ›Dämon des Geschäftslebens‹], *Asahi Shimbun*, 26. April 1964.
3. Miki, Yōnosuke, »Zaikai saigo no kaibutsu no shi« [Der Tod des letzten Monsters in der Finanzwelt], *Zaikai*, 1. Juli 1964.
4. Kaminogō, Toshiaki, *Seibu ōkoku* [Das Seibu-Imperium], Kōdansha Bunko 1985.
5. Antoine, Jean, *Seiji Tsutsumi, ou, Les Vertus de la fortune*, La Sept RTBF-BRT Cinéma et communication, in Zusammenarbeit mit FR3-Oceaniques, 1990.

**Teil III**

Allgemeine Quellen: Tsujii, Takashi, *Itsumo to onaji haru* [A Spring Like Any Other]; Kaminogō, Toshiaki, *Seibu ōkoku* [Das Seibu-Imperium] und *Shin Seibu ōkoku* [Das neue Seibu-Imperium]; Yasuda, *Tsutsumi Seiji: ... hikari to kage* [Seiji Tsutsumi: Licht und Schatten].

**Kapitel 13**

1. Aus: Tsujii, Takashi, *Age of Disorder*, aus dem Japanischen ins Englische übersetzt von Geoffrey Bownas, in: Mishima, Yukio, und Geoffrey Bownas (Hg.), *New Writing in Japan*, Penguin Books 1972.
2. Kometani, Foumiko, »The Conversation: Seiji Tsutsumi«, *Tokyo Journal*, Januar 1991.
3. Yasuda, Shinji, *Tsutsumi Seiji: ... hikari to kage* [Seiji Tsutsumi: Licht und Schatten], Paru shuppan 1985.
4. Kaminogō, Toshiaki, *Seibu ōkoku* [Das Seibu-Imperium], Kōdansha Bunko 1985.
5. Tateishi, Yasunori, »PARCO seikō no makoto no kōsekisha« [Der wahre Schöpfer von Parcos Erfolg], *Shokun!*, Juli 1989.

**Kapitel 14**

1. Aus: Tsujii, Takashi, *Quiet Town*, aus dem Japanischen ins Englische übersetzt von Geoffrey Bownas, in: Mishima, Yubio, und Geoffrey Bownas (Hg.), *New Writing in Japan*, Penguin Books 1972.

**Kapitel 15**

1. Ōshita, Eiji, »Seibu ōkoku no meishu wo uba e!« [Dem Seibu-Imperium die Führung entreißen!], *Gekkan Gendai*, Dezember 1984.
2. Kobayashi, Kazunari, *12 oku en no tochi wo motsu otoko no jigyō senryaku* [Die Geschäftsstrategie des Mannes, der Land im Wert von 1,2 Milliarden Yen besitzt], Paru shuppan 1985.
3. Die Trauerzeremonie war shintoistisch. Trauungen sind traditionsgemäß shintoistisch, Beerdigungen dagegen buddhistisch.
4. Kaminogō, Toshiaki, *Seibu ōkoku* [Das Seibu-Imperium], Kōdansha Bunko 1985.
5. »Japan: The young king of Prince Hotels«, *Business Week*, 13. Oktober 1973.
6. Ebenda.

7. Webb, Peter, mit Alan M. Field, »Family fortunes: Rising sons«, *Newsweek*, 23. August 1976.
8. Kaifu, Takao, »Itan no tōshō Seibu ōkoku Tsutsumi Yoshiaki no henshin« [Seibus Yoshiaki Tsutsumi, der Protagonist der Ketzerei, ändert sich], *Shūkan Asahi*, 18. Januar 1985.
9. Ebenda.
10. Kaminogō, Toshiaki, *Seibu ōkoku* [Das Seibu-Imperium], Kōdansha Bunko 1985.
11. Ebenda.

**Kapitel 16**

1. Manabe, Shigeki, »›Nagashima. Seibu‹ wo te hajimeni supōtsukai seiha e!« [Die Eroberung der Welt des Sports beginnt mit Nagashima und Seibu!], *Shūkan Gendai*, 4. Januar 1981.
2. Manabe, Shigeki, »Mōshin suru haken gundan no akilesu ken« [Die Achillesferse der Eroberungsarmee mit dem starken Anführer], *Shūkan Gendai*, 2. Juli 1981.
3. Ōshita, Eiji, *Waga seishun no Waseda* [Meine junge Waseda], Shōdensha 1991.
4. Whiting, Robert, *You Gotta Have Wa*, Macmillan Publishing Company, New York 1989.
5. Ebenda.
6. Miki, Yōnosuke, »Zaikai saigo no kaibutsu no shi« [Der Tod des letzten Monsters], *Zaikai*, 1. Juli 1964.
7. Tsutsumi, Seiji, »Rekidai sannin no shushō ni suikyo sareta hito« [Der Mann, der von drei Ministerpräsidenten empfohlen wurde], *Ikkosha*, November 1967.
8. Tanaka wurde im Juli 1976 verhaftet. Ihm wurde vorgeworfen, von der Lockheed Corporation Bestechungsgelder in Höhe von 2,1 Millionen Dollar erhalten zu haben, für die er sich während seiner Amtszeit als Ministerpräsident (von 1972 bis 1974) dafür einsetzen sollte, daß die All Nippon Airways Lockheed-Flugzeuge vom Typ Tristar kaufte. Das Gerichtsverfahren zog sich jahrelang hin, und Tanaka wurde in dieser Zeit viermal wiedergewählt. 1983 wurde er zu einer Geldstrafe und vier Jahren Gefängnis verurteilt, doch er legte sofort Berufung ein und wurde gegen Kaution aus der Haft entlassen.
9. Manabe, Shigeki, »Seikai rannyū de nani wo nerau no ka?!« [Mit welchem Ziel mischt er sich in die Politik ein?!], *Shūkan Gendai*, 28. Mai 1981.
10. Gemäß der Nachkriegsverfassung soll das Oberhaus aus »gebildeten und erfahrenen Personen« und aus Vertretern beruflicher Interessengruppen bestehen. 100 der insgesamt 252 Abgeordneten werden auf Landesebene gewählt, die übrigen 152 in den örtlichen Wahlkreisen.
11. Manabe, Shigeki, »Seikai rannyū de nani wo nerau no ka?!« [Mit welchem Ziel mischt er sich in die Politik ein?!], *Shūkan Gendai*, 28. Mai 1981.
12. Ebenda.
13. Ebenda.
14. Ebenda.

**Teil IV**

Allgemeine Quellen: Kaminogō, Toshiaki, *Shin Seibu ōkoku* [Das neue Seibu-Imperium]; Noda, Mineo, und Tadashi Koyama, »Futatsu no ›Seibu‹ wo eguru!« [Zwei Seibus werden geschaffen!]; Taniguchi, Gentaro, *Tsutsumi Yoshiaki to Orimpikku* [Yoshiaki Tsutsumi und die Olympischen Spiele]; Tsujii, Takashi, *Itsumo to onaji haru* (A Spring Like Any Other).

**Kapitel 17**

1. »Seibu ōkoku ›nazo no jotei‹ Misao san wo okuru« [Abschied von der »geheimnisvollen Königin« des Seibu-Imperiums], *Friday*, 7. Dezember 1984.
2. Tsujii, Takashi, *Itsumo to onaji haru* (A Spring Like Any Other), ins Englische übersetzt von Beth Carey, Kodansha International, Tokio und New York 1992.

3. Kaminogō, Toshiaki, *Shin Seibu ōkoku* [Das neue Seibu-Imperium], Kōdansha Bunko 1987.
4. Ebenda.
5. Tsutsumi, Misao, »Jigyō no oni to tomoni san-jū-kyū nen« [39 Jahre mit dem Geschäftsgenie], *Fujin Kōron*, 1964.
6. »Hassen nin sanretsu no ōsōgi no asa ...« [Am Morgen einer großen Trauerfeier, an der 8000 Menschen teilnahmen ...], *Shūkan Asahi*, November 1984.
7. Kaifu, Takao, »Itan no tōshō Seibu ōkoku Tsutsumi Yoshiaki no henshin« [Seibus Yoshiaki Tsutsumi, der Protagonist der Ketzerei, ändert sich], *Shūkan Asahi*, 18. Januar 1985.

**Kapitel 18**

1. Tsujii, Takashi, *Itsumo to onaji haru* [A Spring Like Any Other], ins Englische übersetzt von Beth Carey, Kodansha International, Tokio und New York 1992.
2. Kaminogō, Toshiaki, *Shin Seibu ōkoku* [Das neue Seibu-Imperium], Kōdansha Bunko 1987.
3. Ebenda.
4. Tasker, Peter, *Inside Japan*, Sidgwick & Jackson 1987.
5. Kaifu, Takao, »Itan no tōshō Seibu ōkoku Tsutsumi Yoshiaki no henshin« [Seibus Yoshiaki Tsutsumi, der Protagonist der Ketzerei, ändert sich], *Shūkan Asahi*, 18. Januar 1985.
6. Noda, Mineo, und Tadashi Koyama, »Futatsu no ›Seibu‹ wo eguru!« [Zwei Seibus werden geschaffen!], *Gekkan Hoseki*, Oktober 1986.
7. Kaminogō, Toshiaki, *Shin Seibu ōkoku* [Das neue Seibu-Imperium], Kōdansha Bunko 1987.
8. Ebenda.
9. Horsley, William, und Roger Buckley, *Nippon New Superpower*, BBC Books 1990.
10. »Japanese Buyer of Renoir, van Gogh was prepared to pay even higher«, *Asahi Evening News*, 19. Mai 1990.
11. Horsley, William, und Buckley, *Nippon New Superpower*, BBC Books 1990.
12. Aus der *New York Times* vom Oktober 1988, zit. in Bornoff, Nick, »Japan's apostle of *raifustairu* [Lebensstil]«, *Asian Advertising & Marketing*, Juni 1990.
13. Ogihara, Makiko, »Hotel deal revives Seibu fraternal rivalry«, *Japan Economic Journal*, 30.–31. Dezember 1988.
14. »Seibu Saison boosts hotel business«, *Tokyo Business Today*, März 1989.
15. Allen, Mike, »Seiyu: a dynamic reassessment«, Forschungsbericht Barclays de Zoete Wedd, 31. Juli 1992.
16. »Seibu Saison boosts hotel business«, *Tokyo Business Today*, März 1989.
17. Allen, Mike, »Seiyu: a dynamic reassessment«, Forschungsbericht Barclays de Zoete Wedd, 31. Juli 1992.

**Kapitel 19**

1. In: *Nikkei Bijinesu*, 7. Mai 1990, zit. nach: Taniguchi, Gentaro, *Tsutsumi Yoshiaki to Orimpikku: Yabō no kiseki* [Yoshiaki Tsutsumi und die Olympischen Spiele: In den Bahnen seines Ehrgeizes], San-ichi shōhō 1992.
2. Kaifu, Takao, »Itan no tōshō Seibu ōkoku Tsutsumi Yoshiaki no henshin ›chichi no kage‹ wo fukkiraseta ›haha no shi‹« (Seibus Yoshiaki Tsutsumi, der Protagonist der Ketzerei, ändert sich. »Der Tod seiner Mutter« befreit ihn vom »Schatten seines Vaters«], *Shūkan Asahi*, 18. Januar 1985.
3. Noda, Mineo, und Tadashi Koyama, »Futatsu no ›Seibu‹ wo eguru! Tsutsumi Yoshiaki vs. Tsutsumi Seiji no taiketsu ima shintenkai! Rettō seiha e zemmen sensō totsunyū« [Zwei Seibus werden geschaffen! Neue Entwicklung in der Konfrontation zwischen Yoshiaki Tsutsumi und Seiji Tsutsumi! Offener Krieg um die Kontrolle des Archipels], *Gekkan Hoseki*, Oktober 1986.
4. Kinmont, A., und K. Ohtsuki, »Railways sector research (9002): Seibu Railway«, Credit Lyonnais Alexanders Laing & Cruikshank Securities, Japan, August 1988.

5. Kobayashi, Kazunari, Tsutsumi Yoshiaki: *12 oku en no tochi wo motsu otoko no jigyō senryaku* [Yoshiaki Tsutsumi: Die Geschäftsstrategie des Mannes, der Land im Wert von 1,2 Milliarden Yen besitzt], Paru shuppan 1985.
6. Sato, Seichu, »Making full use of people«, *Business Tokyo*, September 1987.
7. Noda, Mineo, und Tadashi Koyama, »Futatsu no ›Seibu‹ wo eguru! Tsutsumi Yoshiaki vs. Tsutsumi Seiji no taiketsu ima shintenkai! Rettō seiha e zemmen sensō totsunyū« [Zwei Seibus werden geschaffen! Neue Entwicklung in der Konfrontation zwischen Yoshiaki Tsutsumi und Seiji Tsutsumi! Offener Krieg um die Kontrolle des Archipels], *Gekkan Hoseki*, Oktober 1986.
8. Ebenda
9. Kinmont, A., und K. Ohtsuki, »Railways sector research (9002): Seibu Railway«, Credit Lyonnais Alexanders Laing & Cruikshank Securities, Japan, August 1988.
10. Taniguchi, Gentaro, *Tsutsumi Yoshiaki to Orimpikku: Yabō no kiseki* [Yoshiaki Tsutsumi und die Olympischen Spiele: In den Bahnen seines Ehrgeizes], San-ichi shōhō 1992.
11. »JOC läßt Vorhaben für eine Abfahrtsstrecke im Shiga-Hochland von Nagano fallen«, *Asahi Evening News*, 5. April 1990.
12. »JOC-Vorsitzender Tsutsumi bietet Rücktritt an«, *Yomiuri*-Zeitung, 13. April 1990.
13. Taniguchi, Gentaro, *Tsutsumi Yoshiaki to Orimpikku: Yabō no kiseki* [Yoshiaki Tsutsumi und die Olympischen Spiele: In den Bahnen seines Ehrgeizes], San-ichi shōhō 1992.
14. »Wir können Yoshiaki Tsutsumi lachen hören«, *Shūkan Bunshun*, 27. Juni 1991.
15. Taniguchi, Gentaro, *Tsutsumi Yoshiaki to Orimpikku: Yabō no kiseki* [Yoshiaki Tsutsumi und die Olympischen Spiele: In den Bahnen seines Ehrgeizes], San-ichi shōhō 1992.

**Kapitel 20**

1. Aus »A Stone Monument on a Fine Day«, in: Tsujii, Takashi, *A Stone Monument on a Fine Day: selected poems*, ins Englische übersetzt von Hisao Kanaseki und Timothy Harris, Libro Port 1990.
2. Kometani, Foumiko, »The Conversation: Seiji Tsutsumi«, *Tokyo Journal*, Januar 1991.
3. »Head of Saison conglomerate steps down«, *Japan Times*, 14. Januar 1991.
4. Zu dieser Zeit wurden die Schulden der Saison-Gruppe auf 17,8 Milliarden Dollar geschätzt.
5. Nach *Forbes*, 22. Juli 1991, verloren die Inter-Continental-Hotels im Jahr 1989 63 Millionen Dollar und 1990 26 Millionen Dollar. Für 1991 wurde ein Verlust von 34 Millionen Dollar vorhergesagt.
6. Tateishi, Yasunori, »Seibu hyakkaten gurūpu zankoku monogatari« [Die grausame Geschichte der Seibu-Kaufhausgruppe], *Shūkan Gendai*, 21. August 1993.
7. Kaifu, Takao, »Itan no tōshō Seibu ōkoku Tsutsumi Yoshiaki no henshin ›chichi no kage‹ wo fukkiraseta ›haha no shi‹« [Seibus Yoshiaki Tsutsumi, der Protagonist der Ketzerei, ändert sich. »Der Tod seiner Mutter« befreit ihn vom »Schatten seines Vaters«], *Shūkan Asahi*, 18. Januar 1985.

**Nachwort**

1. *Nihon Keizai Shimbun* (Japan Economic Journal), 21. Juni 1993; *Nikkei Weekly*, 28. Juni 1993.
2. »Seibu tetsudō to Sezon ga jigyō kyōryoku« [Seibu Railways und Saison schließen sich zusammen], *Nihon Keizai Shimbun*, 22. Juni 1993.
3. *Kyōdō*, 26. April 1993.
4. »Seibu tetsudō to Sezon ga jigyō kyōryoku« [Seibu Railways und Saison schließen sich zusammen], *Nihon Keizai Shimbun*, 22. Juni 1993.
5. »Hosokawa Morihiro: ›Saidai no jakuten‹ uyoku to kane« [Morihiro Hosakawa: Größter Schwachpunkt – Mann vom rechten Flügel mit Geld], *Shūkan Bunshun*.

**Dank**

1. Zit. in Sadaka, Makoto, »Seibu tetsudō gurupu« [Seibu-Eisenbahngruppe], *Asahi Journal*, 1987.
2. Zitiert in Ōshita, Eiji, »Seibu ōkoku no meishu wo uba e!« [Dem Seibu-Imperium die Führung entreißen!], *Gekkan Gendai*, Dezember 1984.
3. In Tsujii, Takashi, *Itsumo to onaji haru* (A Spring Like Any Other), ins Englische übersetzt von Beth Carey, Kodansha International, Tokio und New York 1992.

# Bibliographie

**Literatur in japanischer Sprache**

**Bücher**

Chikui, Masayoshi, *Tsutsumi Yasujirō den* [Die Geschichte von Yasujiro Tsutsumi], Tōyōshokan 1955.

Eikawa, Kōki, *Tsutsumi Yoshiaki no hassō* [Yoshiaki Tsutsumis Konzept], KK Besutoserāzu 1984.

Inose, Naoki, *Mikado no shōzō* [Porträt des Herrschers], Shōgakkan 1986.

Inose, Naoki, *Tochi no shinwa* [Die Legende vom Land], Shōgakkan 1988.

Kaminogō, Toshiaki, *Seibu ōkoku* [Das Seibu-Imperium], Kōdansha Bunko 1985.

Kaminogō, Toshiaki, *Shin Seibu ōkoku* [Das neue Seibu-Imperium], Kōdansha Bunko 1987.

Kobayashi, Kazunari, *Tsutsumi Yoshiaki: 12 oku en no tochi wo motsu otoko no jigyō senryaku* [Yoshiaki Tsutsumi: Die Geschäftsstrategie des Mannes, der Land im Wert von 1,2 Milliarden Yen besitzt], Paru shuppan 1985.

Manabe, Shigeki, *Tsutsumi Yoshiaki no keiei tamashii: Jūnen mae ni katsu* [Das Management von Yoshiaki Tsutsumi: Zehn Jahre im voraus gewinnen], Kōdansha 1986.

Nakajima, Matsuki, *Karuizawa hishochi 100 nen* [Der Sommerurlaubsort Karuizawa, 100 Jahre], Kokushokan kokai 1987.

Narishima, Tadaaki, *Seibu no subete* [Alles über Seibu], Nihon jitsugyō shuppansha 1989.

Ōshita, Eiji, *Waga seishun no Waseda* [Meine junge Waseda], Shōdensha 1991.

Shishi, Bunroku, *Hakone yama* [Der Berg Hakone], Asahi shimbunsha 1968.

Taniguchi, Gentaro, *Tsutsumi Yoshiaki to Orimpikku: Yabō no kiseki* [Yoshiaki Tsutsumi und die Olympischen Spiele: In den Bahnen seines Ehrgeizes], San-ichi shōhō 1992.

Tsujii, Takashi, *Hōkō no kisetsu no nakade* [In the Season of Roaming], Shinchōsha 1969.

Tsutsumi, Yasujirō, *Kutō sanjū nen* [Dreißig Jahre Kampf], Sankō Bunka Kenkyūjo 1962.

Tsutsumi, Yasujirō, *Shikaru* [Der Zankteufel], Yūki Shōbō 1964.

Tsutsumi, Yasujirō, *Watashi no rirekisho* [Meine Geschichte], aus einer Sammlung von Kolumnen, die zwischen 1957 und 1969 in der Zeitung *Nihon Keizai Shimbun* erschienen.

Yasuda, Shinji, *Tsutsumi Seiji: Seibu ryūtsū gurūpu wo kizuita otoko no hikari to kage* [Seiji Tsutsumi: Licht und Schatten des Mannes, der die Seibu-Einzelhandelsgruppe aufbaute], Paru shuppan 1985.

*Asaka-miya-tei no āru. deko* [Der Art-déco-Stil des Asaka-Palastes], Tōkyō-to bunka shinkōkai 1986.

*Katabami: Tsutsumi kaichō tsuitō tokubetsu gō [Katabami*-Magazin: Sonderausgabe zum Gedenken an Präsident Tsutsumi], Nr. 52, 15. Mai 1964.

*Nihon no shōzō: Kyu ōzoku. Kazoku hizō arubamu* [Porträt Japans: Die alten Herrscherfamilien; Album der Schätze des Hochadels], Mainichi shimbunsha 1990.

*Seibu vs Tōkyū: Rettō seiha e no tatakai* [Seibu gegen Tokyu: Der Kampf um die Kontrolle des Archipels], hrsg. vom Urlaubsmagazin *Nikkei rizōto*, Nihon keizai shimbunsha 1992.

*Sezon no rekishi: henkaku no dainamizumu* [Die Geschichte von Saison: Die Dynamik revolutionärer Veränderungen], hrsg. von Tsunehiko Yui et al., Libro Port 1991 (4 Bände).

**Zeitungsartikel**

Akimoto, Yasushi, »Akimoto Yasushi no ›shachō‹ ni natta ›shōnen‹« [Yasushi Akimoto und der »Junge«, der »Präsident« wurde], *SPA*, 21. März 1990.

Aochi, Shin, »Gotō Keita to Tsutsumi Yasujirō: jimbutsu raibaru monogatari« [Keita Goto und Yasujiro Tsutsumi: Die Geschichte eines Konkurrenzkampfs], *Chuō Kōron*, Februar 1956.

Aoki, Eiichi, »Seibu tetsudō no ayumi« [Die Geschichte von Seibu Railway], in *Tetsudō pikutoriaru* (Eisenbahn-Illustrierte), Nr. 560, Mai 1992, Sonderausgabe über Seibu Railways.

Kaifu, Takao, »Itan no tōshō Seibu ōkoku Tsutsumi Yoshiaki no henshin ›chichi no kage‹ wo fukkiraseta ›haha no shi‹« (Seibus Yoshiaki Tsutsumi, der Protagonist der Ketzerei, ändert sich. »Der Tod seiner Mutter« befreit ihn vom »Schatten seines Vaters«], *Shūkan Asahi*, 18. Januar 1985.

Kamibayashi, Kunio, »Waga Tsutsumi ichizoku chi no himitsu« [Meine Familie Tsutsumi – das Geheimnis des Blutes], *Shūkan Bunshun*, August 1987.

Manabe, Shigeki, »Seikai rannyū de nani wo nerau no ka?! Tsutsumi Yoshiaki no yabō 1« [Mit welchem Ziel mischt er sich in die Politik ein?! Yoshiaki Tsutsumis Ehrgeiz 1], *Shūkan Gendai*, 28. Mai 1981.

Manabe, Shigeki »›Nagashima. Seibu‹ wo tehajimeni supōtsukai seiha e!: Tsutsumi Yoshiaki no yabō 2« [Die Eroberung der Welt des Sports beginnt mit Nagashima und Seibu!: Yoshiaki Tsutsumis Ehrgeiz 2], *Shūkan Gendai*, 4. Juni 1981.

Manabe, Shigeki, »Mōshin suru haken gundan no akilesu ken: Tsutsumi Yoshiaki no yabō 6« [Die Achillesferse der Eroberungsarmee mit dem starken Anführer: Yoshiaki Tsutsumis Ehrgeiz 6], *Shūkan Gendai*, 2. Juli 1981.

Manabe, Shigeki, »Tsutsumi Yoshiaki chokugeki!« [Yoshiaki Tsutsumi Volltreffer!], *Shūkan Gendai*, Ende 1987 (genaues Datum unbekannt).

Miki, Yōnosuke, »Kessen Hakone yama« [Die Entscheidungsschlacht von Hakone], *Chūō Kōron*, August 1957.

Miki, Yōnosuke, »Zaikai saigo no kaibutsu no shi« [Der Tod des letzten Monsters in der Finanzwelt], *Zaikai*, 1. Juli 1964.

Miki, Yōnosuke, »Hakone yama kaitaku wo kisotta Gotō Keita to Pisutoru Tsutsumi« [Keita Goto und Pistole Tsutsumi: Konkurrenten bei der Erschließung von Hakone], *Zaikai*, 26. Februar 1991.

Noda, Mineo, und Tadashi Koyama, »Futatsu no ›Seibu‹ wo eguru! Tsutsumi Yoshiaki vs. Tsutsumi Seiji no taiketsu ima shintenkai! Rettō seiha e zemmen sensō totsunyū« [Zwei Seibus werden geschaffen! Neue Entwicklung in der Konfrontation zwischen Yoshiaki Tsutsumi und Seiji Tsutsumi! Offener Krieg um die Kontrolle des Archipels], *Gekkan Hoseki*, Oktober 1986.

Ōhashi, Masaaki, »Eigakai yurugasu Pari no nihon musume« [Japanisches Mädchen in Paris sorgt in der Filmwelt für Aufruhr], *Shūkan Tōkyō*, 14. Dezember 1957.

Ōshita, Eiji, »Seibu ōkoku no meishu wo uba e! Tsutsumi Seiji vs. Tsutsumi Yoshiaki – kotsuniku no zemmen senso« [Dem Seibu-Imperium die Führung entreißen! Seiji Tsutsumi gegen Yoshiaki Tsutsumi – totaler Bruderkrieg], *Gekkan Gendai*, Dezember 1984.

Sadaka, Makoto, »Seibu tetsudō gurupu« [Seibu-Eisenbahngruppe], *Asahi Journal*, 1987.

Sadaka, Makoto, »Ki ni kakaru ›hadaka no ōsama‹ no yukusue« [Das besorgniserregende Regiment des Tennos ohne Kleider], *Asahi Journal*, 1987.

Tateishi, Yasunori, »Tetsugaku naki bōchō no yukue: Tsutsumi Seiji kyōki no keiei, dai san bu« [Planlose Expansion: Seiji Tsutsumis verrückter Führungsstil, Teil 3], *Shokun!*, Juli 1989.

Tateishi, Yasunori, »PARCO seikō no makoto no kōsekisha: Tsutsumi Seiji kyōki no keiei, dai yon bu« [Der wahre Schöpfer von Parcos Erfolg: Seiji Tsutsumis verrückter Führungsstil, Teil 4], *Shokun!*, August 1989.

Tateishi, Yasunori, »Seibu hyakkuten gurūpu zankoku monogatari« [Die grausame Geschichte der Seibu-Kaufhausgruppe], *Shūkan Gendai*, 21. August 1993.

Tsutsumi, Misao, »Jigyō no oni to tomoni sanjūkyū nen« [39 Jahre mit dem Geschäftsgenie], *Fujin Kōron*, 1964.

Tsutsumi, Misao, »Shikaru nushi wo ushinatte« [Ohne den Zankteufel], Nachwort für Yasujiro Tsutsumis Buch *Shikaru* [Der Zankteufel].

Tsutsumi, Seiji, »Rekidai sannin no shushō ni siukyo sareta hito« [Der Mann, der von drei Ministerpräsidenten empfohlen wurde] in *Ningen. Yamashita Ganri* [Ganri Yamashita; der Mensch], *Ikkosha*, November 1967.

Yamanaka, Keiko, »Une Vie à l'étranger 3: Tsutsumi Kunikol hanayakana seikō no kage ni« [Ein Leben im Ausland 3: Kuniko Tsutsumi: hinter dem strahlenden Erfolg], *La Seine*, 1990.

Yamashita, Tsuyoshi, »Tsutsumi Yasujirō shi no haka wo meguru ›kaidan‹ [Geisterge-schichten, die sich um das Grab Yasujiro Tsutsumis ranken], *Hōseki*, September 1975.
»Gichō fujin no meigi ryō. happyaku man en nari« [Der Preis für den Titel »Ehefrau des Parlamentspräsidenten« – acht Millionen Yen], *Sunday Mainichi*, 8. August 1954.
»Hassen nin sanretsu no ōsōgi no asa, ›hikage no mi‹ no mama itta haha wo miokuru Tsutsumi Yoshiaki shi. Seibu no teiō ga miseta namida« [Am Morgen einer großen Trauerfeier, an der 8000 Menschen teilnahmen, nahm Yoshiaki Tsutsumi Abschied von seiner Mutter, die bis zu ihrem Tod »die Frau im Schatten« blieb. Der Seibu-Imperator vergoß Tränen], *Shūkan Asahi*, November 1984.
»Hosokawa Morihiro: ›Saidai no jakuten‹ uyoku to kane« [Morihiro Hosokawa: Größ-ter Schwachpunkt – Rechter mit Geld], *Shūkan Bunshun*, 9. Juli 1992.
»Hosokawa sōri ga ›Seibu‹ ni ashi wo mukerarenai ›jisseki‹« [Der »wahre Hintergrund« von Premierminister Hosokawas Verpflichtung gegenüber Seibu], *Shūkan Shincho*, 21. Oktober 1993.
»Hyakkaten mo hoteru mo fushin: Tsutsumi Seiji no ›intai‹ wa tekizen tōbō da« [Kauf-häuser und Hotels in der Krise: Seiji Tsutsumis Rücktritt ist in Wirklichkeit eine Flucht vor dem Feind], *Shūkan Bunshun*, 25. Januar 1991.
»Jitaku tokusetsu rinku de kitaete zenkoku rankingu 7 kurai. Tsutsumi Yoshiaki shi no chōnan. Masatoshi kun wa ›sukebo‹ meijin« [Der Siebtbeste im Land trainiert zuhause auf einer eigens für ihn eingerichteten Skateboard-Bahn. Yoshiaki Tsu-tsumis ältester Sohn ist Skateboard-Champion], *Friday*, 10. August 1990.
»Jū-ichi miyake kyō riseki: gojūichi hō go shin-seikatsu e« [Elf Adelshäuser wurden heute aus dem Register gestrichen: für einundfünfzig Menschen beginnt ein neues Leben], *Asahi Shimbun*, 14. Oktober 1947.
»Kechi fudoki: Kifu nante no wa dai kirai« [Eine Aussage, die für ein Klima des Geizes spricht: Es widerstrebt mir, etwas zu verschenken], *Asahi Shimbun*, 19. Juli 1987.
»›Purinsesu‹ Tsutsumi Kuniko san shōshin no hibi« [»Prinzessin« Kuniko Tsutsumis leidvolle Tage], *Sankei Shimbun*, 25. November 1979.
»Seibu ōkoku ›nazo no jotei‹ Misao san wo okuru Tsutsumi Seiji famirī no igaina hyōjō [Mit fassungslosen Gesichtern nahmen Seiji Tsutsumi und seine Familie Abschied von der »geheimnisvollen Königin« des Seibu-Imperiums], *Friday*, 7. Dezember 1984.
»Seibu Sezon no purinsu Tsutsumi Koji shi to hōman aidoru Takeda Kumiko no ›kōsai‹ hakkaku« [Verhältnis zwischen dem Prinzen von Seibu Saison und dem Sex-idol Kumiko Takeda enthüllt], *Shūkan Gendai*, 7. Juli 1990.
»Seibu tetsudō to Sezon ga jigyō kyoryoku: Yukidoke e no dai ichi bu« [Seibu Railway und Saison schließen sich zusammen: erster Schritt zu einer Versöhnung], *Nihon Keizai Shimbun*, 22. Juni 1993.
»Sōni-san ga eiga-gaisha wo baishū shita yōni, jibun mo eiga jigyō ga kongo ōkina pointo wo shimeru to omotte yatteiru wake desu« [So wie Sony eine Filmgesell-schaft kaufte, kaufe auch ich eine, weil die Filmindustrie eine große Zukunft hat], *Shūkan Posuto*, 16. Februar 1992.
»Sōsaisen ni katsuyaku shita ›Tsutsumi kyōdai‹ no shōhai« [Gewinne und Verluste der Brüder Tsutsumi, die sich in die Präsidentenwahl stürzten], *Shūkan Shincho*, 1987.
»Tsutsumi Asako san. 30 sai no sugao« [Das ungeschminkte Gesicht der 30jährigen Asako Tsutsumi], *Josei Sebun*, 23. Oktober 1968.
»Tsutsumi Seiji ›dokushin shugi‹ no zasetsu« [Seiji Tsutsumis Vorsatz, Junggeselle zu bleiben, gescheitert], *Shūkan Bunshun*, 21. Oktober 1968.

### Literatur in englischer Sprache

#### Bücher
Beasley, W. G., *The Rise of Modern Japan*, Charles E. Tuttle Company, Rutland, Ver-mont, und Tokio, Japan, 1990.
Behr, Edward, *Hirohito: Behind the myth*, Hamish Hamilton 1989.
Bergamini, David, *Japan's Imperial Conspiracy*, William Morrow und Co., New York 1971.
Fewster, Stuart, und Tony Gorton, *Japan: From shogun to superstate*, Paul Norbury Publications 1987.

Gayn, Mark, *Japan Diary*, Charles E. Tuttle Company, Rutland, Vermont, und Tokio, Japan, 1981 (Erstveröffentlichung 1948).

Horsley, William, und Roger Buckley, *Nippon New Superpower: Japan since 1945*, BBC Books 1990.

Kosaka, Masataka, *A History of Postwar Japan*, Kodansha International, Tokio und New York 1972.

Minichiello, Sharon, *Retreat from Reform: Patterns of political behaviour in interwar Japan*, University of Hawaii Press 1984.

Mishima, Yukio, und Geoffrey Bownas (Hg.), *New Writing in Japan*, Penguin Books 1972.

Ōka, Yoshitaka, *Five Politicial Leaders of Modern Japan*, ins Englische übersetzt von Fraser und Murray, University of Tokyo Press 1986.

Packard, Jerrold M., *Sons of Heaven: A portrait of the Japanese monarchy*, Charles Scribner's Sons, New York 1987.

Richards, Tom, und Charles Rudd, *Japanese Railways in the Meiji Period 1868–1912*, Brunel University 1991.

Roberts, John G., *Mitsui: Three centuries of Japanese business*, Weatherhill, New York und Tokio 1973.

Stokes, Henry Scott, *The Life and Death of Yukio Mishima*, Charles E. Tuttle Company, Rutland, Vermont, und Tokio, Japan, 1975.

Seidensticker, Edward, *Low City, High City: Tokyo from Edo to the earthquake, 1867–1923*, Alfred A. Knopf, New York 1983.

Seidensticker, Edward, *Tokyo Rising: The city since the great earthquake*, Alfred A. Knopf, New York 1990.

Tasker, Peter, *Inside Japan: Wealth, work and power in the new Japanese empire*, Sidgwick & Jackson 1987.

Tsujii, Takashi, *A Stone Monument on a Fine Day: selected poems*, ins Englische übersetzt von Hisao Kanaseki und Timothy Harris, Libro Port 1990.

Tsujii, Takashi, *A Spring Like Any Other (Itsumo to onaji haru)*, ins Englische übersetzt von Beth Cary, Kodansha International, Tokio und New York 1992.

Tsutsumi, Yasujirō, *Bridge across the Pacific*, Sankō Cultural Research Institute 1964.

Vining, Elizabeth Gray, *Windows for the Crown Prince: Akihito of Japan*, Charles E. Tuttle Company, Rutland, Vermont, und Tokio, Japan, 1989 (Erstveröffentlichung 1952).

Waley, Paul, *Tokyo Now and Then: An explorer's guide*, Weatherhill, New York und Tokio 1984.

Whiting, Robert, *The Chrysanthemum and the Bat*, Dodd, Mead und Co., New York 1977.

Whiting, Robert, *You Gotta Have Wa: When two cultures collide on the baseball diamond*, Macmillan Publishing Company, New York 1989.

Yoshida, Shigeru, *The Yoshida Memoirs*, ins Englische übersetzt von Kenichi Yoshida, Heinemann 1961.

*Seibu Group of Enterprises: Its characteristics, present conditions and future prospects*, Seibu 1961.

*Waseda University: A photographic history of 100 years (1882–1982)*, Waseda University 1982.

**Zeitungsartikel**

Abe, Yoshibumi, »Saison founder wields power behind curtain«, *Nikkei Weekly*, 23. März 1993.

Allen, Mike, »Seiyu: a dynamic reassessment«, Forschungsbericht Barclays de Zoete Wedd, 31. Juli 1992.

Bornoff, Nick, »Japan's apostle of *raifustairu* [Lebensstil]«, *Asian Advertising & Marketing*, Juni 1990.

Hagiwara, Takao, »Business rivals (10)«, *Yomiuri*, 22. März 1966.

Hayabusa, Nagaharu, »The Tsutsumi brothers, feuding magnates«, *Japan Quarterly*, April–Juni 1988.

Horiguchi, Bob, »Inside the Weeklies: Why didn't millionaire brothers bail out jet-set sister?«, *Japan Times*, 14. November 1978.

Ishii, Yohei, »Intercontinental Hotels: Too big for Saison group to swallow?«, *Tokyo Business Today*, März 1992.

Ishizawa, Masato, »Arrest of Seibu executives exposes ›sales supremacy‹ strategy«, *Nikkei Weekly*, 4. Juli 1992.

Kanise, Seiichi, »Joust of the half brothers«, *Time*, 21. November 1988.

Kinmont, A., und K. Ohtsuki, »Railways sector research (9002): Seibu Railway«, Credit Lyonnais Alexanders Laing & Cruikshank Securities, Japan, August 1988.

Kometani, Foumiko, »The Conversation: Seiji Tsutsumi«, *Tokyo Journal*, Januar 1991.

Kuroda, Kazuo, »Rivalry of Tycoons: Two railway magnates widely recognised for enterprising spirit«, *Japan Times*, 18. Oktober 1958.

Matsuzaka, Takeshi, »Tsutsumi brothers bury the hatchet«, *Nikkei Weekly*, 28. Juni 1993.

Menkes, Suzy, »The pioneer behind an empire«, *International Herald Tribune*, 10. Oktober 1992.

Morikawa, Kathleen, »Celebrations are over for Nagano: Challenges have just begun«, *Asahi*, 6. Juli 1991.

Murata, Kiyoaki, »Japan's biggest real estate man«, *Nippon Times*, 6. April 1954.

Ogihara, Makiko, »Hotel deal revives Seibu fraternal rivalry«, *Japan Economic Journal*, 29. Oktober 1988.

Rubinfien, Elisabeth, »Family rivals build an empire in Japan«, *Wall Street Journal*, 30.–31. Dezember 1988.

Sato, Seichu, »Making full use of people«, *Business Tokyo*, September 1987.

Shoji, Kaori, »The harder they fall«, *Business Tokyo*, September 1991.

Stokes, Henry Scott, »The plight of artists«, *Asahi Evening News*, 7. September 1979.

Tsumiji, Takao, »7 days a week makes an executive«, *Asahi Evening News*, 8. Mai 1985.

Webb, Peter, mit Alan M. Field, »Family fortunes: Rising sons«, *Newsweek*, 23. August 1976.

»Bright young president pushing Seibu into lead among department stores«, *Japan Times*, 17. Juni 1960.

»Head of Saison conglomerate steps down«, *Japan Times*, 14. Januar 1991.

»The imperial Takeda family (Distinguished families of Japan 23)«, *Mainichi Daily News*, 2. Oktober 1991.

»Japan: The young king of Prince Hotels«, *Business Week*, 13. Oktober 1973.

»Japanese Buyer of Renoir, van Gogh was prepared to pay even higher«, *Asahi Evening News*, 19. Mai 1990.

»Japanese casino proprietress runs out of luck«, *Japan Times*, 26. Oktober 1979.

»Lax management played big role in Seibu scandal«, *Mainichi*, 21. Juli 1992.

»New Diet Speaker is known as a successful businessman«, *Tokyo Evening News*, 19. Mai 1953.

»Seibu boss's sister indicted in France«, *Mainichi*, 27. Oktober 1979.

»Seibu Saison boosts hotel business«, *Tokyo Business Today*, März 1989.

»Strong criticism of Tsutsumi brothers«, *Tokyo Business Today*, Dezember 1987.

»Tourist titans are engaged in running battle for power«, *Yomiuri Japan News*, 3. April 1958.

»Tsutsumi ceding some control in new Saison setup«, *Yomiuri Newspaper*, 13. Januar 1991.

»Tsutsumi stepping down from frontlines of Saison«, *Tokyo Business Today*, Februar 1991.


**Fernseh- und Radiosendungen**

**in japanischer Sprache:**
*Kono hito kono michi* [Dieser Mann, dieser Weg], aufgezeichnet von NHK, April 1964.
*Tsuma wo kataru* [Gespräche über meine Frau], TBS-Radiosendung, 24. Februar 1964.

**in französischer Sprache:**
Antoine, Jean, *Seiji Tsutsumi, ou, Les Vertus de la fortune*, La Sept RTBF-BRT Cinéma et communication, in Zusammenarbeit mit FR3-Oceaniques, 1990.